D0897131

LES PROPHÉTIES D'EDGAR CAYCE

DU MÊME AUTEUR

Edgar Cayce, guérir par la musique, Éditions du Rocher, 1990.

L'Univers d'Edgar Cayce t. I, Robert Laffont, 1985 et t. II, 1987, et Éditions « J'ai Lu », 1990.

L'Astrologie karmique d'Edgar Cayce, Robert Laffont, 1983, et Éditions « J'ai Lu », 1990.

Le Guide de l'Anticonsommateur, Seghers-Robert Laffont, 6e édition (en collaboration avec Martine Grapas), 1981.

Le Pendule, premières leçons de radiesthésie, Solar, 1982.

Médecines douces pour nos enfants, Stock, 1978, Éditions du Rocher, 1982 (en collaboration avec Marie-Églé Granier-Rivière).

Le Grand Livre du Scorpion, Tchou et Sand (sous le nom de Marguerite de Bizemont), 1979.

Le Grand Livre du Cancer, Tchou et Sand (en collaboration avec Sara Sand), 1979.

Comment parler avec les animaux (en collaboration avec le Pr Lecomte et Hugues de Bonardi), Jean-Jacques Pauvert, 1978, et Trois Suisses, 1985.

Les Bons Astromariages (en collaboration avec Hélène Monsart, et sous le nom de Marguerite de Bizemont), Mercure de France, 1977, Trois Suisses, 1985, Garancière, 1987, et Éditions Kesselring à Lausanne, 1990.

Le Sagittaire, Solar, 1982.

Le Capricorne, Solar, 1982.

La Balance, Solar, 1982.

L'Art des bouquets secs, Dessain et Tolra, 1977.

Le Petit Guide des rivages, Fleurus, 1975.

En adaptation :

De nombreuses vies, de nombreuses amours, de Gina Germinara (suite de l'ouvrage *De nombreuses demeures)* aux Éditions Adyar, 1984.

Les remèdes d'Edgar Cayce du Dr William A. Mac Garey, Éditions du Rocher, 1988.

Edgar Cayce, recettes de beauté et de santé, Éditions du Rocher, 1990.

Edgar Cayce : La Grande Pyramide et l'Atlantide, Éditions du Rocher, 1990.

Dorothée Koechlin de Bizemont

LES PROPHÉTIES D'EDGAR CAYCE

Illustrations et dessin de la couverture
par Gil de Bizemont

ÉDITIONS DU ROCHER
Jean-Paul Bertrand
Éditeur

ISBN 2268-00-768-5

REMERCIEMENTS

J'ai eu la chance — primordiale pour un écrivain ! — de rencontrer une assistante de grande qualité, enthousiaste, efficace, brillante : Mme Arielle Fonrojet. Qu'elle en soit ici remerciée.

J'ai eu une autre chance : celle de pouvoir travailler tranquillement à la campagne, entre mes livres et mes manuscrits, dans une ambiance d'amitié et de compréhension. Cette chance, c'est la famille Guyot qui me l'a offerte à « La Demelettaz ». Je lui en serai toujours reconnaissante, ainsi qu'à ses merveilleux enfants : Sophie, Camille et Benjamin Guyot.

Et pour trouver le chemin de Cayce, il fallait quelqu'un pour m'indiquer la voie, comme le décrit le Sagittaire du Zodiaque : ce fut Dominique Bourlet. Qu'il en soit ici vivement remercié.

Je dois aussi beaucoup à mes amis du « Navire Argo » : Maître Jean Pierre Tofani, Anne Kerros, Christiane Riedel-Denaux, qui m'ont aidée à réunir les lectures de Cayce qui me manquaient.

A Dominique Laborde, qui m'aide à dépouiller le très important courrier concernant Cayce dans l'Association.

A eux tous ma gratitude.

« Un écrivain est un médium. Son talent, c'est sa force vitale. S'il continue à écrire l'ayant perdu, il devra frauder, comme les médiums épuisés, et finira par se faire pincer. Si, jusqu'au bout, il aveugle ses contemporains, c'est au lendemain de sa mort que la postérité découvrira la supercherie. »

Paul Morand

I

INTRODUCTION

QUI ÉTAIT EDGAR CAYCE ?

Je l'ai déjà présenté dans mes livres précédents, auxquels le lecteur pourra se référer. Américain, originaire du Kentucky, né en 1877 et mort en 1945, son œuvre est considérable. Elle se compose essentiellement de 14 256 « lectures » médiumniques, c'est-à-dire de consultations et d'analyses données au cours d'une sorte de sommeil très spécial, apparenté à une transe médiumnique. Au cours de ces séances quotidiennes, il répondait aux questions que lui posaient ses patients, ses divers consultants[1]. La majorité des « lectures » ont un caractères médical et psychologique (environ 8 000) ; les autres portent sur des questions historiques, scientifiques, ésotériques, archéologiques, politiques, économiques, sociales... On peut les consulter à la Fondation Cayce (A.R.E.), à Virginia Beach en Virginie (U.S.A.).

Toutes les lectures n'ont pas été publiées, ni en anglais, ni dans d'autres langues. J'en ai traduit certaines en français, qui n'étaient encore apparues dans aucune publication (dans les tomes I et II de *L'Univers d'Edgar Cayce*, Éd. Robert Laffont).

A l'heure actuelle aux États-Unis, tous les écri-

1. Dans les lectures de Cayce, les noms propres sont remplacés par des numéros de code, afin de préserver l'anonymat des consultants (qui auraient risqué d'être très gravement attaqués sur leurs opinions religieuses, si leur nom avait été publié).

vains scientifiques et personnalités appartenant au mouvement de pensée dit « du Nouvel Age » (qui n'est pas un mouvement structuré, mais une tendance) connaissent Cayce, et ont travaillé sur ses dossiers. Les recherches du Pr Ian Stevenson sur la réincarnation à l'université de Charlotteville, les merveilleux livres de Charles Berlitz, des récits comme ceux de Shirley MacLaine, les prévisions de Jeanne Dixon, d'Arthur Ford, les livres de Jess Stearn, de Keith Sherwood sur la guérison, de William Fix sur l'archéologie, de Jeffrey Goodman sur la géologie, le citent et lui doivent leur inspiration[2].

Cayce a été un pionnier méconnu : au début du siècle, il a parlé de l'énergie atomique, de Pluton (pas encore découverte), de la télévision, des glandes endocrines (dont l'importance était alors sous-estimée), du rayon laser, des auras, etc.

Maintenant seulement, on commence à s'apercevoir qu'il était non seulement un grand guérisseur, mais aussi un grand prophète.

En Europe, il était jusqu'ici peu connu. Ce n'est pas qu'il nous soit « indispensable », dans la mesure où nous autres, Européens, avons chez nous un très riche enseignement, tout à fait comparable, qui a été donné par plusieurs grands esprits inspirés. Sans vouloir ni pouvoir les citer tous, je citerai le Maître Philippe de Lyon, Allan Kardec, Marthe Robin, M. Aivanov, Suzanne Max-Getting, les lettres de Pierre, Roland de Jouvenel, pour la France. Paracelse, Rudolf Steiner, Anne-Catherine Emmerich, Durkheim, pour les pays de langue allemande. Le Groupe de Findhorn, Cyril Scott, Helena Petrovna Blavatsky, fondatrice de la Société théosophique, les messages de Christopher Tristram, en Angleterre, et tous les auteurs plus ou moins liés à la « Spiritualist Association » de Belgrave Square. En Italie, une

2. Cayce, cependant, n'était pas un cas isolé aux États-Unis. Il y eut là-bas, à son époque, de grands maîtres spirituels, dont l'enseignement fut comparable à celui de Cayce. Je voudrais surtout citer ici Spencer Lewis, fondateur des Rosicruciens A.M.O.R.C.

foule de penseurs et de mystiques, si nombreux que je ne peux citer tout le monde. Toutes les personnalités que je cite ont un point commun : leur travail pour libérer l'Homme et le préparer au Nouvel Age.

Cependant, malgré cette richesse inépuisable de l'Europe, je me suis attachée à faire connaître Cayce l'Américain dans les pays de langue française. J'y travaille de toutes mes forces depuis dix ans — avec une joie continuelle ! — parce que j'estime que Cayce apporte un éclairage très intéressant, une synthèse très claire avec la tradition ésotérique et de la science du xxe siècle. Il apporte, nous dirions, une philosophie qui éclaire les autres enseignements dans un contexte qui les éclaire. J'hésite à employer le mot « philosophie », parce que ça fait pédant. J'ai bien fait douze ans d'études universitaires, et ça m'a dégoûtée des grands mots savants qu'emploient nos intellos. Ça me donne le droit d'écrire d'une façon familière, pour que les gens de la rue, le lecteur de base, M. ou Mme tout le monde, puisse me comprendre. J'ai été journaliste pendant trop longtemps pour ne pas avoir compris que la communication est comme la circulation du sang dans nos veines : c'est vital ! On n'a pas le droit de ne pas transmettre ce qu'on a reçu. J'ai beaucoup reçu de Cayce, et c'est avec joie que je voudrais le faire connaître dans mon pays.

LA PENSÉE PROPHÉTIQUE DE CAYCE

On a accusé Cayce de s'être trompé dans ses prophéties. D'avoir donné des dates précises pour certains événements : à ces dates, il ne s'est rien passé... apparemment.

Est-ce à dire que M. Cayce est un menteur, un charlatan, qu'il raconte n'importe quoi ?

Plus je travaille sur ses lectures, plus je suis convaincue que ce serait lui faire un mauvais procès. Ces prophéties, je les ai lues et relues. Elles sont parfaitement « nostradamesques », c'est-à-dire écrites dans un langage qui n'a rien de limpide ! Il y a un sens à première vue, au ras des lunettes, quand on les lit très vite. Puis, en les étudiant, un autre sens apparaît peu à peu. Cela me fait penser aux lectures qu'il avait données sur le rayon laser : il l'avait décrit minutieusement, mais sans employer le mot « laser ». Pendant des années, ses proches et ses consultants n'y ont rien compris. Ils ne voyaient pas du tout — mais alors pas du tout ! — ce dont parlait le cher Edgar. Et puis le jour où le laser s'est vulgarisé, où le grand public en a compris le principe simple (la concentration de l'énergie lumineuse), on a redécouvert les lectures de Cayce. Il avait tout expliqué... mais on n'avait rien compris !

Dans les prophéties, c'est pareil : on comprend tellement mieux après coup ! Les consultants de Cayce avaient presque tous un point commun, bien humain : obsédés par leur petit problème personnel, ils ne voyaient pas plus loin que le bout de leur nez. Si Cayce leur parle d'autre chose, cela ne les intéresse guère : on le voit bien à leurs questions, qui portent surtout sur leurs affaires quotidiennes, financières et familiales de l'heure présente. Cayce, qui ne survivra pas à la guerre (il est mort en janvier 1945), répond, certes, à ses interlocuteurs sur leur souci actuel. Mais il en profite chaque fois pour ouvrir une fenêtre sur l'avenir (celui qui nous intéresse, nous, aujourd'hui !) Ainsi, dans ses réponses, sont entremêlés le présent, le futur immédiat et... le futur antérieur. Il est plus facile pour nous maintenant de faire le tri — et nous sommes de moins en moins tentés de dire que Cayce s'est trompé !

Dans les prophéties que Cayce a données, tout au long de sa vie, il fait une analyse qui dépasse l'habituel cadre géologique, économique, social et politique. Il voit les choses de beaucoup plus haut. Sa grande idée, c'est, dit-il : « LA RELATION DE L'HOMME À SON CRÉATEUR » ; de la qualité de cette relation dépendent les événements terrestres.

Pour Cayce, il existe des lois divines, cosmiques, immuables : si l'Homme les rejette, et se met en contravention avec ces lois, il ne peut que provoquer des désastres (et là, on doit reconnaître que l'Homme n'y va pas de main morte !)

Deuxièmement, Cayce, en bon protestant américain, estime que ces lois cosmiques sont contenues dans la Bible. Il la cite tout le temps (un peu trop même pour des Européens de tradition catholique !) Mais, à la différence de nombre de ses contemporains et concitoyens, il n'estime pas que « hors de la Bible, point de salut ». Il répète souvent que ces lois cosmiques ont été également données dans toutes les religions, dont chacune est une version locale de la fameuse religion universelle (celle du Dieu Unique, « La Loi de Un » en Atlantide et en Égypte, à laquelle on reviendra nécessairement). Cette loi affirme l'unité des hommes entre eux, et avec les autres règnes de la Création. Pour Cayce, tout ce qui brise cette « Loi de Un » provoque des catastrophes.

Enfin, l'une des facettes caractéristiques de la pensée de Cayce est l'intégration de la réincarnation dans l'Histoire, et même comme moteur de l'Histoire. Les mauvaises actions d'un groupe humain vis-à-vis d'un autre — et vis-à-vis de l'environnement — créent une dette karmique. Celle-ci devra se liquider tôt ou tard — parfois très tard, parfois des millénaires plus tard !

Il y a une « programmation karmique » dans le destin des individus comme des peuples, qui est parfois inévitable, comme le montre cette histoire que j'emprunte au Pr W.R. Chettéoui[3]. Il s'agit du colonel de Rochas, grand précurseur de l'étude scientifique des vies antérieures :

3. Pr W. Chettéoui, *La Nouvelle Parapsychologie*, Éd. F. Sorlot-F. Lanore, page 192, ouvrage très bien documenté et très agréable à lire (Paris, 1983).

« Le colonel, qui avait découvert le phénomène de la régression de la mémoire sous hypnose, a voulu tenter une épreuve a contrario en essayant de scruter l'avenir.

Vers 1910, le colonel étudiait le phénomène avec Mme Lambert. Il avait réussi à pousser ce sujet d'élite, jour après jour, heure par heure, jusqu'en 1917.

Aux questions habituelles sur cette année où il l'avait située : "Où êtes-vous ?" "Que faites-vous ?", etc., le sujet avait répondu par un bref exposé de son existence du moment, qui était, en somme, une série de prédictions sur son avenir.

— Vous travaillez encore pour moi ? demande le colonel.

— Avec vous ? fait le sujet étonné, mais je ne vous connais pas... Qui êtes-vous ?

— Voyons ! Vous savez bien que je suis le colonel de Rochas !

— Ah ! non... Tout le monde sait bien que M. de Rochas est mort depuis trois ans.

Cela m'a fait un tel effet, disait le colonel en racontant l'anecdote à Lancelin, que j'ai réveillé aussitôt le sujet et que j'ai abandonné l'expérience. »

En effet, le colonel de Rochas mourut en 1914... Au moins était-il prévenu : c'était son « programme » de durée d'incarnation pour cette vie-là !

Cependant, les plus noires prédictions, ou prophéties, de Cayce s'encadrent dans une philosophie optimiste : car, s'il existe quelque part un petit groupe d'hommes de bonne volonté, qui font une prise de conscience et s'unissent pour faire triompher localement les lois divines (même partiellement), ils sont capables d'éviter à leur nation, à leur tribu, à leur ville, les catastrophes prédites. Si forte est la puissance de la prière, jointe à l'action...

Ainsi les calamités annoncées ne sont-elles jamais

« obligatoires ». Le Maître Philippe[4] enseignait que toute chose matérielle, tout événement qui se réalise concrètement, existe d'abord dans les plans invisibles comme un « prototype », un « schéma directeur ». Le Maître Philippe disait « un cliché » — ce qui correspond parfaitement à la pensée de Cayce, qui repète que tout est d'abord « dans la tête ».

Les voyants, donc, d'après le Maître Philippe, captent ces « clichés ». Cela ne veut pas dire que ceux-ci se réalisent obligatoirement : il y a des projets qui n'aboutissent pas, parce que la volonté humaine, individuelle ou collective, se met en travers. Il y a un jeu de la liberté humaine, que les grands voyants eux-mêmes ne peuvent pas prévoir...

UN EXEMPLE DE LECTURE DONNÉE PAR CAYCE : LES DOSSIERS DE L'AKASHA

Pour familiariser le lecteur avec les méthodes de Cayce, en voici un exemple, la lecture 3976-16, qui montre comment il procédait.

Nous sommes en 1936, aux États-Unis — en pleine dépression économique. Un petit groupe d'amis de Cayce, qui s'intitule pompeusement le « Comité de recherches sur l'économie », a décidé de consulter le voyant sur la façon dont ils doivent diriger leurs affaires, et a préparé des questions.

Cayce enlève ses chaussures et sa cravate, s'allonge sur son divan — sa femme Gertrude guette la seconde où il va plonger dans le sommeil. A cet instant précis, elle attaque :

4. *Le Maître Philippe de Lyon, sa vie, son œuvre*, par le Dr Encausse, Éd. La Diffusion scientifique, Paris, 1954, réédité aux Éditions traditionnelles, Paris.

Vous aurez devant vous certains membres du Comité de recherche économique de l'A.R.E.[5], présents dans cette pièce. Ils voudraient, à travers ce canal d'information (Edgar Cayce endormi), être périodiquement éclairés sur la tendance générale de la crise économique que nous traversons, et sur les divers courants de pensée et d'action, tant ici qu'à l'étranger. Vous voudrez bien analyser plus particulièrement les répercussions de cette tendance générale sur la vie des particuliers de notre pays[6]...

Edgar, d'une voix différente de celle qu'il a lorsqu'il est éveillé, répond :

« OUI, NOUS AVONS SOUS LES YEUX LA REQUÊTE DES PERSONNES PRÉSENTES QUI DÉSIRENT ÊTRE INFORMÉES DE LA CRISE, SUR LE PLAN GÉNÉRAL ET SUR CELUI DES PARTICULIERS. »

(On notera qu'il dit « NOUS », sous-entendant qu'il répond « avec » quelqu'un d'autre, invisible mais présent.)

« L'APPROCHE D'UN TEL SUJET, À TRAVERS CE CANAL D'INFORMATION, DOIT COMMENCER PAR UNE RÉFLEXION SUR LA NATURE MÊME DE CETTE INFORMATION ; ET L'ON DOIT S'INTERROGER SUR LA FAÇON DONT CELLE-CI PEUT AIDER LES PARTICULIERS DANS LEUR VIE QUOTIDIENNE. »

Cayce emploie très souvent ce mot « CANAL » (en anglais, « CHANNEL »). Il considère que le voyant, comme le guérisseur, n'a qu'une chose à faire : se purifier avant de devenir un parfait « canal » pour les énergies divines. Grâce à quoi, il pourra transmettre la connaissance, et la santé, à ceux qui se branchent sur ce canal.

« CETTE REQUÊTE, DONC, NE DEVRAIT ÊTRE FAITE QU'APRÈS MÛRE RÉFLEXION — NON SEULEMENT À CAUSE

5. Qui comptait parmi ses membres, à l'époque, des financiers et des hommes d'affaires new-yorkais.

6. Les U.S.A.

DU CARACTÈRE DE CETTE INFORMATION, QUI POURRA ÊTRE TRANSMISE RÉGULIÈREMENT — MAIS ÉGALEMENT POUR CHAQUE DEMANDEUR À TITRE PARTICULIER ; CE QUI REPRÉSENTE UNE GRANDE OBLIGATION MORALE. »

Cayce souligne la responsabilité de ceux qui savent, et n'utilisent pas leur savoir[7] :

« CAR, POUR CELUI QUI SAIT ET N'AGIT PAS, LA CONNAISSANCE DEVIENT PÉCHÉ. »

Péché capital... qui, pourtant, ne figure pas dans la liste classique des sept péchés capitaux. (Il faudra songer à la compléter !) L'avertissement s'adresse également au lecteur de ce livre :

« DONC, DANS CETTE PERSPECTIVE, CHACUNE DES PERSONNES ICI PRÉSENTES DEVRA SOUPESER ATTENTIVEMENT SES MOTIVATIONS. CHERCHE-T-ELLE SEULEMENT UNE INFORMATION À SENSATION, SANS AVOIR VRAIMENT RÉFLÉCHI À CE QU'UNE TELLE INFORMATION PEUT LUI APPORTER À TITRE PERSONNEL ? CHERCHE-T-ELLE À UTILISER À SON PROFIT CE QUI EST DONNÉ À TOUS CEUX QUI CHERCHENT EN LEUR FOR INTÉRIEUR ? »

Cayce, qui connaît bien son monde, interroge ses questionneurs sur la pureté de leurs motivations. Ont-ils vraiment l'intention d'utiliser la voyance de Cayce pour le bien général ? Il faut croire que certains avaient dû nourrir quelques arrière-pensées... par exemple, utiliser — en toute innocence — ces renseignements « psi » pour arrondir un peu leur caisse de dollars ? Les vendre à la presse ? Les utiliser en Bourse ?

« CAR, SUIVANT L'ANTIQUE TRADITION, CEUX QUI SE

7. Qui, non seulement ne l'utilisent pas, mais ne le communiquent pas à d'autres. C'est l'avarice intellectuelle, la *« trahison des clercs »*, comme disait Julien Benda.

METTENT SUR LE RANG DOIVENT FAIRE UN CHOIX : OU SERVIR LES PUISSANTS, OU SERVIR LE BIEN GÉNÉRAL DE L'HUMANITÉ. »

Le choix se pose à tous... y compris aux journalistes des médias, que je vais voir en leur demandant de faire connaître Cayce : beaucoup refusent, parce qu'ils ont peur de fâcher un puissant...

« CEUX QUI SONT VENUS ICI CHERCHER L'INFORMATION DOIVENT D'ABORD RÉFLÉCHIR.

ENSUITE, IL Y A UNE AUTRE QUESTION : COMMENT CETTE INFORMATION DEVRA-T-ELLE ÊTRE DONNÉE, DE LA FAÇON LA PLUS UTILE AU CHERCHEUR ? LA PLUS PORTEUSE D'ESPOIR ? ET CE CHERCHEUR, QUE VA-T-IL EN FAIRE ? COMMENT L'UTILISERA-T-IL, CETTE INFORMATION, NON SEULEMENT POUR LUI-MÊME, MAIS POUR SON PROCHAIN ? »

S'il y a une chose dont je suis sûre, c'est de la qualité de mes lecteurs : ce sont, dans l'immense majorité, des chercheurs. Et exigeants ! Ils cherchent sincèrement une véritable information (et leurs lettres sont là pour le prouver). Par-delà ses interlocuteurs immédiats, Cayce s'adresse à nous. Dans les temps très difficiles qui viennent, il souhaite — je souhaite — que les informations données dans ce livre puissent être utiles à nos lecteurs. Et non seulement à nos lecteurs, mais à leurs proches — ou à « leur prochain » comme dit Cayce :

« UNE TELLE INFORMATION DEVRA DONC ÊTRE DONNÉE À CEUX QUI CHERCHENT AVEC SINCÉRITÉ AU SEIN DE CETTE ASSOCIATION — OU DANS N'IMPORTE QUELLE AUTRE QUI, AVEC SES PROPRES MÉTHODES DE RECHERCHE, RESTE HONNÊTE. »

L'association en question, c'est l'A.R.E.[8], fondée par Cayce lui-même. Mais il n'est jamais sectaire, il ne joue jamais les gourous terroristes. Ceux qui cherchent au sein d'autres associations honnêtes une information sérieuse, dit-il, sont tout aussi dignes de la recevoir (quelle que soit leur étiquette, leur religion ou leur race) :

« MAIS, EN TRANSMETTANT, IL FAUDRA TOUJOURS Y AJOUTER UNE MISE EN GARDE : CELUI QUI L'UTILISERAIT À SON PROFIT ÉGOÏSTE COURRAIT À SA RUINE. »

La mise en garde s'adresse à nous tous, vous et moi !

« PASSONS AUX QUESTIONS. »

Voudriez-vous expliquer d'où viennent ces informations ? De quelle source ?

Autrement dit, Gertrude Cayce voudrait faire expliquer à son mari d'où il tire la matière de ses « lectures » ; et par quel mécanisme il peut répondre avec exactitude à toutes ces questions qui lui sont posées : médecine, psychologie, histoire, physique, chimie, astronomie, astrologie, politique, économie, art... une bibliothèque n'y suffirait pas ! A la question de sa femme : *« D'où tire-t-il toutes ses connaissances ? »*, il va décrire ce que la Tradition appelait « le Livre de Vie », ou « la Mémoire de l'Univers », et les Indiens : « l'Akasha » (Voir *L'Univers d'Edgar Cayce*, tome I, d'autres lectures là-dessus).

« LES SITUATIONS, LES ACTIVITÉS, LES PENSÉES DES HOMMES SOUS TOUS LES CLIMATS SONT DES RÉALITÉS OBJECTIVES, CAR LA PENSÉE EST UNE RÉALITÉ OBJECTIVE.

TOUT CE QUI EXISTE S'IMPRIME SUR L'ÉCRAN DU TEMPS

8. « Association for Research and Enlightenment ».

ET DE L'ESPACE. ET À MESURE QUE SE DÉROULENT LES ÉVÉNEMENTS, ILS Y SONT ENREGISTRÉS. »

(C'est la définition des « dossiers akashiques », que connaissent et décrivent tous les mystiques de toujours, tous les ésotéristes, et la Bible elle-même.)

« CE SONT CES ENREGISTREMENTS QUI PEUVENT ÊTRE LUS PAR CEUX QUI SONT CAPABLES DE SE BRANCHER DESSUS. C'EST COMME LA RADIO, OU N'IMPORTE QUELLE TRANSMISSION PAR ONDES : TOUT S'IMPRIME SUR LES ONDES DE LA LUMIÈRE, SUR LES ONDES QUI TRAVERSENT L'ESPACE. ET LES INSTRUMENTS CONÇUS POUR CAPTER CES ONDES PEUVENT RETRANSMETTRE CE QUI EST ÉMIS. »

Autrement dit, Cayce estime, comme tous les grands voyants spirituels, que notre monde n'est que la concrétisation des schémas créés dans le monde invisible. Le Maître Philippe, comme je l'ai dit plus haut, les appelait des « clichés » : tout ce qui se réalise sur la Terre a d'abord existé dans l'invisible, et ensuite, après matérialisation terrestre, laisse en retour sa trace « historique » dans les dossiers akashiques. Un jour, le Maître Philippe fit revivre, sous les yeux de ses auditeurs, la bataille de Waterloo (qui s'était déroulée presque un siècle auparavant) :

« Tous ceux qui se trouvaient à cette séance n'entendirent-ils pas le roulement des tambours, les coups de canon et la fusillade ? Vous rappelez-vous les cris, les grincements de dents des malheureux blessés ? N'avez-vous pas senti l'odeur de la poudre brûlée et vu son armée ? Les clichés ne meurent pas, ils vivent, se modifient, sont créés pour plusieurs individus, plusieurs peuples et plusieurs mondes. S'il vous est donné de les voir et de les entendre, il faut payer (...) Le cliché de Waterloo existait depuis quarante mille ans.. »

(*Le Maître Philippe de Lyon*, par le Dr Encausse, *op. cit.*)

... Waterloo, vieille dette karmique ? La « morne plaine » aurait-elle vu se dérouler jadis une bataille atlante ? Selon Cayce, la réincarnation de groupe est la clef des événements historiques... Mais retournons à cette lecture, où Cayce met en garde ses amis — bien intentionnés, mais encore si naïfs !

« DONC, LORSQUE VOUS RECHERCHEZ CES INFORMATIONS, NE VOUS LAISSEZ PAS TROUBLER PAR LES ÉVENTUELLES DIVERGENCES D'INTERPRÉTATION SUR LES CAUSES DE LA SITUATION ÉCONOMIQUE CRÉÉE PAR LA PENSÉE ET L'ACTIVITÉ DES DIVERS GROUPES : C'EST COMME LES DIVERS PROGRAMMES QUI PEUVENT ÊTRE ÉMIS SUR N'IMPORTE QUELLE ACTIVITÉ DONNÉE. »

C'est-à-dire qu'un événement, ou une activité, quels qu'ils soient, peuvent être interprétés différemment par différentes stations radio, qui le présenteront en fonction de leur ligne de pensée, sous des angles très différents, dans leurs programmes.

Sur la crise économique, qui était la grande préoccupation, le grand sujet de conversation d'alors, les amis de Cayce reçurent une interprétation qui avait de quoi surprendre... et que nous allons voir dans ce livre :

« LE MONDE EXTÉRIEUR EST SEULEMENT L'UNE DES ACTIVITÉS DU MONDE INVISIBLE. »

Autrement dit, la matière, le monde matériel, celui que nous voyons par la fenêtre, est entièrement sous le contrôle du monde invisible dont il est la projection.

Les lectures étant toujours demandées par quelqu'un, le groupe veut savoir comment aider Cayce à obtenir les meilleurs renseignements (tirés de l'Akasha) en posant les bonnes questions : ils se sont aperçus que, lorsque leurs questions étaient embrouillées, Cayce répondait peu, d'une façon obscure — ou pas du tout ! Le principe de départ était que

Cayce, endormi en transe, donnait son enseignement uniquement sous forme de dialogue (c'était aussi le principe de Socrate). Cayce endormi pouvait répondre à tout. Encore fallait-il qu'on lui pose la question !... J'aurais aimé qu'on lui pose des questions précises sur la France, la Belgique, la Suisse, le Canada — sur de grandes questions actuelles : le pétrole, la pollution, les centrales nucléaires, le Sida... ou sur des questions comme les OVNIS. Personne ne l'ayant interrogé là-dessus, il n'en a donc pas parlé, ou pas aussi longuement que je l'aurais souhaité ! La qualité d'un dialogue dépend bien entendu des deux interlocuteurs : à la radio, ou à la télévision, on donne une meilleure prestation lorsque l'on est interviewé par un journaliste qui connaît bien son métier ! Voilà le sens de la question suivante posée par Gertrude :

Pour établir le meilleur contact possible (avec l'Akasha), **quelle est la meilleure formule de suggestion à donner** (à Cayce endormi) ?

« CELA DÉPEND DE CETTE SOURCE (d'informations), DE LA STATION (émettrice), ET DE LA NATURE DE CE QUI DOIT ÊTRE EXPLIQUÉ (par Cayce). »

Et, comme le souci de ses interlocuteurs est d'obtenir des informations économico-politiques, Cayce élargit sa réponse : il n'est pas le seul à pouvoir être considéré comme une « antenne » ; les dirigeants d'un pays le sont aussi :

« CAR CELA SE PASSE COMME ON VOUS L'A DÉJÀ DIT : LA CONSCIENCE COLLECTIVE DE TEL OU TEL ÉLÉMENT, DE TEL OU TEL PAYS, LES DIRIGEANTS D'UN PAYS, C'EST-À-DIRE LE GROUPE LE PLUS INFLUENT DE TELLE OU TELLE NATION, SE COMPORTENT COMME UNE UNITÉ, ET COMME UNE STATION RADIO. ILS SONT SIMPLEMENT LE CONTACT DE CETTE NATION AVEC LA CONSCIENCE UNIVERSELLE, AU NIVEAU DE L'AMÉRIQUE, DU CANADA, DE

L'ANGLETERRE, DE L'ITALIE, DE LA FRANCE, DU JAPON, ETC. »

A quelle fréquence devront être données ces lectures (sur l'économie et la politique) ?

« SI CE GROUPE LES UTILISE COMME IL FAUT, LA FRÉQUENCE PEUT EN ÊTRE MODIFIÉE, SELON QUE LE BESOIN S'EN FAIT SENTIR. »

Et, pour être sûr que ses auditeurs ont bien compris l'avertissement important qui a été donné plus haut, il le répète :

« CAR POUR CELUI QUI POSSÈDE, QUI SAIT ET N'AGIT PAS CONCRÈTEMENT, CETTE INFORMATION DEVIENT UNE PIERRE D'ACHOPPEMENT. »

Il sollicite ensuite la réflexion de ses auditeurs sur le destin de l'Amérique, dont il va beaucoup parler (voir plus loin) :

« QUELLE INTERPRÉTATION DONNEZ-VOUS, QUELLE LECTURE FAITES-VOUS DES ÉVÉNEMENTS QUI ONT POUSSÉ CE PAYS À SE SÉPARER (de la mère-patrie)[9], ET QU'EST-CE QUI A POUSSÉ CE PAYS À S'ENGAGER DANS LES AFFAIRES MONDIALES ? QU'EST-CE QUI L'A AMENÉ À CELA ? ET QU'EST-CE QUI A AMENÉ LES CITOYENS À S'ASSOCIER POUR AGIR ? »

(Lecture 3976-16, du 18 avril 1936)

9. Les États-Unis, qui se sont séparés de l'Angleterre, dont ils étaient une colonie, lors de la guerre d'Indépendance, à la fin du XVIIIe siècle. Je n'ai pas cité ici la fin de la lecture, que je donnerai un peu plus loin, au fil des pages.

II

LES PROPHÉTIES GÉOPHYSIQUES

1. LES CATASTROPHES NE SONT JAMAIS OBLIGATOIRES

LES POUVOIRS IMMENSES DE L'HOMME SUR LA NATURE

Le public admet encore relativement qu'une guerre soit évitable — si les responsables, les collectivités, ont décidé de l'éviter. Mais Cayce va beaucoup plus loin : il estime que les tremblements de terre, les éruptions volcaniques, tous les cataclysmes géologiques, sont également évitables. Pourquoi ? Parce que, dit-il, c'est l'Homme qui les provoque. Pas seulement par ses activités stupidement anti-écologiques, mais aussi par sa pensée négative. Il estime que les pensées émettent des vibrations qui réagissent sur la matière. Si une collectivité humaine accumule les pensées négatives, il va en résulter un ensemble de vibrations destructrices qui se répercuteront sur la Terre (en surface, et même en profondeur). Et cela parce qu' :

> « IL Y A DANS CHAQUE ÊTRE HUMAIN DES FORCES PROFONDES QUI FONT ÉCHO AUX FORCES CRÉATRICES DU MONDE DE LA MATIÈRE. »

(Lecture 281-5)

L'Homme est en résonance avec toute la Création,

que d'ailleurs il résume en lui-même, chimiquement et physiquement. Il est lié aux éléments du monde physique. Mais, en retour, il peut agir sur ceux-ci, et beaucoup plus fortement qu'on ne le croit. Les Indiens d'Amérique du Nord avaient bien des spécialistes qui faisaient pleuvoir à la demande. De nombreux témoignages attestent le pouvoir de certains initiés : chamanes de Sibérie, marabouts africains, et même nos sorciers gaulois, qui « faisaient la pluie et le beau temps ». (Il en existe encore, d'ailleurs !...) Cayce non seulement est tout à fait d'accord sur le fait que c'est possible, mais il en rajoute : il va même jusqu'à dire que nous avons une influence sur les taches solaires ! Voyez plutôt :

« LE SOLEIL, LA LUNE, LES PLANÈTES REÇOIVENT DE DIEU LEUR ORDRE DE MARCHE. ILS SE DÉPLACENT SELON SES ORDRES. SEUL, L'HOMME A REÇU EN DON LE LIBRE ARBITRE. ET SEUL, IL PEUT DÉFIER SON DIEU. COMBIEN D'ENTRE VOUS Y ONT RÉFLÉCHI, DU FOND DE LEUR CŒUR ? ET RECONNAISSENT QUE LEUR DÉSOBÉISSANCE (aux lois divines) SUR LA TERRE SE RÉPERCUTE SUR LES CORPS CÉLESTES, PERTURBANT L'ORDONNANCE DIVINE DE LEUR MARCHE ? CAR, VOUS, FILS ET FILLES DE DIEU, VOUS DÉFIEZ LE DIEU VIVANT (...). MAIS QUAND L'HOMME, AVEC SES POUVOIRS DIVINS, SE MET À PROVOQUER CETTE LUMIÈRE (solaire) DESTINÉE À MANIFESTER DANS SA PROGRESSION LA GLOIRE, LA BONTÉ (...) ET LA PATIENCE DU SEIGNEUR – ALORS, POURQUOI S'ÉTONNER QUE LA FACE DU SOLEIL REFLÈTE CES DÉSORDRES ET CES GUERRES, QUI SONT LE PÉCHÉ DE L'HOMME ? »

(Lecture 5757-1)

Autrement dit, selon Cayce, nous sommes capables de semer non seulement la pagaille sur notre planète, mais même sur le Soleil :

« CAR QUE SONT LES TACHES SOLAIRES ? UNE CONSÉQUENCE NATURELLE DES DÉSORDRES DES ENFANTS DE

DIEU SUR LA TERRE, QUI SE RÉPERCUTENT SUR LE SOLEIL. »

(Même lecture)

Les scientifiques ont établi une relation entre la fréquence des taches solaires et... les guerres. On sait que le Pr Tchisewsky, savant russe, avait noté une recrudescence des taches solaires pendant la guerre de 14-18, et en particulier au moment le plus aigu des batailles. Son travail a été repris, vérifié et développé par différents savants occidentaux plus récemment. On s'est aperçu que les taches solaires apparaissaient par cycles, et semblaient être liées à (ou avoir une influence sur) la croissance des plantes — et donc, en conséquence, à la vie animale et humaine. Cayce va encore plus loin : puisque nous avons ces pouvoirs, dit-il en substance, nous les avons pour le pire et donc pour le meilleur. Nous avons donc le pouvoir d'empêcher les cataclysmes naturels. Comment ?

« PLUS VOUS DEVENEZ CONSCIENT DANS VOTRE RELATION À L'UNIVERS, PLUS VOUS RECONNAISSEZ LES INFLUENCES QUI AGISSENT DESSUS, ET PLUS VOUS DEVENEZ CAPABLES D'AGIR DE FAÇON UTILE.

ET CELA DANS LA MESURE OÙ VOUS ÊTES CAPABLE DE FAIRE CONFIANCE À LA FORCE DIVINE QUI RÉSIDE À L'INTÉRIEUR DE VOUS. MAIS PLUS GRANDE AUSSI SERA VOTRE RESPONSABILITÉ (...) AINSI LE SOLEIL REFLÈTE LES TROUBLES QUI SE PRODUISENT CHEZ VOUS ; IL EN VA DE MÊME POUR LES TREMBLEMENTS DE TERRE, LES GUERRES... »

(Même lecture)

« OUI, NOUS AVONS SOUS LES YEUX, – COMME PRÉCÉDEMMENT –, CES PROBLÈMES QUI ONT PROVOQUÉ LES CATACLYSMES GÉOLOGIQUES ET LES GUERRES : LA MÉFIANCE, LA JALOUSIE, LA HAINE, QUI SÉVISSENT ACTUELLEMENT. TOUT CELA ARRIVE PARCE QUE L'HOMME A OUBLIÉ DIEU... »

(Lecture 3976-28)

Cayce met dans le même panier tous les événements désagréables, qu'ils soient géologiques ou politiques... La météo n'y échappe pas :

« EN CE QUI CONCERNE LES CONDITIONS MÉTÉOROLOGIQUES ET LEURS EFFETS SUR LES DIFFÉRENTES PARTIES DU MONDE, ELLES SONT TRÈS LIÉES AUX AFFAIRES HUMAINES. »

(Lecture 195-32)

Certains de mes lecteurs se souviendront du gigantesque orage qui avait éclaté la nuit qui a suivi l'élection du président Mitterrand, élection qui avait déchaîné de vives passions politiques. Coïncidence ? Je ne le crois pas. C'était plutôt comme si les tensions accumulées avaient trouvé leur « somatisation », leur matérialisation, dans le tonnerre et les éclairs.

Si les calamités sociopolitiques, comme la guerre, sont de toute évidence provoquées par des erreurs humaines (Cayce s'étendra beaucoup là-dessus), les catastrophes écologiques le sont également. On commence maintenant à s'en apercevoir. Par exemple, des scientifiques américains ont mis en évidence la recrudescence des tremblements de terre dans une région où l'on a construit toute une série de barrages... Avant, il n'y avait pas de barrages... mais pas de tremblements de terre non plus ! Alors ? De même en Égypte : à mon dernier voyage, tout le monde se plaignait du barrage du lac Nasser, qui avait modifié le climat, augmentant la fréquence des vents de sable. En sens inverse (le bon !) tous ceux qui visitent régulièrement Israël depuis quarante ans ont pu constater que le climat était devenu beaucoup moins sec au fil des années, depuis qu'on y a replanté des forêts !

L'ASTROLOGIE A SON MOT À DIRE DANS LES CATACLYSMES GÉOPHYSIQUES

L'astrologie a d'ailleurs son mot à dire sur tout (et ceux qui l'ignorent risquent d'être complètement en dehors du coup dans les années qui viennent). Une des branches de cette vieille science s'appelle l'« astro-météorologie ». Elle a pour but de prévoir le temps. Et ça marche : je l'ai vérifié ! (Ceci dit, je fais maintenant mes prévisions météo par radiesthésie, ça va encore plus vite !)

L'astro-météo est également capable de prévoir les cataclysmes naturels. Ça ne date pas d'aujourd'hui : les Babyloniens avaient remarqué une corrélation entre les mouvements de la planète Mars et les tremblements de terre, comme le raconte Pline dans son *Histoire naturelle*.

Si, comme l'affirme saint Thomas d'Aquin, « les astres influencent tout ce qui est à la surface de ce monde sublunaire », c'est tout à fait logique qu'ils influencent d'abord les réactions physico-chimiques sur notre planète (mais les hommes peuvent échapper à cette influence par leur libre arbitre).

Un consultant posa à Cayce la question suivante :

Quelle est la cause première des tremblements de terre ?

« LES CAUSES DES TREMBLEMENTS DE TERRE SONT, NATURELLEMENT, LES MOUVEMENTS TELLURIQUES, C'EST-À-DIRE LES MOUVEMENTS INTERNES (de la croûte terrestre) ; IL Y A AUSSI L'INFLUENCE DES ÉNERGIES DU COSMOS, C'EST-À-DIRE L'INFLUENCE DES PLANÈTES ET DES ÉTOILES, ET DES RELATIONS INTERSTELLAIRES. C'EST CELA QUI PROVOQUE DES RÉACTIONS SUR LES ÉLÉMENTS TERRESTRES, (AUTREMENT DIT, LA TERRE, L'AIR, LE FEU ET L'EAU), EN RENOUVELANT LES COMBINAISONS

ENTRE CES ÉLÉMENTS, CE QUI SE TRADUIT PAR UNE ACTIVITÉ SÉISMIQUE[1]. »

(Lecture 270-35, janvier 1934)

Cayce met donc nettement en cause l'influence des astres, sans cesser de rappeler que ce ne sont pas les étoiles qui sont « coupables » — mais nous autres humains, et cela dans tous les cas ! Il ne cesse jamais de rappeler que le facteur humain est déterminant :

« QUANT AUX BOULEVERSEMENTS FUTURS, ILS SONT INDIQUÉS NON SEULEMENT PAR LES PROPHÉTIES, MAIS AUSSI PAR LES ASPECTS ASTROLOGIQUES. ILS SONT ÉGALEMENT PRÉVISIBLES D'APRÈS L'ATTITUDE, LES OBJECTIFS DES PERSONNES ET DES GROUPES IMPORTANTS, QUI PROVOQUENT LES CRISES QUI ÉCLATERONT LORSQUE LES TEMPS SERONT MÛRS. ».

(Lecture 1602-5)

On peut donc penser qu'il y a une interaction entre les hommes, la Terre et les astres.

Les scientifiques intelligents commencent à donner raison à Cayce. Par exemple, les Prs Gribbin et Plagemann, distingués universitaires issus de Cambridge, qui collaborent avec la N.A.S.A., ont publié en 1975 un livre *L'Effet Jupiter*, dans lequel ils disaient qu'à leur surprise, bien des savants ont dû constater que les astrologues n'avaient pas tellement tort : certains alignements planétaires semblent, pour de très solides raisons scientifiques, affecter les mouvements de la Terre, allant même, disent-ils, « jusqu'à provoquer des séismes ». Et d'en apporter comme preuve une comparaison statistique des grands tremblements de terre connus, avec les positions planétaires aux dates correspondantes.

Une étude de la N.A.S.A., menée par ces deux auteurs, soutient la thèse que les conjonctions Jupi-

1. Ou « SISMIQUE », l'un et l'autre se dit ou se disent...

ter-Neptune correspondraient à une activité séismique accrue. D'autres auteurs, comme le Pr R. Tomascheck, de Munich, accusent plutôt Uranus. Dans une étude parue dans la revue *Nature*, en 1960, il avait noté que beaucoup de grands séismes s'étaient produits alors qu'Uranus passait au méridien (Milieu-du-Ciel en astrologie) : « Sur un total de 134 séismes étudiés, on a trouvé une forte proportion de cas où Uranus transitait le méridien du lieu de l'épicentre. »

En astrologie, Uranus régit tout ce qui est rapide : la foudre, le courant électrique, l'intuition, etc. Et quand il est mal aspecté, tout ce qui est brutal : les explosions, les catastrophes imprévues, la révolution... tout ce qui éclate dans un ciel d'orage sans crier gare ! Il est dans la logique astrologique qu'Uranus exerce une influence sur le magnétisme terrestre. L'inquiétant, c'est que nous entrerons bientôt dans l'« Ère du Verseau » (notion astronomique que j'ai expliquée longuement dans *L'Astrologie karmique*, page 51[2]). Or, les astrologues associent Uranus et le Verseau, considérés comme étant tous deux, le signe et la planète, de même nature vibratoire. Mêmes caractéristiques, mêmes effets. L'entrée dans l'« Ère du Verseau » (lorsque le Soleil se lèvera dans ce signe, à l'équinoxe de printemps le 21 mars) risque de se signaler par des événements brutaux. Événements inattendus... mais pas pour Cayce :

« COMME NOUS L'AVONS DÉJÀ DIT, L'INFLUENCE DE JUPITER ET D'URANUS SUR LES ÉVÉNEMENTS MONDIAUX SERA À SON MAXIMUM AUTOUR DU 15 OCTOBRE PROCHAIN ET JUSQU'AU 20. »

On était alors en août 1926, mais la prédiction va bien au-delà :

2. Robert Laffont.

« ON PEUT S'ATTENDRE, À CETTE DATE-LÀ, NON SEULEMENT SUR LE PLAN INDIVIDUEL, MAIS COLLECTIF, DANS DIFFÉRENTES PARTIES DU MONDE, À DES CRISES DESTRUCTRICES. DANS LES AFFAIRES HUMAINES, BIEN DES PROBLÈMES VONT SURGIR, QUI PARAÎTRONT TRÈS, TRÈS ÉTRANGES AUX GENS D'À PRÉSENT. ET CELA AUSSI BIEN EN MATIÈRE DE RELIGION QUE DE POLITIQUE OU DE MORALE. ON ESSAIERA DE TOUT CHANGER, DE PRENDRE D'AUTRES ORIENTATIONS, VOYEZ-VOUS ? »

(Lecture 195-32)

... Non, le petit groupe des amis de Cayce ne voyait pas ! Les questions qu'ils ne cesseront de poser tout au long de l'année sont d'une candeur désarmante. Si Cayce leur avait parlé du Sida, de la drogue, de la pilule et des extra-terrestres, les pauvres chéris, ils ne s'en seraient jamais remis ! Cayce, ne voulant pas les affoler, fait comme Nostradamus et entoure ses prophéties d'un certain flou artistique. Cette fois, il continue, avec davantage de précisions, et toujours en jouant sur les deux plans, le futur proche et le futur lointain :

« IL Y AURA DE VIOLENTS OURAGANS, DEUX TREMBLEMENTS DE TERRE, L'UN EN CALIFORNIE, L'AUTRE AU JAPON, SUIVIS DE TSUNAMIS, DONT L'UN DANS LE SUD DES ÎLES VOISINES DU JAPON. »

(Lecture 195-32, août 1926)

Pour le futur immédiat, ces dernières prédictions se sont révélées très exactes. Il y eut beaucoup de tempêtes cet automne-là, surtout au-dessus de l'Atlantique. Le 20 octobre, un ouragan comme on n'en avait jamais vu s'abattit sur Cuba, y ravageant tout sur son passage. Le 22 octobre, la Californie fut secouée par un tremblement de terre de force 8 ; et les 19 et 20 du même mois, le Japon avait été touché par trois tremblements de terre de force moyenne — mais suivis de ces immenses vagues solitaires que l'on appelle des « tsunamis ». Ceux-ci, dont nous reparlerons, sont des raz de marée déclenchés par les secousses sous-marines. Ils se propagent d'un bout à l'autre du Pacifique, noyant les riverains lorsqu'ils arrivent sur les côtes. Bref, Cayce avait vu tout à fait juste deux mois à l'avance.

Pour le futur lointain, Japon et Californie sont justement les deux pays du monde qui sont les plus menacés par les séismes : Cayce dira dans d'autres lectures qu'ils risquent même de disparaître en grande partie.

La planète Mars jouerait un rôle dans le déclenchement des tremblements de terre : lorsque ceux-ci se produisent, la planète prend un aspect anormal : sa couleur rouge est plus intense, sa marche différente.

Si l'on en croit Cayce et les scientifiques cités, il risque d'y avoir un mauvais moment à passer le 5 mai 2000. Le ciel de ce jour-là se présente ainsi : 6 planètes dans le signe du Taureau : Soleil, Lune, Mercure, Vénus, Jupiter, Saturne — à quoi s'ajoute Mars en conjonction proche, au début du signe suivant, les Gémeaux. Autrement dit, un amas planétaire de 7 corps célestes ! Tout devrait aller pour le mieux, puisque le Taureau est une gentille petite bête des champs, paisible comme tout. Seulement voilà, il ne faut pas le contrarier, le Taureau, sinon il risque de se fâcher ! Et même (c'est la tradition grecque qui le dit) de se tranformer en Minotaure (le monstre qui se nourrissait de jeunes gens...). Or, comme dans le ciel du 28 avril 1941, que nous verrons plus loin, les planètes en Taureau seront, le 5 mai 2000, fortement contrariées : elles recevront un carré de Neptune et du terrible Uranus situés ce jour-là dans le signe du Verseau. Cela risque de faire un « big bang » dont nous ne pouvons manquer de ressentir les effets (si nous sommes encore là !). Ce n'est plus dans très longtemps, à l'heure où j'écris ces lignes, en 1988, il n'y a plus que douze ans à attendre...

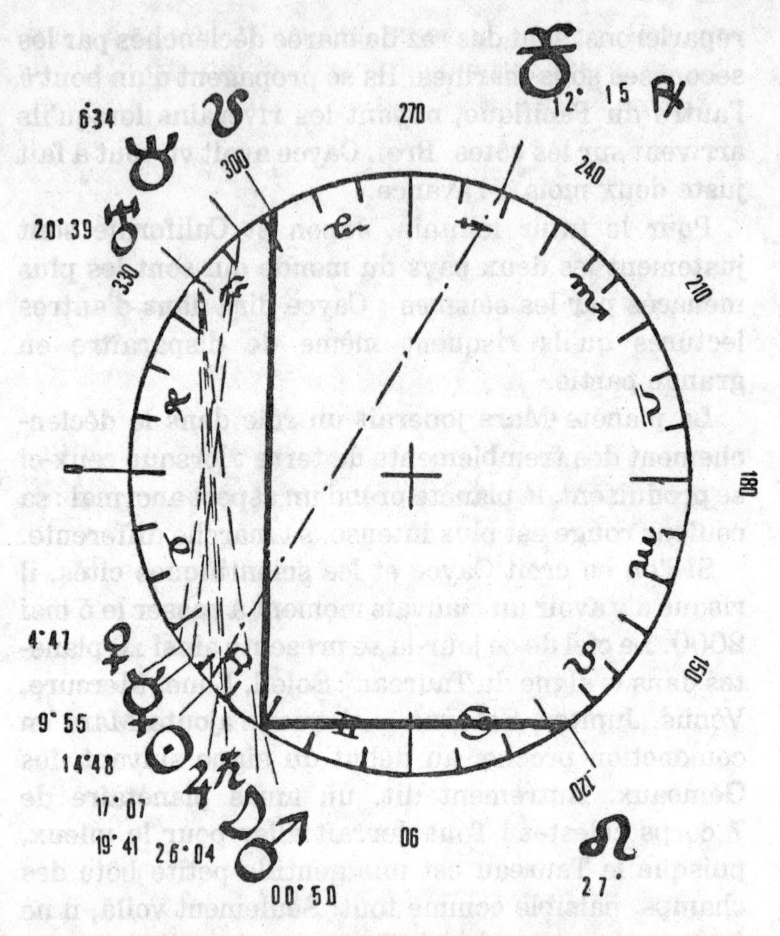

POSITIONS PLANÉTAIRES DU 5 MAI 2000

LE CIEL NE NOUS TOMBERA SUR LA TÊTE QUE SI NOUS LE VOULONS BIEN

C'était la seule chose que craignaient les Gaulois... qui n'étaient pas si fous que ça ! Depuis les photos des Kirlian, on a pris conscience du fait que les êtres vivants émettaient un rayonnement. Mais cette découverte scientifique n'apprend rien de bien nouveau aux ésotéristes, qui, d'une part, connaissaient l'existence de l'aura (que l'on peut voir sans appareil kirlian, je veux dire à l'œil nu)[3], et qui, d'autre part, estimaient que l'activité mentale de l'Homme, sa pensée, émettent des ondes qui peuvent être d'une puissance extrême. Peut-être découvrira-t-on bientôt (ou rendra-t-on publiques des découvertes scientifiques faites depuis longtemps déjà...) que la pensée crée un champ électro-magnétique. Ce serait l'explication de la « main verte ». Certes, tous les jardiniers utilisent leurs mains pour faire pousser leurs plantes. Or certains y mettent non seulement la main, mais la tête ! Suffisamment d'expériences ont été faites maintenant pour faire reconnaître cette évidence : ceux qui parlent à leurs plantes en obtiennent des résultats bien meilleurs (cf. *La Vie secrète des plantes*, de Peter Tomkins et Christopher Byrd, Éd. Robert Laffont).

La pensée positive du jardinier a donc un effet quasi magique sur la croissance de son rosier... Cayce suggère que ce qui marche pour le rosier marche aussi pour la Terre. Dans chaque lecture, ou presque, il essaie de nous ouvrir les yeux sur le fantastique outil qu'est notre pensée. Il nous supplie, dans chaque lecture également, de n'avoir QUE des pensées positives et optimistes. Les autres, les pensées négatives, ont un impact terrible sur les hommes, et aussi sur le monde de la matière. Des milliers de pensées qui vont dans le même sens créent un « égrégore », positif ou négatif, qui peut faire marcher une montagne, réveiller un volcan, créer un incendie... Comment faire ? On peut considérer la prière sincère (et assortie d'actes allant dans le même sens) comme une forme efficace de pensée positive.

Voici quelques lectures très claires :

DEPUIS LA VENUE DU FILS DE L'HOMME SUR LA TERRE, QUI S'EST FAIT L'AVOCAT DE L'HUMANITÉ AUPRÈS DE SON

3. La plupart des gens peuvent y parvenir après quelques exercices (voir en fin de volume des renseignements pratiques sur les ateliers de lecture d'aura organisés par l'association *Le Navire Argo*).

PÈRE, IL Y A UNE PUISSANCE QUI PEUT EMPÊCHER LA PLUPART DES CATASTROPHES ANNONCÉES DE SE PRODUIRE. CES CATASTROPHES POURRAIENT VENIR COMME UNE RÉTRIBUTION (karmique) AFIN D'ACCOMPLIR LA LOI D'ÉVOLUTION, AU NIVEAU DES RELATIONS ENTRE LE MONDE DE LA MATIÈRE ET LA PENSÉE HUMAINE... »

(Lecture 1602-5)

J'ai très largement expliqué dans les tomes I et II de *L'Univers d'Edgar Cayce* (Éd. Robert Laffont) le principe des karmas collectifs tels qu'ils sont définis par Cayce. Je ne reviendrai donc pas là-dessus, sinon pour rappeler que les karmas douloureux ne sont pas absolument obligatoires : la loi d'évolution karmique (« dent pour dent, œil pour œil) peut être remplacée par la « Loi de Grâce ». Si la personne (ou le groupe de personnes) voulait bien comprendre la leçon karmique, l'événement douloureux — prévu par le karma — ne serait plus nécessaire. C'est ce que dit Cayce dans le passage ci-dessus. Mais continuons la lecture :

« CEUX QUI, COMME L'ENTITÉ (autrement dit la personne pour qui est donnée la lecture), ONT PU ENTREVOIR COMMENT SE FAIT LA POLITIQUE NATIONALE ET INTERNATIONALE, ET ONT PRIS CONSCIENCE DES DÉGÂTS QU'ELLE INFLIGE À NOTRE MÈRE LA TERRE, S'INTERROGENT SUR LES PROPHÉTIES. EXISTE-T-IL DES GROUPES OU DES INDIVIDUS QUI ONT EU — (ET AURAIENT ENCORE) — LE POUVOIR D'EMPÊCHER LES CATASTROPHES ANNONCÉES, CONCERNANT NOTRE TERRE ?

ENCORE UNE FOIS, L'INTERPRÉTATION DES SIGNES ET DES PRÉSAGES EST UNE EXPÉRIENCE PERSONNELLE. À CHAQUE ENTITÉ EST DONNÉ LE PRIVILÈGE, ET LA POSSIBILITÉ, D'AGIR, ELLE PEUT INTERPRÉTER LES PRÉDICTIONS POUR AIDER SES FRÈRES À TROUVER L'ESPOIR — ET NON LA PEUR ; LA PAIX — ET NON LA HAINE ; UNE MENTALITÉ CONSTRUCTIVE ET NON DESTRUCTIVE. »

(Lecture 1602-5)

Les prophéties ne sont pas données pour terroriser. Elles doivent être prises au sérieux — mais calmement, et constructivement, selon notre vieux proverbe des familles : « un homme averti en vaut deux » (un peu macho, le proverbe : il me semble à moi qu'une femme avertie en vaudrait trois : elles sont souvent plus courageuses !).

Donc, les prophéties ne sont ni à mépriser, ni à négliger. C'est ce que les gens ont du mal à comprendre. Elles sont seulement un stimulant, qui appelle à travailler sur soi-même. Mais le public préfère les catastrophes — comme dans le Bas Empire : du pain et des jeux ! (Comptez, par exemple, le nombre de spectateurs qui traînent lorsqu'il y a un accident... Même pas pour appeler le S.A.M.U., ni pour proposer leurs services aux gendarmes ! Non, juste pour avoir leur ration d'hémoglobine.) Toute une presse « à sensation » — le marché de l'angoisse — exploite cet instinct morbide. Ses lecteurs vont certainement trouver leur pâture dans les années qui viennent : guerre et cataclysmes ne manqueront pas, et des morts par milliers, c'est sûr. Mais ceux qui s'en réjouissent aujourd'hui seront ceux qui en feront les frais : ayant pactisé sournoisement avec les forces de destruction, ils en seront les premières victimes. Tandis que ceux qui auront, au contraire, réagi de toutes leurs forces, en pensée et en acte, contre ces forces noires, en eux-mêmes et à l'extérieur, seront aussi ceux qui passeront entre les orages. Ils survivront... et reconstruiront, puisqu'ils portaient en eux une mentalité créatrice. Cela, tous les voyants le disent : non seulement Cayce, bien sûr, mais tous les messages que nous recevons depuis longtemps : ceux de Findhorn, de la Salette, de Kérizinen, de Marie-Julie Jahenny, de San Damiano, d'Arthur Ford, de Germana Grosso[4], etc.

J'en citerai quelques-uns. Par exemple, celui de

4. Voir bibliographie à la fin du livre.

Christophe, un jeune homme mort à vingt-deux ans, en 1978, d'un accident de voiture, qui dit à ses parents, quelques mois après sa mort :

« Les événements qui arrivent sont excessivement importants et ont une répercussion très grande sur l'ensemble du globe (...) Mais du jour et de l'heure où vous formulerez des affirmations mentales de pouvoir positif et constructif, par la pensée créatrice, vous n'aurez rien à redouter. »

(Christophe, *Paroles de Lumière,*
Éd. F. Lanore, 1987, p. 30)

Et plus loin :

« Oui, à partir de certaines dates, il y a des configurations astrologiques qui prédisposent à des transformations. Mais ce n'est pas parce que des planètes se sont trouvées dans leur orbite, placées en ligne directe sur certains plans, et dans certains calculs, qu'il faut en conclure que la Terre s'abîme dans un ouragan de feu, de flammes et de pluies diluviennes.

A partir de certaines dates, à partir de certaines dimensions ultra-terrestres, il y a des projections de forces nouvelles qui se font, mais cela peut se produire sur des années et des années. Incontestablement, il y aura des tremblements de terre, des raz de marée, des troubles atmosphériques de toutes sortes, des anéantissements de villes, des glissements de terrain. Mais savez-vous quand ils se produiront ? Nous-mêmes, du plan de l'invisible lumière, nous ne le savons pas — Nous le voyons sur des écrans mystérieux, à nos dimensions, mais nous ne pouvons pas vous en dire les dates. »

(*Opus cité*, p. 36)

Voici ce que disent les messages reçus en 1980,

par David Spangler à Findhorn, en réponse à la question :

Quels dangers voyez-vous pour les années 80 ?

«Beaucoup de fascination vaine, de spéculation, de goût du drame, de peur, et de désir de distraction, expliquent l'intérêt que tant de gens portent aux prédictions du futur, et plus particulièrement à celles ayant trait aux guerres et aux destructions. Ils pensent souvent que ces phénomènes arriveront "là-bas", et non à eux-mêmes — ou alors ils veulent savoir ce qui va arriver, afin de pouvoir se mettre à l'abri.

Cependant, je peux dire en toute certitude qu'il n'existe aucun endroit dans le monde, où qui que ce soit puisse être à l'abri. Les dangers et les épreuves ne sont pas "physiques". Où irez-vous pour vous libérer du cri intérieur de l'humanité réclamant aide et soulagement ? Où irez-vous pour vous mettre hors d'atteinte des toxines psychiques de la peur et du désespoir ? En vérité, il n'existe qu'un seul endroit (...) qui est l'alignement avec Dieu et avec l'Esprit (...).

Si je prédis l'arrivée de certains événements dans le futur, votre attention se portera sur eux. Mais il n'est pas possible de tout prédire, je ne peux pas vous dresser un calendrier quotidien ou mensuel des catastrophes (...). Nous préférons que vous cultiviez une conscience sensible à votre alignement intérieur sur l'Esprit, qui vous donnera l'apaisement, la sérénité, l'équilibre, la capacité d'affronter des épreuves venant de n'importe quelle direction (...) L'Univers travaille avec nous et pour nous. Il n'est pas notre ennemi. Concentrez-vous sur ce qu'il y a de bon dans l'Univers, et vous pourrez relever les défis du futur (...) Nous vous voyons entraînés par des courants de désespoir et hypnotisés par le danger. Nous ne diminuerons pas votre sens de ce que vous devez faire pour améliorer le monde. Mais nous augmenterons la perception de votre sécurité, de votre protection et de votre unité internes. Si vous ne trouvez pas la force et la joie intérieures, vous risquez de voir apparaître vos rêves les plus terribles. La décennie qui s'écoule actuellement vous mettra à l'épreuve en tant qu'êtres humains, sur tous les plans de votre existence : physique, émotionnel, spirituel, économique, social et politique. Cependant, au sein de ces phénomènes, se révéleront un nombre croissant de personnes qui resteront non touchées, qui seront des sources de protection, de sécurité (...) Ces personnes seront celles qui (...) proclameront qu'il reste de l'espoir et que le futur peut être recréé à l'image du divin. La responsabilité et la difficulté que les disciples de la lumière ont à affronter consistent à s'aligner avec cet effort créatif, à le communiquer, à le développer, à le partager, et à le démontrer (...) Cet Esprit Universel que j'appelle le Christ déverse son Esprit illimité sur tous les peuples de la Terre, et sur notre monde pris dans son unité. Il ne dépend que de nous de mettre cet Esprit à exécution, dans les actes, les pensées et les relations (...)

En fin de compte, tous les êtres humains sont des alliés dans l'unique combat contre la peur et l'inertie (...) Lorsque vous rencontrerez les épreuves des années à venir (...) souvenez-vous de la présence de l'Esprit. Nous sommes avec vous en tant que co-créateur. Nous considérons l'Esprit qui est en vous avec respect, amour et joie, car nous savons que c'est cet Esprit qui transformera votre monde. »

(Messages de « John » à David Spangler en 1979-80, dans *Lumière vers 1990*, Éd. Le Souffle d'Or, chapitre 3)

DE RÉCENTS MESSAGES D'EDGAR CAYCE

Il est certain qu'il y a aussi à l'heure actuelle sur le plan astrologique, comme le disait Cayce, des configurations inquiétantes. Dans la même série de messages, voici celui qu'a transmis Cayce aux parents de Christophe par l'intermédiaire du médium :

« LES ONDES DE LA TERRE SONT TRÈS LOURDES À L'HEURE ACTUELLE, LES VIBRATIONS SONT ÉPOUVANTABLES. (...) IL Y A DE TRÈS BELLES MANIFESTATIONS, DE TRÈS BONNES ENVOLÉES, MAIS IL Y A TOUJOURS CES HORREURS ET CES VIOLENCES, SOUS PRÉTEXTE DE RELIGION ET DE SPIRITUALITÉ, C'EST CELA QUI EST TERRIBLE. ALORS NOUS VEILLONS, ET FAISONS EN SORTE QUE LES CHOSES AILLENT LE MIEUX POSSIBLE, ET SURTOUT QUE LES ÊTRES SE CALMENT. (...) LES VARIATIONS DE LA TERRE VONT S'ACCÉLÉRER DE 1992 À 1998, ET D'IMMENSES CHANGEMENTS VONT S'OPÉRER. »

(Edgar Cayce à Christophe ; *op. cit.*, p. 93)

Ailleurs, Christophe dit encore :

« Edgar Cayce a annoncé des événements très douloureux, très importants et très graves pour les années qui vont venir. Mais ne soyez pas anxieux, ne soyez pas inquiets : s'il y a une chose dont vous devez vous défaire dans cette vie présente, ici même, et maintenant, à l'instant, c'est la peur et l'angoisse, la peur du lendemain, la peur des événements, la peur de manquer, la peur de la maladie, la peur pour les uns et les autres. »

(*idem*, p. 14)

Les messages ont été pris par un médium que je connais bien, et qui m'en a souvent, personnellement, transmis, qui venaient d'Edgar Cayce — comme celui-ci. Pour moi, il est évident que Cayce continue son œuvre au-delà de la « mort », et qu'il cherche par tous les moyens à nous aider. Je connais plusieurs autres médiums qui reçoivent des messages de lui[5]. Certains crieront à l'imposture. Mais regardez donc la teneur des messages : s'il sont cohérents avec ce que Cayce disait de son vivant, et si le médium est quelqu'un de profondément honnête et compétent, pourquoi les refuser ? Cayce, dans les lectures, ne cessait en effet de mettre en garde ses auditeurs contre la peur. Il recommandait, comme remède à celle-ci, ... la prière (ça n'est pas nouveau, mais ça marche !).

De son vivant, Cayce ne prétendait déjà nullement être le seul médium valable. Il avait encouragé son entourage à faire appel à d'autres, qu'il appelait, comme il se qualifiait lui-même, des « CANAUX » (d'information) :

> « COMME NOUS L'AVONS SOUVENT DIT, LES CANAUX, LES SOURCES D'INFORMATION, SONT ILLIMITÉS. CES PERSONNES FERONT DU BON TRAVAIL À CONDITION DE NE PAS PROJETER LEUR PERSONNALITÉ INDIVIDUELLE, CE QUI DEVIENDRAIT UNE PIERRE D'ACHOPPEMENT. »
>
> (Lecture 254-53)

C'est évidemment l'un des grands obstacles à ce travail très méconnu du médium : faire abstraction de sa personnalité, de ses émotions, être le « canal » le plus fidèle possible. Mais ne demande-t-on pas la même chose à un médecin, à un psychologue, à un juge ? Cela s'appelle l'objectivité !

5. Plusieurs médiums professionnels de notre Association, y compris moi-même, se sont spécialisés dans le contact avec les esprits désincarnés (« Le Navire Argo », B.P. 674-08, 75367 Paris Cedex 08).

AURONS-NOUS PLUS DE CHANCE QU'ABRAHAM ?

C'est une histoire que Cayce adore, et qu'il cite tout le temps : la destruction de Sodome et Gomorrhe dans la Genèse (XVIII, 16). L'Éternel annonce à Abraham qu'il va détruire Sodome à cause de ses péchés. Abraham intercède en disant : *«Peut-être y a-t-il cinquante justes dans la ville. Vas-tu vraiment les supprimer avec les pécheurs ? Ne pardonneras-tu pas à la cité au nom des cinquante justes qui sont dans son sein ?»* L'Éternel répond : *« Si Je trouve cinquante justes dans Sodome, je pardonnerai à toute la ville à cause d'eux. »* Abraham s'enhardit, et monte les enchères : *« Et si tu ne trouvais que quarante-cinq justes ? » « Que trente justes ? » « Que dix justes ? »* Et l'Éternel répond : *« Je ne la détruirai pas à cause de ces justes. »* Malheureusement, la suite du récit montre qu'il n'y avait même pas « dix justes » dans la pauvre cité, qui sera détruite. Cette histoire biblique, que je trouve très belle, est à relire et à méditer : chaque citoyen a donc la possibilité d'être l'un des justes pour qui Dieu épargnera la ville.

« AINSI, CHEZ CEUX QUI SONT À L'ORIGINE DE LA CRISE (Cayce parle en 1933, où l'Amérique se débat dans d'énormes problèmes économiques), QUI EN SONT RESPONSABLES, IL Y A CONVOITISE ET ÉGOÏSME. VOILÀ CE QUI MARQUE NOTRE VIE NATIONALE, VOILÀ CE QUE LES GENS ONT DANS LA TÊTE.

NE PENSEZ SURTOUT PAS : "OUI, C'EST BIEN VRAI POUR LE VOISIN." MAIS SI C'EST VRAI POUR JIM, POUR TOM, POUR MONSIEUR TOUT-LE-MONDE DANS SA VIE QUOTIDIENNE, C'EST VRAI POUR CEUX QUI ONT ÉTÉ MIS À DES POSTES DE RESPONSABILITÉ. C'EST VRAI POUR LES RICHES ; OUI, CE SONT LES OPPRESSEURS... MAIS REGARDEZ DONC DANS VOTRE PROPRE CŒUR : N'AVEZ-VOUS PAS FAIT COMME EUX ? IL A POURTANT ÉTÉ ÉCRIT : "ET MÊME S'IL

N'Y AVAIT QUE DIX JUSTES, À CAUSE DE CEUX-LÀ, LA VILLE POURRAIT ÊTRE ÉPARGNÉE.". »

(Lecture 3976-14)

Lors d'une question posée à Cayce sur l'avenir de l'Europe, en 1932, que l'on pressentait sombre à cause de la montée du nazisme, il répondit que cela dépendait :

« DES PRIÈRES ET DES SUPPLICATIONS DE CEUX QUI PEUVENT PRIER COMME (...) ABRAHAM (en disant à l'Éternel) : "ET S'IL Y AVAIT CINQUANTE FIDÈLES, SERAIT-ELLE ÉPARGNÉE ? ET S'IL Y EN AVAIT DIX, SERAIT-ELLE ÉPARGNÉE ?". AINSI, L'ESPOIR DE L'EUROPE REPOSE-T-IL SUR VOUS, AUJOURD'HUI, DANS VOTRE FOYER. PAS DANS LES MÊMES CIRCONSTANCES, MAIS D'UNE MANIÈRE ANALOGUE À CE QUI S'EST PASSÉ POUR LOT ET LES GENS DE SODOME ET GOMORRHE. »

(Lecture 3976-8)

Il est encourageant de voir que Cayce considère qu'Abraham, c'est un peu tout le monde, vous, moi... toute personne de bonne volonté ! Dans ses cours de catéchisme du dimanche matin, Cayce commentait les grandes figures bibliques (c'était le Cayce à l'état éveillé !). Il puisait dans son intuition et dans sa connaissance très profonde de la Bible, qu'il relisait chaque année en entier, pour donner une analyse perspicace du personnage d'Abraham.

Ce patriarche, disait-il, était loin d'être un petit saint... Par exemple, une histoire qui n'est pas à son honneur, où il se révèle lâche et menteur, est celle où il fait passer sa femme pour sa sœur auprès du Pharaon, ce qui entraîne un désastre (Genèse XVII, 10).

Nous qui ne sommes pas parfaits non plus, nous pouvons tout de même imiter Abraham dans sa confiance en la bonté de Dieu, avec une chance de succès !

Il y a deux ans, j'animais des groupes de prière et

de guérison, dans le quartier de la Bastille, à Paris. J'arrive le matin au lieu du rendez-vous : catastrophe ! Une « manif » se préparait boulevard Beaumarchais. Un haut-parleur diffusait des slogans et des chansons, juste sous les fenêtres du salon où avait lieu notre réunion. J'étais accablée. Je dis à Cayce : « Je t'avais pourtant demandé quel jour choisir. C'est toi qui m'as donné la date d'aujourd'hui. Comment veux-tu prier dans ce vacarme ? Avec ces slogans braillés sous nos fenêtres ? Les hurlements de centaines de manifestants ? » Mais il était trop tard pour prévenir mes participants, dont certains venaient de province. Désespérée, je commençai à leur expliquer comment on peut intégrer les bruits de façon à ne plus les entendre.

Durant l'heure de méditation, j'entendis une voix claire me dire : « C'est exprès que je t'ai fait choisir ce jour-ci, précisément. Il fallait que les émotions violemment négatives de la rue soient compensées par la prière sereine d'un petit groupe de gens de bonne volonté. » Après les trois heures de silence, occupées par la méditation, la prière et la guérison, nous parlons pour raconter ce que nous avons ressenti. Ayant demandé aux participants d'accepter mes excuses pour ces conditions de travail impossibles, quelle ne fut pas ma surprise de m'entendre répondre : « Le bruit ? Les slogans ? La musique ?... Oh, c'était très peu de chose, ça ne nous a pas dérangés. » — « Comment, avec tous ces décibels qui secouaient les vitres, vous n'avez rien entendu ? » — « Non, ou à peine », fut la réponse de mes dix-sept participants. J'étais sidérée.

Alors je leur racontai mon dialogue avec Cayce et sa réponse. La moitié des participants au moins déclarèrent qu'ils avaient entendu intérieurement la même phrase. Tous me dirent qu'ils avaient prié pour que les problèmes exposés par les manifestants soient réglés au mieux. Tous dirent qu'ils étaient profondément heureux d'avoir pu aider, par leur prière, à apaiser les haines sociales. Et pour moi, quelle leçon !

Je ne voudrais pas terminer ce chapitre sans ajouter une très, très belle histoire. Il s'agit d'un témoignage paru dans une sorte de bulletin paroissial, comme il s'en publie tant aux États-Unis — et qui est tombé sous mes yeux, alors que j'étais là-bas, au début des années 80. C'était une modeste ménagère américaine qui racontait ce qui lui était arrivé quelques mois auparavant. Elle habitait en Californie, une petite ville appelée « Coalinga », dans l'arrière-pays de San Francisco, et qui tirait son nom d'une mine de charbon (« coal »). Une ville de moins de trente mille âmes, si mes souvenirs sont exacts. La petite dame participait régulièrement à un groupe de prière, dont la pratique l'avait rendue attentive à la « voix intérieure », qui se manifeste à nous (parfois même très extérieurement). Un soir, au moment de se coucher, elle entendit une voix forte qui lui dit : « Pas question. Relève-toi, et va prier dans les rues de la ville ». La voix se faisant de plus en plus pressante, elle se décida à se rhabiller, et à sortir. (Non sans mérite : car, à cette époque, dans les rues américaines, on ne « marchait » pas — et surtout pas la nuit, et surtout pas une femme seule : combien de fois me suis-je fait arrêter ainsi par la police, qui me demandait « pourquoi » je marchais ? A cause de l'insécurité, cela ne se faisait pas du tout en Amérique — même dans une ville de province comme Virginia Beach : on prenait sa voiture pour faire vingt mètres, ou alors on « courait », oreilles casquées sur rock de fond... Mais « marcher », pas question !) Revenons à notre ménagère californienne. En sortant de sa maison, la voix — très directive — lui dit : « Tu vas prendre cette rue, puis celle-là ensuite, etc., et tu vas prier pour chaque maison, à droite et à gauche. » Ce qu'elle fit bravement ! La voix la fit courir ainsi toute la nuit, selon un itinéraire précis. A l'aube, elle s'entendit dire : « Ça va, tu peux rentrer te coucher. » La dame n'était pas sitôt dans son lit... qu'un tremblement de terre secoua la maison. Et vous savez, en Californie, ça peut être terrible (le tremblement de terre de San Francisco en 1906 fit 700 morts — uniquement parce que la ville était très peuplée à cette époque !). Comme toujours dans ces cas-là, la ville entière se retrouve dehors en pyjama, toutes classes sociales confondues. Lorsque les secousses et les grondements eurent cessé, on évalua les dégâts : il n'y avait pas un mort. Pas un ! Beaucoup de maisons s'étaient écroulées, mais sans tuer qui que ce soit : le miracle ! Dans la semaine qui suivit, la petite dame retrouva son groupe de prière. Et là, surprise : deux autres personnes racontèrent qu'elles aussi avaient trotté toute la nuit sur les ordres de la voix. Ainsi, les vies humaines avaient été protégées par la prière de trois personnes... Réconfortant, non ?

Je pense souvent à cette histoire en marchant dans les rues de Paris, la plus belle ville du monde, pour moi, — et la plus menacée : tant de prophéties ont annoncé sa destruction ! Mais, si nous sommes nombreux à prier pour notre ville, peut-être arriverons-nous à la sauver, totalement ou en partie ?

Le 23 juin 1940, soixante-quatre personnes étaient rassemblées à Virginia Beach pour le neuvième congrès annuel de l'A.R.E. C'était le début de la Seconde Guerre mondiale ; et, devant l'agressivité hitlérienne, l'Amérique se demandait si elle n'allait pas, elle aussi, à son tour, être envahie. On demanda une lecture à Cayce là-dessus. Voici sa réponse :

> « SI LES SOIXANTE-QUATRE PERSONNES RÉUNIES ICI SE METTENT EN PRIÈRE, ET VIVENT EN ACCORD AVEC CETTE PRIÈRE, ELLES PEUVENT ÉVITER À L'AMÉRIQUE D'ÊTRE ENVAHIE — SI C'EST ÇA QUE VOUS VOULEZ ! »
>
> (Lecture 3976-25)

L'Amérique n'a pas été envahie... mais je sais que les soixante-quatre personnes prirent très au sérieux ce qu'avait dit Cayce. On en parlait encore à Virginia Beach, quarante-cinq ans après...

LA FIN DES TEMPS

L'ensemble des prophéties que je vais citer dans ce livre (celles de Cayce et des autres voyants) concerne une période que la Tradition Prophétique appelle *la Fin des Temps*, ou *les Grands Événements.* Nous avons derrière nous, en Europe, au moins quinze siècles de prophéties locales — qui disent à peu près toutes la même chose. Le mouvement prophétique continue (par exemple avec Marthe Robin, que j'ai très souvent consultée) à notre époque. Nous avons également, bien sûr, la Bible, plus Cayce. Nous avons encore, pour ceux qui aiment l'exotisme, les traditions sacrées d'autres peuples : indiennes (de l'Est et de l'Ouest), arabes, tibétaines, chinoises, etc. Toutes ces traditions se recoupent, et désignent un « tournant » dans l'histoire de la Terre. Il s'agit d'une époque charnière où de grands bouleversements viendront modifier — pour les améliorer — les conditions d'existence de l'Homme. La « Fin des Temps » n'est pas la fin du Monde, précisent nombre de voyants.

Voici, d'après Éric Muraise, grand spécialiste en la matière[6], comment le Moyen Age catholique voyait la « Fin des Temps », en fonction des signes précurseurs :

1 : Libération de Satan
2 : Persécution des Chrétiens
3 : Attaques contre l'Église
4 : Apparition de faux prophètes

6. Voir bibliographie.

5 : Amplification des guerres et des bruits de guerre

6 : Amplification des séismes et des épidémies

7 : Prédication mondiale des Évangiles

8 : Rassemblement et "conversion" d'Israël

9 : Temps fugitif de paix universelle

10 : Défection au sein de l'Église

11 : Abomination et désolation dans le sanctuaire, avec l'Antéchrist

12 : Début de l'Apostasie générale.

Bien que les termes employés soient très « catho-catho » (c'est ainsi que s'exprimaient les milieux traditionalistes au XIXe siècle), les voyants modernes, catholiques ou non, disent en substance la même chose, avec d'autres mots. Cette classification moyenâgeuse de la « Fin des Temps » reposait sur le Livre de Daniel, et certains passages d'Isaïe, Amos, Joël, Osée et Michée, ainsi que sur le Nouveau Testament (évangélistes, Apocalypse de Jean, Épîtres de Paul) — et sur les visions des mystiques.

A Amsterdam, la *Dame de tous les peuples*[7] disait récemment : *« Beaucoup de choses adviendront en ce siècle, dont vous serez encore les témoins... Voici venir de grands événements. Vous, jeunes, serez les témoins de grands changements » (31 mai 1955).* Auparavant, elle avait précisé : *« De grands événements à l'échelle du monde se préparent (...) On saura que Je suis la Dame de tous les peuples quand de grandes puissances s'écrouleront et que des conflits politiques et économiques éclateront. Pense aux faux prophètes. Observe les météores. Il y aura des désastres de la Nature »* (20 mars 1953) *« Avant que ne vienne l'an 2000, bien des choses changeront dans l'Église et la communauté »* (chrétienne ou européenne ?)

Dans ces « grands changements » que Cayce an-

7. Raoul Auclair, *La Dame de tous les peuples*, Nouvelles Éditions Latines, Paris, 1981.

nonce lui aussi, comme un écho lointain des apparitions d'Amsterdam, il y aura toujours une protection pour ceux qui croient en Dieu :

> « LES TEMPS SONT PROCHES OÙ ARRIVENT CES CHANGEMENTS QUI ACCOMPAGNERONT LE NOUVEL ORDRE DES CHOSES. »
>
> (Lecture 3976-18)

> « À QUOI VOUS RACCROCHEREZ-VOUS ? À LUI SEUL, QUI PEUT PROTÉGER CE QUE VOUS LUI AVEZ CONFIÉ. »
>
> (Lecture 3976-25)

Tous les prophètes qui donnent une date désignent la fin du XXe siècle. Cayce aussi. Nous en reparlerons un peu plus loin. Quoi qu'il arrive, il ne faudra jamais oublier que Dieu est bon :

> « QUELLE EST LA VOLONTÉ DU PÈRE ? QU'AUCUNE ÂME NE PÉRISSE ! »
>
> (Lecture 3976-23)

2. LE BASCULEMENT DE L'AXE DES PÔLES

LES PÔLES PERDENT LE NORD...

« Dans cinquante ans, et quelques années, le renversement des pôles amènera le chaud à la place du froid, et inversement », disait le Maître Philippe de Lyon, au début de ce siècle. *« La chaleur de notre Terre se modifie : le midi se refroidit. C'est ainsi continuellement ; les pôles et les zones de la Terre changent ; les mers et les terres se remplacent. Les terres arides du Sahara deviendront fertiles. »*

Qui, à cette époque, l'avait pris au sérieux ?

Il est pourtant étonnant que ces deux hommes d'une envergure exceptionnelle, Philippe de Lyon[1] et Edgar Cayce, tous deux guérisseurs et prophètes, qui ne se connaissaient pas, aient annoncé le même événement.

Cayce parle dans plusieurs lectures du basculement de l'axe des pôles en américain :

1. Le Maître Philippe, né en 1849 et mort en 1905, ne semble jamais avoir entendu parler de Cayce — qui était encore très jeune au moment de sa mort. Ce dernier ne semble pas non plus avoir connu le Maître Philippe, qui enseignait surtout à Lyon. Lorsqu'on lit Cayce, pourtant, on croit entendre un écho du prophète de Lyon.

« THE TURNING OF THE AXIS », ou bien « THE SHIFTING OF THE POLES ».

Le phénomène, dit Cayce, s'est déjà produit au cours de la préhistoire, en particulier il y a environ 50 000 ans (Lecture 5249-1) ; c'est ce qui avait provoqué la congélation subite des gros animaux que l'on retrouve aujourd'hui dans les toundras glacées de Sibérie. Dans une autre lecture, il dit :

« AVEC LES GRANDS CHAMBARDEMENTS QUI SE PRODUISIRENT LORS DES CATACLYSMES EN ATLANTIDE,
(...) ET AVEC LE BASCULEMENT DE L'AXE DES PÔLES, LES RACES BLANCHE ET JAUNE ÉMIGRÈRENT... »
(Lecture 364-13, novembre 1932)

Une autre lecture, encore, qui affirme que la Terre avait déjà « perdu le nord » :

« LA SURFACE DE CE QUI EST MAINTENANT APPELÉ LA TERRE A BEAUCOUP CHANGÉ. D'ABORD, LE PLUS GROS MORCEAU DE CE QUI EST MAINTENANT CONNU COMME LA PARTIE MÉRIDIONALE DE L'AMÉRIQUE DU SUD, AINSI QUE L'ARCTIQUE, C'EST-À-DIRE LES ZONES POLAIRES SEPTENTRIONALES (AVEC CE QUI EST MAINTENANT LA SIBÉRIE, ET LA BAIE D'HUDSON), ÉTAIENT PLUTÔT DES RÉGIONS TROPICALES À L'ÉPOQUE. »
(Lecture 364-4)

Les interlocuteurs de Cayce, pas très ferrés en géographie, ne sont pas très sûrs d'avoir compris. Tout cela est vraiment très nouveau pour eux. Et puis Cayce parle d'une mystérieuse « Atlantide »[2] dont le nom revient perpétuellement dans les lectures. Ses amis insistent sur ce point :

2. Je ne recommence pas ici l'étude des lectures sur l'Atlantide, que j'ai faite dans les tomes I et II de *L'Univers d'Edgar Cayce* (Éd. Robert Laffont, 1986 et 87).

Est-ce que l'Atlandide était un seul grand continent, ou bien un archipel avec de grandes îles ?

« POURQUOI NE RELISEZ-VOUS PAS CE QUI VOUS A ÉTÉ DIT ? POURQUOI VOUS EMBROUILLEZ-VOUS DANS VOS QUESTIONS ? COMME NOUS L'AVONS DÉJÀ INDIQUÉ, L'ATLANTIDE POUVAIT ÊTRE CONSIDÉRÉE COMME UN GRAND CONTINENT, JUSQU'À LA PREMIÈRE DES ÉRUPTIONS VOLCANIQUES. CELLE-CI AMENA UNE SÉRIE DE BOULEVERSEMENTS, AU TERME DESQUELS LA TERRE PRIT SON ACTUELLE POSITION, DANS SON MOUVEMENT DE ROTATION ; C'EST-À-DIRE DANS SON DÉPLACEMENT PAR RAPPORT AU SOLEIL DANS L'ESPACE, ET PAR RAPPORT À ARCTURUS ET AUX PLÉIADES. »

(Lecture 364-6, février 1932)

Monsieur Cayce, décrivez la Terre à l'époque où l'Homme y est apparu ?

« AU COMMENCEMENT DU MONDE, IL Y AVAIT LES CAUCASES[3] ET LES CARPATES, C'EST-À-DIRE LE JARDIN D'EDEN, DANS CE PAYS OCCUPÉ MAINTENANT PRESQUE PARTOUT PAR LE DÉSERT, LA MONTAGNE, UN RELIEF ACCIDENTÉ. LES RÉGIONS NORDIQUES ÉTAIENT ALORS LES RÉGIONS MÉRIDIONALES ; C'EST-À-DIRE QUE LES ZONES POLAIRES ÉTAIENT PLACÉES DE TELLE SORTE QU'ELLES OCCUPAIENT LA PLUPART DES RÉGIONS TROPICALES ET SEMI-TROPICALES ACTUELLES. D'OÙ LA DIFFICULTÉ, AUJOURD'HUI, DE DÉCRIRE CE QUI A CHANGÉ. LE NIL SE DÉVERSAIT DANS L'ATLANTIQUE. CE QUI EST MAINTENANT LE SAHARA ÉTAIT UN PAYS INHABITÉ, MAIS TRÈS FERTILE (...). LES ANDES ET LA CÔTE PACIFIQUE DE L'AMÉRIQUE DU SUD APPARTENAIENT ALORS À L'EXTRÉMITÉ OCCIDENTALE DE LA LÉMURIE. LES MONTS OURALS ET LE GRAND NORD SIBÉRIEN ÉTAIENT UN PAYS TROPICAL. LE DÉSERT DE MONGOLIE EN ÉTAIT LA ZONE FERTILE. CELA VOUS PERMET DE VOUS FAIRE UNE PETITE IDÉE DE LA CARTE DE LA TERRE EN CE TEMPS-LÀ ! »

(Lecture 364-13)

3. Au pluriel dans le texte, « THE CAUCASIANS », ce qui indiquerait que la chaîne était plus étendue et plus complexe qu'aujourd'hui.

Voilà pourquoi, dit Cayce, la répartition des terres et des mers :

« ... A CHANGÉ AU FUR ET À MESURE DES CONDITIONS CRÉÉES PAR LES POSITIONS SUCCESSIVES DE LA TERRE PAR RAPPORT AUX AUTRES SPHÈRES CÉLESTES DE NOTRE SYSTÈME SOLAIRE. »

(Lecture 5748-2)

ET CE SERAIT POUR QUAND ?

Donc, le basculement des pôles s'est déjà produit, c'est un phénomène naturel qui a déjà existé, dit Cayce, et nous verrons plus loin que la science lui donne de plus en plus raison.

Et non seulement les pôles se sont déjà permis de valser... mais ils vont recommencer ! Ce sera le grand événement des années 2000, affirme Cayce dans la lecture 826-8, d'août 1936. Voici une autre lecture qui, avec le temps, devient de plus en plus claire :

Monsieur Cayce, quelles sont vos prévisions sur les principaux événements des cinquante prochaines années, ce qui va toucher les activités de la race humaine ?

« ON POURRA DONNER DAVANTAGE DE PRÉCISIONS APRÈS LA GRANDE CATASTROPHE QUI VA S'ABATTRE SUR LE MONDE À PARTIR DE 36. CELLE-CI PRENDRA LA FORME DE L'EFFONDREMENT DE NOMBREUSES GRANDES PUISSANCES ACTUELLES, QUI COMPTENT DANS LA POLITIQUE MONDIALE (...) ALORS, AVEC CET ÉCROULEMENT DES ANNÉES 1936 ARRIVERONT DES CHANGEMENTS QUI MODIFIERONT LA CARTE DU MONDE. »

Cayce entend par là non seulement la carte politique, mais, comme on va le voir, la carte géographique

— et il voit bien, bien plus loin que les années 36 et la Seconde Guerre mondiale. A la question :

Est-ce que l'Italie retrouvera dans le futur un gouvernement plus libéral ? il commence par répondre par une prévision immédiate :

« PLUTÔT UNE FORME DE GOUVERNEMENT À CARACTÈRE PLUS MONARCHIQUE QUE LIBÉRAL (...). »

La question est posée en février 1932. L'Italie aura un roi jusqu'au 13 juin 1946, date à laquelle Umberto II abdiquera.

Ensuite, Cayce enchaîne sur une prophétie à beaucoup plus long terme :

« L'ITALIE NE SERA PAS BRISÉE, COMME NOUS LE VOYONS, AVANT LES CATACLYSMES QUI VIENDRONT DU BASCULEMENT DE LA TERRE ELLE-MÊME DANS L'ESPACE ; — AVEC LES CONSÉQUENCES QUE CE NOUVEL ÉQUILIBRE TERRESTRE AURA SUR LES DIFFÉRENTES PARTIES DU PAYS — ET DU RESTE DU MONDE — QUI SERONT AFFECTÉES PAR LE PHÉNOMÈNE. »

(Lecture 3976-10, février 1932)

De quel type sera le bouleversement géologique de 1936, et quelle surface touchera-t-il ? demande un autre consultant (qui n'a pas bien compris, et croit que le basculement des pôles va avoir lieu en 1936) :

« DES GUERRES — DES MOUVEMENTS TELLURIQUES DANS LES PROFONDEURS DE LA TERRE. LE BASCULEMENT DE CELLE-CI PAR LE CHANGEMENT DE POSITION DE SON AXE RELATIVEMENT À L'ÉTOILE POLAIRE. »

(Lecture 5748-6, juillet 1932)

Cayce, dans cette lecture, suggère que le basculement de l'axe des pôles est un phénomène qui met longtemps à se préparer. En 1936, donc plusieurs années avant que cela ne se produise visiblement, des mouvements internes vont commencer à travailler la croûte terrestre. Ce qui doit se produire vers la fin du siècle est déjà en marche : c'est le sens de la lecture.

En ce qui concerne la crise mondiale, serait-il possible que les bouleversements géologiques de la région méditerranéenne arrêtent la campagne de l'Italie contre l'Éthiopie ? (Quelle drôle d'idée !!)

« PAS EN CE MOMENT PRÉCIS. UNE PARTIE DE CELA POURRAIT ARRIVER, MAIS PAS JUSTE MAINTENANT. »

(Lecture 416-7, 7 octobre 1935)

On voit comme il est difficile à Cayce de répondre à ces questions, qui sont une vraie mayonnaise ! Ses interlocuteurs mélangent tout. En effet, l'Italie a bien renoncé à l'Éthiopie — mais elle n'a pas eu besoin, pour cela, d'être frappée sur son sol par une catastrophe géologique. La sagesse collective de ce vieux peuple civilisé y a suffi. Quant aux bouleversements promis à notre chère « Mare Nostrum », ils risquent, en effet, de toucher l'Italie[4] — qui n'aura sans doute plus rien à faire avec l'Éthiopie à ce moment-là (en tout cas, pas une guerre de conquête). Cayce essaie d'assainir un peu ce salmigondis d'idées, en répondant à la question suivante :

Et quand cela risque-t-il d'arriver ?

« LES TEMPS, LES LIEUX, LES SAISONS — TOUT CELA FAIT PARTIE D'UN VASTE ENSEMBLE, DONT LES SAGES ET LES PROPHÈTES DE L'ANCIEN TEMPS DISAIENT, INSPIRÉS PAR LE SEIGNEUR : "LE JOUR ET L'HEURE, QUI LE SAIT ? PERSONNE, SAUF LES FORCES CRÉATRICES[5]". »

(Même lecture)

4. Marie-Julie Jahenny, l'une de nos grandes mystiques (1850-1940) a beaucoup prophétisé sur la Fin des Temps. Elle disait : *« Tos... Tosca... Toscane... Je ne sais pas ce que cela veut dire, mais je continue. Toscane... la terre tremble, s'enfonce, se perd dans un fond inexplicable. Le peuple épouvanté s'enfuit aux environs de la Ville Éternelle. Dans la ville de Sienne — Je ne sais pas où c'est- la terre s'entr'ouvrira comme de larges tombes remplies d'une odeur infecte. Ce lieu sera terriblement éprouvé, l'espace de quatre mois, les secousses allant et venant avec violence »* (prophétie de 1881 — Marie-Julie, pauvre paysanne bretonne, ignore la géographie des pays étrangers ! (*Les Prophéties de la Fraudais*, Éd. Résiac, p. 237).

5. Expression habituelle chez Cayce pour désigner Dieu.

La phrase est claire : aucune prophétie n'est absolument garantie !

C'est une réponse à ceux qui ont accusé Cayce d'avoir donné des dates « fausses » — dates auxquelles rien n'a été signalé. Puisque personne ne sait « NI LE JOUR NI L'HEURE », il n'y a donc pas à le lui reprocher ! Par exemple, il a parlé de changements géologiques qui devaient avoir lieu en 1936, en Alabama, et qui n'ont pas été apparents (Lecture 311-10). Mais comme il avait dit que ceux-ci étaient « PROGRESSIFS », ils ont pu se produire à l'intérieur de la croûte terrestre, sans qu'on ait eu les moyens de les détecter. Ces changements, dans la pensée de Cayce, seraient des signes avant-coureurs, car la lecture se termine par une évocation menaçante :

> « ... CES CHANGEMENTS AMÈNERONT, COMME NOUS LE TROUVONS, LA SUBMERSION DE CERTAINES ZONES AVEC LES INONDATIONS DUES AU RAZ DE MARÉE QUI SUIVRA. »
> (Lecture 311-10, en 1932)

Si les interlocuteurs de Cayce ne semblent pas avoir eu de bien solides notions de géologie, les géologues, eux, ont identifié en effet certaines zones de « subsidence », où le sol s'enfonce peu à peu (de quelques centimètres chaque année : c'est le cas de Venise, de la Hollande, etc.). Y aurait-il un phénomène semblable en Alabama, que l'on n'ait pas encore mesuré ? Ou peut-être en effet ne s'est-il rien passé du tout, puisque dans la même lecture, Cayce évoque le pouvoir de la pensée créatrice et consciente. Et aussi, comme le disait le Christ à la voyante Marie-Julie Jahenny :

« On est déçu parce que beaucoup de ce que J'avais ordonné d'annoncer pour inviter les hommes à se convertir n'est pas encore arrivé. On croira pouvoir outrager des âmes élues, parce que, à cause d'elles, J'aurai retardé un peu le terrible événement. Si dans Ma bonté, et à cause des expiations qui Me sont

offertes, Je retarde le désastre, Je ne le supprime pas. Cela ne dépend pas du jugement des hommes ignorants. »

(Message de 1938[6])

Le basculement de l'axe des pôles est annoncé dans la Bible — qu'on ne lit jamais assez :

« Les fondements de la Terre seront secoués, (...)
La Terre tremblera, vacillera,
La Terre titubera comme un ivrogne »

(Isaïe, XXIV, 19)

Donc, dit Cayce, le basculement des pôles se prépare actuellement en profondeur — il sera le grand événement des années 2000 (Lecture 826-8). D'autres lectures avancent la date de 1998 comme l'année du grand tournant (3976-15, 1602-3, 5748-5), lié aussi au retour du Messie, dont nous reparlerons plus loin. C'est parfaitement en concordance avec ce que disait le Maître Philippe en 1902 :

« On verra l'an 2000, mais il y aura de grands changements (...). Tous les 4 ou 5000 ans, des cataclysmes épouvantables bouleversent la Terre. Tout est ravagé, plus rien n'existe. C'est le moment où Dieu fait la moisson (...) ; faisons des efforts sans cesse pour qu'à ce moment nous soyons parmi les bons, car ce siècle ne passera point sans que tout cela arrive. »

Lorsque le Maître Philippe disait « ce siècle », ce n'était pas une expression symbolique comme dans les Évangiles. Le Maître Philippe parlait un français populaire, très simple, très proche de l'ouvrier lyonnais, du paysan des montagnes qu'il était. Lorsqu'il dit « ce siècle », il s'agit bien des années qui commencent par « 19 » ! Ainsi parle également Marie-Julie Jahenny :

6. *Op. cit.*

« Une terrible punition (...), à cause de l'aveuglement du peuple et du refroidissement de la confiance en Celui qui opère tous les dons, au ciel et sur la terre. (...) Je ne dis pas un malheur, mais un mélange inexplicable de toutes sortes de désolations (...) dans les années qui finiront le siècle. »

(*Op. cit.*, p. 228)

Les autres grands voyants donnent des dates qui tournent toutes autour de 1998. Le révérend Arthur Ford, dans les messages qu'il donne (après sa mort) à Ruth Montgomery, dit que le basculement des pôles est déjà à l'œuvre, et que nous devons nous y attendre, que c'est un travail d'auto-purgation de la Terre. Il faudra faire avec !

Les très nombreuses prophéties que nous avons en langue française, et en Europe, emploient rarement l'expression « basculement des pôles », qui est une notion, si je puis dire, intellectuelle. La petite Jeanne-d'Arc Farage au Liban[7], qui s'exprime en langue arabe, donne des messages de la Vierge, dont l'un dit :

« Le globe terrestre sera bouleversé prochainement. »

(8 septembre 1987)

La voyante affirme en connaître la date, qu'elle divulguera quand il sera l'heure de le faire. Comme la plupart des voyants sont des gens simples, des enfants, des citoyens sans culture universitaire, ils se contentent plutôt de décrire les conséquences concrètes de ce phénomène : raz de marée, séismes, vents violents, incendies, faim, et les fameux trois jours de ténèbres qui ne s'expliquent que par un basculement de la Terre (si celle-ci s'immobilise, le Soleil ne « tourne » plus !). Avant d'analyser en détail chacune

7. Jeanne-d'Arc Farage, *Depuis quatre ans, je vois la Vierge*, traduit par Mgr Elias Zoghby, et diffusé par les éditions O.E.I.L., 4 rue Cassette, 75006 Paris.

de ces rubriques, nous allons voir ce qu'en pensent les géologues.

DES SCIENTIFIQUES DONNENT RAISON À CAYCE

Le basculement de l'axe des pôles ? Certains vous diront « vous plaisantez ? C'est du Tintin ! »... mais en réalité, c'est une vieille histoire, et qui intéresse depuis longtemps les savants.

Par exemple, les géologues ont mis en évidence ce qu'ils appellent « la migration des pôles magnétiques », au cours des âges. On a trouvé, par exemple, que dans les coulées de laves sortant des volcans, les particules ferromagnétiques s'orientent — pendant le refroidissement de la coulée — selon le champ magnétique terrestre. Elles indiquent le nord magnétique du moment de l'éruption. On s'est aperçu en étudiant des coulées anciennes que le nord magnétique a beaucoup voyagé ! Le même phénomène a pu être étudié dans les poteries préhistoriques, qui sont restées à la place où elles avaient été cuites (fours de potiers, etc.). On a pu observer que les particules métalliques contenues dans l'argile se sont orientées pendant la cuisson et le refroidissement vers le nord magnétique de l'époque, qui, dans bien des cas, n'était pas au même endroit que l'actuel. Ainsi, on a la preuve scientifique du déplacement du pôle nord magnétique. Est-ce pour autant la preuve que le pôle nord géographique s'est lui aussi déplacé ?

La Terre est un gigantesque aimant qui, comme tous les aimants, a un pôle négatif (le nord magnétique) et un pôle négatif (le sud magnétique). Les boussoles indiquent le pôle nord magnétique — et non le pôle nord géographique, qui n'en est pas très loin. Certains savants avaient d'abord pensé que ces différentes localisations du nord magnétique étaient seulement dues à des modifications du champ magnétique de la Terre — sans pour cela invoquer une catastrophe géographique. Mais d'autres savants, et parmi les plus éminents, ne sont pas de cet avis.

Cuvier, père de la paléontologie, avait une vision « catastrophiste » des grands changements géologiques. Il estimait que la Terre avait été secouée de remous violents. Louis Agassiz, autre célèbre géologue, père de la théorie des glaciations, pensait de même. Pour lui, les glaciations s'étaient produites subitement, comme le prouvent ces gigantesques cimetières d'animaux que l'on trouve en Alaska, au Canada, en Sibérie : ils ont été congelés tellement rapidement qu'ils n'ont pas eu le temps de mourir de mort « naturelle » et de se décomposer... Certains ont été congelés net pendant leur digestion ; on retrouve encore dans leur œsophage, intact, le pissenlit qu'ils étaient en train de brouter !

A ces deux savants s'opposaient la masse de ceux qui pensaient qu'au contraire, on avait bien le temps ; que les montagnes avaient mis des millions d'années à se pointer vers les nuages, encore d'autres milliers d'années à se faire raboter par les torrents. Bref, tout ça allait si doucement qu'il n'y avait pas de quoi s'affoler. Quand je faisais mes études de géologie à la Sorbonne, c'est cela qu'on m'enseignait : pas de panique dans la tectonique ! Mon professeur de géologie nous emmenait en excursion dans les vertes campagnes et disait au chauffeur de l'autobus : « Monsieur, vous nous arrêterez à la limite du Trias. » Séismes de rire secouant les étudiants. Le chauffeur, d'une voix de synclinal perché, demandait : « Où est-ce que je dois m'arrêter ? » — « A la limite du Jurassique inférieur », répondait, imperturbable, le Pr Birot. — « Le raciste inférieur, kèksèksa ? » marmonnait le chauffeur, pas du tout branché. « Faut me dire où y aura le panneau indicateur » ajoutait le malheureux, déclenchant une nouvelle éruption d'hilarité. C'est vrai qu'il fallait être pervers pour voir la « mer de craie », sous les pattes des vaches de l'Ile-de-France... Dans la douceur verte de ces petites vallées tranquilles qui ne suggèrent que la paix, comment imaginer le déluge de feu, de laves, de fumée et de cailloux qui a dû accompagner la surrection des Alpes (le jour où elles ont décidé de sortir de leur trou bleu, que les géologues appellent : « le géosynclinal alpin » !) ?

Bref, dans ma studieuse jeunesse, le fou rire était le seul cataclysme autorisé. On foulait le sol de Paris avec le sentiment de profonde sécurité que donne une longue histoire de stabilité géologique : qui a jamais vu un tremblement de terre sur les bords de la Seine ? Inconnu au bataillon. On dit que ça existe dans d'autres pays, très loin... Voilà pourquoi, je pense, nos éminents savants répugnaient aux théories « catastrophistes ». On en était là quand apparut un trouble-fête dans ce ciel serein de la tectonique. Immanuel Velikovsky, auteur de *Mondes en collision*, osait prétendre, en 1950, que la Terre avait eu une histoire des plus sportives : collisions avec d'autres corps célestes, galipettes apocalyptiques... bref, des plaies et des bosses ! Et sans douceur ! Velikovsky avait mené une recherche historique très approfondie, qui montrait nettement que la mémoire des peuples antiques gardait le souvenir d'un basculement de la Terre. Par exemple, Pomponius Mela, auteur latin, écrivait que : « *Les Égyptiens ont déjà vu la course des étoiles changer quatre fois de direction, et le soleil s'est couché deux fois déjà dans la partie du ciel où il se lève aujourd'hui.* » Hérodote rapporte la même chose, d'ailleurs — et Velikovsky de citer des textes chinois, indiens, mayas, sumériens, etc. Bien entendu, le monde de la science cria qu'il fallait brûler cet hérétique. Mais il n'était pas le seul : Hugh Auchincloss Brown, géologue du début du siècle, estimait que la glace qui s'accumulait périodiquement à l'un des pôles créait un déséquilibre qui faisait basculer la Terre. Celle-ci n'est pas ronde : il y a un renflement à l'équateur, qui, d'après Brown, maintiendrait l'équilibre. Mais, si la glace pèse plus lourd, c'est parti mon kiki, on bascule ! D'où, disait-il, le changement brusque de climat, et ces pauvres mammouths congelés avec leur picotin entre les dents !

Il y eut aussi Wegener, avec sa théorie de la « Dérive des Continents ». Wegener, méprisé, rejeté... revient à la surface. On estime qu'il n'avait pas tout à fait tort. Wegener, lui aussi, croyait que la Terre avait basculé, d'une façon brutale, qui aurait causé de vastes inondations. Or, récemment, des observations plus précises ont montré que l'axe de la Terre n'était pas aussi stable qu'on l'avait cru et constaté que le pôle nord géographique était sujet à différentes sortes d'oscillations encore mal connues.

D'autre part, les Drs Watkins et Goodel, de l'université de Floride, ont publié en 1967 une étude où ils envisageaient une relation étroite entre les changements dans la faune (qui sont dus aux climats) et les changements dans l'axe des pôles magnétiques.

Si bien qu'au fond, le basculement subit de l'axe des pôles est la seule explication rationnelle qui rendrait compte de tout ce que les savants constatent, sans pouvoir l'expliquer : les changements de climat, les glaciations, la dérive des continents et la tectonique des plaques, la surrection des chaînes alpines, les éruptions volcaniques, les tremblements de terre, les raz de marée, tout !

De toute façon :

« IL[8] AVAIT DIT : "LES MONDES PASSERONT. MAIS MA PAROLE NE PASSERA PAS". »

(Lecture 3976-14)

8. Le Christ, « Il » avec une majuscule c'est Dieu, le Père, ou le Christ — Cayce paraphrase ici l'Évangile de Luc (chap. XXI) où sont annoncées les calamités de la Fin des Temps.

ronds ; il restait [illegible] l'hypothèse [illegible] d'une [illegible] Mais [illegible] est partiellement [illegible] Haute [illegible] le chapeau [illegible] de [illegible] des [illegible] couches [illegible]

[illegible] de la Terre des [illegible] Wegener [illegible] qu'il [illegible] que la Terre avait besoin d'une [illegible] des observations [illegible] de la Terre n'était pas [illegible] considère que la [illegible] encore [illegible]

Depuis [illegible] entre les [illegible] mais les changements [illegible] des pôles magnétiques [illegible] des pôles [illegible] le climat, les glaciations [illegible] des [illegible] de la Terre [illegible]

[illegible]

[illegible]

[illegible]

3. LES TROIS JOURS DE TÉNÈBRES

LE SOLEIL S'OBSCURCIRA...

Plusieurs voyants européens l'ont « vu ». Or, Velikovsky, dans sa thèse sur le renversement de l'axe des pôles, estime qu'il faut plusieurs jours à la Terre pour basculer, et dans sa nouvelle position, reprendre son mouvement de rotation sur elle-même (c'est ce mouvement qui produit le jour et la nuit). Dans cet intervalle — avant que la Terre ne se remette à tourner —, les Terriens verront le Soleil et autres corps célestes comme « fixes » au-dessus de l'horizon.

Le mouvement du Soleil étant « apparent » (ce n'est pas lui qui bouge, c'est nous !), si la Terre reste un moment fixe, c'est le Soleil qui semblera, à nos yeux, s'arrêter ! Ceci... pour une moitié de la planète, puisqu'il n'éclaire jamais qu'un hémisphère à la fois. L'autre moitié sera alors plongée dans la nuit qui durera le temps qu'il faut à la Terre pour reprendre sa rotation sur elle-même. Velikovsky n'invente pas : il s'appuie sur une ample moisson de textes anciens orientaux et occidentaux (bibliques, mayas, mexicains, grecs, latins, etc.). Tous ces textes parlent d'une catastrophe accompagnée de plusieurs « jours » de Soleil fixe sur l'horizon, ou, au contraire, d'une longue nuit très éprouvante, durant plusieurs fois vingt-quatre-heures.

Et qu'en dit Cayce ? Dans la lecture prophétique 3976-15 (que j'ai partiellement traduite dans le tome I de *L'Univers d'Edgar Cayce*[1], on peut lire, à propos des futurs changements géologiques :

> « UN SIGNE QUE CEUX-CI DOIVENT ARRIVER BIENTÔT, C'EST, COMME L'ONT DIT LES ANCIENS, QUAND LE SOLEIL S'OBSCURCIRA[2]. »

Je donne le texte en anglais, pour que mes lecteurs voient que je n'ai rien inventé :

> « AS THE SUN WILL BE DARKENED. »

Dans une lecture sont mentionnés — très allusivement — les fameux trois jours de ténèbres, alors que les interlocuteurs de Cayce sont bien loin d'y penser. Ils veulent seulement en savoir un peu plus sur les années obscures du Christ Jésus, puisque les Évangiles — canoniques — ne racontent pas ce qu'Il a fait entre douze et trente-trois ans. Or la tradition ésotérique, tout comme Cayce, dit que Christ a été initié dans la Grande Pyramide. Les classiques de l'égyptologie ésotérique (comme *Le Pharaon Ailé* de Joan Grant, Éd. R. Laffont) décrivent une initiation en Égypte ancienne : le futur initié est enfermé trois jours et trois nuits dans le tombeau. C'est la durée classique du temps d'épreuve, qui doit lui permettre d'accéder au statut de maître. Or les interlocuteurs de Cayce, mettant en parallèle les « trois jours et trois nuits » donnés par les Évangiles, où le Christ est resté dans le tombeau (entre le Vendredi saint et Pâques), demandent alors à Cayce si cette indication du Nouveau Testament ne serait pas un rappel voilé de cette initiation du Christ en Égypte. La réponse de

1. Éd. Robert Laffont.
2. Cayce reprend le verset de l'Évangile de Matthieu (XXIV, 29).

Cayce est affirmative, mais il élargit la comparaison. Pour lui, ce laps de temps correspond à une partie de l'initiation nécessaire :

« PASSAGE À TRAVERS LEQUEL TOUTE ÂME DOIT PASSER (...) AU COURS DE SES INCARNATIONS SUR LA TERRE. »
(Lecture 2067-7[3])

Et voilà qu'il ajoute une petite phrase anodine, que j'avais à peine remarquée, lors de ma première traduction :

« TOUT COMME LE MONDE. »

Le Monde, notre Terre, est considéré comme une « entité » en elle-même. Au cours des différentes périodes de son histoire — comparables aux incarnations humaines ! — la Terre doit passer par des initiations, car elle aussi doit évoluer ! Elle doit se purifier, et donc affronter ces trois jours de combat intérieur, de travail profond, sous forme de trois jours et trois nuits « au tombeau », c'est-à-dire sans lumière.

Nos voyants européens, en parlant de ces trois jours sans lumière, les comparent à un tombeau. Marie-Julie Jahenny fait dire au Christ :

« Je vais tout détruire sur la Terre. Elle sera couchée dans un cercueil d'où, après l'avoir purifiée dans son sang, je la ressusciterai glorieuse, comme Je suis sorti Moi-même du tombeau. La désolation sera si grande et le châtiment si terrible que plusieurs sécheront de frayeur et se croiront à la fin du monde. Il y aura trois jours de ténèbres physiques. Pendant trois nuits et deux jours, il y aura une nuit continuelle. »

(*Op. cit.*)

3. Que j'ai traduite dans le tome I de *L'Univers d'Edgar Cayce.* Dans l'Ancien Testament (Exode, X, 21) on trouve aussi mention de trois jours de ténèbres : c'est la neuvième «plaie d'Égypte ».

La pauvre Marie-Julie, humble paysanne, quasiment analphabète et ne parlant que le français, ne pouvait pas avoir lu Cayce ! (Cette lecture n'était pas traduite en français du vivant de la stigmatisée nantaise.)

Ceci dit, Cayce ne s'étend guère sur les trois jours de ténèbres, et ne donne pas de détails, — contrairement aux voyants européens. C'est assez logique : si la nuit tombe sur notre Europe, et, mettons, sur le Moyen-Orient et l'Orient, une partie des États-Unis (ou la totalité) va se trouver, au contraire, sous le « Soleil fixe » de l'hémisphère éclairé. Les voyants américains n'ont donc pas besoin de rassurer leurs concitoyens sur ces ténèbres. Le « Soleil fixe » est sûrement moins éprouvant que la « nuit fixe »... mais les gambades de nos luminaires familiers dans le ciel auront tout de même de quoi inquiéter — quelle que soit la rive de l'Atlantique d'où l'on observe le spectacle ! C'est pourquoi Cayce prévient :

> « N'AYEZ PAS PEUR. GARDEZ CONFIANCE (...) MÊME SI LE CIEL NOUS TOMBE DESSUS, MÊME SI LA TERRE DOIT ÊTRE CHANGÉE, MÊME SI LES CIEUX PASSENT, LES PROMESSES QU'IL A FAITES SONT SÛRES ET RESTERONT VALABLES (...)
> CES CHANGEMENTS SUR LA TERRE VONT ARRIVER, CAR LE TEMPS, DEUX TEMPS ET LA MOITIÉ D'UN TEMPS VONT ÊTRE ACCOMPLIS, ET NOUS ALLONS ENTRER DANS LA PÉRIODE DES RÉAJUSTEMENTS. MAIS N'A-T-IL PAS DIT QUE LES JUSTES HÉRITERONT DE LA TERRE ? »
>
> (Lecture 294-185, 30 juin 1936)

Cette lecture très spéciale avait été demandée par Cayce pour lui-même, à la suite du rêve qu'il avait fait (voir tome I, *L'Univers d'Edgar Cayce*, p. 385). Dans ce rêve, Cayce voyait « LA MER RECOUVRIR TOUT L'OUEST DE NOTRE PAYS », les États-Unis ; et la ville du Nebraska, où il se voyait habiter, était « SUR LA CÔTE » (du Pacifique ? on ne sait pas). Rêve assez inquiétant — si l'on considère la carte de l'Amérique. Affolé de voir la moitié de son pays disparaître sous les flots, Cayce prépara une lecture de questions sur la signification de son rêve. Autrement dit, est-ce que c'est vraiment ça qui va arriver ? La réponse qui sortit de sa bouche lorsqu'il fut endormi disait qu'il ne fallait pas avoir peur, quoi qu'il arrive — mais sans donner de précisions sur le détail des catastrophes futures.

UN TEMPS, DEUX TEMPS, ET LA MOITIÉ D'UN TEMPS

La lecture que l'on vient de lire emploie une mystérieuse expression biblique, que l'on trouve dans les passages suivants :

« La Femme, la mère de l'enfant mâle, reçut les deux ailes du Grand Aigle pour voler au désert jusqu'au refuge où, loin du serpent, elle doit être nourrie un temps, deux temps et la moitié d'un temps. »
(Apocalypse, XII, 14)

qui reprenait la formule du prophète Daniel (VII, 25 - XII, 7) :

«Il attesta, par l'Éternel vivant, que pour un temps, deux temps et la moitié d'un temps, toutes ces choses s'achèveraient. »

(Il s'agit de prophéties sur la « Fin des Temps »). Et aussi :

« Les Saints seront livrés entre ses mains (de la Bête) *pour un temps, deux temps et la moitié d'un temps. »*

Les différents commentateurs de la Bible ont essayé d'expliquer cette étrange comptabilité — jamais

de façon parfaitement convaincante. Pourtant, Raoul Auclair, reprenant *« la tradition ésotérique du nombre 7 (...), estime que 7 millénaires représentent un cycle complet d'évolution humaine, et correspondent à la parole de l'Esprit : un temps, deux temps et la moitié d'un temps. Car ces trois temps et demi font 2 000, 4 000, et 1 000 ans, pour totaliser 7 000 ans. »*
(In : Éric Muraise, *Voyance et Prophétisme*, p. 92, Éd. F. Lanore)

Tout le problème est qu'on ne sait pas trop à partir de quand il faudrait commencer à compter... encore que la majorité des voyants estime que la fin du compte arrive dans les années 2000 ! On retrouve la formule dans la prophétie de la Salette (19 septembre 1848) :

« J'appelle les Apôtres des derniers temps, les fidèles disciples de Jésus-Christ, qui ont vécu (...) dans la pauvreté, l'humilité, dans le mépris et le silence (...), dans l'Union avec Dieu (...). Combattez, enfants de lumière, vous, le petit nombre qui y voyez (clair) ; car voici le temps des temps, la fin des fins. »

La prophétie de la Salette, reconnue officiellement par l'Église, ce qui est rarissime, a été très discutée. Pour moi, elle sonne « vrai », malgré son style sulpicien XIXe siècle (indispensable à l'époque : Allan Kardec écrit dans ce même style !). Comme le lecteur pourra le vérifier en se reportant aux annexes à la fin du livre, la prophétie a déjà largement commencé à se réaliser...

LES VOYANTS EUROPÉENS DONNENT BEAUCOUP DE DÉTAILS...

Mais revenons à notre voyante nantaise, Marie-Julie Jahenny :

« Quand, par une froide nuit d'hiver, le tonnerre grondera à faire trembler les montagnes, alors fermez très vite portes et fenêtres (...) Brûlez des cierges bénits, récitez le chapelet. Persévérez trois jours et deux nuits. La nuit suivante, la terreur se calmera. Après l'horreur de cette longue obscurité, avec le jour naissant, le Soleil paraîtra. »

(Message donné un peu avant 1938. *Op. cit.*)

« Des cierges en cire bénits pourront seuls donner de la lumière pendant cette horrible obscurité. (...) Les éclairs pénétreront dans vos demeures, mais ils n'éteindront pas la lumière des cierges bénits. Ni le vent, ni la tempête, ni les tremblements de terre ne pourront les éteindre. »

(*Op. cit.*)

Je me suis longuement posé des questions sur la qualité intrinsèque des « cierges bénits ». Bénits par qui, comment, quand ? Trouve-t-on encore des prêtres qui acceptent de bénir un cierge ? Il y avait autrefois dans l'Église catholique une fête spécialement consacrée à cet usage, c'était la Chandeleur (2 février) où l'on mange des crêpes. Mais qui va encore faire bénir un cierge ce jour-là ? Et puis tout cela, c'est très joli, pour les catholiques. Les autres doivent-ils périr parce qu'il n'ont pas eu de cierges bénits ? Là, je n'en crois rien. Marie-Julie Jahenny, vivant dans un pays totalement catholique, en utilise la tradition liturgique (un peu comme Cayce qui, s'adressant à des auditeurs protestants américains, utilise le langage biblique qu'ils connaissent). Dans la plupart des religions, on allume des cierges dont la flamme symbolise, soit la présence divine, soit la foi ardente de celui qui prie. Dans la tradition celtique, elle attire les esprits du feu, qui sont les serviteurs du Très-Haut, et assistent, ou inspirent, celui qui prie. D'autre part, en période de troubles — orage, guerre civile ou d'invasion — la première des calamités, c'est évidemment la panne d'électricité ! Allumer une bougie est alors profondément rassurant. Quant à cette affaire de bénir les cierges, il me semble que la chose importante, c'est la pensée d'amour, la prière, dont on peut les envelopper — quelle que soit la religion. Tous les rituels de tradition sont valables, s'ils sont utilisés dans une attitude de prière sincère, et avec une intention juste. Paix aux âmes de bonne volonté, tout de même !

J'ai toujours pensé que les cierges seraient plus efficaces... s'ils étaient en vraie cire d'abeille, à l'ancienne ! Ça sent si bon ! Et, comme on le verra plus loin, il existe dans la Tradition une relation entre la présence divine et les bonnes odeurs — relation que Cayce a soulignée[4].

D'autres messages précisent à Marie-Julie que les ténèbres ne s'étendront pas sur toute la France ; en Bretagne, on y verra un peu plus clair :

« Ce coin de terre, où la clarté ne s'éteindra pas, où le firmament sombre et noir ne laissera point planer, sur vos têtes, ses nuages affreux. Vous aurez donc ce coin de ciel qui conservera sa beauté et sa clarté. Mais, un peu plus loin, vous ne verrez que ténèbres ; le jour sera sans lumière. »

(*Le Ciel en Colloque avec Marie-Julie Jahenny*, p. 112)

« Le plus pénible pour vous, le plus douloureux, ce sera quand, du firmament, le Soleil sera tombé dans un lieu sans lumière ; quand les étoiles commenceront à se grouper, une multitude ensemble. »

(*Ibidem*)

4. Dans *L'Univers d'Edgar Cayce*, tome I, pages 109-110.

Un « groupement d'étoiles », c'est (en astrologie et astronomie) une conjonction. S'agirait-il de la grande conjonction du 5 mai 2000 (voir chapitre précédent). Ou d'une illusion d'optique due au changement de position de la Terre ?

« Au commencement de ce signe, vous penserez sérieusement à l'obscurcissement du Soleil. La colère de Mon Fils (c'est la Vierge qui parle à la voyante) *parlera, avec tant d'éclat, dans son tonnerre, que, même en ce royaume, vos demeures s'écrouleront (...) Tout tremblera, excepté le meuble où brûlera le cierge de cire. Vous vous grouperez autour, avec le crucifix, et Mon image bénite. Voilà ce qui éloignera de vous cette frayeur, qui, pendant ces jours, sera cause de beaucoup de morts (...)*

Ceux qui M'auront bien servie et invoquée, qui garderont dans leur demeure Mon image bénite, Je garderai sans dommage tout ce qui leur appartient. Pendant trois jours, Je protégerai leurs bestiaux affamés, Je les garderai, car il sera impossible d'entr'ouvrir une seule porte. La faim des animaux sera rassasiée par Moi, sans aucune nourriture. La chaleur du ciel sera si brûlante qu'elle sera insupportable, même dans vos demeures fermées. Tout le ciel sera en feu, mais les éclairs ne pénétreront pas dans les maisons où il y aura de la lumière (des cierges). *Ne vous effrayez pas. »*

(*Les Prophéties de la Fraudais*, p. 234)

La célèbre Anna-Maria Taïgi, simple mère de famille du début du XIXe siècle, disait également :

« Des ténèbres pestilentielles, peuplées de visions effroyables, envelopperont la Terre pendant trois jours (...) L'air sera alors empesté par les démons, qui apparaîtront sous toutes sortes de formes hideuses. Les cierges bénits préserveront de la mort, ainsi que la prière de la Vierge. »

(In Michel de Savigny : *La Perspective des Grands Événements*, p. 245)

Plus récemment, Mamma Rosa, la voyante de San Damiano en Italie :

« Soyez forts, mes enfants, car lorsque viendra ce jour de ténèbres, vous aurez la lumière. Les autres pleureront, ceux qui n'ont pas voulu écouter mon appel ! Quand viendra ce jour de ténèbres, vous aurez le réconfort et eux seront dans l'angoisse ! »

(Message de la Vierge à San Damiano en Italie, le 19 janvier 1968)

La voyante disait qu'elle avait vu ces jours de ténèbres, où :

« Tout était si obscur... si obscur, d'une obscurité impossible à dire. » Et elle transmettait les paroles de Notre-Dame :

« Quand vous sentirez de grandes secousses, quand vous verrez ces grandes ténèbres, levez les yeux au ciel, et, les mains étendues, demandez pitié et miséricorde. Récitez le "Salve Regina", récitez le Credo. »

(Message du 26 mai 1967)

« Quand vous serez dans les ténèbres, dans l'obscurité, une obscurité que vous ne comprendrez plus, appelez-Moi, appelez-Moi ! »

(8 septembre 1967, in *Présence de la Très Sainte Vierge à San Damiano*, Nouvelles Éditions Latines, Paris)

Mamma Rosa, que j'ai vue, était elle aussi une femme très simple. Elle n'a sûrement pas copié ces messages sur Cayce (inconnu en Europe à cette date-là) ni d'ailleurs sur qui que ce soit, j'en suis intimement persuadée ! Ceci dit, la prière, que conseillent tous ces voyants, c'est un bel effort, mais ça ne suffit pas :

« GARDEZ-VOUS BIEN DE PRIER DANS UNE DIRECTION ET D'AGIR DANS UNE AUTRE. SOYEZ LOGIQUES — ET PERSÉVÉRANTS. »

(Lecture 3976-20)

Un autre message, très discuté, est *L'Évangile donné à Arès*, en 1974, à un prêtre orthodoxe français (Arès est sur le bassin d'Arcachon). C'est un texte extraordinaire, porté par un souffle puissant :

« D'un geste, J'arrêterai l'astre sous vos pieds,
Il n'y aura plus ni jour ni nuit » (page 134).
« Alors, j'arrêterai les jours et les nuits
Je suspendrai les hivers et les étés,
Le cours de Mes fleuves s'arrêtera pour qu'ils ne se vident plus
Dans les failles de la Terre
Qui rejetteront les spectres » (page 150)

(*La révélation d'Arès*, Maison de la Révélation, 33740 Arès. Édition malheureusement alourdie par une exégèse pesante)

En tant qu'astrologue, j'ai été frappée par la première ligne ci-dessus : la nuit, où est passé le Soleil ? *« Sous vos pieds »*, aux « antipodes » (c'est cela que le mot veut dire !) ? Il éclaire l'autre hémisphère pendant que nous dormons. S'il s'arrête là-dessous, la nuit va se prolonger... En astrologie, c'est le Soleil au « Fond-du-Ciel », très jolie expression pour indiquer la position du Soleil à minuit (en astronomie, c'est le « nadir »). Quant à la perturbation des cours d'eau, cela fait partie d'un ensemble de phénomènes géologiques, qui accompagneront les ténèbres : orages, ouragans, séismes, raz-de-marée, canicules effrayantes, etc., auxquels s'ajouteront des apparitions terrifiantes. Nous voilà servis ! Et tous les voyants sont unanimes, quelle que soit l'époque ou la nationalité. Il y a unanimité !

La description des phénomènes physiques évoque un travail de la Terre, dont la « disparition » du Soleil n'est que la conséquence. Ce travail de la Terre, c'est bien ce que prédit Cayce. Mais, à la différence de beaucoup d'autres voyants, il donne une clé qui permet de regrouper l'ensemble des phénomènes prévus autour d'une explication rationnelle : le basculement des pôles. Nous en verrons plus loin, et plus en détail, les conséquences.

Plus récemment, en 1981, la voyante de l'Escurial, Amparo, stigmatisée comme Marie-Julie Jahenny, disait :

« Il viendra sur la terre une obscurité intense qui durera trois jours et trois nuits. Rien ne sera visible. L'air devenant pestilentiel et nocif nuira, encore que non exclusivement, aux ennemis de la religion. Durant ces trois jours de ténèbres, la lumière artificielle sera impossible. Seuls les cierges bénits brûleront durant ces trois jours. Les fidèles devront rester dans leurs maisons à prier le Rosaire et à demander à Dieu la miséricorde. »

(In *Le Repentir mondial*, Éd. Résiac, 1987)

La voyante de l'Escurial ignorait, lorsqu'elle donna ce message, l'existence d'autres prophéties analogues, dont celle de la Salette, pourtant connue. On ne peut pas accuser les voyants de se « donner le mot » ; beaucoup, à Fatima, la Salette, Garabandal, sont des enfants de familles pauvres, n'ayant pas d'instruction, dont l'univers semble limité à leur village. C'était aussi le cas de Marie-Julie Jahenny. En général, ils ignorent les prophéties antérieures à eux, ou données dans d'autres pays. Enfin, il y a des voyants adultes, plus informés, comme Anna-Maria Taïgi, Arthur Ford, le Maître Philippe, Marthe Robin, Jeanne Ramonet (la voyante de Kérizinen) ou le Padre Pio, qui sont dans un autre cas : leur vie, donnant un témoignage de sérieux et de foi vécue, peut être considérée comme un garant de leur honnêteté intellectuelle. Quant à Cayce, il est dans les deux cas à la fois : la dignité de sa vie exclut qu'on le soupçonne de charlatanisme — et on ne peut pas non plus l'accuser d'avoir plagié nos voyants ; homme simple, et sans instruction, n'étant jamais sorti de son pays, il ignorait les prophéties du monde catholique européen (le seul voyant d'Europe qu'il connaissait était son contemporain Rudolf Steiner en Suisse. Je n'ai trouvé aucune mention, dans les lectures de Cayce ou dans sa correspondance, des voyants que je cite).

LA BIBLE AUSSI...

Je termine ce survol rapide de quelques prophéties par des citations de la Bible elle-même. Pour commencer, voici celle que Cayce a reprise dans la lecture 3976-15 :

« Car il y aura alors une grande détresse, telle qu'il n'y en a pas eu depuis le commencement du monde, jusqu'à ce jour-là (...) Aussitôt après, le Soleil s'obscurcira, la Lune perdra son éclat, les étoiles tomberont du ciel, et les puissances des cieux seront ébranlées. »

(Évangile de Matthieu, XXIV, 15-29)

Que le Soleil doive s'obscurcir, et jusqu'à disparaître provisoirement, nous l'avons vu. Que la Lune perde son éclat, pourra-t-on l'expliquer par la densité des nuages toxiques annoncés pour ce temps-là (dus, soit à la pollution, soit à la guerre atomique, soit à des phénomènes météo encore inexpliqués) ? Toutes les prophéties font une distinction entre le Soleil et la Lune ; celle-ci a une marche très rapide dans le ciel, elle nous est liée directement ; puisque c'est notre satellite, suivra-t-elle la Terre dans ses folles errances ? Quant aux étoiles *« qui tombent du ciel »*, il y a pour moi deux explications possibles : soit une collision avec un autre corps céleste, hypothèse envisagée par Velikovsky ; soit, la Terre basculant sur son axe, le changement de perspective optique dans notre vision du ciel. Si la Terre sort de son orbite habituelle (voir lectures de Cayce plus haut), nous verrons les étoiles sous un autre angle : elles changeront apparemment de place au fur et à mesure des déplacements de notre sphère d'observation. Quant aux puissances des cieux *« qui seront ébranlées »*, je ne voyais pas du tout, autrefois, ce que pouvait signifier ce verset. Avec les clés données par Cayce, il me paraît plus clair. Je le sens comme « les mécanismes célestes seront déréglés ». Car, dans la vision caycienne du Cosmos, tout se tient, et la Terre est solidaire des autres planètes. Il paraît logique que notre caillou ne puisse s'en aller gambader sans perturber ce gigantesque champ magnétique qu'est notre système solaire... La Terre, réceptacle de la négativité des hommes, est-elle devenue le trouble-fête de l'Espace ?

On peut lire également dans l'Évangile de Luc (XXI, 25) :

« Il y aura des signes dans le Soleil, la Lune et les étoiles. » et XXI, 11 : *« Il y aura des phénomènes effrayants dans le ciel ».* Certains voyants parlent de l'apparition d'un deuxième soleil dans le ciel[5]. Pour d'autres, ce serait seulement un gros astéroïde. La voyante de Garabandal, la petite Conchita, parlait de l'« Avertissement » qui viendrait, et dont elle ne devait pas révéler la nature, sauf à en dire que cela s'appelait d'un nom qui commençait par « A » (« Astro » en espagnol — c'est-à-dire « astre » ?) Mais cela précédera l'apparition d'*« un ciel nouveau, et d'une Terre nouvelle »*, dit l'Apocalypse (XXI).

Bien sûr, ce dernier verset a été interprété « sur le plan symbolique » par des théologiens retors, habiles à faire parler un texte dans le sens qui les dérange le

5. Nostradamus : *« Nuée fera deux soleils apparoir »* (Centuries, II, 41).

moins ! Mais on peut aussi le prendre dans un sens concret, réel : *« un ciel nouveau »*, ne serait-ce pas un ciel où l'on verra de nouvelles constellations ? Celles que nous connaissons actuellement forment des « figures » dans le ciel : le Lion, le Scorpion, le Grand Chien, le Navire Argo, etc. En réalité, les différentes étoiles d'une même constellation peuvent être très éloignées les unes des autres. Elles ne sont voisines que vues de la Terre, par un effet d'optique. Si la Terre se déplace dans l'Espace hors de son orbite, ces mêmes étoiles seront vues dans une perspective toute différente. Elles se regrouperont en formant des figures différentes. Cayce le disait dans la lecture 5748-6, la Petite Ourse change peu à peu de contours. Notre brave Chariot, modèle préhistorique, y gagnera-t-il un profil de course ? La « Formule 1 » céleste ? Si la Petite Ourse change d'allure, évidemment la Grande aussi, et toutes nos constellations, zodiacales ou pas. On ne les reconnaîtra plus. Il va falloir les rebaptiser... Quel travail pour les astronomes astrologues du XXIe siècle !

Que mon lecteur n'aille pas croire que je donne ici toutes les prophéties existantes. C'est impossible. Depuis bien vingt ans que je travaille là-dessus, j'en découvre toujours de nouvelles ! Beaucoup n'ont pas été publiées, et sont restées inconnues. La plupart des voyants font faire des tirages confidentiels, chez d'obscurs imprimeurs-éditeurs. Les voyants ne sont presque jamais des gens du monde des lettres, du journalisme et de l'édition. C'est pourquoi ils ont en général le plus grand mal à se faire connaître (Cayce lui-même...). Le circuit classique, jusqu'à une date très récente, était le suivant : le voyant, plein d'angoisse, se confiait à un confesseur. Qui se faisait remettre le manuscrit, ou les notes. Qui transmettait ceux-ci à l'évêché... Qui enterrait l'affaire ! Rares étaient les évêques bien disposés, qui ordonnaient une enquête bienveillante, et autorisaient la publication des prophéties. La persécution des voyants a toujours été la règle absolue. Même Cayce ! (C'est bien pourquoi Nostradamus, le plus intelligent, le plus instruit de tous, avait pris la peine de chiffrer ses voyances.)

Il ne faudrait pas penser que les prophéties n'existent que dans le monde occidental, ou dans la tradition catholique : pas du tout ! J'ai donné, c'est vrai, beaucoup d'extraits de prophéties faites par des voyants européens et catholiques. Mais c'est au fond pour répondre à l'étonnement sincère de mes amis de Virginia Beach, quand je leur disais que les prophéties de Cayce avaient leur équivalent chez nous, et que nous avions « at home » quelques prophètes remarquables... Il y en a eu dans le monde entier — et actuellement encore. Par exemple, au Moyen-Orient, certains voyants arabes[6] (chrétiens et musulmans) sont avertis des événements futurs. On y a vu des apparitions, comme celles du Caire[7], par exemple, à Zeitoun en 1968, dont plusieurs milliers de personnes peuvent témoigner. J'ai vu les hallucinantes photos... Dans toutes les grandes religions du monde, il y a des voyants et des prophéties. Et, bien entendu, des prophètes qui n'appartiennent à aucune de ces religions. En fait, tous les groupes spirituels réunis autour d'un initiateur de qualité bénéficient d'une information prophétique sur les événements à venir.[8] J'ai moi-même, par exemple, connu de près l'enseignement prophétique de Marthe Robin, à Châteauneuf-de-Galaure. Elle décrivait les « Grands Événements » qui surgiraient quelques années après sa mort (elle est morte en 1981). Mais ses prophéties n'ont pas été publiées. C'était seulement un enseignement verbal, parfaitement cohérent avec Cayce, le Maître Philippe, Nostradamus, Arthur Ford, la Salette, Fatima, ou Marie-Julie...

6. Par exemple, cette jeune fille de la Bekaa, au Liban : Jeanne-d'Arc (c'est son prénom) Farage, que j'ai citée plus haut — et qui reçoit encore des messages actuellement.

7. Il y a eu de nouvelles apparitions au Caire en 1983 et 1985.

8. C'est aussi, bien entendu, le cas des moines tibétains qui vivent en France et en Suisse.

Toutes ces prophéties sont-elles « authentiques » ? On n'a pas vraiment besoin de se crêper le chignon là-dessus. Il n'y a qu'à s'interroger, honnêtement, sur le contenu. Si ça ressemble à tout ce qu'on connaît déjà de sérieux (à commencer par Cayce), pourquoi refuser ? Il y a des choses qui vous frappent droit au cœur : on sait qu'elles sont vraies, sans avoir besoin de personne pour vous le dire :

« Tout homme, même celui qui n'a jamais reçu Ma Parole (...) même celui qui M'a rejeté avant de Me connaître, sait Qui Je suis et quand Je lui parle. »

affirmait le Christ à Arès (*op. cit.*). Et Cayce :

« VOICI QUE NOUS ENTRONS DANS UNE PÉRIODE OÙ CHACUN DEVRA S'INTERROGER SUR SA RELATION À DIEU. »

(Lecture 3976-14)

Voilà pourquoi, à l'heure actuelle, les messages se multiplient ! Rappelons, pour terminer ce chapitre, les déclarations de la Vierge à Kérizinen le 18 février 1961[9] :

«Les prophéties ont toujours existé dans l'Église de Dieu. L'ancien et le nouveau Testaments en contiennent beaucoup et elles sont de foi. L'esprit prophétique est inhérent à l'Église catholique ; aussi, ne pas croire aux prophètes et aux apparitions en général, même modernes, c'est refuser à Dieu le droit de parler et de se manifester (...)

Dieu, par ses envoyés, n'avait-Il pas annoncé le Déluge, l'incendie de Sodome, la captivité de Babylone, de même que la ruine de Jérusalem (...) ?

Certes, les prophéties de malheur sont toujours conditionnelles. Elles ne sont que des menaces pater-

9. Raoul Auclair, *Kérizinen, apparitions en Bretagne*, Nouvelles Éditions Latines, Paris 1983.

nelles de la part de Dieu pour vous forcer à revenir à Lui (...).

Que, surtout, prêtres et évêques, se rappelant qu'ils sont les sentinelles du peuple de Dieu, se fassent un devoir de conscience de montrer l'orage de la Justice divine. Il éclatera certainement, tôt ou tard, sur les nations impies. Car les nations, n'ayant pas d'éternité, doivent être punies ici-bas, visiblement.

En dépit des grands avertissements du siècle dernier, le peuple est-il plus soumis à Dieu, plus religieux et meilleur ? Hélas ! Non (...)

N'hésitez donc pas : accordez aux avertissements célestes tout le respect dû à un message divin. »

Car :

« CERTAINS ONT BIEN COMPRIS QUE VONT SURGIR DES CRISES D'UN AUTRE ORDRE ; QUE BIEN DES PURIFICATIONS SERONT NÉCESSAIRES, À TOUS LES NIVEAUX. »

(Lecture 3976-18)

L'Esprit souffle où il veut, se moquant éperdument des étiquettes en « isme », comme dit Cayce. Quelle que soit la religion du voyant qui donne le message :

« L'HOMME DEVRA APPRENDRE, – S'IL VEUT ENFIN CONNAÎTRE LA PAIX PROMISE PAR DIEU – QUE CELUI-CI AIME TOUS CEUX QUI L'AIMENT, QUELLE QUE SOIT LEUR ÉTIQUETTE OU LEUR APPARTENANCE À TELLE OU TELLE RELIGION EN "ISME". »

(Lecture 3976-18)

4. UN NOUVEAU SCHÉMA CLIMATIQUE...

POURQUOI AVONS-NOUS DES SAISONS ?

Si la Terre doit bientôt basculer dans l'Espace, comme le dit Cayce (ainsi qu'un nombre croissant de géophysiciens modernes), les saisons vont changer. Les saisons dépendent de la position de notre planète face au Soleil. C'est parce qu'elle est légèrement inclinée sur son orbite (entre 22 et 24 degrés) qu'il y a des saisons. Si l'axe de rotation de la Terre (c'est-à-dire l'axe des pôles) était à angle droit avec l'Écliptique il n'y aurait pas de saisons. Le Soleil enverrait toute l'année ses rayons sous le même angle, donc avec la même intensité.

La répartition du chaud et du froid (et jusqu'aux pôles où l'on a six mois de nuit) et l'inégalité de la durée des jours et des nuits dépendent de cette position « en biais » de la Terre sur son orbite. A l'heure actuelle, cette position est relativement stable (encore que l'axe des pôles ne soit pas absolument fixe, et que l'on ait noté différentes variations dans ce mécanisme). Tant que la Terre garde la même inclinaison sur son orbite, nous avons les mêmes saisons. C'est ce qui nous permet d'attendre en toute sérénité le retour des hirondelles... Quand je vois la neige s'accumuler sur mes fenêtres en hiver, je me dis qu'il faut beaucoup de foi pour croire encore que le printemps reviendra ! Jusqu'ici, il est toujours revenu..

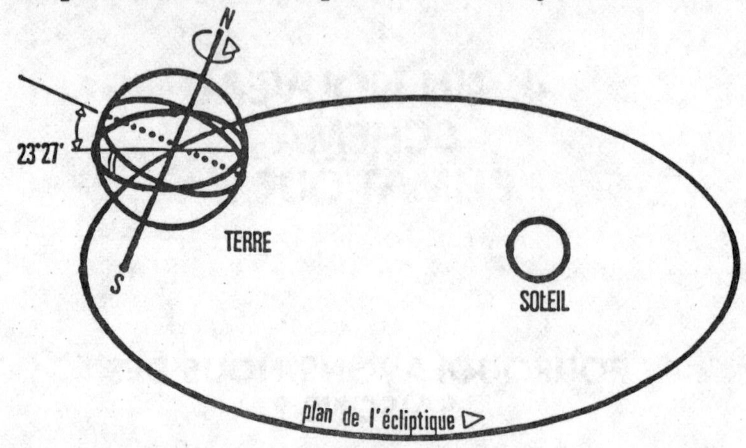

Mais Cayce laisse entendre que ça ne va pas durer. La Terre va changer de position dans l'Espace — et on ne sait pas comment elle va se retrouver, donc comment nos saisons vont être à nouveau réparties. Dans la fameuse lecture 3976-15[1], Cayce donne une indication :

> « ALORS ARRIVERA LE RENVERSEMENT DE L'AXE DES PÔLES, QUI AURA COMME CONSÉQUENCE QUE LES PAYS À CLIMAT FROID ET SEMI-TROPICAL DEVIENDRONT TROPICAUX. »
>
> (Lecture 3976-15, janvier 1934)

1. J'ai traduit cette lecture dans *L'Univers d'Edgar Cayce*, tome I, Éd. R. Laffont, page 383.

LE POIDS DES GLACES

Comme vous voyez, Cayce n'a peur de rien ! Préparez votre garde-robe... Il continue, un peu plus loin :

« DES EAUX LIBRES APPARAÎTRONT DANS LE NORD DU GROENLAND. »

(Même lecture)

Quand j'ai lu cette lecture au Symposium de Shawinigan[2], il fallait entendre les hurlements de joie ! Tout habitués qu'ils soient à leurs « arpents de neige », les Canadiens trouvent parfois que l'hiver est bien longuet... Avez-vous vu où était le « nord du Groenland » sur la carte ? Plus nordissime, on ne fait pas : c'est la porte à côté du Pôle ! Celui-ci se trouve au milieu d'un océan mystérieux, qu'on ne voit jamais, parce qu'il est recouvert d'un couvercle : la « calotte glaciaire », qui flotte sur les eaux noires de l'océan Glacial Arctique. A la belle saison, elle fond sur les bords, et les morceaux qui s'en détachent sont les sinistres icebergs, de triste mémoire. La banquise se prolonge sur le Groenland par un gigantesque glacier, « l'inlandsis ». On a des preuves qu'à certaines époques, il n'était pas aussi étendu : il laissait apparaître de la « terre verte », puisque telle est la traduction du mot Groenland. C'est aussi ce que l'on peut voir sur les fameuses cartes anciennes analysées par le Pr Hapgood (de Piri Reis, d'Orontus Finnaeus, et de bien d'autres). Donc, la glace va et vient, elle a déjà fondu — et elle fondra encore. C'est le sens de la phrase de Cayce. Pour qu'apparaissent des « EAUX LIBRES », là où il y a actuellement une croûte de glace de plusieurs centaines de mètres d'épaisseur, il faut que la banquise ait fondu et que les pôles aient basculé. Cayce n'a jamais lésiné sur les

2. Congrès annuel de médecines douces et ésotérisme, organisé par Yolande Gagnon au Québec.

catastrophes climatiques qui accompagnent les basculements de la Terre ! Il en parle lorsqu'il raconte l'histoire de l'Atlantide, en particulier dans la lecture 5249-1 (voir plus haut), où il explique la destruction instantanée des grosses bêtes préhistoriques par un basculement des pôles, 50 000 ans avant notre ère :

« LA GLACE, LA NATURE, DIEU, CHANGÈRENT L'AXE DES PÔLES, ET LES ANIMAUX FURENT DÉTRUITS[3]. »

Cayce attribue donc, si j'ai bien lu, le basculement des pôles à la glace... Ce n'est pas de la poésie pure, c'est une théorie scientifique (que Cayce éveillé ignorait, le pauvre !) qui revient en faveur. Le premier qui en avait parlé était Wegener, le père de la « dérive des continents[4] » — qu'on avait beaucoup critiqué en son temps. Plus tard, le géologue Hugh Auchincloss Brown, et le savant yougoslave Milutin Milankovitch reprirent la théorie (en l'améliorant, comme ça se fait toujours !). Milankovitch lui a même laissé son nom. D'après cette théorie, donc, si le climat se refroidit, la glace s'accumule à l'un des pôles. Le poids de la glace peut devenir tellement énorme qu'il risque de déstabiliser la Terre, amenant le scénario suivant : déstabilisation progressive des climats — basculement de la Terre dans l'espace (accompagné de gigantesques séismes) — restabilisation de la Terre dans une autre position face au Soleil — et renouvellement complet de la distribution des climats... comme dit Cayce ! Mais si Paris n'est plus à 48°50' de latitude nord, où allons-nous ? (Et moi, comme astrologue, comment est-ce que je vais les monter, mes cartes du ciel ?) Est-ce que l'on va se retrouver la tête en bas ? Le Maître Philippe disait, le 28 mars 1897 :

« Dans un siècle, un cataclysme se produira, à la

3. *L'Univers d'Edgar Cayce*, tome I, page 185.

4. Théorie qui suppose que tous les continents n'ont fait autrefois qu'un seul bloc ; qu'ils se sont détachés les uns des autres, et qu'actuellement ils « dérivent » à la surface de la Terre en s'écartant toujours plus.

suite duquel (...) la Terre aura tourné, et nous serons vers le pôle Sud. »

J'ai une immense admiration pour le Maître Philippe de Lyon dont j'ai parlé plus haut (voir page 55), et je crois à ses prophéties ! Le révérend Arthur Ford, lui, voyait le nouvel axe des pôles passer par l'Amérique du Sud, et le Pacifique Nord — mais pas avec assez de précision pour que l'on puisse d'ores et déjà refaire la carte de nos climats.

« L'EFFET DE SERRE » ET SES CONSÉQUENCES DÉSASTREUSES

Il se passe actuellement un phénomène très, très inquiétant. Les savants constatent que le temps change. Par exemple, la calotte glaciaire du pôle Nord s'est élargie, et les zones froides s'étendent vers le sud. On se rappelle le terrible hiver 1976-1977, et ceux qui ont suivi. Beaucoup de glaciers, en Amérique du Nord et en Europe (comme la mer de Glace), qui avaient progressivement reculé jusqu'à la Deuxième Guerre mondiale, sont au contraire, maintenant, en train de regagner du terrain. En conséquence de quoi, la belle saison, dans les pays agricoles de l'hémisphère nord, ne cesse de rétrécir, ce qui est inquiétant pour l'avenir au point de vue alimentaire. On a constaté aussi, dans certains pays, la disparition d'espèces animales qui aimaient la chaleur : elles émigrent plus au sud. En mai 1974, le Congrès international de climatologie, qui se tenait à Bonn et réunissait des experts du monde entier, déclara en conclusion de ses travaux : *« De nouveaux schémas climatiques sont en train d'apparaître. Ce changement de climat représente une menace pour le monde (...) et fait craindre des récoltes désastreuses dans un proche avenir. »*

On voit ce qui se passe au Sahel, où la sécheresse a déjà fait plusieurs millions de morts... En effet, si davantage d'eau est stockée au pôle Nord sous forme de glace, c'est autant de moins qui tombera sous forme de pluie dans les régions chaudes. La nappe phréatique dans certains pays (c'est-à-dire l'horizon des eaux souterraines) est en baisse. Certains géologues estiment qu'il existe une corrélation entre la baisse du niveau des eaux souterraines, et la fréquence des tremblements de terre. L'eau adoucirait les tensions et servirait de lubrifiant...

On s'est demandé, bien sûr, pourquoi ce refroidissement des pays froids et tempérés de l'hémisphère nord. Il est sûr — et de nombreux scientifiques l'ont constaté — que l'Homme y est pour quelque chose. Il déséquilibre les climats en détruisant les jungles équatoriales et tropicales — et les forêts du Grand Nord (pour en faire du papier, des produits chimiques, etc.). Il détruit les savanes, les landes, les maquis, les garrigues, pour y construire des villes, des autoroutes et des parkings. Le béton est une lèpre qui tue la Terre. En Europe, ce que nous voyons est déjà dramatique, mais comme l'espace est restreint, donc cher, on fait attention. Aux États-Unis, le béton prend des proportions telles qu'on parle de la « jungle de béton » (« concrete jungle »). C'est inimaginable quand on ne l'a pas vu : la somptueuse nature américaine, qui enchantait Chateaubriand, est une peau de chagrin qui se rétrécit d'année en année. Bientôt, ce ne sera plus qu'un souvenir... Outre la destruction de la Nature, l'homme pollue l'atmosphère. Nos forêts sont en train de mourir. L'oxyde de carbone, et les autres polluants rejetés dans l'air, créent ce que l'on appelle « l'effet de serre ». On le voit très bien dans les zones industrielles, où l'atmosphère est opaque et la température plus élevée que dans la campagne avoisinante : c'est que le rayonnement terrestre est pour ainsi dire « coincé » près de la surface du sol, à très basse altitude. Cette « serre chaude », non seulement nous enferme dans un nuage de déchets toxiques — (responsables pour une bonne part des maladies de civilisation) — mais encore détruit l'ozone ; cela perturbe complètement le mécanisme des climats, basé sur l'échange des éléments, comme le dit très bien Cayce, dans la lecture que j'ai donnée plus haut (lecture 270-35) sur les causes des tremblements de terre, qui agissent :

« SUR LES ÉLÉMENTS TERRESTRES, AUTREMENT DIT LA TERRE, L'AIR, LE FEU ET L'EAU. »

Or, le climat n'est rien d'autre qu'une combinaison de ces quatre éléments traditionnels, qui s'associent pour donner le vent, la pluie, la neige, la foudre, etc. Le refroidissement général est dû à cette perturbation des échanges dans l'atmosphère : c'est le contrecoup du réchauffement artificiel des pays industriels. Voici une lecture de Cayce très claire à ce sujet :

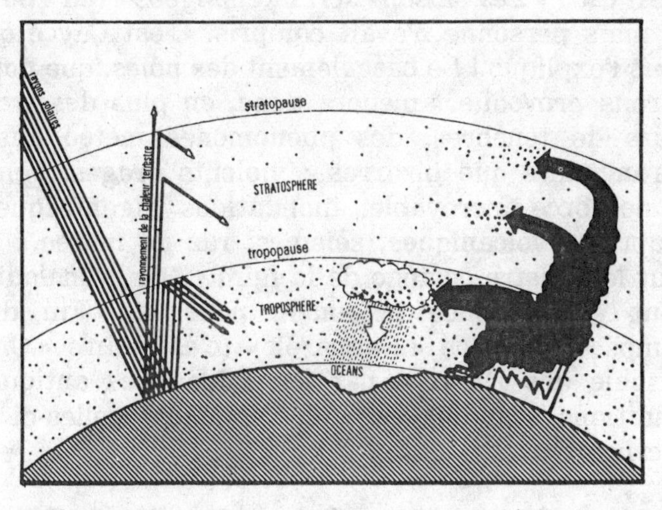

L'effet de serre : les gaz rejetés dans l'atmosphère par les usines et les pots d'échappement automobiles créent une sorte de « plafond » qui bloque le rayonnement normal de la chaleur terrestre. L'ozone disparaît.

Est-ce que la théorie d'Herbert Janvrin Browne est correcte ? Selon laquelle le temps peut être prévu plusieurs années à l'avance en

mesurant le rayonnement solaire et son action sur les courants marins ?

« SI LES DIFFÉRENTES IMPLICATIONS DE CETTE THÉORIE ÉTAIENT PRÉSENTÉES ICI, ON VERRAIT QU'ELLE N'EST PAS CORRECTE. CAR VOILÀ CE QUE L'ON PEUT ÉTABLIR, EN THÉORIE : TOUT CE QUI EST ÉMIS RETOURNE À SON POINT DE DÉPART. IL EN EST DE MÊME POUR LE CHAUD OU LE FROID, QUI SONT ÉMIS PAR LE RAYONNEMENT TERRESTRE SUR LES DIFFÉRENTES PARTIES DU GLOBE. C'EST CE RAYONNEMENT QUI, INTERFÉRANT AVEC LA RÉFLEXION DE L'ATMOSPHÈRE TERRESTRE, MODIFIE LES COURANTS MARINS ; ET LES EAUX TRANSPORTENT AVEC ELLES CE CHAUD OU CE FROID, D'UNE CERTAINE FAÇON, JUSQU'AUX DIFFÉRENTS RIVAGES. »

(Lecture 195-29, donnée en 1926)

Et voilà comment nous modifions nos climats, en modifiant le rayonnement émis par la Terre. Nous courons à la catastrophe, mais notre « establishment » ne veut pas le savoir. La Vierge à la Salette avait dit : *« Les saisons seront changées »* (en 1848) — mais personne n'avait compris. C'est Cayce qui nous l'explique ! Le basculement des pôles, que nous aurons provoqué, amènera donc, en plus des trois jours de ténèbres, des phénomènes météo aussi dérangeants que bizarres : violents orages, vents d'une force incroyable, inondations gigantesques, éruptions volcaniques, séismes, raz de marée... et tout le sinistre cortège de la faim et de la maladie. Tout est annoncé pêle-mêle pour la « Fin des Temps » ! Appelée « Ragnarök » (c'est-à-dire « Crépuscule des Dieux ») par les Eddas des antiques traditions scandinaves. Voici comment celles-ci la décrivent[5] :

« Alors Ganglari dit : "Qu'y a-t-il à dire du Ragna-

5. *Le Crépuscule des Dieux* a été mis en musique par Wagner. La citation qui suit est empruntée à Gérard de Sède : *L'Étrange Univers des prophéties*, Éditions : « J'ai lu », Paris 1977.

rök ? Je n'en ai jamais entendu parler jusqu'ici." Har dit : "Il y a beaucoup de choses, et grandes, à en dire. D'abord, qu'il arrivera un hiver, qui s'appelle « fimbulvetr » (le terrible hiver). Alors des tourbillons de neige tomberont de toutes les aires du vent. Il y aura froid noir et vents mordants, et le Soleil ne luira point. Il y aura trois hivers à la file, et pas d'été entre-temps. Mais d'abord viendront les trois autres hivers où il y aura grandes batailles dans le monde entier (...) Puis on verra quelque chose d'extrêmement remarquable : le loup avalera le Soleil, et les hommes découvriront que cela leur est d'un grand préjudice. L'autre loup avalera la Lune, et cela aussi sera d'un grand détriment. Les étoiles disparaîtront du ciel. Il faut aussi mentionner que le sol et toutes les montagnes trembleront fort, que les arbres seront déracinés, que les monts s'effondreront, et que toutes les chaînes, tous les liens se briseront et seront arrachés. La mer déferlera sur la terre..." »

Comme on le voit, les Eddas prévoient aussi la Troisième Guerre mondiale (que nous verrons plus loin) et qui précédera le basculement des pôles !

Voici, pour terminer, un extrait des messages que Max-Getting dictait à sa femme Suzanne — après sa mort —, et qui sont très intéressants parce qu'ils contiennent des prophéties à caractère scientifique :

« Actuellement, la vie dans l'Espace se transforme : l'atmosphère est déréglée à cause de la grande perturbation amenée dans les ondes, par toutes les applications modernes de l'électricité. Les transmissions par ondes sans fil prennent une quantité énorme de l'énergie naturelle qui se trouve dans l'Espace, et les avions déplacent les courants fluidiques. »

(Suzanne Max-Getting, *Les Missionnaires de l'astral*, page 98)

Le message date de 1929 : que dirait-il maintenant !

5. LA TEMPÊTE LES GRANDS ORAGES ET LE DÉLUGE

Ma grand-mère, d'origine italienne et même génoise (des Bixio), avait bercé mon enfance avec les célèbres vers de Dante Alighieri :

« Ahi, serva Italia,
Di dolore ostello
Nave senza nocchier
In gran tempesta... »[1]

Je pensais toujours à cette *« gran tempesta »* — car Dante était un initié, et la *Divine Comédie* un recueil de prophéties. J'y pensais encore lorsque mes enfants dansaient sur un air de samba : *« Aïe, aïe, aïe, Signor météo... »*, évoquant ce dieu des vents qui souffle sur les cartes marines. Les Anciens étaient sûrs qu'il y avait un dieu des vents qui « répondait » au nom d'Éole. Sous ses ordres soufflaient les vents locaux, seigneurs de moindre importance, comme l'Aquilon, Borée, les Zéphyrs...

Les voyants de Findhorn[2] ont raconté comment ils

1. Traduction : *« Hélas, Italie asservie*
Auberge des douleurs
Bateau sans pilote
Dans une grande tempête »
(la *Divina Commedia*, Infierno).
2. Dorothy MacLean : *Le Chant des anges*, Éd. Le Souffle d'Or.

avaient identifié ce qu'ils ont appelé un « Déva », autrement dit un ange (sous l'étiquette indienne, ça fait mode !) ; ils affirment qu'il y a bien un ange qui commande la météo, assisté d'anges secondaires qui s'occupent de chaque vent en particulier. C'est bien ce que disaient les vieilles légendes des marins grecs et celtiques. Or ces esprits de la Nature, ces anges du « Temps-qu'il-fait », nous les avons fâchés. Et gravement. Comme le dit Max-Getting, dans le message que j'ai cité plus haut, nous perturbons leur travail... Et maintenant nous risquons de récolter la tempête !

UNE MÉTÉO DÉCHAÎNÉE...

Les voyants européens en parlent beaucoup :

« Un tonnerre effrayant annoncera l'heure de Sa colère (il s'agit de la Divine Justice)... *Je vis tout cela les yeux ouverts. La Terre grondait d'un bruit formidable de tonnerre. Et les animaux : chevreuils, lièvres et oiseaux s'enfuyaient en hâte. Puis, tel un immense voile ou nuage, vint une nuit d'une noirceur profonde* (...) (Il s'agit des fameux trois jours de ténèbres, dont nous venons de parler) *Des ténèbres effrayantes envelopperont la Terre. Je sus que je devais écrire ce que j'avais ainsi vécu. »*

(Maria Graf, voyante suisse de l'Appenzell, en 1953, in *La Révélation de l'Amour Divin*, v. bibliographie)

« Au milieu de ces ténèbres, il y aura une affreuse tempête : les arbres les plus profondément enracinés seront ébranlés. Au sortir de ces trois jours, vous ne trouverez plus que des cadavres (...) La Bretagne aura aussi ses trois jours de deuil, mais la tempête y sera moins forte qu'ailleurs. »

(*Les Prophéties de la Fraudais*, Éd. Résiac, p. 242)

dit Marie-Julie Jahenny, la stigmatisée de Blain près de Nantes, qui donne ces détails.

Les Écritures seraient également pessimistes sur la météo :

« Que ceux qui seront en Judée s'enfuient dans les montagnes, que ceux qui seront à l'intérieur des villes s'en éloignent, et que ceux qui seront dans les campagnes n'y rentrent pas ! »

(Évangile de Luc, XXI, 2)

J'avais souvent lu ce passage sans bien comprendre pourquoi l'on devrait s'enfuir dans les montagnes. C'est en lisant les messages du révérend Arthur Ford (de son vivant un très grand médium, qui, depuis sa mort en 1971, se manifeste à son amie Ruth Montgomery)[3], que j'ai commencé à comprendre. Ford dit en substance que la Terre sera parcourue de vents très violents, d'une force inouïe, qui arracheront tout sur leur passage. Il estime que ne seront épargnés que ceux qui pourront se réfugier... « dans les montagnes » (comme dit l'Évangile de Luc) ou au moins dans une région de collines (puisque celles-ci coupent le vent) et, de toute façon, dans des grottes et des cavernes. Une chance pour nous, qui avons, en Europe de l'Ouest, des montagnes et des collines partout ! Des grottes aussi d'ailleurs, depuis les troglodytes en tuffeau du Val de Loire, jusqu'aux cavernes de Dordogne. Est-ce pour échapper à ce genre de cataclysme que nos ancêtres ont occupé les grottes des Eyzies ? On pourrait le penser en tirant certaines déductions des lectures de Cayce. Par exemple, la date qu'il donne pour un basculement des pôles vers 50 000 avant notre ère (lecture 262-39) correspond bien aux datations par le carbone 14 de certains restes préhistoriques, animaux et humains, de Dordogne ou des Pyrénées. Mais dans les vastes étendues plates des deux Amériques — et en particu-

3. *A World Beyond*, Ruth Montgomery, Fawcett Books.

lier les Grandes Plaines aux États-Unis — rien n'arrête le galop des ouragans. Les villes américaines sont d'autant plus vulnérables qu'elles ont allègrement construit de très nombreux gratte-ciels. Ceux-ci offrent une prise au vent, qui n'en fera qu'une bouchée... Et nous qui avons eu la bêtise de les imiter ! (Nous copions toutes les folies de l'Amérique, mais pas, hélas, ses qualités !) Chaque fois que je passe au large de la tour Maine-Montparnasse, j'ai un malaise. J'entends Cayce me dire qu'elle est « doomed », c'est-à-dire condamnée.

Pourquoi le basculement de l'axe des pôles doit-il perturber les vents ? C'est que la circulation générale des fluides, des liquides et des gaz, à la surface de la Terre, est déviée selon la « force de Coriolis ». Celle-ci fait circuler les grands courants marins, et aériens, dans le sens des aiguilles d'une montre, dans l'hémisphère nord, et en sens inverse dans l'hémisphère sud (en gros). La rotation des heures de la marée, les courants de marée, les vents circulent ainsi. Or la « force de Coriolis » naît du mouvement de rotation de la Terre sur son axe. Imaginez que ce mouvement hésite, s'arrête, reparte dans un autre sens... Vous voyez la pagaille noire ? Les mers vont sortir de leur cuvette ! Raz de marée et inondations ne peuvent que s'ensuivre, sans compter la pagaille dans la circulation atmosphérique. C'est tout à fait ce qu'annoncent les voyants.

Dans l'actuelle distribution des climats, nous avons été favorisés : l'Europe ignore les terribles « hurricanes » de l'Atlantique tropical, et leurs confrères les « typhoons » des mers de Chine. Dans la même équipe, les « blizzards » de l'Arctique ne sont pas mal non plus : rien ne les arrête sur les immensités plates de la banquise ; ni les « quarantièmes rugissants », qui, lorsqu'ils veulent bien être gentils, s'appellent aussi « les Grands Frais d'Ouest » (autour du pôle Sud). Établis par la grâce de Dieu aux moyennes latitudes, nous échappons à toutes ces terreurs. Mais si la Terre fait la galipette, il nous faudra beaucoup de souplesse pour nous y adapter...

LES GRANDS ORAGES ET LES RAVAGES DU TONNERRE

Les voyants français ont toujours insisté particulièrement sur les orages :

« Les fracas du tonnerre ébranleront la Terre. Des éclairs sinistres sillonneront les nues, dans une saison où ils ne se produisent jamais. »

(Marie-Julie Jahenny, p. 239)

Ces orages qui doivent accompagner le temps du basculement de la Terre auront été provoqués par un égrégore de pensées négatives :

« Par ce manque d'union et de charité (...) on sera responsable de l'énorme tonnerre qui grondera dans le lointain, avec un bruit épouvantable. »

(*Ibidem*, p. 234, en 1879)

« Mes enfants, (...) au moment où grondera le tonnerre, fuyez de dessous et retirez-vous dans vos demeures ; les éclats de ce tonnerre seront si différents de ceux du passé que tous Mes enfants (...) y reconnaîtront une voix de justice et de colère, telle que beaucoup en seront saisis d'épouvante. »

(*Ibidem*, p. 269, le 5 août 1880)

Mais, comme toujours, Marie-Julie voit l'ouest de la France relativement protégé, et des gens qui échapperont aux orages :

« En Bretagne, (...) les éclairs seront faibles, les grondements de tonnerre légers. »

(*Ibidem*, en 1881)

« Le tonnerre et les éclairs feront de grands fracas. »

(Mamma Rosa à San Damiano)

« Il y aura des tonnerres qui ébranleront les villes. »

(La Salette)

La religieuse trappiste de Notre-Dame-des-Gardes à Angers, qui prophétisait au début du XIXe siècle, disait :

« Je vis le ciel devenir une profonde nuit... Cette obscurité fut accompagnée d'un tonnerre, ou plutôt il me semble que le tonnerre venait à la fois des quatre parties de la Terre. Le ciel devint tout en feu. Il se faisait alors un bruit si terrible qu'il paraissait amener la ruine entière du monde. »

Marie des Terreaux, voyante lyonnaise, qui vécut de 1773 à 1843, décrit de terribles événements. Dans ses prophéties sur Lyon, on relève cette phrase :

« Au moment où Dieu commença à exercer sa justice, j'entendis un coup de tonnerre si épouvantable que la Terre en fut ébranlée. »

Quant à Jeanne-Louise Ramonet, la voyante de Kérizinen (qui vit toujours, et que j'ai vue), elle disait en 1948 :

« Sur les pécheurs enracinés dans leurs impénitences, Dieu fera subitement tomber son tonnerre. »

Comme on le voit, les prophéties européennes sont

essentiellement d'accord avec Cayce — à savoir que c'est l'Homme lui-même qui, par son méchant comportement, s'attire les catastrophes. Le message de la Salette le dit aussi :

« Malheur aux habitants de la Terre ! Il y aura (...) des tonnerres qui ébranleront des villes (...) L'eau et le feu purifieront la Terre et consumeront les œuvres de l'orgueil de l'Homme, et tout sera renouvelé : Dieu sera servi et glorifié. »

Aucune de ces prophéties ne considère pourtant qu'il faille d'ores et déjà mourir de peur. Elles sont d'accord avec Cayce, que la seule protection possible est de prier et de travailler sur soi-même pour s'améliorer :

> « MAIS N'AYEZ PAS PEUR DE CE QUI PEUT DÉTRUIRE LE CORPS. LOUEZ PLUTÔT DIEU, ET RENDEZ LUI GLOIRE, CAR IL PEUT SAUVER À LA FOIS LE CORPS ET L'ÂME, ET VOUS DONNER LA JOIE POUR TOUJOURS. VOILÀ COMMENT VOUS DEVEZ PRIER :
>
> SEIGNEUR, ME VOICI ! UTILISE-MOI DE LA FAÇON QUE TU ESTIMES LA MEILLEURE. QUE JE SOIS TOUJOURS CE QUE TU M'AS DESTINÉ À ÊTRE : UNE LUMIÈRE QUI BRILLE DANS LES TÉNÈBRES DE CEUX QUI ONT PERDU L'ESPOIR. »
>
> (Lecture 3976-26)

LES GRANDES INONDATIONS

Ces terribles tempêtes, et ces grands orages, doivent être accompagnés de pluie « diluviennes », et d'inondations. Voici une citation de Nostradamus, qui, ici, n'a pas besoin d'être « traduit » :

« Les continuels tonnerres, grêles, tempêtes, et

pluies impétueuses, feront, par torrents, découvrir d'antiquissimes sépultures et trésors (...) La grande inondation des torrents découvrira encore des choses graves et admirables. »
(Nostradamus, Almanach de 1563, in *Mythes et Légendes du Grand Monarque,*
Éric Muraise, p. 74, Livre de Poche)

La citation est prise dans un contexte de la « Fin des Temps » : il s'agit des événements qui marqueront l'époque de la venue du « Grand Monarque », dont nous parlerons plus loin. Celui-ci doit arriver après — ou pendant — les cataclysmes, et mettre fin aux combats de la Troisième Guerre mondiale. Pour cette même époque, un quatrain des « Centuries » évoque :

« Vers Aquitaine, par insuls britanniques
De par eux-mêmes grandes invasions
Pluies et gelées feront terroirs iniques »

(II, 1)

qui donne deux événements contemporains en Aquitaine : à la fois une invasion, en provenance de l'Angleterre (?) et, de façon claire, le ravage du terroir par les pluies et les gelées. Ailleurs, Nostradamus dit encore :

« Périr eau Nîmes. »

(Centuries, IX, 9)

S'agit-il d'un gigantesque raz de marée, car Nîmes n'est pas loin de la Méditerranée[4] ? La prophétie de la Salette dit que : *« Marseille sera engloutie. »*

Madeleine Posat, simple fille des champs, dont les révélations furent écrites en 1869, donnait comme l'un des signes annonçant le temps des « Grands Événements » : *« les intempéries et les inondations ».*

4. A l'heure où j'écris ces lignes (4 octobre 1988), la télévision nous montre la ville de Nîmes complètement inondée sous des pluies diluviennes. Il y a des morts, les rescapés attendent les sauveteurs sur le toit des maisons, des voitures sont échouées et le bétail mort flotte au fil de l'eau...

Mme de Meylian, supérieure de l'Immaculée-Conception à Rome, avait également communiqué une prophétie sur cette période des « Grands Événements » qui serait caractérisée par des : *« inondations et orages »*.

La voyante de la Fraudais, Marie-Julie, donnait encore un message rejoignant tout à fait Nostradamus (qu'elle ignorait), en 1882 :

« Mes enfants, sous peu, dans les Alpes (...). Ces terres vont périr par l'inondation des pluies du ciel (...) Les récoltes seront levées déjà à deux pieds du sol ; elles seront déracinées par l'inondation qui durera 27 jours, sans diminuer apparemment. Les animaux périront avec les gens, qui seront entraînés au milieu de ces débordements. »

(*Prophéties de la Fraudais*, p. 235)

En somme, un mini-déluge (le Déluge biblique ayant duré *« quarante jours et quarante nuits »* (Genèse, VII, 4).

LE RETOUR DU DÉLUGE[5]...

Cayce, dans une lecture prophétique, évoque le Déluge :

« NE CROYEZ PAS QU'IL NE PUISSE ARRIVER DES ÉVÉNEMENTS COMME CEUX QUI ONT SI BIEN ÉTÉ RACONTÉS[6] : QUELQUES JOURS AVANT LE DÉLUGE, LES GENS ÉTAIENT MARIÉS, CONTINUAIENT À SE MARIER ; IL Y AVAIT LES AGITÉS ; IL Y AVAIT LES SAINTS. ET, DANS CES JOURS QUI

5. Dans la Bible (Genèse, IX, 4).
6. Dans la Bible.

PRÉCÈDENT LA FIN QUI POURRAIT ARRIVER, CELA POURRAIT BIEN ÊTRE EXACTEMENT PAREIL... »

(Lecture 3976-17)

Autrement dit, les gens sont tout aussi inconscients qu'à l'époque du Déluge, et nous sommes tout autant menacés. A cette phrase de Cayce, dite en 1937, fait écho très curieusement un message du Christ à Dozulé, le 4 juillet 1975, transcrit par la voyante Madeleine Aumont :

« Comprenez bien ceci : les jours qui précédèrent le Déluge, les gens ne se doutaient de rien, jusqu'à l'arrivée du Déluge qui les emporta tous. Mais, aujourd'hui, vous en êtes avertis. Vous vivez le temps où je vous disais : « Il y aura sur cette Terre des bouleversements (...) Tenez-vous prêts, car la grande tribulation est proche. Je vous le dis, cette jeune génération ne passera pas avant que cela n'arrive. »

Il paraît hautement improbable que la voyante ait lu cette lecture de Cayce — (qui vient juste maintenant d'être traduite en français, par mes soins) — et dont le texte anglais est introuvable en France ! La voyante, mère de famille de cinq enfants, femme d'un ouvrier dans la métallurgie, vit au fond de la Normandie, et ne peut être suspectée d'avoir été courir à Virginia Beach lire Cayce dans le texte, pour le plagier ensuite... Je suis donc tentée d'admettre sa bonne foi au vu de ce rapprochement avec la lecture 3976-17 ! Cayce parle d'ailleurs, non seulement d'un Déluge, mais de plusieurs. Tout à fait comme les prêtres de Saïs en Égypte le disaient à Platon :

« Vous autres, Athéniens, vous êtes des enfants (...) Vous ne vous souvenez que d'un seul déluge, alors qu'il y en eut beaucoup. »

(Critias)

On tire des lectures l'impression que, chaque fois

que la Terre pique du nez, ça fait quelque part un Déluge (Cayce emploie le même mot : « Déluge » ; ou bien : « the FLOOD »). Évoquant la montagne du Caucase d'où viendra une tribu qui s'établira en Égypte en même temps que les derniers Atlantes, il évoque :

> « ARARAT, OÙ LE DÉLUGE PLUS TARD AMENA CES PEUPLES (...) APRÈS CETTE DESTRUCTION » (de l'Altantide, dans le contexte).
>
> (Lecture 294-147[7])

Cayce suggère que le Déluge biblique fut contemporain à la fois de l'écroulement de l'Atlantide, d'un basculement des pôles, de l'établissement des Caucasiens et des Atlantes en Égypte, ... et de la construction de la Grande Pyramide. Celle-ci, selon les historiens arabes, aurait été construite par Sourid, « pharaon d'avant le Déluge », pour préserver les connaissances de son temps de la ruine culturelle qu'il pressentait pour le futur. Il y a une date chez Cayce :

> « CELA SE PASSAIT, COMME NOUS L'AVONS DÉJÀ INDIQUÉ, 10 500 ANS AVANT L'ENTRÉE DU PRINCE DE LA PAIX DANS LE PAYS OÙ IL DEVAIT ÉTUDIER POUR DEVENIR UN INITIÉ, DANS LE LIEU (...) QU'AVAIT CONSACRÉ HEPT-SUPHT POUR CETTE CÉRÉMONIE D'INAUGURATION. »
>
> (Lecture 378-16)

Dans le contexte, il s'agit donc de l'époque où l'Atlante Hept-Supht brisait la bouteille de champagne sur un nouveau bâtiment (destiné à naviguer longtemps !) : la Grande Pyramide. Cet extrait est tiré d'une très longue lecture, très détaillée, où est décrite par le menu cette grande cérémonie, et l'aspect qu'avait alors la Pyramide de « Chéops » (ou de « Sourid » !). En somme, 12 500 ans, en gros, avant le premier spoutnik ! Il est intéressant de noter que

7. Dans *L'Univers d'Edgar Cayce*, tome I, chapitre sur l'Égypte.

Platon donne à peu près les mêmes dates pour l'effondrement de l'Atlantide.

Quant aux océanographes (qui n'osent pas encore parler de celle-ci officiellement) ils estiment que le plateau sous-marin des Bahamas, des Bermudes, celui des Antilles, et le plateau continental atlantique, ont été submergés il y a... 12 000 ans ! Par recoupement — puisque Cayce lie le basculement de la Terre au Déluge — on peut s'attendre à quelque chose de semblable, autour de la fin de ce siècle. Tout cela est écrit, prévu, archivé, dans le « complexe de Gizeh » (non seulement les pyramides connues... mais les bâtiments souterrains, pas encore connus !) :

> « OÙ L'ON A DÉPOSÉ LES ARCHIVES DE LA TERRE, DEPUIS LA CONSTRUCTION DE LA TERRE, JUSQU'AU CHANGEMENT À VENIR. LES VIEILLES ARCHIVES DE GIZEH PARTENT DU VOYAGE DANS LES PYRÉNÉES, ET VONT JUSQU'EN 1998. »
>
> (Lecture 378-14)

Le voyage dans les Pyrénées, j'en ai longuement parlé dans un chapitre du tome II de *L'Univers d'Edgar Cayce.* C'est le voyage des réfugiés atlantes, qui commencèrent par faire étape dans nos Pyrénées, avant de s'installer définitivement en Égypte. A ce propos, un rapprochement étonnant : Cayce donne le nom de la ville égyptienne où était établi le temple de la Beauté, et il appelle cette ville « LUZ » (Lecture 294-151). Exactement comme notre Saint-Jean-de-Luz ! Dans NOS Pyrénées atlantes ! Donc, ces archives mystérieuses, encore à découvrir, qui contiennent à la fois l'histoire du monde et les prophéties, vont jusqu'en 1998. Ce sera l'année des grandes surprises... Comme l'affirment de nombreux voyants ! Cayce donne « 1998 » en clair dans des lectures diverses, et toujours en insistant sur l'importance de cette date. Rappelons la Deuxième Épître de saint Pierre (II, 5 et III, 6) :

« Car on veut ignorer que (...) le monde d'autrefois périt par l'eau. Mais les cieux et la Terre actuels, la même parole divine les a mis en réserve pour le feu, en vue de la ruine des impies (...) Car si Dieu n'a pas épargné l'ancien monde, tout en préservant huit personnes dont Noé, homme de justice, tandis qu'Il amenait le Déluge sur un monde d'impies, c'est que le Seigneur sait délivrer de l'épreuve les hommes de bien. »

L'ARCHE DE NOÉ « REVISITED » !...

On amena un jour, à Virginia Beach, un petit garçon extraordinaire. Très beau, très sérieux pour ses onze ans. Cayce lui avait donné une lecture jadis, alors qu'il n'avait que quatre ans. Son oncle, qui l'avait amené, raconta que son neveu étonnait sa famille en prédisant les orages — bien longtemps avant la météo. Dans l'extraordinaire lecture que fit Cayce pour ce petit garçon très spécial, il lui dit qu'il avait été autrefois... Noé ! Oui ! (Et pourquoi pas ?) Cayce laissa entendre que le patriarche n'était pas une perfection, et conseilla aux parents d'élever leur fils dans la plus absolue sobriété[8]. Après avoir déclaré qu'

« AUCUNE ENTITÉ (...) N'A DONNÉ DE PLUS GRANDE DÉMONSTRATION PRATIQUE DE L'ACTION DES FORCES SPIRITUELLES SUR LA TERRE »

8. L'épisode de l'ivresse de Noé est racontée dans la Genèse (IX, 21). Les astrologues remarqueront que la tendance à abuser des boissons fortes est régie par les Poissons, signe d'eau, signe qui régit tout ce qui flotte, coule... et tous ceux qui surnagent ! C'est le signe du Déluge. Mais, dans la lecture, Cayce dit que l'entité est une si vieille âme qu'elle échappe maintenant aux influences astrologiques.

Cayce parle des :

> « CARACTÉRISTIQUES INHABITUELLES » de l'enfant, et des « MANIFESTATIONS INSOLITES QUE SA PRÉSENCE PROVOQUERA AU MILIEU DES GENS : ILS VIENDRONT LE VOIR POUR LUI DEMANDER SA BÉNÉDICTION, OU, COMME SOUVENIR, DES OBJETS QU'IL AURA TOUCHÉS OU BÉNITS ! »

et termine en lui donnant une prière à réciter tous les jours — celle de Noé dans l'Arche. Si nous avons à affronter un nouveau genre de Déluge, nous pourrons la réciter aussi :

> « PÈRE DIEU ! DANS TON AMOUR, DANS TA BONTÉ, TU NOUS AS DONNÉ L'OCCASION DE VOIR COMMENT TU MANIFESTES TON AMOUR PARMI LES HOMMES ; FAIS-NOUS LA GRÂCE D'APPRÉCIER CETTE CHANCE. ET PUISSE CHACUN DE NOUS, JOUR APRÈS JOUR, GARDER NOTRE CONFIANCE EN TOI, TOI QUI AS PROMIS D'ÊTRE TOUJOURS AVEC NOUS, MÊME JUSQU'À LA FIN DU MONDE. »
>
> (Lecture 2547-1)

Ce n'est pas encore la fin du monde que nous allons voir, c'est seulement la « Fin des Temps ». Ce qui n'est déjà pas si mal ! En attendant, on peut visiter l'Arche de Noé... Il vient de paraître un livre merveilleux[9] (comme tous ceux de Charles Berlitz), qui fait le point sur les recherches pour retrouver l'Arche de Noé. Il semble bien qu'il y ait « quelque chose ». Toutes les descriptions concordent : ce serait un gigantesque coffre en bois, presque fossilisé, sur les pentes du mont Ararat. On l'aperçoit lorsque le glacier fond... une fois tous les dix ou vingt ans ! Un régiment entier de Russes, en 1916, les pilotes américains de la base aérienne d'Adana en Turquie, en 1960, etc. l'ont vu. Plus un industriel français[10], de Bordeaux. Il y a des coïncidences étranges...

9. *The lost ship of Noah*, Fawcett Books, New York, 1987 — *L'arche de Noé retrouvée*, Éditions du Rocher, 1988.

10. Fernand Navarra : *J'ai trouvé l'Arche de Noé*, Paris, 1956.

6. LA TERRE TREMBLE, LA MER SE SOULÈVE, LE SOL S'ENFONCE...

LA TERRE TREMBLE...

J'ai passé deux ans au Maroc — (pays très atlante[1] !) qui venait d'être violemment traumatisé par le tremblement de terre d'Agadir en 1960. J'étais à Kenitra, lorsqu'une nuit, dans un demi-sommeil, j'entends un grondement sous mon lit. Je me dis : « Tiens ? le métro ! » Et je réveille mon mari : « Tu entends le métro ? » — « Mais, tu rêves », me dit-il « ... on n'est plus à Paris ! C'est un tremblement de terre ! Vite, dehors ! » Et s'emparant du bébé Gilles, tout juste né, il saute par la fenêtre... suivi de son épouse — complètement réveillée, cette fois ! C'était bien un gros tremblement de terre. Toutes les communautés de la ville, Arabes, Berbères, Français, Américains, se retrouvèrent dans la rue en pyjama, fraternisant dans une même angoisse... Heureusement, cette fois-là, il n'y eut aucun mort (contrairement au séisme d'Agadir, qui en fit 12 000 !) Mais je saurai maintenant à quoi ressemble le grondement monstrueux d'un tremblement de terre, lorsque :

1. Qui avait été une colonie atlante, selon Ford — et qui garde des traces de la civilisation atlante, selon Cayce.

« LA TERRE SE DISLOQUERA » !

« (...) ET CELA, EN BIEN DES ENDROITS. DANS UN PREMIER TEMPS, ON VERRA SE PRODUIRE UN CHANGEMENT DANS L'ASPECT PHYSIQUE DE LA CÔTE OUEST DE L'AMÉRIQUE. »

(Lecture 3976-15, en 1934)

En 1932, un consultant inquiet avait demandé à Cayce :

Est-ce qu'il va y avoir des changements physiques à la surface de la Terre en Alabama ?

« PAS POUR L'INSTANT ENCORE », avait répondu Cayce.

Mais quand commenceront les changements ?

« TRENTE-SIX À TRENTE-HUIT ! »

Et quelle partie de l'État sera affectée ?

« LE NORD-OUEST, ET L'EXTRÊME SUD-OUEST. »

(Lecture 311-9, août 1932)

Plus tard, le même consultant, toujours inquiet, va, en novembre 1932, interroger de nouveau Cayce. Il s'entendra répondre que les changements vont être graduels. Et, en effet, on n'a rien vu — à l'œil nu — se produire entre 36 et 38.

Cayce parlait de quelque chose qui se préparait dans les profondeurs de la Terre. En 1933, comme Cayce avait parlé de catastrophes à venir en 36, un autre anxieux posa la question :

Est-ce que les bouleversements géologiques de 1936 toucheront San Francisco, comme en 1906 ?

La réponse de Cayce fut :

« C'ÉTAIT (sous-entendu en 1906) UN MINI-CATACLYSME PAR RAPPORT À CE QUE CELA SERA EN 36 ! »

(Lecture 270-30, en 1933)

Cette lecture a beaucoup embarrassé les fidèles de Cayce, parce qu'on n'a pas encore vu en Californie le désastre annoncé. Le tremblement de terre de 1906 (8,3 sur l'échelle de Richter[2], 700 morts et 500 millions de dollars de dégâts) avait marqué son époque.

Or, en 1936, il ne s'est rien produit de pareil. Plusieurs hypothèses : ou bien, il s'agit de l'année 2036 (puisque Cayce n'a pas indiqué le millésime) — et il faudra, dans ce cas, attendre cette date pour vérifier la prophétie ! Ou encore (chose très difficile à comprendre pour des terriens qui manquent de foi) il y avait bien un cataclysme prévu, qui a été éloigné par la prière, ou/et par des mesures écologiquement intelligentes (ce qui n'est pas si différent : ces dernières s'inspirent d'un respect de la Nature, qui est une disposition d'esprit spirituelle !) C'est possible... (Voir les lectures de Cayce que j'ai données au début de ce livre.) La très grande mystique et voyante Marthe Robin avait averti son entourage, dans les années 50-60, que quelque chose de grave se préparait. Nous avons même fait des provisions ! Et puis, rien ne s'est produit. Ses proches m'ont assurée qu'elle avait, par la prière, obtenu que la catastrophe menaçante soit repoussée. Pourquoi pas ?

L'histoire de Jonas, dans la Bible, raconte une histoire de prophétie « réussie » : c'est-à-dire d'une catastrophe évitée, parce qu'on a pris les messages du voyant au sérieux ! L'histoire d'Abraham est un exemple du contraire (cf. page 47). Les cataclysmes peuvent être écartés définitivement, ou seulement remis à plus tard. Babylone a tout de même fini par être détruite, malgré Jonas ! Les Californiens, eux, ont gagné du temps... mais pas l'assurance que la Terre ne tremblera plus chez eux ! Bien au contraire, voyants et géologues sont unanimes à prédire le pire. Les géologues donnent des explications « rationnel-

2. Échelle selon laquelle on mesure l'intensité des tremblements de terre, voir en annexe à la fin du livre. Voir également les signes avant-coureurs que l'on a observés chez les animaux. A toutes fins utiles ! (page 393).

les » aux prophéties des voyants : la côte ouest des États-Unis est une zone instable, qui fait partie du célèbre « cercle de feu du Pacifique » ; ces rivages montagneux, à séismes, éruptions volcaniques et raz de marée, donnent un spectacle permanent... Ils sont au contact de « plaques tectoniques », qui grincent en se déplaçant les unes par rapport aux autres. Dans la lecture suivante, après que Cayce eut exprimé son pessimisme total sur San Francisco et Los Angeles[3] et conseillé au consultant de déménager, celui-ci demande :

Faut-il que j'envisage la Californie, ou bien Virginia Beach, sinon où est la place que Dieu m'a déjà préparée pour que j'y vive ?

« COMME NOUS L'AVONS DÉJÀ DIT, C'EST PLUTÔT VOUS QUI DEVEZ FAIRE LE CHOIX. VIRGINIA BEACH, OU SA RÉGION, EST L'ENDROIT QUI OFFRE LE PLUS DE SÉCURITÉ POUR S'INSTALLER. MAIS COMME LE TRAVAIL DE L'ENTITÉ DEVRAIT TOUCHER LA PLUPART DES COINS, DE LA CÔTE EST À LA CÔTE OUEST, ELLE DEVRAIT S'EMPLOYER À PERSUADER LES GENS (...) QU'IL FAUT, DANS LEURS ACTIVITÉS, TRAVAILLER DAVANTAGE EN S'APPUYANT SUR LA PUISSANCE DU FILS DE DIEU DANS LES AFFAIRES HUMAINES. ET FAIRE CELA, NON PAS COMME UN FRÈRE PRÊCHEUR, NI COMME UN OISEAU DE MALHEUR, MAIS COMME ON DONNERAIT UN CONSEIL D'AMI. »

(Lecture 1152-11, 13 août 1941)

Les interlocuteurs de Cayce, n'étant pas très ferrés en géologie, eurent beaucoup de mal à comprendre qu'un changement dans les entrailles de la Terre met plusieurs années à se préparer, avant que cela ne se voie de façon évidente. Cayce a donné des dates où les tensions telluriques commenceraient à se former pour aboutir, plus tard, à un cataclysme :

« EN CE QUI CONCERNE LA GÉOGRAPHIE DU MONDE —

3. *L'Univers d'Edgar Cayce*, tome I, p. 385.

ET CELLE DE CE PAYS (les U.S.A.) — VOICI QUE SE METTENT EN PLACE DES CHANGEMENTS PROGRESSIFS. »

(Même lecture)

Enfin, pour ceux qui sont vraiment navrés de ne pas avoir vu en 1936 le grand ramedam annoncé, il y a une dernière explication possible : la secrétaire de Cayce, belle, jeune, et gentiment amoureuse de son patron (qui était charmant !), avait parfois un peu la tête en l'air. Elle a pu noter, par inadvertance, une autre date (car elle prenait tout en sténo, les magnétophones n'étant pas encore employés à cette époque, et avoir une seconde de fatigue...).

En 1936, quelqu'un posera la question très nettement :

San Francisco est-il menacé d'une catastrophe, genre séisme, cette année-ci ?

« NOUS NE TROUVONS PAS QUE CE DISTRICT PARTICULIER, CETTE ANNÉE-CI, AIT À SOUFFRIR DE GRANDS DOMMAGES MATÉRIELS COMME JADIS. SI CERTAINES ZONES DU PAYS SONT TOUCHÉES, CE SERA BIEN PLUS À L'EST DE SAN FRANCISCO, ET AU SUD, LÀ OÙ IL N'Y A JAMAIS EU, JUSQU'ICI, DE GRANDE ACTIVITÉ SÉISMIQUE. »

(Lecture 270-35, janvier 1936)

La prophétie était tout à fait juste : aucune catastrophe n'ébranla la Californie, cette année-là. Il y eut des séismes relativement légers, qui touchèrent en effet le sud-est de San Francisco, comme l'avait dit Cayce. Voici une série d'autres questions, posées à propos de ces fameux bouleversements géologiques (« UPHEAVALS »), qui vont se produire, et qui seront, dit Cayce, la conséquence d'une activité tellurique dans les profondeurs de la croûte terrestre :

Quand est-ce que cela va commencer ?

« CERTAINS DE CES PROCESSUS SONT DÉJÀ COMMEN-

CÉS, D'AUTRES SONT SEULEMENT TEMPORAIRES. NOUS DIRIONS QUE CELA A DÉJÀ COMMENCÉ... »

Est-ce qu'il se produira des bouleversements géologiques en Amérique du Nord ? Et si oui, quelles seront les régions touchées, et comment ?

« SUR TOUT LE PAYS, NOUS ALLONS TROUVER DES BOULEVERSEMENTS GÉOLOGIQUES. IL Y EN AURA BEAUCOUP, DE PLUS OU MOINS GRANDS. LE PLUS GRAND DE CES BOULEVERSEMENTS, EN AMÉRIQUE, TOUCHERA LA FAÇADE NORD-ATLANTIQUE. ATTENTION À NEW YORK, AU CONNECTICUT, ET AU RESTE. »

Et ce sera quand ?

« À NOTRE ÉPOQUE. QUANT À DIRE QUAND... »
(Lecture 311-8, avril 1932)

LES TERRES QUI ONT DISPARU ET CELLES QUI VONT DISPARAÎTRE...

Le mot « UPHEAVALS », qu'emploie Cayce, a comme premier sens « soulèvement », et comme second sens « bouleversement ». En fait, à cause de l'« isostasie », c'est-à-dire de l'équilibre des masses émergées à la surface de la Terre, il semble qu'à une émergence corresponde toujours quelque part une subsidence. Autrement dit, si un continent coule au fond des océans, un autre va émerger pour compenser, et vice versa. C'est une théorie classique en géologie, dont on n'a pas prouvé encore qu'elle était fausse.

Ces modifications géologiques s'accompagnent toujours de tremblements de terre — et de phénomènes volcaniques qui semblent y être liés. Après un séisme on remarque des modifications au niveau du sol : les failles ont joué, des crevasses se sont creusées, certaines zones se sont soulevées, etc. Cela s'observe en petit, mais peut s'observer en grand, à l'échelle de tout un pays. Les géologues pensent que la « surrection » des chaînes de montagnes s'est toujours accompagnée de séismes.

Du côté des effondrements, Cayce est pessimiste sur New York :

Est-ce que mon entreprise est en sécurité là où elle est présentement, et jusqu'à l'expiration du bail (en janvier 1943) ?

« COMME NOUS L'AVONS DÉJÀ INDIQUÉ, À CE MOMENT-LÀ (la fin du bail), DÉMÉNAGEZ AILLEURS SUR LE CONTINENT, MAIS PAS SUR L'ÎLE DE MANHATTAN ! »

(Lecture 412-13, janvier 1942)

Est-ce en prévision d'un risque de bombardement, ou d'une catastrophe séismique, que je dois prendre cette décision ?

demande un peu plus tard le même consultant, qui, visiblement, n'a pas envie de quitter Manhattan.

« PAS ACTUELLEMENT. »

(Lecture 412-15, septembre 1942)

En effet, New York ne fut pas bombardée pendant la Seconde Guerre mondiale, et ne s'est pas encore écroulée ! Cayce, en 1941, voyait cet écroulement pour la génération suivante (lecture 1152-11). Il voyait également la disparition dans la mer des franges sud de la Géorgie, des Carolines, de certains champs de bataille de la Deuxième Guerre mondiale, qui seraient remplacés par

« ... DES BAIES, PAR DES PAYS SUR LESQUELS LE NOUVEL ORDRE DU MONDE CONTINUERA LE COMMERCE INTERNATIONAL. »

(Même lecture)

Cayce met en parallèle les grands cataclysmes des temps préhistoriques et ceux que nous risquons de vivre à notre génération. Pour lui, les causes en sont les mêmes : la méchanceté et la rébellion des hommes :

« ALORS APPARUT (en Atlantide) — POUR LA PREMIÈRE FOIS — L'EMPLOI DE CES FORCES DE DESTRUCTION QUI POUVAIENT ÊTRE MANIPULÉES, ET DISTRIBUÉES À L'EXTÉRIEUR, GRÂCE À L'ÉNERGIE ÉLECTRIQUE. »

(Je traduis ainsi le mot « POWER », car Cayce, plus loin dans la lecture — et ailleurs — parle de l'électricité dans la civilisation atlante.)

« PAR SON MÉPRIS CONTINUEL (...) DES LOIS DESTINÉES AUX FILS DE DIEU, L'HOMME (atlante) INTRODUISIT CES FORCES DE DESTRUCTION (...). QUI, AVEC LES RESSOURCES NATURELLES DES GAZ ET L'ÉNERGIE ÉLECTRIQUE, PROVOQUA DANS LA NATURE ET LE PAYSAGE NATUREL LA PREMIÈRE DES ÉRUPTIONS QUI S'ÉVEILLA DANS LES PROFONDEURS DE LA TERRE ; LAQUELLE ÉTAIT ALORS EN TRAIN DE SE REFROIDIR LENTEMENT. ET C'EST AINSI QU'UNE PORTION DU CONTINENT, PROCHE DE LA MER DES SARGASSES, S'ENFONÇA DANS L'ABÎME. »

(Lecture 364-4, 16 février 1932)

Autrement dit, tant que nous n'avions pas l'atome, ni le gaz naturel, ni l'électricité, nous n'étions pas trop dangereux. Maintenant que nous avons retrouvé la technologie atlante, nous sommes devenus carrément malfaisants... Encore une lecture, qui date la submersion finale de l'Atlantide[4] :

« À CETTE ÉPOQUE TARDIVE, DIX MILLE SEPT CENT ANS AVANT LA VENUE DU PRINCE DE LA PAIX, ALORS QUE, DE NOUVEAU ON "TENTAIT LE DIABLE" EN TIRANT DE LA NATURE, DE SON RÉSERVOIR NATUREL D'ÉNERGIES (...), DES FORCES QUI RAVAGÈRENT LES MONTAGNES, PUIS LES

4. Cayce dit que l'Atlantide disparut en trois fois, dans trois cataclysmes (voir *L'Univers d'Edgar Cayce*, tomes I et II) à des époques très différentes.

VALLÉES, PUIS LA MER ELLE-MÊME, PROVOQUANT LA DÉSINTÉGRATION IMMÉDIATE DES TERRES. »

(Lecture 364-4, en 1932)

Un autre extrait de la même lecture met en corrélation les catastrophes, provoquées de main d'homme, et la position de la Terre dans l'espace :

« AINSI, LORSQUE VINT LE PREMIER BOULEVERSEMENT DE CETTE RÉGION, LES PEUPLES (atlantes) DE LA PREMIÈRE ÉPOQUE UTILISÈRENT CE QU'ILS AVAIENT FABRIQUÉ, POUR CHANGER LA TERRE (de place, comme indique le contexte). CELLE-CI ÉTAIT ALORS PROCHE DE LA POSITION QU'ELLE OCCUPE AUJOURD'HUI – MÊME POSITION POUR LE TROPIQUE DU CAPRICORNE, OU L'ÉQUATEUR, OU LES PÔLES. C'EST ALORS QUE CETTE PARTIE DU MONDE, LE PACIFIQUE SUD OU LÉMURIE, COMMENÇA À DISPARAÎTRE, AVANT MÊME L'ATLANTIDE. »

(Même lecture)

L'engloutissement de la Lémurie, dit ailleurs Cayce, eut lieu vers les - 200 000 avant Jésus-Christ. Ni la Lémurie, ni l'Atlantide ne disparurent de façon « naturelle ». L'Atlantide, plus proche dans le temps, plus proche de nous géographiquement et humainement :

« ÉTAIT ALORS UN SEUL CONTINENT MASSIF, AVANT LA CATASTROPHE. ELLE SE FRACTIONNA EN ÎLES, PLUTOT DE GRANDES ÎLES, AVEC DES CANAUX, DES RAVINS, DES GOLFES, DES BAIES, DES COURANTS... »

(Lecture 364-6, 1932)

LES TERRES QUI RÉAPPARAÎTRONT...

Les atolls coralliens de Bimini sont :

« TOUT CE QUI RESTE AUJOURD'HUI, AU-DESSUS DES VAGUES, DES SOMMETS DE CE QUI FUT JADIS UN GRAND CONTINENT. ET, DE CELUI-CI, LA CIVILISATION ACTUELLE DE NOTRE HISTOIRE A TIRÉ LES MOYENS DE DEVENIR ELLE-MÊME UNE CIVILISATION. »

(Lecture 996-1, 14 août 1926)

L'île principale s'appelait Poséidia et avait pour capitale Alta. Celles-ci doivent réapparaître au grand jour, car, dit Cayce :

« DE LA TERRE FERME APPARAÎTRA. »

(Lecture 3976-15, 1934)

(« DRY LAND », dit-il dans le texte, littéralement du « TERRAIN SEC ». Autrement dit, on pourra construire dessus. Avis aux amateurs de terres vierges !)

Il avait annoncé que Poséidia serait, de toute l'Atlantide, la première à réapparaître, et donné comme date : 68 et 69 (toujours sans préciser le millésime). Les fans de Cayce ont été déçus de ne rien voir se pointer au-dessus des houles de l'océan. Mais c'était, en fait, une prophétie archéologico-géologique — comme le souligne Charles Berlitz, dans *Le Triangle des Bermudes*. Car, 1968, c'est justement l'année où l'on a commencé à découvrir ces « structures » mystérieuses, immergées à faible profondeur, dans les eaux claires de Bimini. « Structures » qui ne se réduisent pas au seul « mur de Bimini », mais suggèrent la présence de toute une ville. On n'a pas encore, loin de là, exhumé les murs, qui semblent enfouis sous la vase. Mais les herbiers sous-marins en dessinent les contours (tout à fait géométriques : carrés, rectangles, etc., trop réguliers pour être des formations naturelles). Ils semblent s'exhausser lentement, c'est ce qui permet de les voir.

Il est possible que l'Atlantide réapparaisse, non seulement là-bas — mais encore plus près de nous, au large de l'Irlande, de l'Angleterre, de la Bretagne. Mon amie, Yvane Guichaoua, bretonne et médium de métier, me dit qu'elle « voit » la plage de Douarnenez s'étendre très loin, bien au-delà de l'estran actuel à marée basse — à perte de vue, comme si le Finistère allait s'exhausser et se prolonger bien au-delà de l'île d'Ouessant.

> « OUI, BIENTÔT VIENDRA LE TEMPS DES GRANDS CHANGEMENTS ; ET DANS TROIS ENDROITS DIFFÉRENTS, ON EXHUMERA LES ARCHIVES (atlantes) (...) LE TEMPLE DE L'ATLANTIDE SURGIRA À NOUVEAU. C'EST ALORS QU'ON METTRA AU JOUR LE TEMPLE, OU PLUTOT LA SALLE DES ARCHIVES EN ÉGYPTE, AINSI QUE LES ARCHIVES, QUI AVAIENT ÉTÉ CACHÉES AU CŒUR DU PAYS ATLANTE : ELLES POURRONT Y ÊTRE RETROUVÉES (...) CES ARCHIVES FORMENT UN TOUT. »
>
> (Lecture 5750-1, 12 novembre 1933)

A propos de la redécouverte de cette salle des Archives à Gizeh, Cayce dit encore :

> « EN CE QUI CONCERNE LES ARCHIVES (GÉO)PHYSIQUES, IL SERA NÉCESSAIRE D'ATTENDRE QUE S'ACCOMPLISSE LE TEMPS DE LA DÉSINTÉGRATION DE CE QUI A ÉTÉ FAIT PAR LES VOLONTÉS ÉGOÏSTES DU MONDE. CAR RAPPELEZ-VOUS QUE CES ARCHIVES ONT ÉTÉ RÉUNIES DANS L'OPTIQUE DES CHANGEMENTS MONDIAUX. »
>
> (Lecture 2329-3)

J'ai traduit par « désintégration » le mot « BREAKING UP » que Cayce emploie pour désigner aussi bien la dislocation des terres émergées (lorsqu'il parle de cataclysme) que l'écroulement politique des nations. Ici, le contexte est tel que l'on peut comprendre les deux à la fois.

« AU CŒUR DU PAYS ATLANTE » dit Cayce, donc, le soulèvement des fonds marins va continuer (c'est probablement la lente émergence de ceux-ci qui a permis de remarquer le « mur de Bimini », qu'on n'avait jamais vu avant.) D'ailleurs, les fonds de l'Atlantique sont, en permanence, la surprise du chef : les écueils, les hauts-fonds portés sur les cartes « disparaissent », quelques années plus tard : on ne les retrouve plus à l'endroit précis indiqué. Par contre, de nouveaux apparaissent, que personne au même endroit n'avait jamais signalés... Même dans les zones archi-fréquentées, cela arrive constamment. Oui, ça va bouger beaucoup. A une « entité » de vingt-sept ans, qui l'interrogeait en 1944, Cayce répondit :

« DES BOULEVERSEMENTS GÉOLOGIQUES ARRIVERONT DU VIVANT DE L'ENTITÉ. »

(Lecture 3648-1, janvier 1944)

A une femme de cinquante et un ans, en 1943, il avait déjà dit :

« AUTREFOIS, L'ENTITÉ ÉTAIT EN ATLANTIDE, LORSQUE SURVINRENT LES PREMIERS CATACLYSMES ET LES DESTRUCTIONS, QUI RAVAGÈRENT CE PAYS – DESTRUCTIONS COMME EN VERRA LA PROCHAINE GÉNÉRATION, DANS D'AUTRES PAYS. »

(Lecture 3209-2, 31 décembre 1943)

Il n'y a pas que dans l'Atlantide que de nouvelles terres émergeront. Un jour, apparaîtra :

« DANS L'ANTARCTIQUE, AU-DELÀ DE LA TERRE DE FEU, UNE TERRE ; ET IL S'OUVRIRA UN DÉTROIT DANS LEQUEL S'ENGOUFFRERONT LES EAUX. »

(Lecture 3976-15, en 1934)

Certaines zones, Dieu merci, ne bougeront guère :

Vu l'insécurité des conditions actuelles, est-ce que j'ai bien fait de m'installer à Norfolk ?

« C'EST UN EXCELLENT ENDROIT, ET UN LIEU SÛR, LORSQUE LES CHAMBARDEMENTS VONT ARRIVER — BIEN QUE L'ENDROIT RISQUE D'ÊTRE DANS L'AXE DES ZONES QUI VONT S'EXHAUSSER — ALORS QUE BIEN D'AUTRES RÉGIONS, EN ALTITUDE, VONT SOMBRER. EXCELLENT COIN OÙ S'ACCROCHER ! »

(Lecture 2746-2, 11 décembre 1943)

Norfolk est contigu à Virginia Beach, dont Cayce dit :

« DE TOUTES LES STATIONS BALNÉAIRES DE LA CÔTE EST, VIRGINIA BEACH DEVIENDRA LA PREMIÈRE, ET C'EST CELLE QUI DURERA LE PLUS LONGTEMPS (...) ICI, L'AVENIR EST BON. »

(Lecture 5541-2, juillet 1932)

ET L'EUROPE ?

Ce qui sous-entend que d'autres stations glisseront au fond de la mer — comme certaines parties du Canada, puisque Cayce précise que l'est et le sud de ce grand pays seront des zones de sécurité, tandis qu'il ne garantit pas du tout la même tranquillité à l'ouest ! (Lecture 1152-11[5])

Faisons maintenant une petite excursion chez les voyants européens. Ils ne donnent pas tout à fait la même géographie que Cayce — ce qui est normal, puisqu'ils se concentrent sur l'Europe, dont Cayce a très peu parlé, sauf pour prédire :

« DES SUBSIDENCES, OU, AU CONTRAIRE DES ÉMER-

5. *L'Univers d'Edgar Cayce*, tome I, p. 387, Éd. R. Laffont.

GENCES DE TERRES À L'AUTRE BOUT DU MONDE, C'EST-À-DIRE EN MÉDITERRANÉE, DANS LA ZONE DE L'ETNA. »
(Lecture 311-8, avril 1932[6])

« (et) LA PARTIE SUPÉRIEURE DE L'EUROPE SE TROUVERA CHANGÉE EN UN CLIN D'ŒIL. »
(Lecture 3976-15, janvier 1934[6])

Sans délimiter exactement les zones touchées.

La prophétie de la Salette annonçait : *« Marseille sera englouti* (...) *Plusieurs grandes villes seront englouties par les tremblements de terre »*, disait Mélanie Calvet, la voyante.

Et Nostradamus :

« Je pleure Nice, Mannego, Pise, Gênes,
Saonne, Sienne, Capoue, Modène, Malte,
Le dessus sang et glaive par étreines
Fin trembler terre, eau malheureuse nothe »
(Centuries, X, 60)

Et encore :

« Depuis Monach jusqu'auprès de Sicile
Toute plage demourra désolée
Il n'y aura faubourg, cité, ne ville
Que par barbares, soit pillée ou violée. »
(*Idem*, II, 4)

« Freins, Antibol, villes autour de Nice
Seront gastée fort par mer et par terre. »
(*Idem*, III, 82)

Je n'ai pas la moindre prétention à interpréter Nostradamus. D'autres l'ont fait très bien, je ne recommence pas. Mais il y a des passages qui n'ont pas besoin d'être traduits, qui sont très clairs, même pour les non-spécialistes. Les noms de villes, ici, sont

6. que j'ai données dans le tome I de *L'Univers d'Edgar Cayce*, Éd. R. Laffont ; respectivement pages 387 et 382.

sans équivoque : *« Nice »*, c'est Nice ; *« Mannego »* ou *« Monach »*, c'est Monaco ; *« Pise »*, *« Sienne »*, *« Capoue »*, *« Modène »*, *« Malte »*, la *« Sicile »*, c'est idem. *« Saonne »*, c'est Savone. *« Freins »*, Fréjus, et *« Antibol »*, Antibes (origine grecque du nom : Antipolis). Autrement dit, tout le littoral méditerranéen, depuis Fréjus jusqu'à la Sicile, et même Malte... La fin des villes, le quatrain est clair, arrive par un tremblement de terre, suivi de la montée des eaux. Car les séismes, s'ils sont violents, déclenchent des vagues solitaires, dites « tsunamis », qui balayent tout sur leur passage. Nostradamus voit *« Toute plage désolée »*. Il voit aussi — et c'est absolument classique dans un tremblement de terre — le pillage. Dans une période de paix, la gendarmerie peut contrôler... plus ou moins, suivant le pays. En temps de guerre, de misère ou de famine, c'est un nuage de sauterelles qui s'abat sur les maisons vidées de leurs habitants :

« Les sauterelles, terre et mer, vent propice
Puis mort troussés, pillés, sans loi de guerre. »

dit le même quatrain (III, 82).

La Méditerranée — ses rivages du moins — risquent d'en prendre un coup. Mais les séismes seront généralisés, disent les prophéties de la Fraudais :

« L'Univers se soulèvera entier, avant que ne soit rentrée la paix sur Terre qui tremble. »

(*Op. cit.*, p. 192)

« Sache que le temps est proche où la Terre ne va plus avoir de paix, où mon peuple se verra sans abri. »

(*Ibidem*, p. 194)

L'Évangile de Luc (XXI, 11) annonçait aussi : *« de grands tremblements de terre »*, pour la fin des temps.

Plusieurs voyants (Mme de Meylian, le père Nectou, Olivarius, ont vu *« les éléments soulevés »* —

expression XIXe siècle, qui fait écho au mot « UPHEAVALS », utilisé si souvent par Cayce.

Pour l'Europe, l'ensemble des voyants donne les prévisions suivantes (mais qui ne sont pas garanties — garanties !) :

— Un remaniement important des rives de la Manche, de la mer du Nord, et de la Baltique (Le Havre disparaîtrait, la mer arriverait jusqu'à Londres, le Danemark serait coupé du continent ; la Scandinavie, l'Angleterre et l'Irlande seraient secouées de séismes violents, qui en changeraient les contours).

— Une zone de calme géologique correspondant à la France, la Belgique, l'Allemagne, l'Italie du Nord, la Suisse (il semble que les séismes ne les font pas disparaître). La Grèce et la Turquie ne sont pas plus épargnées que l'Italie du Sud et la Côte d'Azur.

— Par contre, l'Australie semble ne pas devoir bouger (voilà pourquoi, peut-être, est sorti le film « Crocodile Dundee »... pour attirer le public vers ce lieu de refuge ?) La Russie verrait ses côtes inondées, l'Inde également.

Quand on lit l'ensemble des prophéties concernant la France, l'accent est mis plutôt sur les catastrophes humaines (guerre civile, invasion, famine...) et ceci chez tous les voyants. Cela n'exclut pas, bien sûr, les tremblements de terre — dont nous aurons également notre lot —, mais personne ne nous prédit l'engloutissement de régions entières, comme c'est le cas en Amérique.

DES TSUNAMIS MONSTRES...

Des raz de marée sont prévus — de gigantesques vagues, qui doivent arriver sur les côtes, et repartir comme elles étaient venues. Il faudra seulement avoir le flair de ne pas se trouver là au mauvais moment. Le révérend Ford, dans ses messages, dit que, lorsque le basculement de l'axe des pôles provoquera les raz de marée (en 1998, dit-il), il faudra s'éloigner momentanément des côtes. Il dit même que les extra-terrestres prendront en charge ceux qui auront pu fuir à temps[7]. (Il le dit, vous n'êtes pas forcé de le croire... mais on va voir tant de choses étonnantes qu'il vaut mieux se préparer à tout !) Différents voyants en Bretagne m'ont confirmé qu'ils voyaient le raz de marée monter jusqu'à cent mètres d'altitude, dans certains endroits — pas partout (mais il semble qu'il y aura des vagues plus hautes localisées sur certains secteurs.)

« La justice de Dieu vient aussi sur le sol français (...) Je me contenterai, dit le Seigneur, d'engloutir tous les bords du royaume — qui se soulèvera à une hauteur de 25 à 35 mètres. »

(Prophéties de la Fraudais, 18 mai 1881)

« Les frémissements et tremblements de terre se multiplieront, jour et nuit, sans cesser, pendant quarante-trois jours. La mer s'agitera et jamais de tous les siècles ses vagues et ses flots n'auront pris une forme semblable. »

(*Id., op. cit.*)

« La mer soulèvera des vagues mugissantes qui se répandront sur le continent. »

(*Id., op. cit.*)

7. Germana Grosso, en Italie, le dit aussi, *op. cit.* (voir plus loin).

Bénita Aguirre, la voyante d'Esquioga, était une petite fille lorsqu'elle bénéficia d'apparitions mariales, de 1931 à 1933. Elle s'exclamait :

« Est-ce là Saint-Sébastien ? Qu'il reste peu d'habitations ! la mer emporte tout ! »

Les « tsunamis », dont j'ai parlé, fréquents dans le Pacifique, sont rarissimes en Europe. Lors du tremblement de terre de Lisbonne, en 1755, une grande partie des soixante mille morts fut victime du tsunami qui déferla en grondant sur la ville : les gens n'avaient pas eu le temps de s'enfuir (car ils ne s'attendaient pas à cette gigantesque lame de fond !).

Et pourquoi n'ajoute-t-on pas foi à l'Évangile de Luc, qui, dans les événements précédant le retour du Christ, voit :

« Sur la Terre, les nations angoissées par le fracas de la mer et des flots. » (XXI, 21)

La Suisse, bien entendu, n'apparaît pas sur la liste des pays victimes des raz de marée ! Mais les lacs peuvent être perturbés : ce ne serait pas la première fois qu'une montagne tombe dans le Léman, comme le Tauredunum qui, à l'époque romaine, s'était effondré dans le Valais, faisant monter le niveau du lac (et noyant toute une série de belles villas) ! Personnellement, je suis sûre que les rives du Léman ne seront pas calmes du tout. (Comme Nostradamus le laisse entendre.) Mais les voyants actuels, en Suisse, s'accordent plutôt sur une menace d'invasion que sur des cataclysmes physiques. Près de Plaisance, en Italie, Mamma Rosa avait transmis les supplications de Notre-Dame à San Damiano :

« Depuis si longtemps que je viens sur cette Terre, des années, des années, des années ! Et vous n'écoutez pas ma parole de Mère ! »

(14 juillet 1967)

« Depuis si longtemps, je viens sur cette Terre pour vous sauver ! Mon cœur est écartelé par tant d'indifférence ! Si vous n'êtes pas venus ici pour prendre force, courage, foi, pour résister aux luttes, aux tribulations (...) à la guerre, aux tremblements de terre, (...) qu'adviendra-t-il de vous ? »

(9 juin 1967)

« Que votre foi augmente toujours plus, mes enfants, car les moments approchent, terribles. Vous voyez en de nombreuses parties du monde de nombreuses secousses, tant de désordres, de tremblements de terre. Priez, priez avec foi, pour que le Père Éternel ait pitié ; afin qu'Il éloigne les châtiments ! »

(1er septembre 1967)

« Réveille-toi, mon fils, réveille-toi au plus vite ! Quand tu sentiras ces secousses, il ne sera plus temps ni de faire ni de dire : tu tomberas à terre et tu ne te relèveras plus. »

(à un prêtre, le 18 février 1966)

« Soyez forts ! Quand vous serez tourmentés et affligés, prenez en mains le Rosaire, et récitez-le ! C'est l'arme la plus puissante. »

Répété sous diverses formes, à presque toutes les apparitions :

« Le Père Éternel veut faire justice. Il y a sur Terre trop de sacrilèges, trop de péchés, trop d'insultes (...) Il y aura des désordres, des tremblements de terre (...) il y aura des tempêtes de mer (...) Beaucoup de villes s'écrouleront, disparaîtront, s'engouffreront. »

Et le 16 décembre 1966, la « Maman Céleste » disait à Mamma Rosa :

« Il ne tient qu'à vous, mes fils, de ne pas recevoir le châtiment. »

Comment ?

« Prière, Sacrifice, œuvres de charité. »

(Dans *Présence de la Très Sainte-Vierge à San Damiano*, Nouvelles Éd. Latines, Paris 1968)

On croirait entendre Cayce :

« ET SEULS CEUX QUI AURONT MIS LEUR IDÉAL EN LUI, ET L'AURONT APPLIQUÉ DANS LEUR RELATION AVEC AUTRUI, PEUVENT COMPTER ÉCHAPPER À LA COLÈRE DU SEIGNEUR. »

(Lecture 3976-18, juin 1938)

7. LE RÉVEIL DES VOLCANS D'AUVERGNE

IL N'Y A PAS PLUS HYPOCRITE QU'UN VOLCAN QUI FAIT SEMBLANT DE DORMIR...

Le 18 mai 1980, l'Amérique apprit avec stupeur qu'un volcan s'était réveillé sur son territoire national. En l'espace de quelques secondes, le mont Sainte-Hélène avait explosé, dévastant quelque 2 400 km carrés de forêts, dans le Washington et l'Oregon — pas si loin de la Californie —, tuant tous les êtres vivants à 25 km à la ronde. Heureusement, la région étant peu peuplée, le nombre de morts fut peu important. Jusque-là, le seul volcan domestique qui s'était manifesté dans la très courte histoire des États-Unis était le pic Lassen en Californie, qui avait crachoté de 1914 à 1921. On l'avait catalogué dans les gros objets endormis, comme son collègue le mont Sainte-Hélène.

Nous avons, en France, une assez jolie collection de volcans ; nous risquons un beau jour de voir l'un d'entre eux se réveiller. Le célèbre vulcanologue Haroun Tazieff en est sûr. Après tout, le dernier volcan d'Auvergne ne s'est éteint que vers l'an mille. Certains auteurs du Haut Moyen Age, et de l'époque gallo-romaine, comme Ausone, racontent avoir vu des fumées, des flammes sur les sommets du Massif Central. Une étude menée sur les noms de lieux a montré qu'ils gardent souvenir des éruptions : le Puy de Montchaud, le Puy de Montcineyre (Mont des Cendres), la Vallée de Chaudefour, le Trou d'Enfer, le Puy Violent, etc. Tous ces noms évoquent flammes, cendres et nuées ardentes, assez récentes pour avoir laissé un souvenir dans la toponymie.

Nous avons également, entre le Rhin et la Forêt Noire, le Kaiserstuhl, un vrai volcan, qui se prolonge au-delà du Rhin, sous la plaine d'Alsace. Autour de nous, l'Italie est particulièrement favorisée : presque tous les volcans actifs d'Europe se trouvent réunis sur son sol : l'Etna, et le Vésuve (mentionnés par Cayce), le Stromboli et le Vulcano. Sans compter les lacs ronds de la campagne romaine, qui occupent d'anciens cratères : Albano, Nemi, Bolsenna, Vico, Bracciano, Trasimène, etc. Le soir, dans la campagne autour de Rome, on sent des odeurs de soufre ! Voilà des volcans qu'on a peut-être trop vite fait de classer dans la catégorie « repos éternel », en leur donnant l'absoute...

Les Grecs, eux, ont hérité du Santorin — un tueur. En 1400 avant Jésus-Christ, il avait détruit complètement la civilisation minoenne. La dernière fois qu'on l'a entendu, c'était en... 1956. Si Cayce n'en parle pas — c'est que, tout simplement, il n'y avait pas de Grec, dans ses consultants, qui ait pensé à l'interroger là-dessus !

Quant aux Espagnols, ils ont Alboran : un ravissant volcan émergeant tout droit de la Méditerranée, si frais et si pointu qu'on se doute bien qu'il ne dort pas depuis très très longtemps. D'ailleurs, la Méditerranée est pleine de volcans sous-marins éteints ou actifs. On ne les voit pas en surface, mais on est sûr qu'ils mijotent. (Tout de même, les Siciliens ont pu voir surgir en 1831, en pleine mer, une nouvelle île, qu'ils baptisèrent : « Ile Jolia ». On se disputait pour savoir à qui elle appartiendrait, quand, cinq mois plus tard, la nouvelle-née disparut : elle était faite de cendres volcaniques, matériau fragile qui opposa peu de résistance à la mer. Dommage !)

Pour faire le tour des pays francophones, si la Belgique et la Suisse ont été privées de volcans par les fées le jour de la distribution, le Québec, lui, n'a pas été oublié : les monts Térégiens sont de magnifiques cheminées volcaniques. D'un âge si respectable qu'il n'y a rien de méchant à en attendre (probablement est-ce pour cela que Cayce trouve la région « SÛRE » dans les temps à venir ?). Par contre, l'ouest du Canada appartient à la « ceinture de Feu du Pacifique », et là, ce sera le suspense... Mieux vaudrait aller ailleurs, le jour du réveil ! Cayce parle aussi du volcan de la Martinique, la Montagne Pelée (qu'il appelle « PELÉE » tout court !) et dont l'« ACTIVITÉ ACCRUE » annoncera séismes et inondations à l'ouest des États-Unis (Lecture 270-35, 21 janvier 1936) ; il dit que :

> « IL Y AURA DES SOULÈVEMENTS DANS L'ANTARCTIQUE ET DANS L'ARCTIQUE, CE QUI AMÈNERA DES ÉRUPTIONS VOLCANIQUES DANS LES RÉGIONS TORRIDES. »
>
> (Lecture 3976-15[1])

Voilà qui est en accord avec les prévisions de nombreux voyants. Des volcans éteints vont se réveiller. D'autres, qui sont dangereux, vont entrer dans une phase d'activité accrue (Vésuve, Montagne Pelée, Etna...). Enfin, certains, qui avaient une activité régulière, et non dangereuse, comme les volcans d'Hawaï, vont peut-être, d'une façon que l'on ignore, devenir meurtriers. (Le type d'activité d'un volcan — et son danger — dépend du degré d'acidité de la lave. Les laves fluides de volcans comme le brave Kilauea à Hawaï s'écoulent sans violence et sans explosion ; tandis que les laves très visqueuses, comme celles de

1. Voir *L'Univers d'Edgar Cayce*, tome I, p. 385 et 383.

la Montagne Pelée, bouchent le trou du cratère, dont elles ne peuvent sortir qu'en explosant. Mais les volcans peuvent changer de nature, passer d'un type à l'autre...)

LE CAS TROUBLANT DE SODOME ET GOMORRHE

Les archéologues et les géologues qui se sont penchés sur le cas de Sodome et Gomorrhe ont vu dans le récit de sa destruction une éruption volcanique. En particulier, la description de la pluie de feu, et l'effondrement des villes au fond d'un gouffre qui se remplit d'eau (Genèse, XIX, 23), correspond bien au tableau d'une éruption classique. La ville de Safed, à quelques kilomètres de là, est perchée sur un volcan éteint. Dans toute la région, on trouve des laves, des cendres, des bombes en pierre ponce... témoin d'une activité volcanique qui ne serait pas si ancienne. De toute façon, la mer Morte prolonge la mer Rouge, qui, avec le « Rift » africain, est bordée de volcans actifs (lac de lave de l'Erta Alé, dans lequel a travaillé Haroun Tazieff). Or les références à Sodome et Gomorrhe sont fréquentes chez Cayce :

> « L'ESPOIR (...) REPOSE SUR VOUS, AUJOURD'HUI, DANS VOTRE FOYER. PAS DANS LES MÊMES CIRCONSTANCES, MAIS D'UNE MANIÈRE ANALOGUE À L'HISTOIRE DE LOT ET DES GENS DE SODOME ET GOMORRHE. »

dit-il, dans la lecture 3976-8, que j'ai citée au début de ce livre, et que je cite encore, parce qu'elle vaut qu'on s'y attarde un peu. Je connais bien Cayce, et j'ai souvent noté qu'il ne laisse rien au hasard : les mots qu'il choisit, les références, les comparaisons ont une signification profonde. La lecture en question fait partie de toute une série de textes prophétiques où Cayce soulève le voile de l'avenir. En principe, il s'agit surtout des événements politiques, économiques et sociaux futurs — car c'est là-dessus qu'il est interrogé. Mais les lectures sont émaillées d'allusions aux cataclysmes géologiques qui menacent aussi la génération de ses interlocuteurs.

Voilà comment ma Bible décrit l'éruption volcanique qui ravagea les villes de la mer Morte :

« Au moment où le Soleil se levait (...) Yahvé fit pleuvoir sur Sodome et Gomorrhe du soufre et du feu, venant du ciel, et Il renversa ces villes, ainsi que toute la plaine, avec tous leurs habitants et toute la végétation (...). Levé tôt, Abraham vint à l'endroit où il s'était tenu devant Yahvé, et il jeta son regard sur Sodome, sur Gomorrhe, sur toute la plaine, et vit la fumée monter du pays comme la fumée d'une fournaise. »

L'Évangile de Luc reprend l'histoire, pour annoncer une réédition du même type de catastrophe :

« Il en sera tout comme au pays de Lot (neveu d'Abraham, rescapé de Sodome et Gomorrhe) : *on mangeait, on buvait, on achetait, on vendait, on plantait, on bâtissait ; mais le jour où Lot sortit de Sodome, Dieu fit tomber du ciel une pluie de feu et de soufre, qui les fit tous périr. De même en sera-t-il le Jour où le Fils de l'Homme doit se révéler. »*

(Luc, XVIII, 28)

Autrement dit, cette « Fin des Temps », qui verra revenir le Christ, comme le dit Cayce, doit être accompagnée d'un terrible volcanisme.

« Le feu du ciel » est un thème qui revient très souvent dans les prophéties d'Europe. Éric Muraise, très bon spécialiste du prophétisme, y avait vu plutôt le feu atomique, au cours d'une guerre. A mon avis, cela dépend des endroits... Ici, les volcans, là les bombes ! Par exemple, lorsque Marie des Terreaux, au XIXe siècle, à Lyon voit :

« Paris détruit comme Sodome et Gomorrhe »

peut-être emploie-t-elle cette comparaison, parce qu'au XIXe siècle, l'expression « bombe atomique » n'existait pas ? La modeste voyante n'avait pas notre richesse de vocabulaire dans l'horreur scientifique ! L'absence de volcans, dans la région parisienne, ferait attribuer plutôt l'incendie à un bombardement (atomique ou pas). Ce que la prophétesse semble avoir voulu, c'est comparer Paris aux deux villes maudites, à cause de la décadence de leurs mœurs. Dans le chapitre consacré aux prophéties sur Paris, je donnerai d'autres références à Sodome et Gomorrhe (page 202).

LE MYSTÉRIEUX « FEU DU CIEL »

Un autre voyant, le paysan Watrin, raconte :

« Soudain, avec un grondement terrible, un torrent de flammes et de feu se précipita vers le centre de la ville. Je jure devant Dieu et sur le Saint Évangile qu'un monstrueux ouragan de feu se précipita comme la foudre pour anéantir les quartiers du centre. » (Il parle de Paris).

(In *Histoire et Légende du Grand Monarque*,
Éric Muraise, p. 102)

Nostradamus, de son côté :

« Cinq et quarante brûlera
Feu approcher de la grande cité neuve
Instant quand flamme éparse brûlera. »

(Centuries, VI, 97)

Cette fois, je ne sais pas si c'est Paris. D'abord, notre capitale n'est pas « neuve », c'est au contraire une très ancienne ville ; et ensuite, Paris n'est pas à « cinq et quarante degrés » de latitude nord[2]. A cette latitude, il y a Montréal (45° 30′), qui est, en effet, une grande cité neuve, Bordeaux (44° 50′) et Lyon (45° 46′), qui ne sont pas neuves non plus... à moins qu'il ne s'agisse d'un jeu de mots sur une ville qui s'appellerait (ou dont un faubourg s'appellerait) quelque chose comme « Villeneuve »... Ce qui ne sauve pas Paris pour autant !

« Paris sera brûlé. »

annonçait la Vierge à la Salette, qui disait aussi :

« L'eau et le feu donneront au globe de la Terre des mouvements convulsifs. » Ce qu'on ne comprend pas très bien. Tremblements de terre associés à des éruptions volcaniques ? La prophétie continue, employant la mystérieuse expression :

« Le feu du ciel tombera et consumera trois villes. » (de France ?)

Le message de Fatima, le 13 octobre 1917, disait encore :

« Du feu et de la fumée tomberont alors du ciel, et les eaux des océans se transformeront en vapeur, crachant leur écume vers le ciel, et tout ce qui est debout se renversera. »

C'est tout à fait ce qui s'est passé lors de l'explosion du Krakatau !

Ici, *« le feu du ciel »*, volcanique ou atomique, fait suite à :

2. Mais à 48° 50′.

« la grande guerre qui surviendra dans la deuxième moitié du vingtième siècle. »

C'est donc plutôt une perspective atomique, car plus haut la Vierge avait dit :

« Satan réussira à semer la confusion dans l'esprit des grands savants qui inventent des armes avec lesquelles on peut détruire la moitié de l'humanité en quelques minutes. »

Ceci dit, la bombe atomique n'exclut pas le réveil des volcans. Tout se tient, puisque c'est justement la méchanceté des hommes qui, d'une part, invente des armes atroces, d'autre part, perturbe les mécanismes géologiques, dit Cayce, comme ce fut le cas en Atlantide... Dans les prophéties des voyants européens, tout est mélangé, et semble devoir être contemporain : la guerre, les volcans, le feu des hommes et celui de la Terre... Tout doit se passer en même temps, dans un intervalle assez court (peut-être dix années). En 1897, une voyante française, Marie Martel, à Tilly, en Calvados, avait prédit qu'en France :

« Deux volcans exploseraient "bien plus tard". »

(Elle avait déjà prédit l'explosion de la Montagne Pelée, à la Martinique en 1902. Éric Muraise, *op. cit.*, p. 259)

A San Damiano, Mamma Rosa transmettait également un avertissement de la Vierge :

« Le ciel et la Terre se déchaîneront si l'on ne prie pas ; le monde entier sera incendié. »

(*Op. cit.*)

La voyante du Liban, Jeanne-d'Arc Farage, dont j'ai parlé plus haut, disait, le 4 février 1987 :

« Le monde sera noyé dans une mer de feu, et aussi les pécheurs.

La mer débordera, les montagnes crouleront sur vos têtes. Il y aura des tremblements de terre, des maladies. Les volcans exploseront. » (*op. cit.*)

Max-Getting, qui transmit de très intéressants messages à sa femme sur l'évolution scientifique de notre époque, lui disait en 1929 :

« Le développement scientifique brutal rend l'humanité trépidante. En augmentant de façon continue, cette activité fait rayonner extérieurement l'électricité que renferme chaque corps, et ces courants multiples arriveront à provoquer un embrasement général. »

(S. Max-Getting *Les Missionnaires de l'Astral*, Éd. Leymarie, p. 166)

Tous ceux qui, actuellement, étudient la pollution électrique comprendront de quoi parlait Max-Getting. La Deuxième Épître de saint Pierre lui fait d'ailleurs écho :

« En attendant le Jour du Seigneur, où les cieux enflammés se dissoudront, et où les éléments embrasés se fondront ; ce sont de nouveaux cieux et une terre nouvelle que nous attendons selon Sa promesse, où la justice habitera. »

(III,12)

Il ne semble pas s'agir de la fin du monde, qui est encore loin, d'après les voyants, mais de cette « Fin des Temps », où doit revenir le Christ (*« Le Jour du Seigneur »*) pour tout renouveler.

PLUIES DE CENDRES, PLUIES DE SANG, PLUIES DE DIEU SAIT QUOI...

Dans certaines prophéties, on trouve la mention d'une pluie noire qui pourrait très bien être volcanique — pluie de cendres, par exemple :

« Il tombera de ce noir firmament une pluie à l'odeur infecte (...) d'un noir effrayant. »

(*Prophéties de la Fraudais*, p. 270)

J'ai relevé, chez différents voyants, quelque chose de bizarre — *« la pluie de sang »*. Nostradamus en parlait déjà, et là, pas besoin de le traduire, c'est assez clair : *« Pluie sang »*.

Or, l'on retrouve la même expression chez d'autres voyants, beaucoup moins cultivés que Nostradamus (et qui ne l'avaient pas lu, soit parce qu'ils étaient analphabètes — cas fréquent — soit parce que le Mage de Salon avait été oublié, ou presque, jusqu'à notre époque). Je ne sais pas si cette *« pluie de sang »* est un phénomène à relier aux volcans... Mais je donne ici ces textes mystérieux. D'abord, l'Apocalypse :

« Mes témoins (...) ont aussi pouvoir sur les eaux, de les changer en sang, et de pouvoir frapper la Terre de mille fléaux. »

(XI, 6)

L'abbé Souffrant, curé de Maumusson, disait en 1815 :

« Des malheurs vont arriver. Le sang coulera par torrents dans le Nord et le Midi. L'Ouest sera épargné, à cause de sa foi. Mais le sang coulera tellement au Nord et au Midi que je le vois couler comme la pluie, un jour de grand orage ; et je vois les chevaux ayant du sang jusqu'aux sangles. »

« Le sang coulait comme la pluie tombe bien fort. »

disait la trappiste d'Angers (in *Histoire et Légende du Grand Monarque*, Éric Muraise, p. 99). Dans certaines éruptions, on a vu des pluies de cendres roses, ou rouges, suivant la nature des roches... La confusion est-elle possible avec du sang ?

« Des ruisseaux de sang couleront dans les diverses parties de la France »

ajoutait l'abbé Voclin, curé de Saint-Jacques d'Amiens, en 1838.

« La Seine coulera des ondes rougies jusqu'à la mer. »

On peut croire — et c'est horrible — qu'il s'agit de massacres dus à la guerre (civile et... autre, comme nous verrons plus loin). Mais il n'y a pas que la guerre, il y a aussi un phénomène naturel — (ou surnaturel ?) — du moins, « météorologique », si l'on peut dire, (ou « géologique » ?) qui intervient, comme le suggère la prophétie de la trappiste de Notre-Dame-des-Gardes à Angers (début XIXe siècle) :

« Je vis le ciel devenir une profonde nuit. Cette obscurité fut accompagnée d'un tonnerre, ou plutôt il me semble que le tonnerre venait à la fois des quatre parties de la Terre. Le ciel devint tout en feu. Il se faisait alors un bruit si terrible qu'il paraissait amener la ruine entière du monde. J'aperçus alors un gros nuage rouge, couleur sang de bœuf. »

Cette description ressemble tout à fait à ce qu'ont raconté les survivants de l'explosion de Krakatau, en 1883, qui fut estimée égale en puissance à vingt-six fois celle de la plus forte bombe H ! Le volcan, haut de 813 mètres, se volatilisa dans l'explosion. A sa place, on trouva un gouffre sous la mer de 300 mètres de fond. L'onde de choc fut perçue dans le monde entier — et, à Paris, 10 heures après, où l'on put voir le nuage de poussière. Le volume des matériaux éjectés fut estimé à plusieurs dizaines de kilomètres cubes, et la secousse fut estimée à 9,7 sur l'échelle de Richter. Elle provoqua un tsunami de 35 mètres de haut, qui noya des dizaines de milliers de personnes, sans compter tous ceux qui avaient été ensevelis sous les laves et les cendres, et moururent de faim[3]. On voit, par cet exemple, qu'une éruption volcanique a les mêmes effets qu'une bombe atomique — y compris le *« gros nuage rouge »* de particules incandescentes. Mais c'est Marie-Julie qui donnera le plus de précisions — et là, on voit que la *« pluie de sang »* décrite est autre chose que le résultat d'un grand massacre :

« Il tombera sur la terre une pluie de sang qui fera sécher vos récoltes ; et la terre, cette année-là, ne produira rien. Mes enfants, continue le Seigneur, il sortira de ce nuage une pluie bien extraordinaire, que jamais le monde n'a vue encore (...). Ce sera une pluie rouge, qui restera coagulée sur la terre, pendant sept semaines. La terre elle-même sera coagulée par cette pluie, qui donnera un souffle empoisonné, une odeur que personne ne pourra supporter. Mon peuple restera enfermé pendant sept semaines. Il sera difficile de sortir, tant la terre fera peur. »

(*Prophéties de la Fraudais*, p. 240 et 242)

« Des nuages rouges comme le sang parcourront le ciel. »

(*Ibidem*, p. 239)

« Le firmament sera couvert de sang » (p. 242).

« Au moment où les attentats et les crimes se

3. L'Etna vaut bien le Krakatau : 60 000 victimes, lors de l'éruption de 1693. Le Santorin a connu, dans l'Antiquité, une éruption aussi violente que le Krakatau, dont on a retrouvé les traces dans les sédiments marins. Ceci pour dire que la Méditerranée n'est pas à l'abri d'un cataclysme volcanique.

commettent, il pleut une pluie de sang rouge. Sur les couvertures des demeures, elle reste collée comme une peinture. A terre, elle ne peut être bue. Elle tombe avec une rapidité effrayante. »

(*Ibidem*, p. 241, donnée en 1880)

J'avoue que je n'arrive pas très bien à me faire une idée rationnelle, logique, de ce que pourrait être *« une pluie de sang »*. Pourtant, ce n'est pas nouveau. C'était la première des *« plaies d'Égypte »*, la moins méchante, puisqu'elle n'avait pas tellement impressionné le Pharaon (Exode, VII, 14 à 26) !

En voici la description dans la Bible :

« Yahvé dit alors à Moïse : "Pharaon est têtu ! Il a refusé de laisser partir mon peuple. Va le trouver demain matin, à l'heure où il se rend au bord de l'eau, et attends-le sur la rive du Fleuve (...) Tu lui parleras ainsi : (...) Du bâton que j'ai en main, je vais frapper l'eau du fleuve, et elle se changera en sang ; les poissons du Fleuve crèveront, et le Fleuve en deviendra si puant que les Égyptiens s'efforceront en vain de boire son eau". »

Ainsi fit Moïse et, dit la Bible : *« Les Égyptiens creusèrent aux abords du Fleuve, en quête d'eau potable, car ils ne pouvaient plus boire l'eau du Fleuve. »*

Pharaon, lui, l'égoïste, *« retourna dans son palais, sans attacher d'importance à ce qui était advenu »*.

Dans cet épisode biblique, il n'y a ni volcan mentionné, ni massacre. Il s'agit, dit le texte, seulement d'un tour de magie, puisque *« les magiciens d'Égypte, par leurs sortilèges en firent autant »*. Ils étaient forts, dans ce temps-là !... Faudrait-il expliquer rationnellement les *« pluies de sang »* en intégrant cet élément irrationnel (comme disent les gens) qu'est la magie noire ? Pratiquée à cette échelle, dans une civilisation qui se veut « cartésienne » comme la nôtre, est-ce possible ? Cayce dit que les Atlantes de la dernière période étaient non seulement technologiquement très avancés, mais encore experts en pratiques occultes... Et il dit que ces mêmes Atlantes sont ceux qui, réincarnés, peuplent l'Occident aujourd'hui, en particulier l'Amérique. Le savant atomiste peut-il être aussi le sorcier noir ? Il semble bien que oui...

Terminons le chapitre des pluies insolites par celle-ci, annoncée à la Salette : *« Il y aura des pluies d'une grêle effroyable d'animaux. »*

Je rends la parole à Cayce, pour un mot d'espoir :

> « NE PENSEZ PAS QUE LES TROUBLES N'ARRIVERONT PAS. MAIS CEUX QUI FONT PLEINEMENT CONFIANCE AU SEIGNEUR NE SERONT PAS EN PERDITION. ILS TROUVERONT DES MOYENS DE S'EN SORTIR, DES CONDITIONS, DES CIRCONSTANCES DIVERSES ET VARIÉES, QUI LEUR DONNERONT L'OCCASION DE DIRE UN GRAND MERCI ! »
>
> (Lecture 1467-18, 10 avril 1944)

Et c'est l'un des derniers messages de Cayce vivant ! Il mourra le 3 janvier 1945, après plusieurs mois d'hospitalisation.

III

LES PROPHÉTIES GÉOPOLITIQUES

1. LA CRISE ÉCONOMIQUE ET FINANCIÈRE DE LA FIN DU SIÈCLE

LE JEUDI NOIR D'OCTOBRE 1929

Un très sérieux économiste et expert financier américain, le Dr Ravi Batra, vient de publier un livre-choc, intitulé : *La Grande Dépression de 1990*. Il y démontre qu'actuellement, nous sommes menacés d'une catastrophe économique comparable à celle qui avait frappé l'Amérique de 1929 à 1940. Il estime que l'histoire économique et financière se répète ; et donc que nous devons nous attendre à une monstrueuse dépression dans les années qui viennent[1]. On se rappelle le désastreux effondrement de la Bourse de New York, le 24 octobre 1929, le fameux « jeudi noir », qui provoqua dans les trois années qui suivirent 85 000 faillites d'entreprises, le chômage de 12 millions de personnes, et une vague de misère et de suicides telle qu'on n'en avait encore jamais vu aux États-Unis. En voici l'écho dans les questions angoissées qui furent posées à Cayce à cette époque :

Gertrude Cayce : Vous avez devant vous les entités (943) et (2119),

1. *The Great Depression of 1990*, Dell Books, Bantam Doubleday, N. York, 1988. Voir également les travaux du récent prix Nobel, le Pr Maurice Allais, qui avait prévu la crise boursière de 1987, et partage totalement le pessimisme du Dr Batra pour la décennie qui vient.

présentes dans cette pièce, avec ce qu'elles ont à l'esprit : elles voudraient des informations sur cette crise financière et politique, la plus inextricable que le monde ait jamais traversée. S'il vous plaît, pourriez-vous donner, de façon détaillée, un plan politique et financier raisonnable, applicable, pour ramener la paix sur la terre et la bonne volonté pour les hommes ? (...)

« IL Y A LÀ-DEDANS BEAUCOUP D'AFFIRMATIONS GRATUITES, DE QUESTIONS QUI DÉPASSENT LES CAPACITÉS DES INDIVIDUS VENUS S'INFORMER.

IL S'EN FAUT DE BEAUCOUP QUE LA CONJONCTURE ACTUELLE SOIT LA PLUS GRAVE DE LA CIVILISATION ACTUELLE. LE MOMENT LE PLUS SOMBRE EST PASSÉ : C'ÉTAIT L'AUTOMNE 29. »

(Lecture 3976-10, du 8 février 1932)

Pour les Américains de cette époque, ce fut l'horreur ; et pourtant, Cayce considère que l'on a vu pire « DANS LA CIVILISATION ACTUELLE » ; et que... peut-être, le pire de tout n'est pas encore arrivé !

Il y a quelque chose de pathétique dans l'attitude des interlocuteurs de Cayce, complètement « DÉPASSÉS », comme il le dit, par la catastrophe. En effet, à l'époque, personne n'avait compris pourquoi la Bourse s'était effondrée... même pas les experts financiers (dont certains se trouvaient parmi les amis de Cayce, venus lui demander cette lecture). L'effondrement de la Bourse de New York avait subitement ruiné tous les actionnaires des sociétés qui y étaient cotées. Immédiatement, les gens paniquèrent, se ruèrent aux guichets des banques pour retirer leur argent liquide. Les banques ne purent faire face à cette demande inattendue, et la Banque Fédérale fut incapable de venir à leur secours. La faillite en chaîne des banques entraîna la disparition d'une multitude d'entreprises. Des millions de pauvres gens se retrouvèrent sans un sou et sans emploi. On vit la queue devant les boulangeries... Que s'était-il passé ce jour-là, 24 octobre 1929 ? Cayce répond :

« LA FINANCE MONDIALE SE TROUVA CONCENTRÉE EN-

TRE LES MAINS DE DEUX, OU PLUTÔT TROIS INDIVIDUS. DEUX, QUI REPRÉSENTAIENT LE CÔTÉ DU BIEN, UN, LE CÔTÉ DES FORCES DE L'OMBRE[2] C'EST-À-DIRE LES FORCES NOIRES. »

(Même lecture 3976-10)

Il est vraiment extraordinaire de penser que la « FINANCE MONDIALE » se soit retrouvée concentrée entre les mains de trois individus. Et qu'un seul ait pu être le détonateur de la catastrophe ! Le drame, c'est cette concentration du pouvoir entre quelques mains peu scrupuleuses, qui jouent des millions de pauvres gens. Cayce, s'adressant à l'Amérique :

« VOUS AVEZ AMASSÉ LES RICHESSES DE LA TERRE, ET LES AVEZ DONNÉES À GARDER À DES VOYOUS. QUEL EN A ÉTÉ LE RÉSULTAT, DANS VOTRE VIE QUOTIDIENNE ? VOUS VOUS ÊTES RETROUVÉS LES MAINS VIDES ! »

(Lecture 3976-25, du 23 juin 1940)

La situation actuelle est la même — aggravée par l'électronique. L'informatique permet une communication beaucoup plus rapide entre les différents centres boursiers ; les ordres d'achat et de vente sont passés bien plus vite qu'autrefois. La fortune du monde est manipulée encore aujourd'hui par une poignée de spécialistes, qui construisent des fortunes colossales en quelques mois :

« en spéculant pour le compte des banques, des brokers, parfois pour eux-mêmes, à Wall Street ou au Stock Exchange de Londres, pendus à leur téléphone et les yeux rivés sur leur ordinateur... »

(*Le Nouvel Observateur*, 27 novembre 1987)

2. Dans le texte : « TWO UPON THE ONE SIDE, ONE UPON THE DARK SIDE — OR DARK FORCES ». Pour Cayce, le Bien, les gens de bonne volonté, sont ceux qui cherchent à respecter les lois divines ; qu'il résume par l'expression « La Loi de Un », dont j'ai déjà parlé (« THE LAW OF ONE »). Cette « Loi de Un » est constamment battue en brèche par les forces noires, qui s'efforcent de remplacer l'unité (ONE) par la division.

Aux États-Unis, on les appelle les « Golden Boys »[3], parce qu'ils sont jeunes, fraîchement émoulus de l'Université, et dorés sur tranche. L'expression est plutôt admirative, et traduit le respect américain dû à la réussite financière. Mais, sous leur look « clean », leur tenue soignée et leurs gadgets de luxe, sont-ils moralement différents des spéculateurs de 1929 ?

Dans ce même numéro, Alvin Toffler, célèbre juriste américain, parle :

« du comportement sauvage des marchés financiers mondiaux et leur divorce croissant avec l'activité réelle, qui ne peut être compris à l'aide des termes économiques ou financiers conventionnels. »

Et Jacques Le Goff, expert français, toujours dans *Le Nouvel Observateur* du 27 novembre 1987 :

« A la Bourse, l'essentiel consiste dans une manipulation de l'argent, relativement déconnecté des phénomènes économiques. »

Autrement dit, les vices de notre système financier ne se sont pas améliorés. Bien au contraire.

Cependant cette gigantesque crise, qui aurait pu amener la fin d'un pays, a fini par être surmontée.

COMMENT LES ÉTATS-UNIS SONT SORTIS DE LA CRISE DE 1929

La fièvre de spéculer, la course au profit à tout prix n'avait pas gagné tout le monde. Il y avait encore en Amérique des gens raisonnables, capables de repen-

3. Les « Garçons en or » (nous dirions en « or massif »).

ser la crise dans une optique de foi et de générosité, comme l'avait recommandé Cayce :

« ET LORSQUE AU CONTRAIRE VOUS AVEZ MIS VOTRE CONFIANCE EN VOTRE CRÉATEUR, CELUI QUI A FAIT LE CIEL ET LA TERRE, VOUS AVEZ EU LA PAIX, L'HARMONIE, ET N'AVEZ MANQUÉ DE RIEN, JOUR APRÈS JOUR. »

(Lecture 3976-25)

« LÀ OÙ LES OBJECTIFS S'ALIGNENT SUR LES PRINCIPES DU PRINCE DE LA PAIX : "JE SUIS LE GARDIEN DE MON FRÈRE, ET JE FERAI CE QUI EST JUSTE", ON AURA LA SÉCURITÉ FINANCIÈRE ET SOCIALE. »

(Lecture 3976-17)

Un homme lucide, l'économiste John Maynard Keynes, conseilla au gouvernement de dépenser largement pour créer des emplois (au lieu de taxer encore plus lourdement une économie mourante). Le gouvernement serait récompensé, disait-il, de sa générosité : les nouveaux emplois résorberaient peu à peu le chômage, et la relance de l'économie profiterait plus tard aussi bien aux contribuables qu'au fisc. La guerre survint, obligeant le gouvernement américain à une injection financière massive dans l'économie : il fallut construire des bateaux, du matériel de guerre, équiper, transporter et nourrir des armées, et même, un peu plus tard, aider les alliés européens à reconstruire leur territoire dévasté.

Cayce y encouragera fortement les États-Unis :

Mrs Cayce : Sera-t-il possible de maintenir un niveau de vie convenable chez nous, si nous aidons au relèvement économique d'autres parties du monde ?

« NON SEULEMENT CELA DOIT ÊTRE POSSIBLE, MAIS ENCORE FAUT-IL LE FAIRE, SI VOUS VOULEZ UNE PAIX DURABLE. »

(Lecture 3976-28, 20 juin 1943)

Cette fois, Cayce fut écouté : le 5 juin 1947, le

général George Marshall persuada le président Truman qu'il fallait aider l'Europe à se relever économiquement. Ce fut le fameux « Plan Marshall », suivant lequel les Américains envoyèrent à l'Europe 13 182 millions de dollars — dont 2 753 pour la France ! Don qui permit la reconstruction de notre continent ravagé par la guerre. Une page qui est à l'honneur de la nation américaine — celle-là ! C'était l'Amérique qu'admirait, à juste titre, la génération de mes parents. Cette générosité fut récompensée : la crise se résorba, et les États-Unis entrèrent dans une ère de prospérité.

« CAR IL A DIT : "QUE CELUI QUI A DEUX MANTEAUX EN DONNE UN", (...) CE SONT LES PRINCIPES DE BASE SUR LESQUELS ON DEVRAIT CONSTRUIRE L'ORDRE MONDIAL, LES RELATIONS ÉCONOMIQUES ET SOCIALES MONDIALES. »

(Lecture 3976-27, du 19 juin 1942)

Mrs Cayce : Que pourrait faire notre pays pour donner des chances égales, sur le plan commercial, aux autres nations, dans la période qui suivra immédiatement la guerre ?

« ON EN FAIT DÉJÀ TROP, DANS CERTAINS SECTEURS ! C'EST JUSTEMENT LÀ-DESSUS QUE DE NOMBREUX DÉSACCORDS VONT SURGIR. NÉANMOINS, POUR COMMENCER, ON DEVRAIT ÉTABLIR, DANS TOUS LES PAYS, DES BASES DE DÉVELOPPEMENT ÉCONOMIQUE, QUI LES PROTÉGERAIENT CONTRE CE QU'ON APPELLE DES AGRESSIONS ET AIDERAIENT CES PAYS, QUI ONT ÉTÉ DÉVASTÉS PAR LA GUERRE, À SORTIR DES CRISES DONT ILS SOUFFRENT. IL FAUT LA NOURRITURE, LE VÊTEMENT ET TOUT CE DONT L'HOMME A PEUR DE MANQUER, DANS SA CONDITION HUMAINE. »

(Lecture 3976-28, 20 juin 1943)

Cayce souligne le mot « AGRESSIONS » pour nous inviter à réfléchir, autrement dit, toutes les agressions ne sont pas militaires. Il y a des agressions économiques et politiques qui sont aussi graves. Par exemple, il avait recommandé des mesures financières pour éviter la spéculation :

« IL FAUT D'ABORD REVENIR À DES NORMES STANDARDISÉES, SUR LE PLAN FINANCIER, QUI PERMETTRONT DE JUGER SAINEMENT. »

(Lecture 3976-10, le 8 février 1932)

Lors de cette crise de 1929-1939, les pays européens furent moins touchés. La France, par exemple, fut relativement épargnée : c'était encore, à l'époque, une nation fortement rurale — et le paysan, qui mange les carottes de son jardin, risque moins de mourir de faim que l'ouvrier, qui dépend d'une entreprise. L'Angleterre s'appuyant sur les ressources du Commonwealth, parvint, elle aussi, à amortir le choc. Les économies des différents pays étaient moins dépendantes les unes des autres qu'aujourd'hui, et les Bourses des grandes capitales également. Phénomène que Cayce avait noté — parce que cette interdépendance est une étape vers l'unité mondiale qui viendra un jour :

« IL EXISTE AUJOURD'HUI UNE CONJONCTURE DE CRISE, AVEC CERTAINES CONSÉQUENCES, QUE L'ON PEUT CONSIDÉRER COMME DES FACTEURS D'UNITÉ, DANS LE MARASME FINANCIER ET POLITIQUE QUI SÉVIT SUR LA TERRE. »

(Lecture 3976-10, du 8 février 1932)

Aujourd'hui, si Wall Street prend froid, Sydney, Londres et Paris éternuent. Tous les pays d'Occident et du tiers monde sont solidaires, en matière financière. On l'a bien vu récemment, le 19 octobre 1987, où toutes les grandes bourses mondiales se sont effondrées, à quelques heures de distance. Des milliards évanouis en fumée !

Au XIXe siècle régnait une mentalité triomphaliste. Les gens croyaient au Progrès (« qu'on n'arrête pas ! »). Mon oncle Maurice Koechlin avait dessiné les plans de la tour Eiffel, voulant créer « une tour à la gloire de la civilisation industrielle » ! De même, en matière économique et financière, on croyait que le capitalisme était la solution finale, qu'il trouverait en lui-même de quoi surmonter toutes les crises... !

COMMENT FABRIQUE-T-ON UNE « GRANDE DÉPRESSION » ?

Les économistes distinguent la « récession » de la « dépression ». Dans la première, l'économie est malade : chômage, inflation, endettement de l'État, etc. Mais dans la deuxième, la maladie arrive à une crise qui peut être mortelle : la dépression, si elle n'est pas surmontée, peut amener la disparition d'une nation, de toute une civilisation. Qu'est-ce qui a provoqué la dépression de 1929 ?

Hugh Lynn Cayce[4] : Vous donnerez cette fois ce qui pourra aider chacune des personnes présentes à comprendre les raisons, le pourquoi de la situation économique que nous traversons actuellement, en tant qu'individus.

« OUI, NOUS AVONS SOUS LES YEUX LA SITUATION ÉCONOMIQUE TELLE QU'ELLE SE PRÉSENTE À L'HEURE ACTUELLE, DANS CE PAYS[5]. NOUS ALLONS DONC EN DONNER UNE ANALYSE, QUI PUISSE ÊTRE UTILE À CEUX QUI CHERCHENT AUTANT À SE SITUER EUX-MÊMES QU'À CONNAÎTRE LES CAUSES DE LA CRISE GÉNÉRALE QUI SÉVIT AUJOURD'HUI.

IL EST ÉVIDENT QUE CETTE CRISE A ÉTÉ ANALYSÉE TRÈS DIVERSEMENT, TANT PAR CEUX QUI CHERCHENT À EN TIRER UN ENSEIGNEMENT VALABLE POUR LEUR PROPRE EXPÉRIENCE QUE PAR CEUX QUI CHERCHENT, ET QUI ONT

4. Fils aîné d'Edgar Cayce.
5. Les États-Unis.

CHERCHÉ, COMMENT APPORTER UNE AIDE INTELLIGENTE ET COMPRÉHENSIVE À AUTRUI (...). »

(Lecture 3976-14, du 5 novembre 1933)

Les économistes étaient, en effet, d'avis différents. Les uns accusaient le gouvernement américain d'avoir pris des mesures fiscales et monétaires stupides (en aggravant les impôts, par exemple, ce qui freine les investissements, et donc le nombre des emplois). Les autres accusaient ce même gouvernement d'avoir assisté au krach sans rien faire. Bien entendu, tout le monde accusa les spéculateurs, qui avaient perdu l'argent des autres.

Le Dr Ravi Batra, dans le livre dont j'ai parlé au début, lui, accuse l'inégalité des revenus. En 1929, 1 % de la population américaine possédait plus du tiers de la richesse du pays. En s'appuyant sur le grand économiste Keynes, Batra estime que c'est le déséquilibre entre une poignée de très riches et une masse de pauvres, ne profitant pas de la prospérité nationale, qui a provoqué la catastrophe. Pourquoi ? Parce que les très riches poussent aux folles spéculations. Au contraire, les petits épargnants, bien plus prudents, recherchent « les valeurs de père de famille », et représentent un élément modérateur. Or, dans les années qui précédèrent la crise, le gouvernement fédéral américain fit exactement ce qu'il ne fallait pas faire : il allégea les impôts sur les riches ! Ce qui aggrava l'écart avec les pauvres. En relisant les commentaires prophétiques de Cayce sur la crise de 1929 à 39, j'ai été étonnée qu'il ne donne pas d'explications techniques démontant les mécanismes économiques et boursiers. Il se place uniquement sur le plan moral : l'égoïsme social. Son analyse globale correspond bien à celle d'un spécialiste comme le Dr Batra. Finalement, c'est l'égoïsme d'un petit nombre qui a provoqué la catastrophe... Mais, comme on a les dirigeants que l'on mérite, ceux qui en haut lieu prennent les décisions sont le reflet de la moralité de tout un peuple. Cayce insiste donc sur la responsabilité morale de chacun de ses auditeurs :

Est-ce que l'année 1939, ou l'année 1940, va nous amener le commencement d'une nouvelle crise économique ?

« ... LA RÉPONSE EST NON, À MOINS QUE LES MOTIVATIONS ÉGOÏSTES, LES VISÉES ÉGOÏSTES NE DOMINENT CES MESURES CONTRE LA CRISE. SI CELA SE PRODUIT, ET SI LE TRAVAILLEUR S'UNIT AU SALARIÉ CONTRE LE CAPITAL, ALORS LÀ, ON RISQUE DE SE RETROUVER DANS UNE SITUATION DÉSESPÉRÉE.

ET VOUS, QUE FEREZ-VOUS POUR Y REMÉDIER ? »

(Lecture 3976-17, du 25 octobre 1937)

Pour Cayce, comme nous le verrons plus loin, la prochaine dépression risque de mener tout droit à la guerre civile. Mais si chaque citoyen y travaille, on peut espérer avoir des dirigeants un peu plus éclairés, qui auront un peu plus de foi et de générosité :

« TOUT DÉPEND DES CHOIX, S'ILS SONT CONSTRUCTIFS ; TOUT DÉPEND DES MESURES QUI SERONT PRISES, DES LOIS QUI VONT MAINTENANT ÊTRE MISES EN VIGUEUR POUR LUTTER CONTRE LA CRISE. »

(Même lecture)

Pourriez-vous prévoir en détail les prochaines tendances, sur le plan des affaires et la stabilité des prix, dans les années qui viennent, 1938, 1939 et 1940 ?

« CELA ENCORE, COMME NOUS VENONS DE L'INDIQUER, DÉPENDRA DES MOTIVATIONS PROFONDES DES GENS AU POUVOIR, C'EST-À-DIRE CEUX QUI SONT EN POSITION DE DOMINER LES CHOIX POLITIQUES PROPOSÉS AU PEUPLE. »

(Lecture 3976-17)

Finalement, tout est une question politique, c'est-à-dire de choix. Mais toute la question est de choisir des dirigeants conscients de leurs responsabilités.

Les autres — les dirigés — doivent prier pour les dirigeants qu'ils se sont choisis[6] :

« VOUS, EN TANT QU'INDIVIDUS, ET EN TANT QUE GROUPE, EN TANT QU'ASSOCIATION, FAITES QUELQUE CHOSE POUR CES PROBLÈMES. IL NE S'AGIT PAS, POUR VOUS, DE DIRIGER, DE COMMANDER À DES POSTES IMPORTANTS — CAR PERSONNE N'EST À LA PLACE OÙ IL EST, SI CE N'EST PAS LA GRÂCE DE DIEU. »

(Lecture 3976-27)

Cayce insiste sur le devoir de prier pour demander, « PAR LA GRÂCE DE DIEU », que les responsables soient à la hauteur.

« ET APRÈS CE QUE VIENT DE VIVRE CE PAYS SUR LE PLAN NATIONAL, CHAQUE ÂME DEVRA SE DEMANDER COMMENT APPLIQUER CE COMMANDEMENT DIVIN QUI A ÉTÉ DONNÉ, CE PRIVILÈGE QU'A TOUT ÊTRE VIVANT . TÉMOIGNER DE LA LOI D'AMOUR, QUI EST UN DROIT FONDAMENTAL DE TOUTE ÂME. CAR, À CAUSE DE L'OUBLI DE CE PREMIER COMMANDEMENT, L'HUMANITÉ RISQUE D'EN ÊTRE RÉDUITE AU PIRE. »

(Lecture 3976-14, 5 novembre 1933)

Lorsque Cayce pense au pire, c'est la super-dépression économique + la guerre civile + les cataclysmes dont nous avons parlé plus haut. Il continue, dans la même lecture :

« D'AUTANT PLUS QU'ON A OUBLIÉ LE SECOND COMMANDEMENT, QUI EST PAREIL AU PREMIER : "TU AIMERAS TON PROCHAIN COMME TOI-MÊME"

AINSI, CETTE CRISE AFFECTE-T-ELLE LA MAJEURE PARTIE DE NOTRE NATION, ET DU MONDE. VOILÀ LE RÉSULTAT

6. Dans les États démocratiques. La réussite de ceux-ci, dit Montesquieu, repose sur la vertu du citoyen de base... C'est bien l'idée de Cayce. Dans les autres types d'État, où le dirigeant suprême n'est pas élu, les citoyens (ou les sujets) ne sont pas pour autant dispensés de prier pour lui !

OBTENU PAR CEUX QUI SÈMENT LA DIVISION, LA HAINE, LA MALICE, L'ÉGOÏSME (...)

TOUTE LOI SPIRITUELLE REPOSE LÀ-DESSUS. ET, POUR VOUS, ON POURRAIT L'ADAPTER AINSI : TOUTE ACTIVITÉ HUMAINE A SON ORIGINE ET SA FINALITÉ DANS L'ESPRIT DE CE COMMANDEMENT. ELLE DOIT ÊTRE FONDÉE SUR L'ESPRIT DE VÉRITÉ, SINON ELLE ÉCHOUE. »

Même la Bourse doit être « morale », sinon c'est le krach... Pour Cayce, ni la politique, ni la haute finance ne peuvent être au-dessus des lois morales :

« CHACUN DE VOUS DEVRAIT S'INTERROGER : "QUE DOIS-JE FAIRE, *MOI*?", ET NE PAS PENSER QUE C'EST LE PROBLÈME DE L'AUTRE DIRECTEUR, DE L'AUTRE CADRE, DE L'AUTRE INDIVIDU. MAIS CHACUN DEVRAIT SE DEMANDER : "QU'EST-CE QUE, *MOI*, JE DOIS FAIRE POUR AMÉLIORER LA CRISE ÉCONOMIQUE QUE NOUS TRAVERSONS ?". »

(Lecture 3976-14)

« TOUT DOIT COMMENCER DANS LE CŒUR ET LA TÊTE DE CHAQUE CITOYEN. »

(Lecture 3976-28)

(... comme disait Montesquieu dans l'*Esprit des lois* !)

En dernière analyse, la crise économique n'a pas fait de victimes « innocentes ». Les victimes avaient consenti, peu ou prou, à cet état de choses malsain, reposant sur l'égoïsme social, sur le matérialisme, sur la course à l'argent primant tout le reste...

Quelle est la cause de cette grande dépression, et quand peut-on attendre, aux États-Unis, le retour à des conditions normales ?

demanda-t-on à Cayce, le 15 janvier 1932.

« ... LORSQUE LE PLUS GRAND NOMBRE VERRA QU'UN CERTAIN IDÉAL EST REDEVENU LA RÈGLE GÉNÉRALE. ALORS LÀ, ON POURRA S'ATTENDRE À UNE AMÉLIORATION.

NON PAS À UNE AMÉLIORATION AU SENS OÙ LES HOMMES L'ENTENDENT, EN ADDITIONNANT LES DOLLARS ET LES CENTS, NON. MAIS À LA SATISFACTION GÉNÉRALE ET À LA COMPRÉHENSION, L'UNE ÉTANT LE FRUIT DE L'AUTRE. »

(Lecture 3976-8)

Autrement dit, il faudrait viser d'abord au mieux-être général, dans un esprit de compréhension. Ne pas accabler les gens d'impôts, surtout les pauvres. A l'heure actuelle, les pays communistes fournissent une magnifique démonstration *a contrario* du principe que donne Cayce ci-dessus : leurs économies se traînent dans le marasme, on y voit de longues queues devant des magasins d'alimentation à moitié vides. Pourquoi ? Parce que ce sont des pays où les gens ne sont ni contents, ni heureux, ni satisfaits ; à preuve : 15 millions d'entre eux se sont enfuis à l'Ouest depuis 1945. Et dans l'autre sens, combien d'Occidentaux se sont-ils « enfuis » à l'Est ?

« Une douzaine de personnages », dit Alexandre de Marenches, *« Proportion : un contre un million. C'est le vote le plus extraordinaire qu'on ait jamais vu, mais on n'en parle jamais. »*

(*Dans le secret des Princes*, Éditions Stock, p. 374)

Cependant, bien des experts occidentaux, dont le fameux John Kenneth Galbraith, et le Dr Ravi Batra, que j'ai cité plus haut, estiment que les États-Unis ont recréé, dans les années 80, les conditions malsaines des années 20 : la richesse est de nouveau dangereusement concentrée entre les mains d'un petit nombre de possédants, l'agriculture bat de l'aile (c'est aussi le cas chez nous) et les grandes industries traditionnelles s'épuisent (métallurgie, textile, automobile, chantiers navals...). Tout cela aggravé par la guerre endémique qui sévit chez les pays producteurs de pétrole au Moyen-Orient.

TOUTES LES GRANDES FORTUNES S'ÉCROULERONT

La phrase est de Marie-Julie Jahenny (*op. cit.*, p. 97) et elle n'est pas la seule. Marie Lataste, autre voyante française, estimait que les Grands Événements s'accompagneraient d'une dépression économique. C'est aussi, plus récemment, l'avis de la voyante libanaise dont j'ai parlé plus haut :

« La cherté de la vie se généralisera dans le monde. Il y aura sur la Terre une famine jusque-là inconnue... Tout ceci menace et vous demeurez inconscients. »

(Jeanne-d'Arc Farage, 1987, *op. cit.*)

Qu'en dit Cayce ? Il n'est pas très encourageant. Ses avertissements répétés et insistants laissent entendre qu'en effet nous sommes menacés :

« VOUS, PEUPLE AMÉRICAIN, QUI AVEZ OFFICIELLEMENT ADOPTÉ LE CHRISTIANISME — AU POINT DE GRAVER SUR VOTRE MONNAIE "IN GOD WE TRUST[7]", VOUS NE DEVRIEZ PAS METTRE VOTRE CONFIANCE DANS LA PUISSANCE HUMAINE, NI DANS LA POLITIQUE ET L'ÉCONOMIE, CAR, DANS CES DEUX DOMAINES, IL VA Y AVOIR DU CHANGEMENT. »

(Lecture 3976-25, du 23 juin 1940)

Le changement qu'il prévoit est pour plus tard (après la Seconde Guerre mondiale !). Même quand cela va apparemment pas trop mal, nous ferions mieux de nous méfier :

« CAR IL Y A CES INFLUENCES SOURNOISES, QUI PEUVENT TRANSFORMER EN RATAGE UNE SITUATION AVANTAGEUSE : MAIS, PARTOUT OÙ L'EGOÏSME EST LA MOTIVA-

7. « En Dieu, nous avons confiance »... mais certains traduisent par le jeu de mots : « In gold we trust » (« dans l'or, nous avons confiance »).

TION DOMINANTE, ON PEUT S'ATTENDRE À DES TROUBLES ET À DES COMBATS. »

(Lecture 3976-17)

dit Cayce en octobre 1937, alors que, pourtant, la situation économique commence à se redresser — mais elle est encore fragile. Et puis, il y a les crises futures à éviter. C'est pourquoi :

« VIVEZ CHAQUE JOUR, CHAQUE HEURE, EN APPLIQUANT CES PRINCIPES SPIRITUELS DANS VOTRE PROPRE VIE, AVEC CEUX QUE VOUS RENCONTREZ QUOTIDIENNEMENT. »

(Lecture 3976-17)

« ET CEUX QUI PROPAGERONT CES PRINCIPES SERONT ASSURÉS DE BÉNÉFICIER DE LA PAIX PHYSIQUE ET MORALE. »

(Lecture 3976-17)

« CAR LE SEIGNEUR PEUT, ET VEUT, PROTÉGER CEUX QUI DEMANDENT AVEC HONNÊTETÉ — ET IL LE FAIT : "DEMANDEZ ET VOUS RECEVREZ, FRAPPEZ ET L'ON VOUS OUVRIRA." »

(Lecture 3976-25)

Le lecteur aura remarqué la précision « QUI DEMANDENT AVEC HONNÊTETÉ » (« WITH RIGHTEOUSNESS »). Il s'agit d'un accord bilatéral, d'un contrat entre honnêtes gens : Dieu respecte ses engagements vis-à-vis de ceux qui respectent les leurs. Gare aux tricheurs ! Mais, si l'on s'efforce de respecter comme on peut les lois divines, on est protégé.

On mettait alors beaucoup d'espoir dans la création d'une monnaie mondiale qui, pensait-on, assainirait les relations financières internationales. C'est la question de Gertrude Cayce :

Est-il possible de créer une monnaie mondiale, ou d'obtenir la parité des monnaies ?

« ON DEVRA AUSSI Y TRAVAILLER. MAIS IL SE PASSERA LONGTEMPS, TRÈS LONGTEMPS, AVANT QUE CELA N'ARRIVE. IL POURRAIT MÊME Y AVOIR UNE AUTRE GUERRE, DUE À CES PROBLÈMES. MAIS IL Y AURA UN PAS DE FAIT DANS LA BONNE DIRECTION, DANS LES TENTATIVES POUR AMENER LA PAIX À CE MOMENT-LÀ. »

(Lecture 3976-28, le 20 juin 1943)

Cayce vient de dire plus haut que ce qui cause les plus grands conflits, c'est, outre les désaccords religieux, les disparités économiques entre les pays. Il envisage donc (pour après 1945 !), une Troisième Guerre mondiale, qui serait provoquée par d'intolérables inégalités économiques et financières. Et, comme ce sont les pays riches, en particulier les U.S.A., qui fixent les cours des monnaies, ce que leur permet leur puissance financière, les pays pauvres sont éternellement floués : l'argent qu'ils reçoivent des pays riches n'a d'autre valeur que celle que ces derniers veulent bien lui donner. Ils deviennent donc de plus en plus pauvres... Dans la même lecture, Cayce évoque les révoltes futures qui risquent de survenir, si on laisse les pauvres s'appauvrir encore :

« TOUT À FAIT COMME LES CELLULES DU CORPS[8], LORSQU'ELLES COMMENCENT À SE RÉVOLTER, EN ENTRAÎNANT LES AUTRES À FAIRE PAREIL ! ALORS C'EST LE COMMENCEMENT DE LA FIN ! »

(Lecture 3976-28)

Pour terminer, une question posée par Gertrude Cayce :

En priant, en parlant, en écrivant, les membres de notre Association peuvent contribuer, modestement, à propager des principes spirituels qui aideront à balayer les obstacles à la paix. Au fur et à mesure que nous énumérerons ceux-ci, voudrez-vous, s'il vous plaît, nous dire sur quels principes baser notre attitude constructive ?

8. Cayce estime que chaque cellule du corps est dotée de conscience (voir un peu plus loin, chap. 4 de cette section, page 147 — et *Les Remèdes d'Edgar Cayce* du Dr W. MacGarey, Éd. Le Rocher, 1987.

Et, pour commencer, les inégalités économiques entre les Nations ?

> « TOUTE LA RÉPONSE EST CONTENUE DANS LA QUESTION : "ES-TU LE CHRIST OU DEVONS-NOUS EN ATTENDRE UN AUTRE ?" ET, QUELLE FUT SA RÉPONSE ? PAS DU TOUT : "OUI, JE SUIS CELUI DONT VOUS AVEZ ANNONCÉ LA VENUE DEPUIS TROIS ANS ET DEMI, SUR LES BORDS DU JOURDAIN". NON. MAIS : "DITES QUE LES MALADES SONT GUÉRIS, ET QUE LES AVEUGLES VOIENT". DANS CETTE PHRASE EST LA RÉPONSE À N'IMPORTE QUEL PROBLÈME, N'IMPORTE QUELLE QUESTION ÉCONOMIQUE INTERNATIONALE. »
>
> (Lecture 3976-27)

Pour comprendre, il faut relire le passage des Évangiles (Luc, VII, 22) où, saisi d'un doute, Jean le Baptiste s'interroge : Jésus est-il bien le Messie attendu ? S'était-on trompé ? A quoi Le reconnaître ? A des proclamations grandioses ? Pas du tout, dit Cayce, mais à des faits, comme la guérison des malades. Autrement dit, en clair, les discours des politiciens ne nourrissent pas les gens, et ne leur apportent pas la santé. Il faut des actes.

2. LA FAIM DANS LE MONDE ENTIER

LA FAIM, SOUS-PRODUIT DU MÉPRIS D'AUTRUI

Cayce ne cesse de comparer la décadence des Atlantes à la nôtre. Il évoque la faim dont ils avaient souffert dans les derniers temps, avant la catastrophe finale qui engloutit l'Atlantide. Et, dans sa pensée, c'est un avertissement à notre civilisation, qui suit le même chemin :

> « DANS LA DERNIÈRE PÉRIODE (de l'Atlantide), AVEC L'URBANISATION ACCRUE, SE RARÉFIÈRENT LES MOYENS DE SE PROCURER DANS LA NATURE DE QUOI SATISFAIRE LES BESOINS DU CORPS, LE VÊTEMENT, LA RESTAURATION DES FORCES PHYSIQUES ; AUTREMENT DIT, LA FAMINE ARRIVA... »
>
> (Lecture 364-4, 16 février 1932)

On trouve une abondance de lectures concernant la faim dans le monde — Cayce n'est pas très optimiste sur l'avenir immédiat.

Chaque voyant « voit midi à sa porte », et ce qui intéresse le peuple auquel il transmet l'information. Or l'alimentation est certainement l'un des gros problèmes de « l'american way of life »[1]. Problème qui est loin d'être résolu, parce qu'il est le produit d'une attitude psychologique profondément enracinée. En effet, le puritanisme condamne l'attention accordée au corps, et aux plaisirs naturels, qui sont a priori suspectés de péché. Les gens, dans cette optique, s'infligent donc avec bonne conscience des repas sans joie, ayant l'impression que c'est moral de ne pas y trouver de plaisir ! Les aliments, sans goût, archi-traités et mal préparés (hot dogs, ice-creams et fast-foods, etc.) produisent en grande série des cardiaques, des cancéreux, des dépressifs et des obèses. (Spectacle effrayant, qui s'appelle là-bas : « The monsters » !) Cela s'explique assez bien par le thème de naissance des États-Unis — puisque chaque pays a son thème de naissance, qui montre ses atouts et ses faiblesses.

Ce thème donc (si l'on considère que le nouvel État a été proclamé à l'aube, suivant la tradition maçonnique, à laquelle appartenaient Washington et son entourage) a l'ascendant en Gémeaux. Ce qui met le Taureau, symbole de l'alimentation[2], dans la maison des épreuves, la XII.

Donc, pour l'instant, les concitoyens de Cayce mangent mal et s'en rendent malades. Plus tard, ils ne mangeront plus du tout, et redeviendront minces... comme nous tous, dans la dernière décennie du siècle !

Du vivant de Cayce, la faim n'était pas inconnue en Amérique. Il y avait eu les victimes de la guerre civile, ou « de Sécession », petits Blancs du Sud et Noirs dont la situation économique était loin d'être réglée encore l'année de sa naissance (en 1877). Plus tard, entre les deux guerres mondiales, ce fut la

1. Qui tend peu à peu à devenir le nôtre.

2. Le très sérieux *Herald Tribune* du 1er septembre 1988 fait état d'un récent sondage d'opinion selon lequel les Américains estiment que *le problème de l'agriculture vient au cinquième rang de leurs problèmes nationaux (après le Sida, l'abus des médicaments, le prix de la santé et le déficit du budget fédéral, mais avant la criminalité, la pauvreté, le déficit de la balance commerciale, etc.).*

grande dépression (40 millions de salariés au chômage en 1932, en Amérique du Nord et en Europe). Les lectures de cette époque s'en font l'écho et répondent à cette angoisse. Le gouvernement américain s'efforçait d'assister l'agriculture, mais on voyait au coin des rues de pauvres diables essayer de vendre quelques pommes volées pour survivre. On demanda à Cayce :

Que faut-il attendre du programme d'aide aux agriculteurs proposé par l'administration actuelle ? Est-ce qu'il sera appliqué avec succès ?

« APPAREMMENT, IL SEMBLE QU'IL Y AURA EN GRANDE PARTIE BLOCAGE — PARCE QUE CE PROGRAMME EST CONSIDÉRÉ PAR CERTAINS COMME TROP AMBITIEUX. CELA PEUT ÉGALEMENT PROVOQUER DES TROUBLES, DES BAGARRES. LÀ ENCORE, SI ON NE SE CONTENTE PAS DE PALABRER, MAIS QUE L'ON PREND L'INTÉRET GÉNÉRAL EN CONSIDÉRATION, LA SITUATION PEUT SE RÉÉQUILIBRER D'ELLE-MÊME. »

(Lecture 3976-17, du 25 octobre 1937)

C'est finalement ce qui s'est passé.
Mais :

« COMME NOUS L'AVONS DÉJÀ DIT, UN PAYS N'EST PAS PLUS FORT QUE SON POINT FAIBLE, DANS N'IMPORTE QUEL SECTEUR. » (et pour l'Amérique, c'est vraiment la question alimentaire !) « IL DOIT DONC Y AVOIR UNE COOPÉRATION, UNE COORDINATION, UNE UNITÉ AU SEIN DU GOUVERNEMENT, DANS SA POLITIQUE OFFICIELLE, DANS SA LÉGISLATION ET SON ADMINISTRATION. (...) PERSONNE N'A LE DROIT DE JOUER LES DICTATEURS ET DE DÉCIDER, SANS CONSIDÉRER CHAQUE ROUAGE DU GOUVERNEMENT COMME UNE PARTIE D'UN TOUT. »

(Même lecture)

Autrement dit, dans cette mauvaise organisation économique, qui empêchait certaines catégories sociales de manger à leur faim, Cayce incrimine le goût du pouvoir et le mépris d'autrui. Mépris social compliqué de racisme dans les États où c'étaient les Noirs qui travaillaient la terre. Les « petits Blancs » fermiers, eux non plus, n'étaient guère considérés à cette époque.

« LE TRAVAILLEUR, LE JOURNALIER, QUI GAGNE SA VIE À LA SUEUR DE SON FRONT, ET LE GRAND DIRECTEUR, QUI A DE NOMBREUSES PERSONNES SOUS SES ORDRES, DOIVENT ÊTRE ÉGAUX DEVANT LA LOI.

CAR, AUX YEUX DU MAÎTRE[3], C'EST MÊME POIDS ET MÊME MESURE POUR TOUS. »

(Même lecture)

Si la situation aux États-Unis s'est améliorée, les problèmes ont été déplacés. Actuellement, ce même goût du pouvoir sévit dans tout l'Occident, pénalisant les agriculteurs du tiers monde. Il est atroce de penser que ces squelettes vivants, qui meurent tous les jours dans le Sahel et en Abyssinie, meurent par notre faute : comme je l'ai expliqué au chapitre précédent, c'est nous qui avons provoqué la dramatique sécheresse de leurs pays. Les experts de la F.A.O. dénoncent depuis toujours l'exploitation économique du tiers monde par les pays riches. Nous drainons leurs richesses, nous nous gavons de plus en plus. Et eux ont de plus en plus faim. Honte à nous... La situation est certainement explosive et, comme dit Cayce, ne manque pas d'amener des guerres...

« LE SEIGNEUR A DIT QUE CELUI QUI PRÉTEND AIMER DIEU ET LAISSE SON PROCHAIN SOUFFRIR DE LA FAIM OU DU FROID SANS RIEN FAIRE, TOUT EN BRAMANT "VA EN PAIX, DIEU EST AVEC TOI", EST UN MENTEUR ET UN VOLEUR. IL EST MALHONNÊTE AVEC LUI-MÊME ET CONTRIBUERA UN JOUR À AMENER LE MÉCONTENTEMENT ET LES DISPUTES SUR LA TERRE. »

(Lecture 3976-28)

3. C'est-à-dire de Dieu.

Car :

> « LA TERRE, dit Cayce, APPARTIENT AU SEIGNEUR AVEC TOUT CE QU'ELLE PRODUIT, ET LA PRODUCTION DE CHAQUE PAYS EST PRÊTÉE À L'HOMME POUR QU'IL PUISSE DONNER À SON FRÈRE. ET QUI EST TON FRÈRE ? (...) TOUT HOMME, QUELS QUE SOIENT SON PAYS, SA COULEUR, SA FOI, EST LE FRÈRE DE CELUI QUI CHERCHE À AIMER SON PÈRE-DIEU. »
>
> (Lecture 5398-1, 24 août 1944)

L'égoïsme de l'Occident est meurtrier, non seulement pour le tiers monde, mais pour les Occidentaux eux-mêmes...

> « SI SEULEMENT ILS CONSENTAIENT À METTRE EN PRATIQUE, DANS LEUR VIE DE TOUS LES JOURS, LE PREMIER DE TOUS LES COMMANDEMENTS : "TU AIMERAS LE SEIGNEUR TON DIEU DE TOUT TON CŒUR, ET TON VOISIN COMME TOI-MÊME"... »
>
> (Lecture 3976-14, du 5 novembre 1933)

Et combien nous sommes stupides de dépendre, pour notre alimentation, d'importations massives des pays tropicaux... Cela me rappelle mon étonnement en Floride : une très charmante Canadienne m'avait invitée. J'acceptai, en lui disant : « Ah, comme je me réjouis de pouvoir manger des fruits exotiques ! » Elle ouvrit des yeux ronds. Elle ne voyait pas du tout de quoi je voulais parler. « Voyons, lui dis-je, la Floride, c'est bien un pays tropical, avec palmiers et cocotiers, non ? Vous n'allez pas me dire que je n'y trouverai pas de fruits exotiques ? » Aucun écho chez ma gentille amie... Le lendemain de notre arrivée, elle me conduisit obligeamment dans l'un des supermarchés de la ville, où je retrouvai — comme partout aux U.S.A. — l'air conditionné, rock en musique de fond, les néons blafards... et les fruits sur leur étal réfrigéré, désodorisés, démicrobisés. Tout ce qui plaît à la ménagère d'outre-Atlantique (laquelle a constamment peur de s'empoisonner !)

Il y avait là des bananes importées d'Amérique centrale, jaunies artificiellement ; des ananas, itou ; des avocats, itou ; des agrumes de Californie, tellement traités chimiquement qu'il n'en restait plus qu'un goût de bonbon acidulé synthétique. En cherchant bien, je trouvai quelques noix de coco, hermétiquement langées dans leur film plastique. Me voyant déçue — sans comprendre pourquoi — ma chère Canadienne me fit faire le tour des magasins d'alimentation de Fort Lauderdale. Tous pareils. Des fruits exotiques ? mais qu'est-ce que j'entendais par là ? Si j'avais été plus riche, je lui aurais offert sur l'heure un billet d'avion pour la Guadeloupe. Là, elle aurait trouvé, en plein air, dans un festival de couleurs, de parfums et de rires, ce que j'avais vainement cherché en Floride : des mangues, des jujubes, des calebasses, des arawaks, des goyaves, des cajous, des bacobs, des ignames, des barbadines, des bélimbes, des cancambous, des fouyapains, des carambols, des sapotilles, des pastèques...

Avec plein, plein de microbes dessus, mais une saveur ! Une fête des yeux, du goût, et du sourire ! Hélas... Comme je suis assez obstinée, je m'en allai à pied au bord de la mer ramasser des fruits que j'avais repérés sur des arbres inconnus, le long d'un boulevard. Après avoir vérifié au pendule qu'ils étaient comestibles, je les ai goûtés : un délice ! D'après le guide de la Floride, ces « raisins de mer » avaient désaltéré autrefois les premiers navigateurs européens... J'en cueillis un compotier pour les offrir à mon amie, et à sa fille... horrifiées : « Vous avez ramassé "ça" dehors ? Vous n'allez "tout de même pas" les manger ? »

Voilà, c'était la gaffe. J'avais fait quelque chose de pas convenable : on ne mange que ce qui est au supermarché, et qui porte une étiquette. Sinon, on s'empoisonnerait. J'ai beaucoup admiré le principe de pensée positive qui a été développé en Amérique — et je pense que nous avons intérêt à l'imiter. Mais l'Amérique a appliqué constamment la pensée négative sur la Nature : dans la pensée américaine, la Nature sauvage est sale, dangereuse et empoisonnée. Plantes et animaux (sauvages ou non) sont censés n'apporter que des microbes ! Et cette puissante pensée négative, appliquée à notre mère la Terre, est en train de la tuer[4]... Quant aux « raisins de mer », j'y ai parfaitement survécu.

Tous ces fruits industriels que l'on trouve dans les supermarchés, c'est dramatique. En Floride, je me disais : voilà tout un peuple, et un grand peuple, qui dépend, pour sa nourriture, d'importations de l'étranger — et de produits industriels. Si Cayce a raison, et tous les voyants avec lui, nous allons arriver à l'époque où l'on va manquer de tout ce qui fait marcher l'import-export : électricité, moyens de transport, pétrole, main-d'œuvre bon marché... et surtout de l'ingrédient *sine qua non* : la paix ! Ces fruits et légumes exécrables au goût et dangereux pour la santé sont intégralement pervers : ils sont les fruits du mépris réciproque entre des peuples producteurs accablés, contraints de produire de la mauvaise qualité à bas prix — et un peuple consommateur raciste et gavé. Il n'y a pas besoin d'être le grand voyant de Virginia Beach pour voir que ça finira mal :

> « CAR SACHEZ QUE SA LOI EST ÉTERNELLE : "VOUS RÉCOLTEREZ CE QUE VOUS AVEZ SEMÉ". »
>
> (Lecture 3976-23)

« La Terre ne produira que de mauvais fruits. »

disait le message de la Salette, à une époque où personne ne l'aurait imaginé !

4. Lire à ce propos le chapitre poignant que Gina Germinara consacre à la destruction de la Nature, dans *De nombreuses vies, de nombreuses amours* (Éd. Adyar, Paris).

« La Terre sera frappée de toutes sortes de plaies (...) la famine sera générale. »

ajoutait le même message (voir annexes en fin de volume).

« Les inondations, les orages, et les maladies des animaux, les fruits et les productions de la Terre gâtés et corrompus annonceront à l'Homme que Dieu est le maître, bien que l'Homme ne veuille plus le reconnaître. »

dit aussi Mme de Meylian, dans une prophétie antérieure à 1848.

Depuis ma visite en Floride, je m'efforce de n'acheter partout que des produits locaux, et en harmonie avec la saison. Cayce était pourtant d'un avis raisonnable :

« LES LÉGUMES IMPORTÉS NE SONT JAMAIS TRÈS BONS. »

(Lecture 2-14)

... ni les fruits, comme il le répète dans d'autres lectures !

Bien entendu, tout ce que je viens de dire à propos des États-Unis s'applique à nous aussi, en Europe. Nous sommes tous coupables. Et si nous avons faim un jour, comme l'annoncent tous les voyants, ce ne serait qu'une rétribution karmique, le retour du bâton, parce que nous avons affamé d'autres peuples... Il va falloir que cela change :

« TOUT LE MONDE L'A COMPRIS, DES CHANGEMENTS SE PRÉPARENT, NON SEULEMENT SUR LE PLAN NATIONAL, MAIS ENCORE DANS NOS RELATIONS AVEC LES AUTRES PAYS (...) IL FAUDRA QU'ON AIT DAVANTAGE DE CONSIDÉRATION POUR LES DROITS DE L'HOMME. »

(Lecture 3976-18, du 20 juin 1938)

La faim, d'après Cayce, est une conséquence de l'égoïsme de certaines nations. Il ne cesse de rappeler les grands principes de fraternité, mais :

« BEAUCOUP VONT DIRE : "OUI, TOUT ÇA, C'EST BIEN JOLI, MAIS ÇA NE NOURRIT PAS CEUX QUI ONT FAIM, N'HABILLE PAS CEUX QUI SONT NUS, NI N'ABRITE CEUX QUI ONT FROID !"

MAIS QUI DONC — QUI ? — EST LE REPRÉSENTANT DU PÈRE DE LA TERRE ? N'A-T-IL PAS REMIS TOUT HOMME À LA GARDE DE SON FRÈRE ? DANS VOTRE VIE ACTUELLE, AVEZ-VOUS RÉPONDU À L'ANTIQUE QUESTION "SUIS-JE LE GARDIEN DE MON FRÈRE ?". »

(Lecture 3976-14)

Les voyants européens sont tout à fait d'accord avec Cayce. La Vierge à la Salette, après le message « officiel », parle longuement à la petite Mélanie du « blé gâté » et de l'inquiétude de son père, qui disait à la petite fille :

« Tiens, mon enfant, mange cette année, car je ne sais pas qui mangera l'année prochaine, si le blé se gâte comme cela », pour lui rappeler que la disette, puis la famine, peuvent revenir.

Marie-Julie Jahenny à la Fraudais disait qu'à l'époque des « Grands Événements » :

« La famine serait grande. » (*op. cit.*)

Pour cette période à venir, tous les voyants européens parlent de sécheresse, de canicule extrême, qui détruira les moissons :

« La chaleur sera terrible... un signe de croix avec l'eau bénite diminuera la chaleur. »

(23 février 1928, Marie-Julie Jahenny, *op. cit.*)

« Quand la calamité de sécheresse prédite s'abattra sur le monde entier, seul le bassin que Dieu a fait creuser (ici) contiendra de l'eau. »

(Dozulé, le 1er novembre 1974)

Dans les révélations de Maria Graf, voyante suisse contemporaine, on peut lire (c'est le Christ qui parle) :

« Je dois châtier le monde par la faim (...), car beaucoup d'hommes ne connaissent pas leur Créateur. »

(*op. cit.*, 2 juin 1961)

Autre écho, d'un écrivain actuel :

« Les jours approchent où il faudra lutter, et non plus seulement voir venir. Il faut que tu t'y prépares, par des privations, afin que celles qui te seront imposées soient moins pesantes, pour les tiens et pour toi. Quelque chose doit se produire d'ici peu, et le monde sera livré aux luttes sanglantes et aux rapines. »

(Paul Misraki, *L'Expérience de l'après-vie*,
Éd. Robert Laffont, message de 1972)

« Les fruits du sol diminuent. Les racines sont privées de l'humidité nécessaire. Les semences pourrissent dans les champs, et celles qui germent ne produisent plus rien. »

annonce la prophétie de saint Césaire d'Arles pour la « Fin des Temps ».

L'Apocalypse ajoute :

« Mes témoins (...) ont le pouvoir de clore le ciel afin que nulle pluie ne tombe durant le temps de leur mission. »

(XI, 6)

Il faut commencer à se préparer. Apprenons à jeûner, faisons des provisions — mais aussi collaborons aux œuvres (celles qui sont sérieuses), qui s'efforcent d'aider les affamés du tiers monde !

La Terre elle-même est en danger, et les groupes de prière et de guérison de la Fondation Cayce disent toujours, sur les instructions d'Edgar, une prière pour la Terre.

« Laissez, laissez tous les travaux qui sont inutiles, quand le plus nécessaire est de sauver la Terre. En cette heure que vous avez, priez pour la Terre. Ne bavardez pas, mettez-vous en prière. »
(Mamma Rosa à San Damiano, message du 2 juin 1967)

Le message s'entend à tous les niveaux, à la fois comme « prier pour la planète » et « priez pour la terre nourricière ». Les causes de la famine seront diverses, selon les pays. Causes naturelles, certainement (inondations, séismes, etc.) ; causes humaines : s'il y a la guerre, les hommes ne peuvent pas planter et semer tranquillement, les récoltes sont ravagées et les circuits de distribution désorganisés. Mais c'est également une économie malsaine, le gonflement exagéré du secteur tertiaire au détriment du secteur primaire (agriculture, élevage, mines...), qui peut produire la guerre et la faim.

PARTAGER AVEC CEUX QUI ONT FAIM

Les désordres qui s'annoncent provoqueront un flot de réfugiés — avec lesquels ceux qui auront de quoi manger, même peu, auront le devoir de partager :

« QUANT À L'ATTITUDE ENVERS LES RÉFUGIÉS EN GÉNÉRAL, CEUX QUI SECOURENT LES AFFAMÉS ET LES APATRIDES, C'EST COMME S'ILS SECOURAIENT LE SEIGNEUR LUI-MÊME, PUISQU'IL A DIT : "CE QUE VOUS FAITES AU PLUS PETIT D'ENTRE LES MIENS, C'EST À VOTRE CRÉA-

TEUR QUE VOUS LE FAITES." CELA DEVRAIT TOUJOURS ÊTRE VOTRE ATTITUDE. QUE CHACUN VIVE DE MANIÈRE NON PAS À ENGRAISSER SON ÉGOÏSME, MAIS À AIDER L'AMOUR DE DIEU À SE MANIFESTER. »

(Lecture 3976-24, 16 juin 1939)

Le révérend Arthur Ford insiste sur les bandes de rôdeurs affamés qui viendront piller les maisons pour se nourrir. Il faudra réapprendre à partager. C'est ce que nous n'avons pas fait, puisque l'écart entre pays pauvres et pays riches n'a cessé de se creuser. Cet écart scandaleux appelle une « remise en ordre » (qui risque d'être douloureuse). A la faim risque de s'ajouter la soif :

« A l'heure actuelle, les Terriens s'agitent comme ceux qui pleurent quand les bouées de sauvetage sont parties au fil de l'eau ; mais la fin d'une Ère sera quelque chose de bien plus terrible : la soif, la faim, des tourments indicibles, d'immenses catastrophes viendront (...) Les nombres de l'Eau sont 3.5.7. L'Homme est en train de les détruire dans leurs éléments. Les nombres de l'Eau une fois détruits ne se refont pas. L'Homme devra donc mourir de soif. »

(Germana Grosso, *op. cit.*, p. 141,
message de 1971)

Il faut absolument lire à ce sujet le passionnant livre de Philippe Desbrosses, *Le Krach alimentaire* (Éd. du Rocher, 1988), analyse lucide de la situation agricole actuelle... et en tirer les conclusions qui s'imposent !

LE RETOUR À LA TERRE

« SI VOUS AVEZ LES MOYENS D'ACHETER UNE FERME, C'EST UNE CHANCE À NE PAS MANQUER – SI VOUS NE VOULEZ PAS AVOIR FAIM DANS LES TEMPS QUI VIENNENT. »

(Lecture 3620-1, janvier 1944)

A la date de cette lecture, il ne s'agissait plus des famines dues à la Seconde Guerre mondiale. Il faut aussi préciser que le mot « farm », en américain, ne désigne pas quelque chose d'équivalent au mot « ferme », chez nous. Aux États-Unis, les animaux d'élevage sont interdits dans le périmètre des villes (assez étendu). Est désignée comme « ferme » une propriété où l'on a le droit d'élever des animaux (même si l'on n'a que deux moutons et que l'on gagne sa vie dans la pub !) Cela me rappelle les amis qui, à Paris, pendant la dernière guerre, avaient une ruche sur leur balcon, et récoltaient du miel. Production qui a d'ailleurs duré très longtemps après la guerre. Les abeilles se nourrissaient des arbres à fleurs des avenues et des jardins publics... Une amie parisienne de ma mère élevait des poules dans son jardin à Passy. Chacun sait que, pour que les œufs soient bons, il faut un coq. Mais comment éviter les cocoricos nocturnes ? L'amie de ma mère rangeait tous les soirs le coq dans un carton, de façon qu'il ne puisse plus relever la tête pour chanter ! (Il se rattrapait dans la journée !)

Une consultante de Cayce lui demanda :

Devrai-je garder mes 25 acres, près d'Oceana (Virginie) ; et également ce que je possède à Linkhorn Park ?

(...) (à Virginia Beach) ?

« GARDEZ LA TERRE : ELLE POURRA ÊTRE UNE BASE DE SUBSISTANCE DANS LES PÉRIODES EXTRÊMEMENT DIFFICILES QUE TRAVERSERONT CERTAINS COINS DU PAYS.

CE SERA UNE BASE DE PRODUCTION AGRICOLE POUR VOUS ET POUR VOS PROCHES. »

(Lecture 416-17, novembre 1943)

Est-il toujours bon d'acheter une ferme dans la région entre Washington et Norfolk ? (la ville voisine de Virginia Beach)

« CELA N'A PAS CHANGÉ. CAR LES ÉPREUVES QUE DEVRA SUBIR CE PAYS N'ONT PAS ENCORE COMMENCÉ, EN TOUT CAS EN CE QUI CONCERNE LA PRODUCTION AGRICOLE ET LE MARCHÉ ALIMENTAIRE. »

(Lecture 257-254, 18 décembre 1943)

Une autre lecture étonne :

« LE SASKATCHEWAN, LES PAMPAS D'ARGENTINE (...), CERTAINES RÉGIONS D'AFRIQUE DU SUD, CES RICHES TERROIRS, AINSI QU'UNE PARTIE DU MONTANA ET DU NEVADA, DEVRONT NOURRIR LE MONDE. »

(Lecture donnée en 1944)

et ne pourrait s'expliquer que par un changement de climat. Actuellement, il est parfaitement vrai que le Saskatchewan (Canada), le Montana (U.S.A.) sont de grandes zones céréalières ; que les Pampas (Argentine) fournissent la viande au monde entier, et l'Afrique du Sud fruits et oléagineux. Mais ce que l'on ne comprend pas, c'est que le Nevada soit ajouté à la liste : c'est un désert. Cet État des montagnes Rocheuses brille plus par ses performances touristiques qu'agricoles : Las Vegas y nourrit certainement plus de monde avec ses boîtes de nuit que les cailloux du « Grand Bassin » ! Est-il possible qu'un changement de climat y fasse reverdir le désert ? Peut-être faudrait-il mettre cette lecture sur les perspectives agricoles du Nevada en corrélation avec la lecture 270-35, de 1934, où Cayce annonçait pour cet État, jusqu'ici désertique, des séismes qui provoqueraient des inondations.

En effet, tout peut arriver au Nevada, adossé à la

Californie, d'autant plus qu'il occupe une section des montagnes Rocheuses, jeunes, volcaniques et instables. Le changement des climats, après tous ces bouleversements, lui offrira peut-être une vocation de grenier à blé, comme la Beauce... Comment nous préparer aux grandes famines ? Je me souviens d'un médecin juif qui était revenu d'un camp de concentration beaucoup moins squelettique que les autres. A ceux qui lui demandaient comment il avait fait pour ne pas mourir de faim, il répondait : « Depuis toujours, je m'exerce à manger des herbes, des bourgeons, des racines, des feuilles... C'est grâce à cela que j'ai pu survivre au camp ! » Apprendre à reconnaître les herbes sauvages comestibles, cela pourra être un jour utile (c'est le thème du livre *Le Guide de l'anti-consommateur*, Éd. Seghers-Laffont).

Cayce envisage un retour à la Terre :

« TOUT CE DONT ON A BESOIN POUR VIVRE EST PRODUIT PAR LE SOL. DONC, IL FAUDRA QU'IL Y AIT UN RETOUR À LA TERRE. CHAQUE HOMME DEVRA AVOIR LA POSSIBILITÉ DE TIRER DU SOL, PAR SON ACTIVITÉ, CE DONT IL A BESOIN POUR NOURRIR SON CORPS (...)

CAR NOTRE CORPS EST FAIT DES ÉLÉMENTS DE LA TERRE, IL DOIT DONC SE NOURRIR DE CE QUI VIENT DE LA TERRE. »

(Lecture 3976-19)

Voudriez-vous commenter les problèmes suivants, au fur et à mesure que je les énoncerai. Pour commencer, le chômage aux États-Unis ?

« DANS TOUS LES GRANDS CENTRES, DANS LES ZONES URBAINES, ON DEVRA RETOURNER À LA TERRE — IL Y A TROP D'EXPÉDIENTS DANS CERTAINS SECTEURS PRÉCIS DE L'ACTIVITÉ ÉCONOMIQUE. SINON, ON COURT AU-DEVANT DE LA RUPTURE (des stocks alimentaires), DES TROUBLES, DE LA GUERRE. »

(Même lecture)

Le père Lamy, en 1909, voyait aussi pour la France, que :

« Les ouvriers seront bien obligés de retourner à la terre. Le travail de la terre reprendra une grande extension. »

D'ailleurs, comme dit Cayce (qui jardinait lui-même beaucoup !) :

« ÇA N'A JAMAIS FAIT DE MAL À PERSONNE DE METTRE SES DOIGTS DANS LA GLAISE DE TEMPS EN TEMPS, ET DE TRAVAILLER LA TERRE ! »

L'expérience sera sûrement salutaire ! Comme dit Philippe Desbrosses (*op. cit.*) : *« Nous redeviendrons paysans. »*

Je ne voudrais pas terminer ce chapitre sur des perspectives uniquement négatives, puisque tous nos voyants voient arriver une ère de prospérité, où le problème de la faim dans le monde sera résolu. D'abord, dit la lecture 3976-15, l'Inde mangera enfin à satiété. Ensuite, différents voyants de chez nous voient revenir l'abondance après les terribles « Grands Événements » :

« S'ils se convertissent (les hommes), *les pierres et les rochers se changeront en blé ! »*

(La Salette)

A la « Fin des Temps », dit le vénérable Holzhauser (né en Allemagne en 1613) :

« Les hommes vivront en paix, chacun dans sa vigne et dans son champ. »

Perspective réconfortante, qui mérite un chapitre entier (voir plus loin).

3. ÉPIDÉMIES ET POLLUTION

NOUS NE SOMMES PAS A L'ABRI DES GRANDES ÉPIDÉMIES

Tous nos voyants parlent des épidémies qui accompagneront les guerres de la fin du siècle. Ce qui est logique. Pourquoi ? Le corps médical ne cesse maintenant de dénoncer les abus d'antibiotiques, qui détruisent les défenses de l'organisme s'ils sont prescrits à tout propos. Le grand enthousiasme d'il y a quarante ans est tombé, on sait maintenant que les antibiotiques ont des effets secondaires, qui peuvent être soit meurtriers (allergies violentes), soit débilitants à long terme. Les médecins honnêtes s'efforcent de limiter leur emploi aux cas graves. Voilà l'une des raisons pour lesquelles beaucoup de gens se tournent vers les médecines douces, ayant découvert que l'on pouvait se soigner très bien sans antibiotiques. Avec les plantes, par exemple, ou l'acupuncture, ou l'argile... ou les remèdes d'Edgar Cayce[1] ! Ayant été moi-même journaliste pendant des années, spécialisée dans les médecines douces, j'ai vu tout ce qu'on pouvait attendre de celles-ci. Ces médecines

1. *Les Remèdes d'Edgar Cayce* (Le Rocher), et *Médecines douces pour vos enfants* (même éditeur).

issues de la Tradition visent d'abord à fortifier « le terrain », c'est-à-dire l'ensemble de l'organisme, et à restaurer les défenses naturelles. C'est tout à fait la perspective de Cayce, qui fait appel à ces médecines. C'est avec celles-ci que l'on pourra se défendre contre les épidémies qui nous menacent — même le Sida. Oui, on peut guérir le Sida par d'autres médecines que la « médecine majoritaire » ! Le travail personnel sur le corps, la prière, la discipline alimentaire, l'hygiène sont puissamment efficaces. Et la guérison par la prière, dont j'ai déjà parlé[2], peut venir à bout de tout... Même de la peste, dont parlent les voyants européens. Pourquoi la peste ? C'est une maladie à virus, qui existe encore dans certaines parties du monde. A notre époque, avec l'accroissement des échanges internationaux, personne n'est préservé.

Autrefois, dit Cayce :

> « L'EXPANSION DES HOMMES, AU FUR ET À MESURE QUE SE PEUPLAIT LA TERRE, LES AVAIT AMENÉS À SE REGROUPER EN DIFFÉRENTES NATIONS — AVEC LA POSSIBILITÉ, EN S'ÉCARTANT LES UNS DES AUTRES, DE CRÉER CE QU'ON APPELLE DES ÉPOQUES DE CIVILISATION AVANCÉE. »
>
> (Lecture 3976-8, 15 janvier 1932)

Cette compartimentation protégeait les groupes les plus faibles. Certaines parties du monde pouvaient échapper, par leur isolement, à des maladies qui ravageaient d'autres pays. Les Indiens d'Amérique du Nord, par exemple, ignoraient la vérole et autres maladies vénériennes. Aujourd'hui :

> « À L'APPROCHE DES TEMPS QUI VIENNENT, OÙ UN MONDE NOUVEAU VA BIENTÔT ÉMERGER, OÙ L'HOMME DES ANTIPODES EST DEVENU NOTRE VOISIN DE PALIER, LES TROUBLES S'ACCENTUENT. »
>
> (Même lecture)

2. Dans le tome I, et plus spécialement dans le tome II de *L'Univers d'Edgar Cayce*, Éd. Robert Laffont.

Ainsi le Sida, qui était resté cantonné pendant des siècles dans les forêts vierges d'Afrique orientale, a déferlé sur nous (par la faute de manipulations de laboratoire, dénuées de moralité : honte à l'expérimentation animale, voilà ce qu'elle nous rapporte ! On n'avait qu'à laisser tranquilles les singes verts dans leurs forêts au lieu de les expédier dans les laboratoires de Californie. Car c'est ainsi que s'est propagée cette peste[3]...). Le dernier Yakoute de Sibérie aura droit, lui aussi, à son Sida ! Il faudra bien changer notre relation à notre corps, et l'assumer avec un peu plus de maturité, si l'on veut s'en sortir ; car c'est cela, dit Cayce :

« L'ÉVOLUTION QUI, PEU À PEU, AMÈNE LES HOMMES, PAR ÉTAPES, À UN CHANGEMENT DE NIVEAU DANS LEUR EXPÉRIENCE, CHANGEMENT SUR LES PLANS POLITIQUE, ÉCONOMIQUE, RELIGIEUX. »

(Même lecture)

Sur le plan individuel, la maladie traduit l'adaptation à un « CHANGEMENT DE NIVEAU ». C'est sûrement vrai aussi sur le plan collectif : les grandes épidémies amènent un changement dans les mentalités. Bien d'autres facteurs encore rendent les épidémies probables. On sait que les tremblements de terre et les inondations ont un effet sanitaire désastreux : la rupture des canalisations d'égout polluent tout l'environnement — et l'eau potable ; les hôpitaux sont détruits, ou inutilisables ; l'électricité manque, les stocks de médicaments aussi ; les médecins sont à ce moment-là toujours trop peu nombreux, etc. Bien entendu, les guerres ont le même effet : les cadavres d'hommes et d'animaux posent de terribles problèmes sanitaires.

Or, les « Grands Événements », comme nous l'avons vu, vont voir se multiplier les cataclysmes (je

3. Voir l'excellent article sur la question, paru dans le journal *L'Action zoophile*, 4, rue Lecomte-de-Nouÿ, 75016 Paris, tél. : (1) 46-51-65-11.

parlerai des guerres un peu plus loin). Autre danger : les centrales nucléaires, qui pourraient se fissurer sous l'effet d'un tremblement de terre, laissant échapper dans la nature les substances toxiques qu'elles renferment dans leurs bâtiments. Là, le risque est vraiment terrible. Une autre épée de Damoclès est suspendue sur nos têtes : la guerre bactériologique et la guerre chimique. A l'heure où j'écris ces lignes (août 1988), la presse du monde entier publie des reportages atroces sur les gaz toxiques, employés par l'Irak contre l'Iran... Ce que, pourtant, depuis la guerre de 14-18, où nos « poilus » avaient été gazés[4], les nations du monde avaient convenu de ne plus recommencer... (Mais, entre-temps, il y avait eu les chambres à gaz, et les défoliants pendant la guerre du Viêt-nam, dont le résultat sur les populations civiles n'avait pas été triste non plus !) Ces gaz, les messages de San Damiano[5] disent formellement que nous en sommes menacés (et l'eau du puits de San Damiano était donnée à cet effet).

Je reprends donc ici une série d'extraits de prophéties sur les grandes épidémies, associant très souvent la peste et la famine — chose normale, puisque la sous-nutrition affaiblit les défenses de l'organisme contre les virus.

Message de la Salette : *« La peste et la famine seront générales. »* « Générales », c'est-à-dire, comme on l'a vu plus haut, couvrant le monde entier... *« L'air se remplira de gaz toxiques et de vapeurs mortelles »* (Marie-Julie Jahenny, *Les Prophéties de la Fraudais*, p. 44).

La prophétie de la chartreuse de Prémol, sur Paris : *« La famine, la peste, tous ces maux réunis accompagnent la guerre et la révolution. »*

Mamma Rosa à San Damiano : *« Il y aura des*

4. Pendant la Première Guerre mondiale, les gaz toxiques (ypérite...) ont tué 91 000 soldats, et rendu invalides plus de 1 200 000 autres, dans les diverses nationalités en guerre.

5. *Op. cit.*

guerres, des émeutes, des épidémies, la peste, la faim, tout » (message donné par la Vierge en 1968).

Nostradamus n'est pas en reste. Il mentionne plusieurs fois la faim et la peste :

« Naples, Palerme, et toute la Sicile
Par main barbare sera inhabitée
Corsique, Salerne, et de Sardaigne l'île
Faim, peste, guerre fin de maux intentée »

(Centuries, VII, 6)

Palma-Maria Addolorata Matarelli : *« Aux troubles de la Révolution se joindront d'autres châtiments, comme la peste, et la famine*[6]*. »*

Anna-Maria Taïgi, la célèbre mystique romaine du début du XIXe siècle, parlait de *« ténèbres pestilentielles, peuplées de visions effroyables, qui envelopperont la Terre pendant trois jours. L'air sera empesté par les démons »*.

LA SIGNIFICATION SPIRITUELLE DES ODEURS

Nous ne faisons pas le rapprochement entre la « peste » et l'« odeur pestilentielle » ou l'« air empesté ». Mais c'est que l'odeur des cadavres de pestiférés en décomposition — et même de moribonds — était insoutenable dans les épidémies atroces qui ont frappé l'Europe autrefois (la peste noire de 1348-1350 avait tué le tiers de la population européenne). La Tradition a toujours fait un rapprochement entre les odeurs agréables, la santé — et la sainteté. L'« odeur de sainteté » n'est pas une blague !

6. Michel de Savigny, *op. cit.*

Elle se manifeste encore dans de nombreux « lieux saints » ou pèlerinages : Notre-Dame du Laus en Provence, San Damiano et San Giovanni Rotondo en Italie, le tombeau de Charbel Maklouf au Liban, etc. Inversement, les mauvaises odeurs, liées évidemment à ce qui est malsain, expriment un désordre non seulement physique, mais encore spirituel. Selon les mystiques de toujours et de partout, elles indiquent la présence des forces noires[7]. Une amie m'a raconté l'histoire suivante, vécue : des cousins à elle habitaient une vieille maison du Lot. Ils l'avaient fait entièrement rénover, repeindre, etc. Or l'une des pièces sentait en permanence une abominable odeur de charogne. « Vous avez un rat crevé quelque part sous le parquet », dit le charpentier. Comme l'odeur se maintenait, les propriétaires de la maison firent démolir parquets et plafonds, nettoyer, dératiser, désinfecter, et remettre tout à neuf. Peine perdue : l'horrible fumet était toujours là, plus intense que jamais. « Vous devriez voir un exorciste », dirent les voisins. Ce que firent les propriétaires. Et, du jour au lendemain, après la séance d'exorcisme, l'odeur disparut... Je n'ai pas une seconde suspecté ce témoignage, parce que j'ai connu, dans ma propre famille, des histoires analogues. Et maintenant que j'ai travaillé systématiquement la médiumnité (exactement comme on apprend à jouer au tennis ou à faire la cuisine : par un entraînement régulier !), maintenant donc, je perçois dans certaines maisons des odeurs plus ou moins plaisantes, qui indiquent la présence d'entités plus ou moins évoluées (plutôt moins...).

Il y a donc une relation à faire entre ces forces de l'ombre, et les odeurs qu'elles dégagent (odeurs de décomposition, de pourriture, c'est-à-dire de mort). Le péché « sent mauvais » — et la Bible le dit plu-

7. Voir *L'Univers d'Edgar Cayce*, tomes I et II, Éd. Robert Laffont, page 109. Le sanctuaire de N.-D. du Laus est situé près de Gap. Il y a des témoignages récents de pèlerins qui ont senti ces parfums, ces odeurs exquises... et miraculeuses !

sieurs fois (mais nos savants théologiens nous ont expliqué que tout ça, c'était « symbolique » !) Pour moi, ça n'est pas symbolique, c'est parfaitement réel, concret, physique. Cayce, interrogé sur les événements futurs, n'avait pas été très optimiste :

« CELA DÉPEND DE CES FACTEURS DONT NOUS AVONS PARLÉ, ET DU FAIT QUE LE PÉCHÉ DE L'HOMME EST TEL QU'IL EST DEVENU UNE PUANTEUR POUR SON CRÉATEUR. »
(Lecture 1602-6)

Faisant écho à notre prophétesse nantaise :

— *« Pourquoi, bonne Mère, une telle puanteur ?*
— *Ma fille, ils sont si aveugles qu'il est désormais impossible de les faire croire. Ils sont arrivés au dernier point de l'incrédulité. Ils ne craignent plus Dieu ni le Ciel. Cette puanteur, c'est l'haleine de l'enfer et de cette société maudite. »*
(La Vierge à Marie-Julie Jahenny, *op. cit.*)

La Vierge à la Salette disait (traduisant en terme du XIXe siècle l'expression « sépulcres blanchis » employée par Jésus pour qualifier le clergé de Jérusalem) : *« Les prêtres sont devenus des cloaques d'impureté »* ; ce qui revient au même : un cloaque, c'est un égout, c'est par définition même ce qui sent le plus mauvais... pour notre époque (où le mot « sépulcre » a perdu l'odeur de cadavre qu'il évoquait au temps de Jésus).

La prophétie de saint Césaire (470-542), évêque d'Arles, disait :

« L'air est corrompu (...) ; à cause des maladies pestilentielles, une mortalité subite et variée attaquera les hommes et les animaux. »

A quoi fait écho Madeleine Posat, simple paysanne, qui avait, entre 1843 et 1869, prophétisé les signes avant-coureurs de la catastrophe. Parmi ceux-ci :

« Les maladies sur les plantes et les animaux, et le choléra chez les hommes[8]. »

Elle ne pouvait pas savoir, à son époque, que les plantes seraient victimes de l'agrochimie : en voulant débarrasser les récoltes de certains parasites, on en a amené d'autres, et rendu les cultures vulnérables à toute une gamme de nouvelles maladies cryptogamiques. Nos forêts dépérissent, et l'on ne sait plus quoi faire. Les arbres meurent de maladies que la chimie ne peut guérir, puisque c'est elle qui les a provoquées ! La pollution chimique assassine les plantes, les animaux, les hommes... Elle crée un air irrespirable dans les grandes villes. Marie Lataste, autre voyante française du XIXe siècle, s'adressait à Paris, en prédisant sa destruction :

« Tes habitants te maudiront un jour, parce que tu les auras saturés de ton air empesté. »

Comment cette pauvre religieuse du Sacré-Cœur aurait-elle imaginé la pollution atmosphérique à une époque où les moteurs n'existaient pas encore ?

Ainsi la pollution chimique est-elle l'expression d'une pollution psychologique : les pollueurs sont des égoïstes, qui se moquent de la santé des autres. Et ceux qui acceptent d'être pollués sans réagir manquent de courage, d'initiative et de rigueur : quelque part ils ont pactisé avec le désordre. Dans la lecture 3976-17 (citée plus haut), Cayce parle du cri de ceux qui sont opprimés, dont la prière collective monte vers Dieu comme l'encens. Pour bien insister sur son « odeur agréable », il dit dans le texte « SWEET INCENSE » :

« LE CRI DE CEUX QUI SONT OPPRESSÉS VA DROIT JUSQU'À LUI. ET, LORSQU'ILS CRIENT TOUS ENSEMBLE, LEUR SUPPLICATION MONTE COMME UN ENCENS TRÈS DOUX

8. Michel de Savigny, *op. cit.*, p. 224.

DEVANT SON CŒUR ET SA PUISSANCE, LUI QUI VOIT LES HORREURS DE LA GUERRE ET LES ABOMINATIONS QU'IL DÉTESTE. »

D'où, d'ailleurs, le verbe français « encenser ».

On nous a toujours expliqué que c'était « symbolique » — mais, plus je lis Cayce, plus je pense qu'on a mal compris. La « bonne odeur » serait faite de molécules qui vibrent sur une longueur d'onde accordée au Cosmos, aux lois cosmiques et divines. Et la mauvaise, de molécules dont les basses vibrations sont désaccordées des lois cosmiques. A mon avis, il y a là-dedans un mystère des vibrations de la matière (puisqu'une « odeur » est faite de « gaz » ou d'« air », composés de molécules), mystère qui va bien plus loin que la simple comparaison symbolique.

LES PLANTES GUÉRIRONT LES MALADIES INCONNUES

Mais reprenons les prophéties européennes — et leurs messages — qui deviennent de plus en plus précis depuis un siècle. De tous ces prophètes et prophétesses (dont je ne cite qu'un tout petit choix, il y en a tant d'autres !), la plus explicite est toujours Marie-Julie Jahenny. Comme d'habitude, elle n'a peur de rien et n'y va pas de main morte :

« Il y aura de graves maladies, que l'art humain ne pourra soulager. Ce mal attaquera d'abord le cœur, puis l'esprit, et en même temps la langue. Ce sera horrible. La chaleur qui l'accompagnera sera un feu dévorant, insupportable et si fort que les parties atteintes du corps en seront rouges, d'une rougeur insupportable. Au bout de sept jours, le mal, semé

comme le grain dans le champ, lèvera partout rapidement et fera d'immenses progrès. Mes enfants, voilà le seul remède qui pourra vous sauver : les feuilles des épines qui poussent dans presque toutes les haies (...) vous ramasserez les feuilles, et non pas le bois. Même sèches, elles garderont leur efficacité. Vous les mettrez dans l'eau bouillante et les laisserez pendant 14 minutes, couvrant le récipient afin que la vapeur y reste. Dès l'attaque du mal, il faudra se servir de ce remède trois fois par jour. »

(*Les Prophéties de la Fraudais*, p. 270, 5 août 1880)

Dans un autre message, Marie-Julie précisa qu'il s'agissait de l'aubépine (qui, en effet, est un classique remède cardiaque et circulatoire).

Message intéressant : on y voit que la Vierge est favorable aux médecines douces (comme Cayce !). Elle commence par déclarer à Marie-Julie que :

« l'art humain ne pourra les soulager ». Et à la fin, Elle donne *« le seul remède »* : l'aubépine !

Autrement dit, une ordonnance de phytothérapie réussira là où la médecine « majoritaire » a échoué ! Seulement voilà : restera-t-il encore des aubépines à cette époque ? Car on a entrepris, en France, d'arracher les haies... Entreprise perverse, dont on a vu les effets néfastes lors de la grande sécheresse d'il y a quelques années (et les cultivateurs qui avaient gardé leurs haies ont été ceux, justement, dont le bétail a le moins souffert de la soif !)[9] Depuis, l'arrachage de nos haies s'est ralenti...

Plus loin, dans les messages, Marie-Julie voit arriver une maladie de la vigne :

« Les bourgeons de la vigne, si frais et si tendres, paraîtront avoir passé dans le brasier d'un feu dévo-

9. Cf. Dominique Soltner, *L'Arbre et la haie*, et *Plantes des haies, brise-vents, bandes boisées*, Éd. Sciences et Techniques Agricoles, Sainte-Gemmes-sur-Loire, 49000 Angers.

rant. Les feuilles de la vigne tomberont en poussière, et la grappe ne paraîtra pas. La vigne, pendant neuf mois, portera l'apparence de mort. »

(27 avril 1880, *op. cit.*, p. 22)

Il ne s'agit pas du phylloxéra, puisque la prophétie est donnée pour une période « approchant la fin des siècles ». Pour des pays comme le nôtre, comme la Suisse et l'Italie, où la vigne a une si grande importance économique et culturelle, c'est en effet un drame. Dans une autre lecture encore, Marie-Julie parle d'une nouvelle maladie infantile inconnue :

« Mes enfants, sur la terre de Périgueux, un tremblement soudain va tomber sur les enfants entre dix et treize ans, leur corps sera tremblant et agité. La malédiction du Ciel les fera marcher d'une manière tout opposée à la marche du chrétien sur ses pieds. »

(10 octobre 1882, *op. cit.*)

Là encore, dans le message donné, la Vierge *« déclare l'art humain impossible »*

c'est-à-dire que la médecine « normale » ne pourra rien y faire.

« La Terre de France va subir aussi la justice de Dieu. Pendant trois années, les pommes de terre pourriront à l'heure de la semence ; le blé ne poussera pas ou s'arrêtera à mi-hauteur. Les fruits noirciront : un ver en rongera l'intérieur, avant qu'ils n'aient atteint la grosseur du doigt. »

(1882, *op. cit.*)

Bien que cette description puisse s'appliquer à la cécidomye des fruits, la prédiction est donnée pour la période des Grands Événements — et se termine par une perspective enfin souriante :

« La Terre deviendra un désert, mais Dieu la repeuplera dans la paix et la tranquillité. »

Cependant, à toutes les pages — et chez tous les autres voyants, d'ailleurs — il est dit qu'une protection sera toujours ménagée aux gens qui prient, et cherchent à agir pour le Bien.

LES HOMMES DE BONNE VOLONTÉ SERONT PROTÉGÉS

C'est répété sous toutes les formes à San Damiano, où la Vierge indique, par le canal de Mamma Rosa, une méthode de méditation et de prière qui a fait ses preuves :

« Faites-moi aimer par le rosaire, et je vous donnerai mon aide et mon réconfort. Dites le rosaire, qui est l'arme la plus puissante. »

(Messages donnés en 1967 et 1968)

A Kérizinen, les messages recommandent *« le rosaire médité »* (R. Auclair, *Kérizinen*, p. 103)

Ce à quoi Cayce fait écho :

« NE LAISSEZ PAS TOMBER LE ROSAIRE ! »

(Lecture 1616-1)

dit-il à un catholique. Cayce considère Marie comme l'âme-sœur du Christ Cosmique, donc égale à lui en puissance et en dignité. Il en parle d'une façon étonnante. Le rosaire est une forme de méditation orientale, sûrement extrêmement ancienne, que les Croisés ont rapportée d'Orient. Il n'y a pas une apparition mariale (avec paroles) où cette forme de méditation ne soit demandée, en Occident, et particulièrement dans les pays catholiques comme la France et l'Italie. En Suisse aussi cela avait été demandé à Maria Graf-Suter, dont j'ai déjà parlé.

Cette dernière écrit le 19 janvier 1954, en Suisse :

« Les terribles choses qui ont été révélées viendront (...) Le Fils de Dieu détournera alors Sa Face de ceux qui n'ont pas écouté les demandes et les avertissements de Sa Mère bénie (...) ; car pouvoir est donné au prince de ce monde sur eux et sur tous ceux qui le servent. Les démons cracheront du feu et du soufre (...), et la puanteur sera horrible (...) Ceux qui portent le Signe de Marie, le chapelet, seront sauvés. (...) Tous ceux qui (...) auront vécu selon la volonté de la Mère de Dieu seront sauvés par la bonne odeur des vertus divines de Foi, d'espérance et d'amour de Dieu. Ces Vertus seront plantées et maintenues dans les cœurs par la méditation — avec prière — de l'Incarnation, des souffrances et de la mort de Jésus, de Sa glorification, — donc, par la récitation du rosaire. »

(*Révélation de l'Amour Divin*, Éd. du Parvis, CH-1631, Hauteville/Bulle)

Et voici ce que dit encore le Christ à Dozulé :

« Je désire qu'ils disent chaque jour la prière que j'ai donnée, suivie d'une dizaine de chapelet. Chaque foyer qui la dira avec confiance sera protégé de tout cataclysme. »

(28 mars 1975)

Bien entendu, aucune forme de prière n'est absolument obligatoire, Dieu n'étant pas un caporal ! Ce qui est demandé, c'est plutôt un effort sérieux et quotidien, quelle que soit la formule, qui varie suivant chaque pays, et chaque religion. Cayce estime, de façon générale, que les pollueurs seront les payeurs :

« ET VOUS DEVREZ PAYER JUSQU'AU DERNIER CENTIME. »

Pour lui, il n'y a pas d'échappatoire :

« VOUS SEREZ MESURÉS À L'AUNE DONT VOUS AUREZ MESURÉ VOTRE VOISIN, DANS VOTRE CŒUR, ET SELON CE QUE VOUS LUI AUREZ FAIT. »

(Lecture 3976-14)

La suite de la lecture fait allusion à de terribles événements futurs, qui toucheront ses interlocuteurs bien après la Seconde Guerre mondiale. Il ne peut pas s'agir de celle-ci dont les États-Unis ont finalement peu souffert (et qui a même permis une relance de leur économie). La lecture est donnée en 1933, année où le pire de la Grande Dépression est passé. Cayce, comme beaucoup de voyants, prophétise à plusieurs niveaux :

« ET LORSQUE VIENDRONT CES ÉVÉNEMENTS, QUI PROVOQUERONT LA DÉTRESSE, PHYSIQUEMENT, MENTALEMENT, ÉCONOMIQUEMENT, QUELLE QUE SOIT LA PERSONNE QUI EST TOUCHÉE, C'EST QUE LE PÉCHÉ EST À SA PORTE ! PAS À CELLE DU VOISIN ! »

(Même lecture)

Autrement dit, on n'est victime que de soi-même, et les « Grands Événements » ne frapperont pas au hasard. Il n'y a pas de « destin aveugle », qui frappe des innocents — contrairement à ce que l'on lit dans les journaux ! Même un bébé, victime d'une guerre, est une âme qui a choisi ce destin, parce qu'elle avait un karma à liquider[10]... Quand cela arrivera :

10. A propos de karma, je voudrais rassurer ceux de mes lecteurs qui s'inquiètent de savoir si la réincarnation est admise par l'Église catholique : elle n'a jamais été condamnée. Beaucoup de Pères de l'Église en ont parlé (voir référence dans l'*Astrologie karmique*, Éd. Robert Laffont, livre dont j'avais soumis le projet à Marthe Robin, qui m'avait répondu : « C'est bien. » J'entends encore sa voix grave...) !

« EXAMINEZ D'ABORD, EN VOTRE FOR INTÉRIEUR, QUELLES ONT ÉTÉ VOS MOTIVATIONS, ET SI VOUS AVEZ MIS DE L'ORDRE DANS VOTRE PROPRE MAISON. »

(Même lecture)

Pour Cayce, la « DÉTRESSE PHYSIQUE » ne peut être que l'écho d'un désordre dans le corps spirituel et le corps mental. En alignant ceux-ci sur l'ordre cosmique et divin, on remet de l'ordre dans son corps physique, et on surmonte ainsi toute maladie :

« AVEZ-VOUS MIS VOTRE CONSCIENCE EN PAIX ? QUELS REMORDS, SI VOUS VOULIEZ REGARDER AU FOND DE VOTRE CŒUR ! ALORS SEULEMENT VOUS TROUVERIEZ LES RÉPONSES QUI SONT DONNÉES À TOUTE ÂME QUI CHERCHE HONNÊTEMENT. »

(Même lecture)

Comme dit Cayce tout au long des lectures « MIND IS THE BUILDER », c'est-à-dire « C'EST (VOTRE) ESPRIT QUI EST LE CONSTRUCTEUR », — aussi bien de la santé que de la maladie :

« CHANGER SON ÉTAT D'ESPRIT, C'EST TOUJOURS CELA QUI CONSTRUIT LE MENTAL ET LE PHYSIQUE. »

(Lecture 257-53)

S'il sévit une épidémie, on peut s'en préserver par la sérénité. S'en guérir aussi, si l'on croit à l'immense pouvoir de l'esprit sur le corps. Et si l'on perd un être proche, ne pas se laisser abattre, ne pas chercher :

« QUI VA ALLER DÉCROCHER LA LUNE POUR VOUS EN RAMENER LE SOULAGEMENT, LE RÉCONFORT, QUE VOUS VOUDRIEZ POUR APAISER VOTRE DOULEUR ? »

« (...) – VOUS TROUVEREZ CELA AU FOND DE VOTRE PROPRE CŒUR ! »

(Lecture 3976-14)

Mais savoir se préparer, et savoir que l'on peut être aidé :

« AINSI, IL APPARTIENT À CHAQUE ÂME, ICI COMME PARTOUT, DE CHERCHER TOUJOURS DAVANTAGE À SE FORTIFIER, DE CHERCHER LA VOIE, LA PUISSANCE DE CELUI QUI A PROMIS : "SI VOUS APPELEZ, J'ENTENDRAI". »

(Lecture 3976-24)

4. LES FAUX PROPHÈTES

COMMENT LES RECONNAÎTRE ?

Ils sont annoncés depuis toujours... Dans l'Évangile, Jésus dit à ses disciples :

« Prenez garde de ne pas vous laisser abuser, car il en viendra beaucoup sous mon nom, qui diront : "C'est moi !"
(...) Ne vous mettez pas à leur suite. »

(Luc, XXI, 8)

« Des faux prophètes surgiront en nombre, et abuseront bien des gens (...). Il surgira en effet de faux Christs et de faux prophètes, qui produiront des signes et des prodiges considérables capables d'abuser, si possible, même les élus. Ainsi, vous voilà prévenus. »

(Matthieu, XXIV, II, 24)

Les faux prophètes font donc partie du décor de la « Fin des Temps ». Cayce n'a pas précisé leurs théories, ni donné d'indication sur leur personnalité. Il a préféré insister sur le message évangélique, afin que ses auditeurs puissent juger par eux-mêmes.

Tout d'abord être attentif à ceux qui propagent une

doctrine... qu'ils ne suivent pas eux-mêmes. « Faites ce que je dis, ne faites pas ce que je fais ». C'est une catégorie de faux prophètes très répandue : ils prêchent la pauvreté évangélique et construisent des fortunes dans l'immobilier. Ils prêchent la fraternité de tous les hommes, mais vouent à l'enfer ceux qui ne sont pas d'accord avec eux ! Ils prêchent l'honnêteté, mais leurs Églises, ou sectes, ou associations, agissent comme si l'argent n'avait pas d'odeur... Bref, les faux prophètes se reconnaissent au fait qu'ils ne vivent pas leurs théories : ils promettent de tout guérir... mais c'est un mensonge. Car, dit Cayce, c'est seulement :

> « DANS LA MESURE OÙ L'ON PRIE ET OÙ L'ON VIT EN ACCORD AVEC SA PRIÈRE QUE LA GUÉRISON EST POSSIBLE. »
>
> (Lecture 3976-25)

Cela, c'est aussi donné dans toutes les prophéties comme une caractéristique de la « Fin des Temps ». Les gens courent partout, se demandant à quel gourou se vouer... Attention, si l'on fait confiance :

> « ... À DES PERSONNALITÉS PUBLIQUES OU OFFICIELLES : CELLES-CI ONT ÉCHOUÉ ET SONT RESPONSABLES DES CONFLITS QUI METTENT LE MONDE À FEU ET À SANG ACTUELLEMENT. »
>
> (Lecture 3976-27)

Cayce met ici ses auditeurs en garde contre le culte de la personnalité : en 1942, c'était la belle époque d'Hitler, de Staline, de Mussolini...

L'avertissement est toujours actuel ! Le seul critère de confiance est le respect de la Loi d'amour. Celui qui est exigeant avec lui-même sera également exigeant vis-à-vis du leader auquel il donnera son bulletin de vote. Il n'y a qu'une seule question-clé, dit Cayce :

« AUJOURD'HUI, LA CRISE QUI AFFECTE TOUTES LES NATIONS SUR TOUTE LA TERRE EST UN DÉFI À L'INTELLIGENCE HUMAINE (...). ET NOUS AVONS À RÉPONDRE EN NOTRE ÂME ET CONSCIENCE À LA QUESTION SUIVANTE : "SUIS-JE VRAIMENT LE GARDIEN DE MON FRÈRE ?". »

(Lecture 3976-22)

Les faux prophètes se prétendent tous — forcément ! — « gardien de leurs frères » (et le seul autorisé !).

A Amsterdam, la *« Dame de tous les peuples »*, le 28 mars 1951, avait dit à la voyante (qui était une Hollandaise catholique) :

« Rome sait-elle bien quel ennemi se tient aux aguets ? et, tel un serpent, rampe à travers le monde ? Ce n'est pas du seul communisme que je parle. D'autres prophètes viendront encore : DE FAUX PROPHÈTES. »

Mais, si Elle range Marx parmi les faux prophètes, Elle ne nomme pas non plus les autres... Il est certain que le communisme est lui-même une forme de religion. Voici ce qu'en dit, dans *Le secret des princes*, Alexandre de Marenches, interviewé par Christine Ockrent (Éd. Stock, 1988) :

« Le communisme soviétique a pris modèle sur les grandes religions. Il a, toute révérence gardée, un pape, un collège de cardinaux, le Politburo, l'assemblée des archevêques et des évêques, le Comité central, et ses secrétaires spécialisés. Il y a également le K.G.B., qui s'apparente, mutatis mutandis, à la Sainte Inquisition, et dont, ne l'oublions pas, une des tâches principales, sinon la principale, est de veiller aux déviationnismes possibles, qui peuvent dégénérer en schismes. Du déjà vu. Il faut bien comprendre que la ressemblance avec l'organisation de l'Église catholique est frappante. (...) Le système du communisme soviétique se trouve encore dans ce que j'ap-

pelle sa phase de religiosité, c'est-à-dire de sa phase expansionniste, messianique, missionnaire. »

(Pages 218 et 233)

Si les guerres entre catholiques et protestants, chrétiens et juifs, chrétiens et musulmans, nous paraissent en France bien dépassées, il n'en va pas de même avec la religion de saint Karl Marx ; celle-là, sous ses aspects évolutifs, pourrait bien nous amener d'atroces conflits. Et là, on risque de s'entre-égorger pour un « ISME », comme dit Cayce. Ce que prédisait la voyante de la Fraudais, Marie-Julie Jahenny : *« Un fil rouge étranglera la France »*, n'arrivera que si nous l'avons mérité...

Enfin, il y a toujours ceux qui croient de leur devoir de partir en croisade — et qui suivront le premier grand homme qui la leur proposera :

« LES PLUS GRANDS CONFLITS VIENDRONT DES DIVERGENCES D'OPINION ENTRE LES DIVERS GROUPES RELIGIEUX DANS LES DIFFÉRENTS PAYS – AINSI QUE DES CRISES ÉCONOMIQUES. »

(Lecture 3976-28)

Certains voyants pensent que nous entrons maintenant dans l'ère des grands fanatismes religieux... Les querelles s'aigrissent en période de crise économique : les fanatismes violents se rencontrent plus souvent dans des pays miséreux et sous-alimentés.

Et les différences religieuses ?

« CE SONT DES ÉPÉES QU'IL A MISES DANS LA PENSÉE MATÉRIALISTE DE L'HOMME. LES DIVERGENCES RACIALES ET RELIGIEUSES ONT FAIT COULER PLUS DE SANG OU PROVOQUÉ PLUS DE GUERRES QU'AUCUN AUTRE "CASUS BELLI". ET POURTANT, CES OBSTACLES À LA PAIX DEVRONT ÉVOLUER COMME LES AUTRES. (...) QUEL QUE SOIT LE CULTE, QUELLE QUE SOIT LA SECTE, LE SEIGNEUR EST LE MÊME ! »

(Même lecture)

Les « faux prophètes » proposent des solutions nationales ou internationales qui ne résolvent rien. Ils attirent beaucoup de gens en prêchant la paix, sans la vivre. Or il n'y a qu'une seule façon de travailler à la paix :

« NOTRE PAYS PEUT Y CONTRIBUER EN MAINTENANT VIVANTS L'ESPOIR ET LA CONFIANCE. ET CELA PAR SA FAÇON DE VIVRE. »

(Même lecture)

Dans un autre genre de faux prophètes, il y a les fanatiques, les fous, mais eux y croient ! Cayce glisse des avertissements mezzo-voce qui, pour être diplomatiquement enrobés, n'en sont pas moins inquiétants :

« DURANT CETTE PÉRIODE, VOUS VERREZ LA PRISE DE POSITION DE CERTAINS GROUPES, QUI LORSQU'ELLE SERA CONNUE, SÈMERA LA CONSTERNATION. »

(Lecture 3976-26)

On ne sait pas exactement de quelle « période » il parle... probablement de la fin du siècle. Il est vrai que, depuis 45, on a vu apparaître, en effet, des groupes qui ont semé la panique en s'illustrant dans le terrorisme. Ils ont fait connaître leur « PRISE DE POSITION » en faveur de la violence, en « revendiquant » leurs attentats. La suite confirme qu'il s'agit de tueurs :

« MAIS N'AYEZ PAS PEUR DE CE QUI PEUT DÉTRUIRE LE CORPS. LOUEZ PLUTÔT DIEU ET RENDEZ-LUI GLOIRE, CAR IL PEUT SAUVER À LA FOIS LE CORPS ET L'ÂME, ET VOUS DONNER LA JOIE QUI DURERA TOUJOURS. »

(Lecture 3976-26)

Les « moutons » qui suivent n'importe quelle vedette de l'actualité sont des gens désorientés, qui n'ont pas en eux-mêmes de principes solides. Cependant, plus nous approchons de la fin du siècle, plus :

« LES GENS SE DEMANDENT À QUELLE IDÉE, À QUEL IDÉAL SE RACCROCHER EN TOUTE SÉCURITÉ, À QUOI PEUT-ON SE FIER, À QUOI PEUT-ON CROIRE ? »

(Lecture 3976-27)

La surabondance des citations bibliques pourrait faire croire que Cayce pousse tout le monde vers la Bible, hors de laquelle il n'y aurait point de salut...

Ce serait vraiment mal comprendre son message. Cayce donne toutes ces citations bibliques parce que c'est le seul langage que comprenaient, à l'époque, sa famille et ses interlocuteurs. S'il ne l'avait pas fait, il n'aurait pas été pris au sérieux. Mais on voit bien par cette lecture que Cayce ne considère pas que le christianisme doive obligatoirement primer sur toutes les autres religions. Le christianisme, non. Mais l'esprit christique, oui. Cayce dit que le Christ s'est manifesté sous des noms différents dans toutes les grandes religions du monde, et c'est bien le même, envoyé par le même Dieu-Père. L'enseignement caycien, c'est que chacun suive la religion qu'il a, selon son insertion sociale et géographique, ou bien selon son choix sincère, qui est toujours respectable. Au bout d'un certain temps, le fidèle — quelle que soit la religion — aura dépassé les rites et les dogmes, pour arriver à l'essentiel de toute religion : l'amour de Dieu. Celui-là seul est libérateur, alors que les dogmes empoisonnent. Et finalement, comme dit Alexandre Zinoviev — (qui pourrait avoir lu Cayce) —, *« le problème est de développer dans l'être humain l'essence divine, d'élever l'Homme jusqu'à Dieu ».*

De nombreuses lectures condamnent l'intolérance, la bigoterie, l'esprit de clocher. Il n'y a aucune excuse à s'entretuer sous un prétexte religieux...

« Toutes les religions sont égales devant Dieu » a dit l'apparition mariale de Medjugorje, au grand

scandale de certains observateurs catholiques (1er octobre 1981). Plus tard, elle ajouta : *« Vous devez respecter chaque homme dans sa foi (...), ne pas mépriser à cause des convictions, Dieu dirige toutes les confessions (religieuses) comme un roi ses ministres*[1]. »

Edgar Cayce, avez-vous d'autres suggestions à nous faire ?

> « RELISEZ TOUT CE QU'ON VOUS A INDIQUÉ — QUE TOUS, QUE CHAQUE ÂME, NE SE RÉCLAME PAS DE SON DIEU, MAIS DU DIEU UNIQUE. »
>
> (Lecture 3976-26)

Dans une autre lecture, on avait posé à Cayce la question-piège :

Quelle est la pensée religieuse qui aura le plus de responsabilité dans l'évolution du monde vers la lumière et la compréhension ?

Dans la perspective de la religion unique, celle du seul Dieu, et de la « LOI DE UN », dont toutes les religions actuelles sont de pâles reflets, c'est vraiment une question oiseuse... Cayce répond en citant l'Épître aux Galates :

> « LA RÉPONSE EST DANS LE VERSET QUI VOUS A ÉTÉ DONNÉ, QUE CE SOIT LE GREC OU LE BARBARE, L'ESCLAVE OU L'HOMME LIBRE, TOUS DEVRONT : "AIMER LE SEIGNEUR SON DIEU DE TOUT SON CŒUR, ET SON VOISIN COMME SOI-MÊME". »
>
> (Lecture 3976-8)

« O Galates sans intelligence, qui vous a ensorcelés ? (...) A partir du moment où vous avez revêtu le Christ, il n'y a plus ni Juif, ni Grec, ni esclave, ni homme libre, ni homme, ni femme : car tous vous ne faites qu'un dans le Christ-Jésus » (Galates, III,22).

1. René Laurentin et René Lejeune, *Message et pédagogie de Marie à Medjugorje*, Éd. O.E.I.L., Paris, 1988.

C'était tout à fait l'attitude du Maître Philippe de Lyon, si proche de Cayce dont on a écrit qu' :

« Il n'estimait les livres qu'en proportion de leur concordance avec cet enseignement (l'Évangile) (...). Il plaçait l'amour fraternel avant tout, avant la prière et même avant la foi. C'est la charité, disait-il, qui engendre la vraie foi et qui enseigne la prière. La prière sans la charité, c'est facile, et la foi sans la charité, ce n'est pas la foi. »

Aussi le Maître Philippe n'a-t-il laissé aucune « doctrine », uniquement l'exemple de l'amour vécu. (Je tire ces lignes d'un excellent article sur le Maître Philippe, dans le n° 15 de la revue *Harmonie*, Saint-Michel-de-Boulogne, 07200 Aubenas. L'article donne aussi une bibliographie sur le Maître Philippe.)

5. LES EXTRA-TERRESTRES : COLOMBES OU FAUCONS ?

ON VERRA DES SIGNES DANS LE CIEL...

C'est la Bible qui le dit. On peut penser que ces « signes » ne sont pas seulement des phénomènes astronomiques (que nous n'avons pas encore vus !), mais bien d'autres...

« La Fin des Temps » est annoncée partout comme un très grand spectacle... Comme ces tragédies antiques d'où le spectateur devait sortir purifié, régénéré, ayant retrouvé le contact avec les dieux...

Si je n'ai pas mis les OVNIS[1] dans la première partie de ce livre (avec les phénomènes géophysiques), c'est parce que beaucoup d'observateurs ont l'impression d'avoir affaire à des « intelligences » extra-terrestres. Et d'abord, qu'est-ce qu'un extra-terrestre ? On dispose maintenant de milliers de témoignages, au point que personne ne songe plus à les nier. De ces témoignages, il ressort que l'on a aperçu (et parfois vu de près) des « silhouettes » qui avaient une apparence « presque » humaine. C'est ce

1. Objets volants non identifiés, traduction de l'anglais « unidentified flying objects », c'est-à-dire U.F.O. (d'où « ufologie »). Il y a aussi les U.S.O., mystérieux engins que l'on a vus sous la mer (« unindentified submarine objects »). Leur caractéristique principale est leur vitesse, qu'aucun sous-marin actuel n'est capable d'atteindre.

« presque » qui est gênant... Les « silhouettes » arrivent dans des engins « presque » comme ceux que nous pourrions construire — mais équipés d'une source d'énergie inconnue qui leur permet des vitesses hallucinantes, et des acrobaties aériennes que la Patrouille de France jugerait diaboliques ! Personne ne doute plus que l'Espace ne soit habité — comme le dit Cayce !

Mais on peut se poser une question : ces « humanoïdes », qui ont été vus, entendus et photographiés, qui sont-ils ? Sont-ils bons, sont-ils méchants ? Devons-nous les considérer comme des amis — ou comme des prédateurs ? Colombes ou faucons ?

L'ESPACE EST REMPLI DE MONDES HABITÉS

Cayce a-t-il parlé des Extra-Terrestres ? Il n'a pas employé le mot OVNI, ni « E.T. », qui ont été inventés et popularisés après sa mort. Cependant, il a beaucoup parlé des habitants de notre système solaire, et même de ceux du Cosmos. Par exemple :

Est-ce qu'il y a d'autres âmes qui se sont laissé piéger dans d'autres systèmes, comme nous dans le système solaire ?

« DANS D'AUTRES SYSTÈMES, COMPARABLES À CE SYSTÈME SOLAIRE ET À LA PLACE QU'Y OCCUPE LA TERRE, OUI. »

(Lecture 5749-14)

« TOUT AUTOUR DE NOUS, NOUS VOYONS DIVERSES SPHÉROÏDES, SPHÈRES, PLANÈTES ET SYSTÈMES SOLAIRES, DONT CHACUN, INDIVIDUELLEMENT, A SON ACTIVITÉ PROPRE. ET VOYEZ L'ÂME DE L'HOMME, ET SACHEZ QUELLE GRANDEUR ELLE PEUT ATTEINDRE. CAR

L'HOMME DOIT DEVENIR CAPABLE (un jour) DE GOUVERNER L'UN DE CES CORPS CÉLESTES. »

(Lecture 311-10)

Autrement dit, chaque homme, arrivé à son niveau de perfection, deviendra le Seigneur d'une étoile ! Si Cayce le dit...

Il n'est pas le seul à affirmer qu'il y a d'autres mondes habités, et habitables. Max-Getting, par exemple, disait à sa femme :

« Ce que vous prenez pour l'espace désert est peuplé d'une suite de mondes ou de planètes encore invisibles de la Terre. Un jour ou l'autre, vous parviendrez à les découvrir. Les différents plans de l'astral sont des mondes de plus en plus évolués. Mondes, plans, planètes, sphères, toutes ces dénominations sont synonymes. »

(Suzanne Max-Getting, *Les Missionnaires de l'Astral*, p. 100, Éd. Leymarie, 1929)

Bien d'autres voyants ont parlé de ces mondes habités dans l'Espace. Christopher Tristram dans *Letters of Christopher*[2] avait raconté ses voyages planétaires à sa famille (après sa mort) :

« Encore quelques détails sur mon voyage à Mars : je suis devenu un vrai touriste maintenant ! (...) Viens encore avec moi à Sirius, Mamsie, si tu as le temps ? »

Il emmène sa mère par la pensée dans ces voyages planétaires, en lui décrivant les paysages et les êtres qu'il rencontre. Pour Cayce, nous « SÉJOURNONS » sur les planètes ou les étoiles entre deux vies terrestres :

« LES SÉJOURS DANS CES ENVIRONNEMENTS PLANÉ-

2. Traduit en français par Abeille Guichard, *Lettres de Christopher*, Éd. La Colombe, puis Le Courrier du Livre, 21, rue de Seine, 75006 Paris.

TAIRES (...) INFLUENCENT LA VIE MATÉRIELLE SUR LE PLAN TERRESTRE, CAR L'ENTITÉ Y A HABITÉ PENDANT LES INTÉRIMS ENTRE LES PÉRIODES DE CONSCIENCE TERRESTRE. »

(Lecture 2113-1)

Cayce dit « MATERIAL PLANE » pour désigner la Terre ; pour lui, elle est le lieu où l'on doit travailler dans la matière, où l'on est prisonnier de la matière (alors que sur d'autres mondes, on ne l'est pas). La question se pose donc : ces « humanoïdes », que de multiples témoins ont vus, sont-ils des hommes sous un autre aspect ? Plus exactement, ces êtres ont-ils été humains à une période de leur existence ? Nous-mêmes, deviendrons-nous ainsi ?

SERONS-NOUS UN JOUR DES « PETITS HOMMES VERTS » ?

Les humanoïdes que l'on a photographiés, vus et entendus ne sont pas tous « petits », ni « verts »..., mais c'est la réputation qu'on leur a faite ! Aux États-Unis, il en existe d'ailleurs une autre version : les « grands hommes noirs ». Il est extrêmement troublant de rappeler ici la célèbre prophétie anglaise de Mother Shipton, publiée à Londres en 1548. Cette prophétie concerne la « Fin des Temps », et voit l'espace aérien sillonné d'*hommes vêtus de noir, de blanc, de vert :*

En ce temps-là, dit-elle :

« Les voitures iront sans chevaux,
Les accidents désoleront le monde.
Les pensées voleront autour de la terre
Durant le temps d'un clin d'œil.
Le monde sera renversé.

On trouvera l'or au pied d'un arbre ;
L'homme passera au travers des montagnes
Sans qu'il ait besoin de cheval
Et il ira aussi sous l'eau,
Marchant, dormant et conversant. »

C'est le panorama classique de la « Fin des Temps », y compris le basculement de l'axe des pôles *(« le monde sera renversé »).* Mais voici ce qui concerne le trafic dans l'espace :

« On le rencontrera dans l'air
Vêtu de blanc, de noir et de vert. »

Il ne s'agit pas des passagers des lignes aériennes, qui sont habillés de toutes les couleurs ! ni du personnel navigant, dont l'uniforme est plutôt bleu marine...

Je donne la suite de la prophétie, qui dépeint bien notre époque, et celle qui va suivre :

« Sur les eaux le fer flottera
Aussi bien qu'un bateau de bois.
Beaucoup d'or sera mis à nu
En pays encore inconnu.
Le feu et l'eau feront miracle.
Tous les fils d'Angleterre qui labourent la terre
Souvent on verra un livre à la main.
Le pauvre, alors, saura beaucoup de choses.
Et l'eau coulera où pousse le blé
Dans les vallées lointaines.
Des impôts pour le sang et la guerre
Seront levés à chaque porte... ! »

(Je dois ces lignes à la courtoisie de ma consœur Sylvie Simon, in *Les plus grandes voyances d'hier et d'aujourd'hui*).

Mais ces « hommes » vêtus de vert, de noir, ou encore de blanc... qui sont-ils ? Cayce affirme que les âmes humaines viennent du Cosmos, et y retourneront. L'homme créé, révolté contre son Créateur, s'est vu assigner la Terre comme lieu d'expiation (c'est ce que disait aussi Germana Grosso, dont j'ai déjà parlé, et *La Cosmogonie d'Urantia*). L'homme doit se racheter. Et, de vie en vie, de séjours planétaires entrecoupés de séjours terrestres, retourner à sa pureté première.

Monsieur Cayce, expliquez-nous le problème du Mal (...) : Peut-on dire que celui-ci existait comme un élément nécessaire à la Création, et que l'âme, dès qu'elle reçut le libre arbitre, se retrouva avec le pouvoir d'en abuser, et de se perdre avec ?

« C'EST LE LIBRE ARBITRE (qui a provoqué la chute) ET LE FAIT QUE L'ÂME SE SOIT PERDUE ELLE-MÊME DANS SA RELATION À DIEU. »

(Lecture 5749-14)

Aussi la reconquête se fait-elle grâce à des séries de passages, tantôt sur la Terre, tantôt sur d'autres « lieux » du système solaire :

« SI BIEN QUE MAINTENANT, L'ENTITÉ EN TANT QU'INDIVIDU DEVRA ÉVEILLER EN ELLE LA CONSCIENCE DE SA RELATION AU DIEU-PÈRE-FILS-SAINT-ESPRIT, AVEC PATIENCE, À TRAVERS LE TEMPS ET À TRAVERS L'ESPACE. »

(Lecture 3508-1)

Donc, c'est à travers l'ESPACE que nous retrouverons notre place de :

« CO-CRÉATEUR AVEC CETTE UNIVERSELLE CONSCIENCE QUE VOUS APPELEZ DIEU. »

(Lecture 2246-1)

On remarque que, pour Cayce, la conscience (« AWARENESS ») est toujours « LA CONSCIENCE DE LA RELATION À DIEU ». Autrement dit, dans notre langue, l'attitude de celui qui agit en se mettant dans une relation juste avec les Lois Divines.

Le but des « SÉJOURS PLANÉTAIRES », comme des « EXPÉRIENCES DE VIE TERRESTRES » dont parle Cayce, c'est justement de gagner cette totale conscience de l'Ordre Divin. Tel est le but du voyage des âmes dans le système solaire : « UNTEL ARRIVE DE SATURNE » ou bien « IL DÉBARQUAIT DE VÉNUS »... Pour Cayce les aspects astrologiques, dans les thèmes individuels, racontent ce que le « natif » a appris sur d'autres planètes (ou étoiles). J'en ai longuement parlé au chapitre sur l'astrologie du tome I de *L'Univers d'Edgar Cayce.*

Et peut-on savoir à quoi ressemble un ex-Terrien qui habite momentanément sur une planète ? A un « petit homme vert » ? Cayce :

> « NON PAS QUE CEUX QUI HABITENT CES PLANÈTES SOIENT DES ÊTRES DE CHAIR ET DE SANG, COMME ON EN VOIT SUR LA TERRE. MAIS LES ÊTRES CONSCIENTS Y PRENNENT LA FORME ET LE MODE D'EXISTENCE ADAPTÉ À L'ENVIRONNEMENT PLANÉTAIRE. »
>
> (Lecture 1650-1, p. 339 de *L'Univers d'Edgar Cayce*, tome I, Éd. R. Laffont)

En résumé, nous sommes des extra-terrestres en villégiature !

Germana Grosso, dans l'un des messages de ses amis extra-terrestres, dit :

> *« Nous tous, habitants des autres mondes, savons qu'un esprit se réincarne. Et peu importe si vous autres n'y croyez pas (...). Quand un esprit abandonne son corps physique, il va dans le lieu choisi par la Force Divine Cosmique ; puis, après une pause de durée variable, il revient se mettre dans le sein d'une femme (...). Mais il peut se faire qu'il se réincarne dans un autre monde que la Terre. S'il est très évolué, il peut, après avoir eu un corps terrestre, se réincarner dans un corps extra-terrestre. C'est arrivé bien des fois, et cela arrivera encore... »*
>
> (*Op. cit.*, p. 126, message de 1976)

Autrement dit, dans ce que Cayce appelle les « SÉJOURS PLANÉTAIRES », il y a des âmes humaines — mais il y a aussi d'autres êtres non humains, que l'on connaît mal — que l'on connaîtra mieux à l'Ère du Verseau. Il y a certainement une infinie variété d'êtres qui évoluent là-haut...

Parmi ceux qui semblent de grands serviteurs de Dieu, dont parle Cayce : anges, archanges, saints ou prophètes du passé, il y a la Grande Fraternité Blanche à laquelle il fait allusion plusieurs fois. Par exemple, lorsqu'il dit que Virginia Beach est :

> « UN CENTRE – LE SEUL QUI SOIT AUSSI UN PORT DE MER ! – DE LA FRATERNITÉ BLANCHE[3]. »
>
> (Lecture 1152-11)

On la connaît par différents récits de mystiques et d'initiés, qui la définissent comme un collège d'âmes très évoluées travaillant à aider les hommes. Mon propre père, après sa mort, m'avait laissé un message où il me disait qu'il travaillait avec « la Grande Fraternité Blanche » (mais à l'époque, je n'avais pas compris de quoi il s'agissait !).

CEUX QUI SE SONT « ENVOLÉS » VERS D'AUTRES PLANÈTES ET QU'ON N'A JAMAIS RETROUVÉS

Il a toujours existé des histoires étranges de gens qui s'envolaient vers d'autres mondes — sans que l'on retrouve jamais leur corps ! La Bible en donne quatre exemples : Énoch, qui n'est pas mort, mais a été « *enlevé de la Terre* » (Genèse, V, 24) ; Élie, qui s'est

3. Il ne s'agit pas de l'organisation connue sous ce nom dans le Midi de la France, et fondée par M.O. Aivanov, mais d'une « hiérarchie céleste » invisible.

envolé sur un char de feu, sous l'œil consterné de ses disciples (Deuxième Livre des Rois, II, 11). Et enfin, Jésus lui-même lors de l'Ascension, et Sa Mère lors de l'Assomption. Ces exemples bibliques nous incitent à ne jamais jurer de rien... On va voir des choses tellement incroyables dans les années qui viennent, qu'il faut s'attendre à tout ! Car il existe aussi des témoignages modernes de gens qui sont partis « ailleurs » en emportant leur corps. Dans les histoires extraordinaires, auxquelles on n'a jamais pu trouver d'explication, il y a celle du régiment anglais (le « Firth Fourth Norfolk »), qui disparut tout entier dans un nuage, pendant la guerre des Balkans, le 28 août 1915. Des observateurs virent les soldats entrer un à un dans le nuage, à flanc de colline. Puis virent celui-ci remonter en altitude... Et personne, depuis, ne les a jamais retrouvés ! Ils étaient pourtant plusieurs centaines ! Après la guerre, les Anglais les réclamèrent aux Turcs, croyant que ceux-ci les détenaient prisonniers. Réponse négative des Turcs, qui ne savaient pas de quoi parlaient les Anglais. La vérification après enquête prouva qu'en effet, personne n'avait revu le régiment après son entrée dans le nuage[4]... Au XVIIe siècle, il y a l'histoire de Lady Elizabeth Hurnshaw, qui disparut avec son fils dans les airs, lorsque son mari extra-terrestre vint les chercher (*Amarante*, Alexandre Mosley Publications, 31, rue de l'Université, 75007 Paris). Il y a également l'histoire rapportée par la voyante italienne Germana Grosso (que je cite souvent, parce que son livre est exceptionnellement bien fait, clair et intéressant). Elle reçut un jour un message d'un aviateur américain, qui lui expliqua comment, en 1958, il décida d'aller rejoindre ses amis *« improprement appelés extra-terrestres »* après plusieurs années de *« préparation physique et de vols d'entraînement sur leurs engins. »* (*op. cit.*, p. 186).

4. Détails, avec date, lieux, références officielles, etc., donnés dans *Without a trace*, de Charles Berlitz, Ballantine Books, 1977.

Edgar Cayce lui-même raconte la mort étrange qui mit fin à son incarnation en Égypte ancienne, il y a douze mille ans, comme le Grand Prêtre Ra-Ta :

« VINT UNE ÉPOQUE OÙ LES ENFANTS DE RA (Ta) COMMENCÈRENT À DÉVELOPPER LEURS DIVERS TALENTS ET À VOULOIR POURSUIVRE LEUR CARRIÈRE. CE QUI AMENA DE NOUVEAU DES TENSIONS PARMI LES PARTIS POLITIQUES ET CIVILS DU PAYS, ET, UNE FOIS DE PLUS, DES ÉPREUVES À RA (Ta). IL ARRIVA UN TEMPS OÙ LA PYRAMIDE, C'EST-À-DIRE LE MÉMORIAL, ÉTANT TERMINÉE, RA (Ta) MONTA À L'INTÉRIEUR DU « MONT » ET FUT EMPORTÉ AU LOIN. »

(Lecture 294-152, dont j'ai traduit les dernière lignes dans *L'Univers d'Edgar Cayce*, tome I, p. 220)

J'ai déjà dit combien la formule était bizarre « FUT EMPORTÉ AU LOIN » : par qui, comment ? Car Cayce ne dit pas que Ra-Ta est « mort », qu'on l'« a enterré », il ne décrit pas d'agonie, ni de funérailles pour ce quasi-Pharaon qu'il était. Il suggère que le Grand-Prêtre, après une longue vie de luttes, et las de ses enfants, décida d'en finir. Il monta donc sur la Pyramide (lieu magique, dont la pointe était — est toujours ! — le siège de phénomènes électriques surprenants) et là se laissa « EMPORTER », dit la lecture... Comprenne qui pourra !

LES CONTACTS AVEC LES « EXTRA-TERRESTRES » VONT SE MULTIPLIER

Non seulement il semble exister des cas d'humains qui s'évanouissent « sans laisser de traces », c'est-à-dire en emportant leur corps avec eux mais on entend parler aussi du trajet en sens inverse.

Les témoignages sont tellement nombreux — et les photos — qu'on ne songe plus à les nier.

Les contacts avec les autres mondes ont toujours existé, et il est probable que bien des personnages mystérieux décrits par la Bible sous le nom général d'« anges » aient été ce qu'on appelle aujourd'hui des « extra-terrestres ». On les avait oubliés et on les redécouvre aujourd'hui. Entre-temps, ils ont perdu leurs ailes. Dommage... c'était beaucoup plus joli que la combinaison de cosmonautes !

Pourquoi ces visiteurs ? Il semble qu'ils aient un rôle à jouer dans les événements de la fin du siècle. D'après Ruth Montgomery[5], les « extra-terrestres » sont d'abord venus en masse comme observateurs — et pour faire connaître leur existence à ce monde borné et matérialiste. C'était l'époque où les disques lumineux se posaient sur les routes désertes, et où des « essaims » de soucoupes volantes s'égayaient au-dessus des aéroports, tant civils que militaires. C'est ainsi que le capitaine Thomas Mantell, le 7 janvier 1948, partit en chasse sur son Mustang P51 pour attaquer un OVNI qui passait par là, au-dessus de Fort Knox, dans le ciel de l'Indiana. En s'approchant de l'objet, il avait dit : « Mon Dieu ! Il y a des hommes là-dedans ! » Puis il explosa avec son Mustang, dont on retrouva les débris inexplicablement criblés de milliers de petits trous !

Dans un deuxième temps, il semble que les « présences » aient décidé de se faire discrètes. Ils attendraient, dit Ruth Montgomery, les grands événements qui accompagneront le basculement de la Terre, pour apporter leur aide aux Terriens.

Il est notoire, par exemple, qu'à chaque vol dans l'espace des vaisseaux Gemini et Apollo, les astronautes virent des OVNIS... et même les photogra-

5. Journaliste politique à Washington, qui écrit sous la dictée du révérend Arthur Ford, très grand médium décédé en 1971. Tous deux, elle et lui, grands lecteurs et admirateurs de Cayce. Voir *Aliens among us*, Éd. Fawcett Crest, New York, 1986.

phièrent — comme si ces mystérieux observateurs voulaient manifester qu'ils étaient là, prêts à aider...

Même son de cloche de Germana Grosso :

« Nous sommes, disent-ils, les « correcteurs ». Le mot implique un certain nombre de tâches qu'il n'est pas facile de vous faire comprendre. Si nous n'étions pas là, la planète Terre mourrait complètement, en peu de temps. L'humanité qui naît sur la Terre se trompe du tout au tout. Et c'est nous qui devons corriger ses erreurs. Le monde terrestre est inondé d'ondes de folie collective, qui explosent et se répercutent dans les cerveaux humains (...)

Vous ne connaissez qu'une partie de ce qui arrive de mal, par vos journaux et votre télévision. Ce que nous autres voyons nous fait trembler d'horreur : l'Ordre Divin est brisé (...) La Nature elle-même avertit qu'elle est arrivée au point de rupture totale, parce qu'elle a été violée dans ses bases profondes ; et elle est désormais en guerre contre l'Homme, qui n'a pas su reconnaître sa valeur. Ce qui va arriver est inévitable. Des centaines de vies humaines seront sacrifiées (...) Nous avons fait tout ce qui nous était possible pour l'éviter. Mais notre combat à nous aussi, c'est l'inévitable lutte du Bien contre le Mal. Nous ferons l'impossible, nous le faisons, nous l'avons fait, de toutes les manières possibles... »

(*Op. cit.*, p. 141)

UNE VISION SPIRITUELLE DU PHÉNOMÈNE OVNI

Cayce, Christopher Tristram, Ruth Montgomery, Germana Grosso, replacent les « extra-terrestres » dans une perspective de progrès spirituel. C'est très différent de l'exploitation qui en est faite dans la presse à sensation, le cinéma, la télé, etc. Où des manipulateurs sans scrupules cherchent à gagner de l'argent en offrant aux foules des émotions fortes — surtout la panique, qui ne les mènera à rien de positif !

Les messages disent en substance ceci : la Terre doit maintenant passer à un autre niveau vibratoire. Elle va, dans l'Espace, se rapprocher du lieu où siègent les Forces Créatrices, c'est-à-dire Dieu[6]. Au fur et à mesure qu'elle s'en rapproche, elle doit s'adapter à ces hautes vibrations. Pour cela, il lui faudra s'épurer, se débarrasser des basses vibrations que l'Humanité lui a infligées. D'où la nécessité de ces grands cataclysmes comme purificateurs (ils ne seraient pas nécessaires si l'Humanité avait été jusqu'ici capable d'évoluer spirituellement). Décrivant le retour du Christ Cosmique, qui doit revenir accompagné d'« anges et d'élus », l'évangéliste Matthieu (XXIV, 30) donne une précision :

« Et Il enverra ses anges avec une trompette sonore, pour rassembler Ses élus des quatre coins de l'horizon (c'est sur la Terre) *et d'un bout à l'autre des cieux »* (ça, c'est extra-terrestre !).

Peut-être les mots « anges » et « élus » étaient-ils la façon dont, en ce temps-là, on décrivait les extraterrestres ? Il existe actuellement un certain nombre de voyants qui prédisent le retour du Christ Cosmique « accompagné d'extra-terrestres ». Logiquement, ça devrait être les mêmes... A L'Ère du Verseau, qui se prépare, les communications seront certainement possibles — et faciles — entre la Terre et d'autres mondes. Bien des lectures de Cayce que l'on n'a pas comprises s'éclaireront. Par exemple, j'ai cité dans le tome II de *L'Univers d'Edgar Cayce*, p. 99, deux lectures (2464-2 et 1681-1), qui parlent d'un initié

6. On pense au « point Oméga » de Teilhard de Chardin, grand visionnaire si mal compris.

atlante, et d'une grande-prêtresse, qui recevaient des messages des autres sphères... Comment ? That's the question ! Dans les 14 256 lectures de Cayce, il y a beaucoup de mystère. De nouveaux engins seront construits — et nous développerons bien davantage nos facultés « psi » (comme on le faisait en Atlandide) —, qui nous permettront ces communications à travers l'Espace. Les Terriens apprendront à mieux utiliser l'Énergie du Cosmos ; par exemple à transformer directement la lumière en énergie, sans s'encombrer de tonnes de pétrole, comme les actuels cosmonautes, qui ne peuvent pas aller bien loin. Ils apprendront à se « dématérialiser », c'est-à-dire à se mettre sur une longueur d'onde différente, qui dissocie les atomes. Puis à se « rematérialiser », en rassemblant de nouveau les mêmes atomes... ce qui permet de passer à travers une porte fermée, comme chacun sait (ce que saint Pierre fit pour sortir de sa prison).

Peut-être faudrait-il relire l'Apocalypse dans cette perspective ? Cette agitation autour des OVNIS aériens et sous-marins (car on en a vu beaucoup de cette sorte-là aussi !) ne rime à rien, si l'on ne situe pas les informations reçues dans une perspective spirituelle. Pour Cayce, l'astrologie menait nécessairement à l'étude de ce qui se passe sur les autres planètes — au point que l'astrologie bien comprise devrait normalement déboucher sur l'ufologie ! Mais le seul « fil conducteur », la seule attitude qui permet de ne pas dériver dans les délires, c'est l'attitude de recherche spirituelle :

> « COMME NOUS L'AVONS DÉJÀ DIT, LES INFLUENCES PLANÉTAIRES, C'EST-À-DIRE ASTROLOGIQUES, SONT DES FORCES QUI EXISTENT. (...) CE SONT DES SIGNES, DES MOYENS D'ÊTRE AVERTI (...). DANS CE DOMAINE, LA SEULE SÉCURITÉ EST DANS LA CONNAISSANCE DU SEIGNEUR. »
>
> (Lecture 993-3)

Autrement dit, ceux qui se lancent soit dans l'astrologie, soit dans l'OVNI-manie, ne garderont leur équilibre qu'en intégrant ce qu'ils découvrent dans leurs connaissances spirituelles et religieuses — avec le sérieux, la réflexion, l'engagement que cela suppose.. Mais il y a en aura — il y en a déjà ! — qui utilisent l'astrologie et l'ufologie dans le sens des forces de destruction.

LES MAUVAIS EXTRA-TERRESTRES

Alors que Ruth Montgomery part du postulat que tous les visiteurs venus d'ailleurs sont bons, Germana Grosso, elle, transmet des messages d'avertissement. Gare aux « négatifs », qui viennent d'autres planètes ! Ils utilisent tous les moyens possibles pour manipuler les hommes, les affaiblir, les détruire. Et ils sont, dit-elle *« particulièrement actifs dans les sphères politiques. Parfois, ils deviennent chefs d'État... Certains ont même occupé, au cours de l'Histoire, le siège du Pape, ou le trône d'un roi. »* Ce sont eux bien sûr qui fomentent les guerres, et le message donne là-dessus des détails terrifiants (*op. cit.*, p. 109). Ce sont les agents du Mal sur la Terre, les frères de l'ombre qui mettent la pagaille partout... Ils sont alignés sur des vibrations de haine et de destruction. Les interlocuteurs extra-terrestres de Germana Grosso accusent même les « négatifs » d'enlever les humains, et disent que leurs méfaits vont se multiplier dans la décennie qui vient. Peut-être est-ce d'eux qu'il s'agit dans la Bible et les prophéties, qui parlent des « démons » qui se répandront sur la Terre à la Fin des Temps (en particulier, nous l'avons vu, pendant les trois jours de ténèbres). Certains aéronefs, qui ont été vus — et photographiés

—, ont une forme de poire renversée : attention, ce sont ceux des « négatifs » !

« Ces êtres négatifs fomentent les guerres en plaçant dans les secteurs politiques et militaires quelques terrestres sous leur influence. Hitler fut l'un d'entre eux. Et il y en a eu beaucoup dans l'histoire de la Terre (...) Ce sont aussi eux qui sèment les perversions sexuelles (...). Ils encouragent la drogue, spécialement ceux d'Orion et de Kappa B (les mondes d'où ils viennent). Il cultivent la drogue et l'apportent sur la Terre, et la proposent aux très jeunes, ou la laissent dans des lieux où il y a des diffuseurs terrestres, qui la vendent. Ce sont des drogues très dangereuses, qui sont mêlées de substances toxiques bien plus fortes, qui font mourir en les brûlant littéralement, de l'intérieur, ceux qui en font usage — ou les rendent fous, provoquant homicides et suicides.

Tous ces êtres négatifs, par un système d'ondes, poussent les personnes nerveusement fragiles à se suicider (...) Ils disposent de rayons qui prédisposent certains à l'homicide, poussant des « irradiés » à détruire d'autres personnes (...)

Tous ces êtres négatifs, qui habitent sur d'autres mondes et sont nuisibles aux gens de la Terre et aux autres, ont comme logo un "Point Noir". Tous les "noirs" ont comme but de s'emparer de la Terre, laquelle est pour eux un magnifique champ d'action.

Ils veulent la détruire ou la faire détruire par l'Homme lui-même (en détruisant sa liberté) ; ils souhaitent la guerre atomique, espérant qu'elle tuera tous les hommes. Car ils ont des moyens de se défendre contre les radiations (atomiques) (...) *C'est pourquoi ils ne cessent de provoquer les guerres et les guérillas, fomentant des haines et des rancœurs toujours plus violentes. Nous repérons leurs agents terrestres et les neutralisons. Certains de leurs agents travaillent dans la mafia, ou fondent des sectes (...) Tous les négatifs ont des agents terrestres en action, principalement dans les secteur spirituel et mystique. Ils sont des spécialistes de l'intoxication, ils cherchent à créer la panique d'une Apocalypse fatale.* »

(Message du 5/10/71, reçu par Germana Grosso, *op. cit.*, p. 107)

Ces description correspondent trop bien à ce que tous les mystiques de tous les siècles ont décrit comme des êtres démoniaques... Et lorsque les prophéties mariales parlent de démons qui viendront sur toute la surface de la Terre pendant les événements de la Fin des Temps, comment ne pas penser à ces « extra-terrestres négatifs » ? Ces êtres « voués au Mal », nous risquons de les rencontrer sur notre route — en particulier, disent les prophéties, pendant « les grands orages » et « les trois jours de ténèbres » (cf. *supra*)...

Heureusement, il existe les lois dans l'Univers. Et les forces de l'ombre sont soumises à Celui Qui a fait les lois :

« LE GRAND LÉGISTE, comme dit Cayce, CELUI QUI A PRÉPARÉ UNE VOIE DE SALUT POUR L'HOMME, A PROMIS : "JE NE T'ABANDONNERAI PAS, SI TU CHERCHES À OBÉIR À MES COMMANDEMENTS." »

(Lecture 3976-14)

6. LA GUERRE CIVILE

LES LEÇONS DE 1789

Comment naît une guerre civile ? Les historiens se sont penchés sur le cas de la Révolution française de 1789. Est-ce que les gens se sont révoltés parce qu'ils avaient faim ? L'analyse des documents montre qu'au contraire, dans la deuxième moitié du XVIIIe siècle, les Français n'étaient pas matériellement malheureux. De toutes les nations d'Europe, la France était alors la plus riche et la plus peuplée. Elle nourrissait ses enfants. Sur le plan des libertés, les persécutions contre les protestants s'étaient calmées : ni Louis XV, ni Louis XVI n'étaient des fanatiques ; à la fin du siècle, la monarchie avait pris un caractère « bon enfant » et tolérant, qui laissait aux Français une très large liberté de fait, dans leurs idées et leur foi.

Donc ce n'était ni la faim, ni la persécution religieuse qui avaient provoqué la Révolution. Qu'était-ce alors ? Une question de dignité :

« DANS SA VIE ET SON EXPÉRIENCE, L'HOMME A TROIS BUTS — C'EST-À-DIRE QUE TROIS LOIS NATURELLES CONDITIONNENT SON EXISTENCE MATÉRIELLE : LA SUR-

VIVANCE DE L'ESPÈCE, C'EST-À-DIRE LA PROPAGATION DE LA VIE ; LA LIBRE EXPRESSION DE SES IDÉES SUR LA VIE ; ET, EN DERNIER LIEU, QUE SES ACTIVITÉS TROUVENT UN ÉCHO, SOIENT RECONNUES. »

(Lecture 3976-22)

Et c'est là où le bât blessait en 1789 : toute une catégorie de Français — le tiers état — ne voyait pas « SES ACTIVITÉS RECONNUES » à leur juste valeur. Parmi ses membres les plus riches (grands bourgeois, hauts fonctionnaires, noblesse de robe récente) certains, constamment humiliés de n'être pas « nés », développèrent une pensée revendicatrice. Les intellectuels, les artistes et les savants, qui sont les véritables « princes de l'esprit », réclamèrent eux aussi des réformes qui n'étaient que justice.

« L'HOMME A REÇU UN CORPS, UN ESPRIT ET UNE ÂME »

rappelle Cayce. Voilà pourquoi il doit passer par des étapes qui correspondent à l'évolution de chacun de ces trois corps (physique, mental, spirituel) :

« À CHAQUE ÉTAPE DE SA PRISE DE CONSCIENCE, IL CHERCHE À SATISFAIRE LES DÉSIRS CORRESPONDANT À SON STADE DE DÉVELOPPEMENT. »

(Lecture 3976-22)

Tant qu'il est occupé exclusivement à satisfaire les désirs du corps, c'est-à-dire se nourrir, il ne se révolte pas : il n'en a pas la force. On le voit dans les peuples du tiers monde : ceux qui sont complètement écrasés par la faim ne sont pas ceux qui se révoltent le plus. En 1789, la première étape était acquise : le Français mangeait à sa faim, et il avait du travail. Pour la seconde étape, qui correspond à celle de l'esprit, c'est-à-dire à « LA LIBRE EXPRESSION

DE SES IDÉES », le pays ressentait l'urgence de lois qui auraient reconnu officiellement ce principe. Dans les années précédant la Révolution, si les Parisiens s'exprimaient très haut (comme ils l'ont toujours fait) et si la Cour, sous l'influence des Philosophes, était des plus tolérantes, n'importe quel sujet du Roi pouvait néanmoins être victime de « l'arbitraire » d'un puissant : les *Cahiers de doléances* s'expriment assez là-dessus ! « La Déclaration des Droits de l'Homme et du Citoyen » viendra sanctionner officiellement la liberté d'expression. (Et les « sujets » deviendront des « citoyens » !) Quant à la troisième étape, la reconnaissance de la liberté religieuse, nécessaire à l'épanouissement de l'âme, il y avait également un ajustement légal nécessaire. Bonaparte, parachevant l'œuvre de la Révolution, reconnaîtra officiellement cette liberté : les protestants et les juifs pourront enfin être des citoyens à part entière (c'est pourquoi les Koechlin de la très protestante République de Mulhouse négocièrent le rattachement de leur cité à la France). Malheureusement, ces revendications légitimes,

> « CES OBJECTIFS DE BASE, AU NIVEAU INDIVIDUEL » ont provoqué, dit Cayce, « CETTE PHILOSOPHIE — OU CETTE MALADIE — RÉPANDUE AUJOURD'HUI DANS DIFFÉRENTS PAYS, ET CONNUE SOUS LE NOM DE « NATIONALISME » ; C'EST CETTE FORME DE « PATRIOTISME » CARACTÉRISÉ PAR LA TENDANCE À RÉGENTER LES AUTRES EN LEUR IMPOSANT CERTAINES IDÉES. »
>
> (Même lecture)

On ne peut mieux exprimer la récupération des idées généreuses de 1789 par les forces noires qui lâchèrent les démons de la Terreur dans la rue. Nous, qui approchons du bicentenaire de la prise de la Bastille, devrions y refléchir. En 1939, année où est donnée la lecture, Cayce observe les mêmes dérapages :

« CE SONT LÀ LES CONDITIONS MALSAINES QU'AFFRONTE L'HOMME D'AUJOURD'HUI. »

(Lecture 3976-22)

Nous devons veiller à maintenir les grands principes de respect d'autrui, sur lesquels est basée notre vie nationale ; et qu'au nom de ces principes, il n'y ait pas de glissement insidieux vers un état d'esprit ou de fait, qui nie ces principes mêmes.

« O liberté, que de crimes on commet en ton nom ! »

s'écria Mme Roland en montant sur l'échafaud... Le danger, c'est que :

« AUCUN GOUVERNEMENT, AUCUNE NATION, AUCUN ÉTAT, AUCUNE VILLE, AUCUNE FAMILLE — NI MÊME AUCUN INDIVIDU, TOI ! — N'EST PLUS FORT QUE SON POINT FAIBLE ; CAR C'EST PAR LÀ QUE LES FORCES DE DESTRUCTION FONT SOURNOISEMENT LEUR TRAVAIL DE SAPE, PAR MILLE ET UN MOYENS, CHAQUE FOIS QUE L'ON POURSUIT UN BUT ÉGOISTE. »

(Lecture 3976-17)

LA GUERRE CIVILE AUX ÉTATS-UNIS

Cayce en a beaucoup parlé — j'ai trouvé un très grand nombre d'extraits de lectures, où il rappelle que le spectre de la guerre civile menace toujours les États-Unis. Sur le plan prophétique, c'est peut-être l'un des sujets sur lesquels il s'est le plus étendu (si l'on peut dire, pour un homme qui donnait ses enseignements allongé sur un divan !). Sur les tensions entre patrons et ouvriers :

« COMME NOUS L'AVONS DÉJÀ DIT, AUSSI LONGTEMPS QUE LES TRAVAILLEURS SERONT DIVISÉS, LE CAPITAL N'A RIEN A CRAINDRE. MAIS LE JOUR OÙ LES TRAVAILLEURS SAURONT S'UNIR, LÀ, LE CAPITAL PEUT TREMBLER ! »

(Lecture 3976-24)

Cayce y a déjà fait allusion plusieurs fois, et ses interlocuteurs s'inquiètent. Comment viendrait cette guerre civile ? Il répète qu'elle peut résulter des inégalités criantes entre capitalistes et salariés.

Gertrude Cayce : Est-ce que le Capital et le Travail assument leurs engagements réciproques ? Où se trouve l'erreur initiale, et quelle attitude devrions-nous avoir pour la corriger ?

QUI A LE DROIT DE JUGER ? (...)

QUANT AUX ERREURS, QUANT À L'ATTITUDE À PRENDRE, C'EST TOUJOURS LE MÊME PRINPICE : CELUI QUI TRAVAILLE DOIT MANGER, ET CELUI QUI NE TRAVAILLE PAS N'Y A AUCUN DROIT. VOILA LES PRINCIPES ! CERTES, LE CAPITALISTE TRAVAILLE AUTANT QUE LE MANŒUVRE. — MAIS CELA NE DOIT JAMAIS ÊTRE AU DÉTRIMENT D'AUTRUI — IL FAUT QUE TOUS UNISSENT LEURS EFFORTS POUR CONTRIBUER DAVANTAGE AU SERVICE GÉNÉRAL.

(Lecture 3976-24)

La question sur la guerre civile en Amérique, soulevée par Cayce, peut paraître étonnante au lecteur français qui ignore les tensions intérieures de la société américaine. Beaucoup ne réalisent pas que « Guerre de Sécession » est la traduction de « Guerre Civile » (Civil War). Celle-ci, qui a duré de 1861 à 1865, a laissé des traces psychologiques et économiques qui n'étaient pas cicatrisées à l'heure où Gertrude interrogeait son mari. Le sont-elles aujourd'hui ?

Certains analystes pensent que non. Personnellement, je ne suis pas sûre que la victoire des Yankees ait été un tel progrès de civilisation. L'esclavage ne fut pas, comme on le croit, la raison du conflit — puisque Lincoln n'en proclama l'abolition que bien après le début de la guerre (en 1862), et pour des motivations qui n'étaient pas que généreuses : le but non avoué était de détruire l'économie du Sud, qui reposait sur les grandes plantations cultivées par les Noirs. Lorsque j'étais aux États-Unis, découvrant avec étonnement la profondeur du mépris dont sont victimes les Noirs, je m'étais demandé s'ils avaient vraiment gagné à la défaite du vieux Sud ?... En réalité, l'esclavage aurait pu être aboli en douceur, sans ce traumatisme qui a détruit toute une civilisation. Est-ce que les Noirs sont plus heureux aujourd'hui ? Certains sociologues américains, après enquête dans les ghettos noirs, s'interrogent.

A l'époque où Gertrude Cayce pose des questions sur la guerre civile, ce ne sont pas les tensions raciales qui risquent de la provoquer, mais le mécontentement des pauvres. Ceux-ci sont très nombreux dans ces années qui suivent la « grande dépression » (voir lectures précédentes). A cette époque, on croit encore que les Noirs sont en bonne voie d'intégration. Ce n'est que plus tard, après la guerre, qu'on réalisera que les pauvres noirs sont beaucoup plus nombreux, — et surtout beaucoup plus pauvres — que les pauvres blancs. En dépit des mesures courageuses en leur faveur prises par Kennedy et son successeur Johnson, c'est toujours vrai actuellement.

« MAINTENANT, PASSONS À L'AMÉRIQUE, À SES PROBLÈMES (...) VU LE NOMBRE DE TERRES, ET D'ILES DE LA MER, TOMBÉES AU POUVOIR DE GENS SANS FOI NI LOI, QUI PRÉFÈRENT PACTISER AVEC LE DIABLE, EN PROCLAMANT QUE LA FORCE PRIME LE DROIT (ET ENSEIGNER AUX JEUNES GÉNÉRATIONS QUE C'EST COMME ÇA QU'ON EST UN SUPERMAN) — TU VERRAS COULER LE SANG DANS TON PROPRE PAYS, COMME AU TEMPS DE LA GUERRE CIVILE. »
(Lecture 3976-25, du 23 juin 1940)

Comme on n'a pas vu de guerre civile en Amérique dans les années qui ont suivi la mort de Cayce, on peut considérer que cette lecture, qu'il donne à la fin de sa vie, est comme un ultime avertissement à son pays. Quelques années auparavant, le 25 octobre 1937, il avait consacré toute une lecture aux problèmes américains :

« OUI, NOUS AVONS SOUS LES YEUX (...) LA CRISE SOCIO-ÉCONOMIQUE ET LA SITUATION ACTUELLE AUX ÉTATS-UNIS. (...) ACTUELLEMENT, LE CAPITAL N'A RIEN À CRAINDRE, AUSSI LONGTEMPS QUE SYNDICATS, ASSOCIATIONS ET ORGANISATIONS DIVERSES NE CONCERTERONT PAS LEURS EFFORTS. »

(Lecture 3976-17)

(N'avaient-ils pas entendu, comme leurs collègues européens, le mot d'ordre : « Travailleurs de tous les pays, unissez-vous » ? Mais, par tradition, l'Amérique de ce temps-là avait les qualités et les défauts d'un tempérament individualiste.)

« ET AUSSI LONGTEMPS QUE LE CAPITAL RESTE CAPABLE DE CONTENIR L'AGITATION À L'INTÉRIEUR DES RANGS DE CEUX QUI VOUDRAIENT CONTESTER SA PUISSANCE (...), ON NE PEUT S'ATTENDRE À AUCUNE GRANDE CONCERTATION DÉCISIVE... »

(Même lecture)

Et à quoi peut-on s'attendre dans l'évolution du conflit entre les principaux syndicats ?

« COMME NOUS VENONS JUSTE DE LE DIRE, AUSSI LONGTEMPS QUE LE CAPITAL EST CAPABLE DE RÉPRIMER LES TROUBLES A L'INTÉRIEUR DES RANGS DES TRAVAILLEURS, IL N'Y AURA PAS DE CONCERTATION GÉNÉRALE. MAIS, SI LES TRAVAILLEURS S'UNISSENT, ET QU'ALORS ILS NE TROUVENT PAS EN FACE D'EUX UNE AUTORITÉ CAPABLE DE PRENDRE EN CONSIDÉRATION L'INTÉRÊT GÉNÉRAL, – ALORS LÀ, ON PEUT S'ATTENDRE À LA GUERRE, À L'AGITATION, À DES TROUBLES INTERNES. »

Cayce emploie un mot assez fort, « STRIFE », qui

signifie guerre, combat armé, et il le répète plusieurs fois au cours de la lecture.

Comment vont évoluer les tensions entre le Capital et le Travail dans les prochaines années ?

> « COMME NOUS VENONS DE L'INDIQUER, SI LES TRAVAILLEURS UNISSENT LEURS EFFORTS, ET SI LES PATRONS, QUI OCCUPENT LA PLUS GRANDE PARTIE DU TERRAIN ACTUELLEMENT, NE VEULENT PAS PRENDRE EN CONSIDÉRATION L'UNION DE TOUS EN VUE DE L'INTÉRÊT GÉNÉRAL, ALORS LÀ, LA LUTTE, LA GUERRE SURGIRONT. »
> (Lecture 3976-17)

De cette faiblesse des syndicats face au grand capital, on peut voir la conséquence dans l'Amérique actuelle : les avantages sociaux y sont bien plus réduits qu'en Europe. Par exemple, un Français sera assez étonné de découvrir que, là-bas, les universités sont payantes (alors qu'en Europe la gratuité de l'enseignement, primaire et supérieur, est acquise depuis longtemps assurant aux étudiants pauvres le droit à l'instruction) ; que la Sécurité sociale n'est pas généralisée comme chez nous : les pauvres n'ont pas le droit d'être malades ; que les services dits « publics » s'arrêtent de fonctionner dès qu'ils ne sont pas rentables (lignes d'autobus, par exemple). C'est la jungle, où chacun se bat comme il peut ! L'État abandonne à eux-mêmes ceux qui n'ont pas réussi à s'intégrer dans le système, ce qui crée un très important et très inquiétant déchet social. D'où une délinquance monstre dans toutes les grandes villes américaines — problème qui est loin d'être réglé... Au contraire, en Europe de l'Ouest — comme de l'Est — on pense que l'État n'a pas le droit d'abandonner les pauvres. Chez nous, le citoyen est remarquablement pris en charge par l'État. C'est à l'honneur de nos démocraties, où la majorité des travailleurs, il faut le répéter, vivent bien, en regard de ce qui se passe ailleurs (j'écris en 1988). Mais l'application d'un principe généreux n'est pas facile. Nos

« États-vache-à-lait » n'ont pas trouvé encore la formule parfaite : le déficit de la Sécurité sociale, celui de la S.N.C.F., et le comportement d'enfant gâté de certains citoyens archi-assistés posent de gros problèmes. Mais revenons à Cayce sur l'Amérique :

« IL NE PEUT Y AVOIR DEUX POIDS DEUX MESURES, POUR LE PAYSAN DANS SON CHAMP, POUR L'HOMME DERRIÈRE SON COMPTOIR, ET POUR CELUI QUI MANIPULE LA HAUTE FINANCE – TOUS SONT ÉGAUX DEVANT LA LOI, QU'ELLE SOIT MATÉRIELLE OU SPIRITUELLE. »

(Lecture 3976-18, du 20 juin 1938)

C'était bien la pensée des Pères Fondateurs, des « Fathers Pilgrims », au départ... sauf qu'ils n'avaient pas vraiment inclus l'homme indien dans cette égalité de principe. Ni l'homme noir... Voilà pourquoi Cayce ouvre la lecture sur ce problème racial, particulièrement douloureux dans son pays :

« LES LOIS SPIRITUELLES, LA VOLONTÉ DIVINE, EXISTENT TOUJOURS. C'EST POURQUOI IL SE PEUT QUE NOUS ARRIVIONS A UNE ÉPOQUE DE GRANDE ANGOISSE – ÉPOQUE DE LUTTES INTESTINES, OÙ LE FRÈRE SE DRESSERA CONTRE LE FRÈRE, UNE RACE CONTRE UNE AUTRE, UN GROUPE HUMAIN CONTRE UN AUTRE... »

(Même lecture)

La prophétie contient à la fois un avertissement général, valable pour tous les temps et tous les pays, et, en même temps, vise une époque précise, « ÉPOQUE DE GRANDE ANGOISSE », qui viendra plus tard. Il ne s'agit certainement pas de la Seconde Guerre mondiale, qui a été très calme au point de vue racial : l'Amérique tout entière était tournée vers l'effort de guerre, qui lui faisait oublier ses divisions internes.

Quelques jours plus tard, le 21 juin 1938, Cayce continue :

« PUISQUE L'APPLICATION DES PRINCIPES SPIRITUELS DONT NOUS AVONS PARLÉ S'IMPOSE COMME UNE URGENCE AUX PEUPLES D'AUJOURD'HUI, IL EST BIEN ÉVIDENT QU'IL APPARTIENT ÉGALEMENT AUX CITOYENS D'AMÉRIQUE D'APPLIQUER CHEZ EUX CES PRINCIPES EN ÉCONOMIE ET EN POLITIQUE. »

(Lecture 3976-19)

En effet, la crise économique menaçait à tout instant de se transformer en guerre sociale. A quoi sert de prétendre être la plus grande démocratie du monde, si c'est une démocratie pour les riches seulement ? Et si les pauvres n'ont pas les moyens de jouir des libertés élémentaires ?

« L'UNITÉ, L'ÉQUILIBRE (...) NE POURRONT ÊTRE MAINTENUS QUE SI NOTRE PAYS SE BRANCHE SUR LES PRINCIPES SPIRITUELS OÙ IL DÉFINIRA LUI-MÊME CE QU'IL ENTEND PAR LIBERTÉ – C'EST-À-DIRE CE QUI PERMET D'OFFRIR À CHAQUE ÂME LA LIBERTÉ D'ACTION, LA LIBERTÉ D'EXPRESSION, LA LIBERTÉ DE TRAVAIL (...) CHACUN DEVRA HONNÊTEMENT CHERCHER DANS SES PROPRES COMPÉTENCES L'ACTIVITÉ DONT IL EST CAPABLE. »

(Même lecture)

(et non pas courir vers les métiers d'arnaque où l'on gagne le plus rapidement une montagne de dollars !)

« ET DONNER LE MEILLEUR DE LUI-MÊME EN COLLABORATION AVEC CEUX QUI TRAVAILLENT (...) »

(Même lecture)

Franklin Roosevelt, dans le « New Deal » (« Nouveau Contrat ») avait tenté d'imposer diverses mesures pour mettre un frein à la concurrence effrénée que se livraient les entreprises. Il avait, en particulier, essayé d'imposer un « code de concurrence loyale ». Il s'était efforcé d'aider les secteurs les plus touchés (agriculteurs en particulier), mais avait dû affronter l'hostilité des nantis, milieux d'affaires et hauts magistrats.

« CE QUI, PRATIQUEMENT, SIGNIFIE SUR LE PLAN NATIONAL ET INTERNATIONAL QUE L'ON DOIT COMMENCER PAR UNE STABILISATION MONÉTAIRE. LE LIBRE-ÉCHANGE DOIT SE FAIRE, NON EN PRIVILÉGIANT CERTAINS SECTEURS, NI EN FAVORISANT CERTAINS PARTIS DU PAYS AU DÉTRIMENT DES AUTRES, MAIS EN CONSIDÉRANT L'INTÉRÊT GÉNÉRAL. ET, SI ON NE LE FAIT PAS, DES TROUBLES ET DES GUERRES SURGIRONT. »

(Même lecture)

Cayce répète ce qu'il avait dit dans les précédentes lectures : l'Amérique est au bord de la guerre civile. Au nom de :

« CE QUI A FAIT PEUR AU PEUPLE AMÉRICAIN, ET LUI FAIT ENCORE PEUR, LA SERVITUDE SOUS N'IMPORTE QUELLE FORME ! »

(Même lecture)

Il continue par un avertissement aux dirigeants du pays — ceux-là mêmes qui s'acharnaient à faire échec aux réformes de Roosevelt :

« LES CITOYENS DOIVENT APPRENDRE QUE CEUX QUI SONT PLACÉS AU PLUS HAUT (...) NIVEAU DE RESPONSABILITÉ, QUEL QU'IL SOIT, NE SONT LA QUE POUR SERVIR ; ET NON PAS POUR JOUER LES PATRONS. »

(Même lecture)

Les guerres civiles arrivent toujours lorsque les privilégiés s'accrochent indûment à leurs privilèges (comme en 1789 chez nous) !

Voilà qui est clair... Continuons les lectures pour la même année 1938, le 27 septembre :

« LA CRISE S'EST AGGRAVÉE A UNE TELLE ALLURE QUE VOULOIR INTERFÉRER NE FERAIT QUE VOUS IMPLIQUER

DANS LES PROBLÈMES QUI ARRIVENT — ET VONT ARRIVER ENCORE » (La menace de guerre civile n'est donc pas écartée).

« VOUS FERIEZ MIEUX D'ADOPTER COMME LIGNE DE CONDUITE D'APAISER FRATERNELLEMENT, ET AUTANT QUE POSSIBLE, LES ANGOISSES DE VOS CONCITOYENS, SUR LE PLAN NATIONAL ; DE LES ENCOURAGER À NE PAS ADOPTER D'ATTITUDE QUI PROVOQUE LA DIVISION ; NE RIEN FAIRE, NE RIEN DIRE, QUI FAVORISE LA HAINE ET L'ANIMOSITÉ ENTRE LES CITOYENS DE CE PAYS. CAR ILS SONT TOUS NOS FRÈRES. » (Cayce ne dit pas « frères inférieurs » ou « faux frères » — comme dans ces bandes dessinées où le « méchant » a toujours un type basané !)

« AVIS À CEUX QUI, BIEN QU'IL SOIT NÉCESSAIRE DE SE PRÉPARER AU PIRE, SE LAISSENT DÉBORDER PAR LEURS SENTIMENTS DE HAINE, PAR LEURS QUERELLES, ET PERDENT LE SENS DE LA FRATERNITÉ.

« CAR C'EST COMME SI LE FRÈRE SE DRESSAIT CONTRE LE FRÈRE.

« VOUS DEVRIEZ SAVOIR QU'ILS SONT TOUS ÉGAUX DEVANT LEUR CRÉATEUR. »

(Lecture 3976-20)

On retient la phrase sur la nécessité « DE SE PRÉPARER AU PIRE » !

La situation était donc extrêmement grave. Et pourtant, l'Amérique va trouver la force de réagir. Autour de Roosevelt, et de son « New Deal », se regrouperont des bonnes volontés lucides — l'économie finira peu à peu par repartir, avec un renforcement du rôle de l'État fédéral comme arbitre. Le spectre de la guerre civile est momentanément écarté...

LE « MELTING-POT » N'A PAS FONCTIONNÉ AUSSI BIEN QUE PRÉVU...

L'année suivante, le 16 juin 1939, Mrs Cayce interroge Edgar :

Vous avez sous les yeux la pensée d'ensemble de la nation américaine, ses idéaux, ses principes, ses objectifs. Cette fois, vous voudrez bien donner un enseignement sur les grands problèmes auxquels est confronté le peuple des États-Unis. Dites-nous quelles en sont les causes fondamentales, et conseillez-nous sur l'attitude à tenir, sur les mesures qu'individuellement et collectivement nous pourrions prendre pour redresser et assainir cette mauvaise conjoncture. Vous répondrez au fur et à mesure qu'on vous posera les questions.

« OUI, NOUS AVONS ICI SOUS LES YEUX VOTRE REQUÊTE CONCERNANT LES PROBLÈMES ACTUELS DES ÉTATS-UNIS, ET LES CONSEILS QUE L'ON PEUT DONNER EN LA MATIÈRE AUX PARTICULIERS ET AUX GROUPES.

LES IDÉAUX, LES BUTS QUI ONT AMENÉ À CRÉER CETTE NATION SONT BONS. ON PEUT RÉPONDRE, POUR COMMENCER, QU'IL FAUDRAIT QUE CHAQUE HOMME, CHAQUE FEMME, ADHÈRE À CES PRINCIPES QUI ONT ENGENDRÉ LA PENSÉE AMÉRICAINE. »

(Lecture 3976-24)

Cayce fait allusion au fait — mal compris des Européens — que les États-Unis sont une mosaïque de gens très divers, qui diffèrent entre eux par la race, la langue, la religion, les habitudes de vie... Or le fameux « melting-pot » (« pot mélangeur » ou « creuset », censé fusionner tous les immigrants en une seule nation à la deuxième génération) — n'a pas fonctionné aussi bien qu'on l'a dit. Certaines communautés n'ont jamais été acceptées tout à fait — et n'ont pas non plus accepté le système. D'où une menace permanente d'éclatement de la nation :

« AUJOURD'HUI BIEN DES PROBLÈMES COMPLEXES,

BIEN DES CRISES, ONT FAIT DÉVIER DES PRINCIPES D'ORIGINE. C'EST AINSI, NON SEULEMENT AU SEIN DES COLLECTIVITÉS, CHEZ LES DIRIGEANTS POLITIQUES ET LES HOMMES D'AFFAIRES AUX POSTES CLEFS, MAIS ENCORE AU NIVEAU DES RELATIONS ENTRE LE CAPITAL ET LE TRAVAIL. CE SONT LES PROBLÈMES ACTUELS DES ÉTATS-UNIS, PROBLÈMES RELIGIEUX ET RACIAUX (...) »

(Même lecture)

Encore actuellement, c'est là que réside le plus grand danger de guerre civile (non seulement aux États-Unis, mais chez nous) :

« ET LES PROBLÈMES VONT EN S'AGGRAVANT. CAR CETTE DÉVIATION MÊME DE LA PENSÉE QUI S'ÉCARTE DES PRINCIPES DE DROIT, DE JUSTICE, DE COMPASSION, DE LIBERTÉ DE CONSCIENCE, RISQUE, EN TANT QUE PENSÉE DE MASSE, DE CRÉER UN ÉGRÉGORE, QUI PEUT INFLUENCER LA CRISE DONT SOUFFRENT LES AMÉRICAINS DANS LEUR VIE QUOTIDIENNE. »

(Même lecture)

Cayce estime que la pensée est un acte. Lorsque des milliers de pensées convergent dans un sens, elles créent une force extrêmement puissante. Le danger, c'est lorsque cette force s'oriente dans un sens négatif :

« ... MAIS IL Y A PIRE : LA LIBERTÉ DE RÉUNION ET LA LIBERTÉ DU CULTE, PRIVILÈGES RECONNUS PAR NOS GRANDS PRINCIPES FONDAMENTAUX, SONT BAFOUÉES PAR TANT DE MONDE À PRÉSENT, SOUS LA PRESSION DES CIRCONSTANCES. »

(Même lecture)

Au cours de la lecture, Gertrude Cayce va poser — avec une belle ingénuité — la question suivante :

Existe-t-il un problème racial, ou social, en Amérique, aux États-Unis ?

A quoi Cayce répond, en renvoyant la balle au questionneur dont Gertrude a transmis la question :

« TOUT DÉPEND DES EFFORTS QUI SERONT FAITS AU NIVEAU INDIVIDUEL, POUR VIVRE FRATERNELLEMENT AVEC LES AUTRES. »

(Même lecture)

Autrement dit, le problème, c'est vous ! A votre « NIVEAU INDIVIDUEL » !

Mais il avait auparavant demandé, toujours par l'intermédiaire de Gertrude, (« conductrice de la lecture », comme on disait) :

Quelle devrait être l'attitude de ce pays en face du problème des réfugiés, en particulier des réfugiés juifs ? S'il vous plaît, éclairez-nous.

Question révélatrice des difficultés de l'Amérique à intégrer les immigrants qui n'étaient pas White-Anglo-Saxons-Protestants (W.A.S.P. !) Là encore, la réponse de Cayce est sans ambages :

« CES DERNIERS SONT COMME TOUT LE MONDE. LEURS PROBLÈMES SONT LES MÊMES QUE CEUX DE TOUT LE MONDE (...) LES PROBLÈMES DU JUDAÏSME N'APPARTIENNENT DONC PAS AUX JUIFS SEULS ; CE SONT LES MÊMES PROBLÈMES QUE L'ON RETROUVE POUR CHAQUE CULTE, CHAQUE RELIGION EN « ISME ». ET VOUS DEVEZ VOUS RAPPELER LE PRINCIPE PRIMORDIAL : TOUS SONT ABSOLUMENT ÉGAUX AUX YEUX DE DIEU ! »

(Même lecture)

Cayce avait d'ailleurs personnellement des amis juifs qui se joignirent à son œuvre dans l'A.R.E. — comme, par exemple, David et Lucille Kahn, qu'il aimait beaucoup. Cependant, la lecture marque une réserve pour le futur :

« SI (les juifs) EUX-MÊMES EN VIENNENT À PERDRE LEUR

SENS RELIGIEUX, OU BIEN DEVIENNENT TYRANNIQUES, CELA AUSSI ALOURDIRA LES PROBLÈMES DES ÉTATS-UNIS. »

(Même lecture)

La lecture se termine par une très belle formule :

Comment négocier pour protéger notre démocratie ?

« N'ÉLEVEZ PAS LE MOT "DÉMOCRATIE", NI AUCUN AUTRE, AU-DESSUS DE "FRATERNITÉ" DES HOMMES ET "PATERNITÉ" DE DIEU.

NOUS EN AVONS FINI ! »

(Lecture 3976-24)

Dans cette même lecture du 16 juin 1939, Cayce avait prophétisé l'assassinat du président Kennedy :

« VOUS ALLEZ MAINTENANT VOIR ARRIVER DES TEMPS TROUBLÉS, DES CONFLITS ENTRE CAPITAL ET TRAVAIL, VOUS ALLEZ VOIR LA DIVISION DANS VOTRE PAYS LUI-MÊME, AVANT QUE N'ARRIVE LE SECOND DES PRÉSIDENTS À VENIR DONT LE MANDAT SERA INTERROMPU PAR LA MORT. — LE RÈGNE DE LA PÈGRE ! » (dans le texte américain : "THE SECOND OF THE PRESIDENTS THAT NEXT WILL NOT LIVE THROUGH HIS OFFICE"). »

Hugh Lynn Cayce, fils d'Edgar, avait noté que ceux qui entendirent la lecture crurent que le second président (après celui d'alors, qui était Roosevelt) ne vivrait pas jusqu'au bout de son mandat. En fait, en relisant soigneusement la lecture dans son ensemble, on voit qu'il ne s'agit pas de lui. Car, sous sa présidence, les États-Unis connurent plutôt une ère de réconciliation nationale (grâce au « New Deal » et grâce à la guerre) — et pas encore « LA DIVISION », ni « LE RÈGNE DE LA PÈGRE ». Cela caractérise bien mieux la période Kennedy, où les problèmes sociaux devinrent préoccupants, au point que Kennedy aura deux objectifs prioritaires : l'abolition de la ségrégation raciale et la lutte contre la pauvreté (20 % de pauvres ; entre 4 et 5 millions de chômeurs au début des années 60). La remontée de la pauvreté s'est accompagnée forcément de la remontée de la criminalité, « LA PÈGRE », dit Cayce. Et Kennedy fut le second des présidents assassinés en cours de mandat (après Lincoln).

Dans une lecture ultérieure, le 19 juin 1942, Mrs Cayce demanda à Cayce de parler encore « des haines raciales » :

« LÀ AUSSI, ON PEUT RÉPONDRE QUE LE SEIGNEUR NE FAIT PAS DE FAVORITISME. "CELUI QUI FAIT LA VOLONTÉ DE MON PÈRE, CELUI-LÀ EST MON FRÈRE, MA SŒUR, MA MÈRE" (...) ALORS VOUS DEVEZ FAIRE QUELQUE CHOSE POUR LES RACES QUI SONT MÉPRISÉES, QUI ONT ÉTÉ NÉGLIGÉES, ICI ET AILLEURS. »

(Lecture 3976-27)

Certains veulent bien que le Noir soit leur frère... mais leur beau-frère, c'est différent ! Je suis persuadée pourtant qu'un jour — (après l'an 2000) — le problème ne se posera plus : ou bien les dermatologues auront réussi à blanchir les peaux noires (les recherches sont en cours aux États-Unis !), ou bien, ce qui serait beaucoup plus intelligent (et moins insultant pour le Créateur !), on aura enfin gagné le respect mutuel des différences raciales.

Passons maintenant à la lecture 3976-28, qui sera donnée beaucoup plus tard, le 20 juin 1943. L'ambiance est complètement différente : la guerre a changé beaucoup de choses — et la paix est en vue :

Mrs Cayce : Que suggérez-vous en ce qui concerne les grands problèmes que nous allons affronter en faisant la paix ?

« EN CE QUI CONCERNE NOTRE PAYS, IL Y AURA BIEN DAVANTAGE DE PERTURBATIONS AU MOMENT DE LA PAIX, ET ENSUITE, QU'À L'HEURE ACTUELLE. CES PERTURBATIONS VIENDRONT DE L'INTÉRIEUR, — DU MANQUE DE SAINTETÉ DANS LES CŒURS DE CERTAINS DE NOS DIRIGEANTS. »

Les prophéties de Cayce se sont révélées justes ; bien sûr, il y a eu la guerre de Corée, celle du Viêt-nam et Cuba... Mais, à l'intérieur : l'agressivité du racisme, qui a conduit à l'assassinat de Martin Luther King, la montée de la violence et de l'insécurité, la généralisation de la drogue dans toute la jeunesse, la prolifération des sectes folles — sans compter les maladies de civilisation : cancers et aujourd'hui Sida... Quand on voit comment vivaient Cayce et sa famille, dans quelle tranquillité provinciale et patriarcale qui n'existe plus, on se dit qu'en 43, c'était encore le bon temps ! Ils étaient dans l'ignorance bénie de ces problèmes qui ont atteint maintenant Virginia Beach et y sont le sujet de conversation de toutes les familles. L'« american way of life » — qui devient le nôtre —, c'est le stress, l'insécurité, la violence. Voilà sans doute pourquoi on vous répète là-bas, sur tous les tons : « keep cool, keep quiet, no problem, it's O.K. » !

J'ai fait moi-même un assez grand nombre de petits et de grands voyage à Virginia Beach et, ce qui m'étonnait le plus, c'était l'étonnement de mes amis de la Fondation Cayce : « Comment, on ne vous a rien volé ? Vous ne vous êtes pas fait agresser ? violer ? assassiner ? Incroyable ! Vous devez être sous une protection spéciale, celle de Cayce au moins ! » La nuit, dans mon lit, je réfléchissais : pourquoi aurais-je dû me faire voler ou attaquer ? Et lorsque je posais cette question à mes amis, à eux d'être étonnés : « Mais cela arrive à tout le monde », me disaient-ils. « Dès qu'on sort de chez soi — et même quand on y reste ! » Et là, j'ai commencé à entrevoir une composante actuelle de la vie américaine : la peur.

En Europe, il est à craindre que nous n'en venions là aussi. Je me souviens, par exemple, de l'ambiance de sécurité qui existait dans mon enfance : je n'ai jamais vu aucune de mes grands-mères fermer le soir, à clé, la porte d'entrée de la maison. On n'y pensait même pas ! Et personne autour de nous ne le faisait. Il y avait peu de cambriolages, peu de rôdeurs. Ce n'est que récemment que l'on a dû faire blinder les portes, mettre des sonneries d'alarme et tout le tremblement... On avait une petite statue de la Vierge, ou d'un saint, au-dessus de la porte d'entrée, et ça suffisait ! C'était la France « de la bonne franquette » !

Mais revenons aux questions de la bonne Gertrude Cayce, toujours fidèle au poste :

Mrs Cayce : Vous voudrez bien examiner la crise mondiale actuelle, et (...), puisque nous luttons pour la liberté de toutes les races, quels conseils auriez-vous à nous donner pour qu'en pratique les minorités de notre pays bénéficient d'une plus grande égalité de chances ?

« COMME NOUS L'AVONS DÉJÀ INDIQUÉ DÈS LE DÉBUT, TOUS LES GROUPES HUMAINS DOIVENT BÉNÉFICIER D'UNE REPRÉSENTATION, ET JOUIR DES PRIVILÈGES QUI LEUR SONT PROPRES, DE FAÇON À AVOIR, EUX AUSSI, LEURS CHANCES. SI NOUS NE COMMENÇONS PAS PAR APPLIQUER LES PRINCIPES DONT NOUS NOUS RÉCLAMONS, DANS NOTRE PROPRE MAISON, ET EN NOUS-MÊMES, NOUS SOMMES MALHONNÊTES, ET TRAHISSONS CES PRINCIPES. »

(Lecture 3976-28, le 20 juin 1943)

LA GUERRE CIVILE EN FRANCE : Y AVONS-NOUS DÉFINITIVEMENT ÉCHAPPÉ ?

Quant à nous, en France, béni soit notre « retard technologique », qui nous a protégés, pendant un temps, de ces maux de « civilisation ». Mais maintenant, nous suivons le même chemin. Nous avons droit au fast-food[1], au béton, à la pollution sonore obligatoire, et, en prime, à la violence ! Il n'y a pas à en accuser les Américains : c'est nous qui avons cédé au matérialisme et à la corruption. Nous avons perdu la tête et le cœur. Pauvre cher Edgar qui, de son œil (bleu) de prophète, avait vu venir le « RÈGNE DE LA PÈGRE » (Lecture 3976-24). Puisque, comme écrit Jean-Edern Hallier[2] :

« colonisés dans nos têtes, nous nous sommes condamnés à devenir les Portoricains, les banlieusards de la Rome impériale d'outre-Atlantique, dont nous avons hérité tous les défauts, moins les qualités » et, ajoute-t-il, *« nous avons décidé de devenir le 51e État des États-Unis, après Hawaï »* — alors, en bonne logique, les sévères avertissements de Cayce s'adressent aussi à nous. Nous devrions les prendre avec le plus grand sérieux... Les jalousies de clocher sont un mal gaulois. Ne pas oublier que c'est la désunion des Gaulois qui a livré la Gaule à César[3]. Dans toute notre histoire, les divisions internes ont amené à la fois la guerre civile et l'invasion étrangère, dont nous reparlerons au chapitre suivant. D'abord, parce que :

> « EN OPPOSANT CERTAINES CLASSES SOCIALES, OU MASSES HUMAINES, À D'AUTRES GROUPES, NOUS TRAHISSONS L'AMOUR FRATERNEL. »
>
> (Lecture 3976-28)

Et puis, parce qu'une nation est un organisme vivant, comparable au corps humain. On dit bien « le corps social ». Cayce utilise pleinement la vérité profonde de la comparaison :

> « LES PENSÉES ET LES ACTIVITÉS DES HOMMES PEU-

1. Et au fast-love... Hélas !
2. *Figaro Magazine,* de mars 1987.
3. Nostradamus disait que la guerre serait *« une conséquence des discordes gauloises »* (Quatrain 1 à 18 des Centuries).

VENT ÊTRE COMPARÉES À L'INTELLIGENCE ET AU CORPS PHYSIQUE DE L'ÊTRE HUMAIN. LORSQUE LES CELLULES DE VOTRE CORPS SE RÉVOLTENT, ET SI ELLES SONT EN ASSEZ GRAND NOMBRE POUR CRÉER UNE ZONE DE RÉSISTANCE, LA MALADIE COMMENCE. »

Autrement dit, dans le « corps social », les citoyens sont les « cellules ». Dans le corps physique, Cayce affirme que chaque cellule est consciente : elle sait ce qu'elle a à faire, elle a un savoir inné de son programme. Cependant, puisqu'elle a une conscience, elle a aussi ce qui va avec, un certaine « liberté » de protestation. D'après Cayce, une cellule peut « refuser » de faire son travail, parce qu'elle trouve que les mauvaises conditions ne lui permettent pas de le faire. C'était aussi l'enseignement de Mère à Auroville (voir Satprem, *La Conscience des cellules*, Éd. Robert Laffont). Les recherches scientifiques menées actuellement, au plus haut niveau, commencent à envisager cette possibilité de « conscience ». C'est ce qu'a toujours dit la Tradition : même les pierres ont une « conscience », à leur niveau ! Dans le Nouveau Testament, le Christ parle de la sensibilité des « pierres elles-mêmes », qui ont compassion de ses souffrances. Dans les traditions locales de tous les pays, — et bien sûr de France — on vous montre des pierres qui portent l'empreinte d'un être vivant humain ou animal... Quand j'étais petite fille, à Saint-Lunaire, ma mère m'emmenait sur une colline mystérieuse, couronnée d'un bloc de granit marqué d'une empreinte. On aurait dit celle d'un gros animal ; l'endroit s'appelait « la Griffe du Diable ». Les détails de la légende se sont perdus avec le temps — et personne ne s'en souviendra plus, lorsque la Bretagne aura définitivement vendu son âme — (ce à quoi elle s'emploie activement...). La « Griffe du Diable » était un lieu-dit isolé au milieu de la lande ; environné de puissantes vibrations qui diffusaient une ambiance de mystère. Les touristes aujourd'hui pensent que l'imagination poétique des Anciens ne reculait devant aucun délire...

Mais les touristes ont tort. Leur univers mental étriqué, aliéné par les médias, correspond-il à la réalité vraie des choses ? Je le pense de moins en moins... surtout après avoir lu Cayce ! Il n'aurait pas donné tort à nos bardes gaulois, à nos prophètes méconnus... Or, ceux-ci, d'un commun accord, parlent de la guerre civile en France. Tout ce qu'on vient de lire dans les passages précédents concernant les États-Unis doit être médité : dans la réincarnation massive des Atlantes en Occident, toutes les rives du lac Atlantique sont peu à peu touchées par les mêmes problèmes de « civilisation » (ou d'anti-civilisation ?). Comme les États-Unis, nous avons échappé à la guerre civile dans les années 30 (émeutes du 6 février 34 à Paris) ; puis, au moment de la Libération ; et enfin, en mai 1968. Chaque fois, à un poil près ! En sommes-nous à jamais délivrés ? Avons-nous été assez vigilants ? Les prophéties — et l'actualité — laissent en douter. Bien que les premières soient toujours conditionnelles (comme Cayce le répète à satiété), la menace est toujours là. En voici quelques échantillons.

TOUT COMMENCE A PARIS

Comme en 1789, la capitale donne le « la » ! La déstabilisation sociale commence à la mort d'un personnage important (un président de la République ? Mitterrand ?)[4].

« La mort d'un grand personnage restera cachée pendant trois jours »

4. Il faut répéter encore que toutes ces prophéties sont conditionnelles.

disait la prophétie de Blois, attribuée à la sœur Marianne, morte au début du XIXe siècle.

« L'Extatique vit Paris qui brûlait et un personnage étendu mort, sans sépulture. Quand on apprendra la mort de ce personnage, qu'on fuie, qu'on se cache, c'est le jour de la justice ! »

dit la prophétie attribuée à l'« Extatique de Grenoble » au siècle précédent.

« La mort de ce politicien sera cachée onze jours. » *« Il y aura un mort à Paris, et le moment de cette mort sera le signal de la justice divine pour Paris et la France. »* Dès ce moment, il faudra quitter Paris pour *« ne pas être massacré et consumé par les flammes ».*

(Ces deux prophéties sont citées par Jean Stiegler, dans *Le Repentir mondial*, Éd. Résiac)

La voyante Mélanie Calvat (de la Salette) disait, en parlant de Paris :

« On sortira le premier jour, le deuxième avec grand-peine, le troisième on ne pourra plus. »

Elle voyait :

« des désordres inexprimables, une fumée asphyxiante ».

La prophétie de saint Césaire, évêque d'Arles, voit :

« la Babylone des Gaules qui tombe dans un grand incendie, noyée dans le sang »

de la guerre civile. Dans le chapitre suivant, je donnerai davantage de prophéties sur l'incendie de Paris, qui est donné comme la conséquence de la guerre civile, puis de l'invasion — auxquelles s'ajoutent des phénomènes météorologiques mystérieux. Mais les tensions sociales accumulées, qui risquent de conduire à la guerre civile, seront un avertissement aux gens sensés :

« Paris sera détruit, mais ce sera de manière qu'il paraîtra d'abord des signes, qui mettront les bons à même de s'enfuir »

dit le père Nectou (voyant jésuite, mort en 1777). Ses prédictions ne concernent pas ici la Terreur, car Paris n'a pas brûlé pendant la Révolution.

« Que celui qui n'a point fléchi le genou devant Baal (le faux dieu dont parle l'Ancien Testament) *fuie du milieu de Babylone, dit l'Esprit. Que chacun ne pense qu'à sauver sa vie, parce que voici le temps où le Seigneur doit montrer la grandeur des crimes dont elle s'est souillée ; il va faire retomber sur elle les maux dont elle a accablé les autres. Le Seigneur a présenté par la main de cette ville impie, désolatrice des peuples, meurtrière de ses prêtres, de ses rois et de ses propres enfants, le calice de ses vengeances à tous les peuples de la Terre. »*

(Père Jérôme Bottin, religieux de l'abbaye de Saint-Germain-des-Prés, à Paris, mort au XVe siècle)

« Telle on a vu commencer la Révolution par la Terreur de 1793, telle on la verra finir. On verra à la fin les mêmes choses et les mêmes maux qu'au commencement. Mais tout ira plus rapidement, et se terminera par un prodige éclatant, qui étonnera tout l'Univers, et par un grand événement où les méchants seront châtiés d'une manière épouvantable. Les méchants échoueront nombre de fois dans leurs projets sanguinaires, à cause des prières des bonnes âmes. Ils n'en poursuivront pas moins leur détermination de faire périr tous les bons, dont ils dressent des listes d'avance, et marqueront les maisons et les portes pour qu'il n'en réchappe aucun. Mais, quand

ils seront sur le point d'exécuter cette "nouvelle justice", Dieu commencera à exécuter la sienne. »

disait la Petite Marie des Terreaux (ou des Brotteaux) à Lyon avant sa mort en 1843.

LA RÉVOLUTION EN FRANCE

« De nouveaux troubles auront lieu. On se cachera dans les blés... Si ces troubles devaient être les derniers ! Mais ils recommenceront dans un mois de février... Ensuite, avant la moisson !

Les grands malheurs arriveront avant les vendanges...

Que ces troubles sont effrayants ! Pourtant ils ne s'étendront pas dans toute la France, mais seulement dans quelques grandes villes, où il y aura des massacres, et surtout dans la capitale. »

(Prophétie de Blois, attribuée à la sœur Marianne, cf. ci-dessus)

« La France va être précipitée du faîte de sa grandeur, et foulée aux pieds ! Oh que les temps que j'entrevois seront malheureux pour elle ! La société, semblable à un vaisseau, sera battue par les flots courroucés des mauvaises doctrines ; les fougueuses passions, les farouches instincts se déchaîneront contre elle (...) Malheur aux riches ! C'est un vaste complot contre la propriété, qui voudra les envelopper comme un réseau. De grands crimes seront commis. »

(Prophétie du père de Ravignan)

« Il se formera en France deux partis, qui se feront une guerre à mort. L'un sera beaucoup plus nombreux que l'autre, mais ce sera le plus faible qui

triomphera. Il y aura alors un moment si affreux qu'on se croira à la fin du monde. Le sang ruissellera dans plusieurs grandes villes (...) Il périra dans cette catastrophe une grande multitude. »

(Le père Nectou)

« La République s'est tuée... ! Du sang !... du sang !... La République rouge ! La voilà donc arrivée, cette terrible révolution de sang !... L'éternité s'avance ! Avec le drapeau rouge, les loups sont dans le jardin ! Il n'y a plus de propriétaires ! »

(Joséphine Lamarine, morte en 1850 à Darney, en Lorraine)

« Au milieu de la tourmente, des hommes à l'aspect farouche feront entendre des cris et des hurlements effroyables, ressemblant à ceux de l'enfer ; leurs cœurs seront enflammés des passions les plus féroces... Une populace, altérée de sang, plongera les âmes les plus solides dans une terreur mortelle. (...) Mais n'oubliez pas la Consolatrice des affligés, et la Mère de miséricorde. Elle vous soutiendra et vous protégera. »

(Joséphine Reverdy, la mystique de Boulleret, dans le Cher, à la fin du XIXe siècle)

La même voyante ajoute, à l'intention des gens qui n'habitent ni Paris, ni une grande ville :

« Lorsque vous serez sous le poids dangereux du massacre, ne vous enfuyez pas ailleurs, afin d'être épargnés. Cela sera inutile. (...) Restez en famille et priez paisiblement en commun dans vos foyers. Dieu vous protégera et vous préservera. »

« Ils seront comme aveuglés et frappés de vertige. La division se mettra parmi eux et ils s'entre-égorgeront les uns les autres... (...) Il y aura un moment d'anarchie effrayante, pendant laquelle on verra se renouveler tous les désordres des temps les plus

mauvais. Le crime sans répression sera à son comble. Mais ce temps de désolation sera de courte durée. »

(La petite Marie des Brotteaux, ou des Terreaux, de Lyon, morte en 1843)

« Dans ces événements, les bons n'auront rien à faire, et ce sont les républicains qui se dévoreront entre eux. »

(L'abbé Souffrant, curé de Maumusson, en Bretagne)

« La France sera désunie entre elle »

disait Marianne Galtier, la bergère de Saint-Affrique, près de Rodez, au XIXe siècle.

« La France tombera par elle-même, et Dieu se servira pour cela de l'homme lui-même. »

(Le père Eugène Pegghi, moine cistercien, mort à Rome dans la deuxième moitié du XIXe siècle)

Marie-Julie Jahenny, qui donne le plus de détails (sur tout !), décrit des choses vraiment terribles. Elle parle de lois désastreuses, votées à la Chambre des députés, qu'elle appelle « la Salle d'Enfer ». Elle parle d'un « Président Infernal, qui est le trône de l'enfer, y grille et ne sent pas le feu » (*les Prophéties de la Fraudais*, p. 73), toujours dans le savoureux langage paysan de son terroir. Elle emploie souvent l'expression « guerre civile », et parle du mystérieux personnage appelé « le Grand Monarque », que nous verrons un peu plus loin, celui :

« qui reconstruira Mes temples incendiés sous la violence d'une grande guerre civile », en précisant *« bien qu'elle ne sera pas longue. Je ne peux nommer autrement que guerre civile cette guerre à laquelle la France sera livrée ».*

Marie-Julie, qui ne connaissait que sa paroisse et ses moines, n'aurait pas su dire ce qu'était le communisme. Et beaucoup de gens à son époque étaient encore « d'avant Marx et d'avant Freud. » Néanmoins, les messages qui lui sont dictés emploient sans cesse l'expression « les Rouges ».

« Le nuage rouge arrive sur la Terre. Il en sort des hommes munis de leurs crimes, d'ardeur de vengeance contre le ciel. »

(*Op. cit.*, p. 90)

« Je contemple le cœur de la France, serré par le milieu dans une espèce de lien rouge. Je la vois se débattre. Je vois des hommes inconnus, d'un genre hideux, qui se précipitent avec fureur, remplis d'une terrible vengeance. Assez longtemps, crient-ils, nous avons été soumis à la France. On veut la couronner de lys, nous lui donnerons pour diadème le ruban rouge. »

(*Op. cit.*, p. 108)

« Je vois surgir encore le lien qui enserre le cœur de la France ». (p. 110)

« Mes enfants, le Seigneur (...) fait en ce moment tous ses efforts pour montrer le péril et la gravité des temps qui s'appuieront sur la pierre révolutionnaire. Et la flamme ajoute : révolution rouge ! »

(Octobre 1882, *op. cit.*, p. 142)

Parmi les étrangers qui séjournent en France, certains seront les artisans de :

« cette grande révolution universelle qui sortira d'abord en France : c'est elle, qui, la première, marchera à l'abîme — mais aussi à la résurrection. (p. 55) *La terre aura reçu la grande rosée, ou plutôt la mer immense, de sang chrétien mêlé à celui de beaucoup de ces étrangers, qui seront entrés dans cette patrie* (la France) *pour s'unir à ceux qui dévastent tout. »* (p. 54)

Quand on lit ça, on se dit : si c'est vrai, si ça doit arriver, les gens sont fous ! Plus loin, Marie-Julie parle du :

« prochain commencement de la mortelle crise révolutionnaire (...) Le nombre de ceux appelés « meurtriers du peuple » sera d'une immensité inconcevable. Lors de cette heure troublée, les étrangers, dont le désir est rempli d'une violence qui ne se possède pas, les étrangers seront maîtres en France. » (p. 56)

L'immigration pose à tous les pays d'Europe de l'Ouest des problèmes cruciaux. Il est certain que, dans une maison bien tenue, on ne laisse pas entrer les maraudeurs ; les lois de l'hospitalité sont parfaitement compatibles avec une juste discipline. « Le contrôle des étrangers » comme on dit en Suisse !

Marie-Julie dit qu'on ouvrira les prisons pour relâcher tous les délinquants :

« Il n'y aura plus de captifs retenus pour crimes. » (p. 56)

Ailleurs, elle parle des « impies-coureurs », qui vont de maison en maison obliger les gens à signer des choses honteuses et à accomplir des gestes publics contre leurs croyances, comme fouler aux pieds une croix posée à terre (p. 46) ; mais, elle dit aussi que ceux qui ne marcheront pas réussiront à décourager l'« impie-coureur » — drôle d'expression, qui sera peut-être traduite par « commissaire du peuple », ou « agent préfectoral », ou Dieu sait quoi dans la prose kafkaïenne dont les administrations ont le secret !

LA RÉVOLUTION S'ÉTENDRA A TOUTE L'EUROPE ET AU MONDE ENTIER

Comme le dit Marie-Julie ci-dessus, la révolution sera universelle :

« La Révolution s'étendra à toute l'Europe. »
(Sœur Rosa Colomba Asdente, dominicaine italienne, morte en 1847, près de Vintimille)

« A ce moment donné, toute l'Europe sera en feu. »
(Abbé Mattay, curé de Saint-Méen-le-Grand en Bretagne)

« Quel est ce bruit d'armes, ces cris de guerre et d'épouvante, qu'apportent les quatre vents ? Ah, le Dragon s'est jeté sur tous les États et y porte la plus effroyable confusion ! Les hommes et les peuples se sont levés les uns contre les autres ! Guerre ! Guerre civile et guerre étrangère ! »
(Prophétie de la chartreuse de Prémol, près de Grenoble)

« La révolution éclatera en Italie presque en même temps que chez nous. »
(Prophétie anonyme de 1872, dite de « l'Extatique du Centre de la France »)

« L'Angleterre, à son tour, éprouvera une révolution plus terrible que la Révolution française, et elle durera assez longtemps pour que la France ait le temps de se rasseoir. Ce sera la France qui aidera l'Angleterre au rétablissement de la paix. »
(Le père Nectou)

La voyante et mystique sœur Madeleine Porsat, des clarisses (1773-1843) voyait sept crises constituant « les Grands Événements de la Fin des Temps » :

« 1 : Intempéries et inondations. - 2 : Maladies sur

les plantes et les animaux. - 3 : Choléra sur les hommes. - 4 : Révolution. - 5 : Guerres. - 6 : Banqueroute universelle. - 7 : Confusion (générale) ».

Elle ajoutait :

« 1789 n'a renversé que la France ; ce qui vient va être le renversement du monde. La septième crise aboutira à l'enfantement. »

Tout de même, d'un vieux pays civilisé comme l'Angleterre (qui s'est déjà payé une révolution avant tout le monde, au XVIIe siècle), qui le croirait ? l'Allemagne sera touchée aussi, comme l'Italie :

« Trois fois malheur à la France ! Trois fois malheur à l'Italie ! Trois fois malheur à l'Allemagne ! La France sera désunie entre elle, elle manquera de tout secours ! »

(Marianne Galtier, bergère de Saint-Affrique, dont j'ai parlé plus haut).

Je m'arrête là — ayant du mal à supporter moi-même tant de perspectives atroces. Réconfortons-nous avec la lecture de Cayce, qui, lui, ne perd jamais le moral : cette fois, à travers ses concitoyens, il s'adresse à ses lecteurs du monde entier :

« À CEUX DE NOTRE PAYS QUI VONT SE RETROUVER MÊLÉS À CETTE CRISE MONDIALE, ET AUX NATIONS IMPLIQUÉES DANS CETTE CONJONCTURE ; SI VOUS VOULEZ UN AVIS ET UN CONSEIL : QUE VOS ACTIVITÉS SOIENT INSPIRÉES PAR L'AMOUR FRATERNEL LÀ OÙ SURGIRONT LES QUERELLES. »

(Lecture 3976-20)

Déjà, on peut travailler à son niveau personnel, familial et professionnel pour améliorer l'état d'esprit autour de soi. Mais :

« IL NE S'AGIT PAS SIMPLEMENT D'UNE ATTITUDE PACIFISTE, DÉFENDANT LA PAIX À N'IMPORTE QUEL PRIX. »

(Même lecture)

Attention, les groupes pacifistes ne résoudront pas tous les problèmes, et certains sont même malsains ! Il faut travailler à un niveau concret, dans notre environnement immédiat, et :

« PLUTÔT FAIRE RESPECTER L'ÉQUITÉ, C'EST-À-DIRE L'ÉGALITÉ, L'ATTITUDE JUSTE ET FRATERNELLE, AU MILIEU DE LA CRISE GÉNÉRALE (...)

COMME NOUS L'AVONS DÉJÀ DIT, VIVEZ LES UNS AVEC LES AUTRES COMME UNE NATION, UNE NATION FRATERNELLE VIS-A-VIS DES AUTRES NATIONS — DE QUELQUE CÔTÉ QU'ELLES SOIENT — TOUT EN PRIANT. »

(Même lecture)

Dans les apparitions qui ont lieu actuellement est rappelée l'urgence de la prière (Dozulé, Kérizinen, Medjugorje, Liban, etc.) ; il y est répété que, par les temps qui courent, une heure de prière personnelle par jour est vraiment un minimum :

« DONC, PRIEZ ET PRIEZ ENCORE ! »

(Même lecture)

Mais, inutile de s'assombrir avant que tout cela n'arrive. A chaque jour suffit sa peine :

« LA VIE, C'EST UN MOMENT APRÈS L'AUTRE ; ALORS, POURQUOI NE PAS VIVRE LE MOMENT PRÉSENT — PUIS LES SUIVANTS — EN RENDANT GLOIRE À DIEU,

PAR VOTRE ATTITUDE DE BIENVEILLANCE, DE PATIENCE, D'AMOUR DU PROCHAIN ? »

(Même lecture)

Cela nous rendra la vie meilleure, à nous et aux autres, en attendant les événements — durant lesquels nous pourrons être protégés :

« C'EST AINSI QUE VOUS LUI SEREZ AGRÉABLE, LUI QUI A PROMIS DE NOUS AIDER COMME UN FRÈRE.

PUISQU'IL A DIT : "CONFIEZ-MOI VOTRE FARDEAU, APPUYEZ-VOUS SUR MOI". »

(Lecture 3976-20, du 27 septembre 1938)

Que faire pour contrecarrer de si graves événements ?

« FAITES CONNAÎTRE LES PROBLÈMES LÀ OÙ ILS SONT : CEUX QUI ONT OUBLIÉ DIEU DOIVENT RADICALEMENT CHANGER DE CAP ! »

(Lecture 3976-26, du 28 avril 1941)

Heureusement pour nous, Dieu pourrait dire, comme Victor Hugo :

« Mon cœur a plus d'amour que vous n'avez d'oubli[5]*. »*

5. Ce très beau vers a été donné comme titre par Sylvie Simon à sa biographie de Laure d'Abrantès (Éd. Le Mercure de France, Paris 1988). Mes lecteurs pourront lire cet ouvrage avec beaucoup de plaisir et de profit. De façon générale, je recommande à tous ceux qui s'intéressent aux vies antérieures d'acquérir une culture historique (sans laquelle il est difficile, par exemple, de faire de l'astrologie karmique).

7. LA GUERRE MONDIALE ?

JAMAIS DEUX SANS TROIS ?

C'est l'un des sujets sur lequel Cayce a été le plus bavard — parce qu'on l'a beaucoup interrogé là-dessus, dans l'époque anxieuse qui a précédé la Seconde Guerre mondiale, et pendant celle-ci. A ses avertissements sur les tensions présentes se mêlent des « flashes », qui ne peuvent concerner que le futur lointain, après sa mort. Sur le moment, ses proches n'ont pas très bien compris. En 1945, ils se sont dit que le pire était passé... Or ce n'est pas du tout ce que Cayce laisse entendre — si on relit soigneusement ses prophéties. L'étude des prophéties européennes est éclairante à cet égard. Par exemple à Fatima, en 1917, il avait été dit :

« La grande, grande guerre surviendra dans la deuxième moitié du vingtième siècle. »

Bien que les catastrophes ne soient pas obligatoires — et que nous ayons déjà vu passer dans la première moitié du siècle deux guerres mondiales — nous risquons d'en voir une troisième, pire encore !

« Si la majorité des fidèles s'était convertie, acquiesçant aux demandes que la Mère de Dieu leur a adressées à Lourdes et à Fatima (...), nous aurions la paix. Mais les choses allant comme elles vont, il adviendra nécessairement ce qu'Elle a prédit, pour le cas où l'on ne prendrait pas Ses demandes au sérieux (...) : une nouvelle guerre mondiale, au cours de laquelle des nations entières seront anéanties. »

(Maria Graf, voyante de l'Appenzell, *op. cit.*, p. 83)

Dans ses messages à Ruth Montgomery, le révérend Arthur Ford, ami de Cayce, a également parlé de cette future guerre mondiale, la donnant comme évitable (alors que, pour lui, le basculement des pôles ne l'est plus, les processus géophysiques étant déjà amorcés). Dans ses tout derniers messages, il dit que ce conflit généralisé n'est plus évitable qu'en partie — à cause de la décadence morale de l'humanité ! Ainsi pensent de nombreux voyants actuels, dont nous verrons les messages en fin de chapitre.

LA VISION DE CAYCE : LA SECONDE GUERRE MONDIALE ÉTAIT ÉVITABLE

Avec la réflexion que permet le recul du temps, un nombre croissant d'historiens donnent raison à Cayce. Par exemple, le colonel Pierre Le Goyet, dans son livre *Munich* (Édition France-Empire, Paris 1988), estime que nous aurions pu dire non à Hitler. L'Allemagne nazie, dit-il en substance, n'était pas aussi puissante militairement en 1938 que l'ont cru les Alliés. Les recherches de cet officier dans les archives montrent que les Franco-Britanniques, les Tchécoslovaques et les Russes possédaient ensemble, en 1938, plus d'avions, plus de chars, plus de matières premières que les Nazis. Que la fameuse « ligne

Siegfried » était beaucoup moins opérationnelle que ne le disait Hitler — qui le savait bien ! Et qu'en 1938, Hitler lui-même n'était pas sûr de ses généraux, qui complotaient contre lui ; ni de la population, qui disait ouvertement : « Nous sommes aux ordres d'un fou. » L'ensemble des évêques allemands, dans une lettre pastorale du 28 août 1938, lue dans toutes les églises, invitait même la population à résister au Führer ! Les Alliés se sont laissé intoxiquer par le bluff de la propagande nazie. S'ils n'avaient pas abandonné la Tchécoslovaquie, ils auraient peut-être eu la guerre, mais avec une chance d'écraser très vite Hitler !

Le 8 février 1932, Cayce estime qu'il est encore possible de :

> « TRAVAILLER À RESTAURER GRADUELLEMENT LES AFFAIRES MONDIALES, POUR LES RAMENER À UN NIVEAU RAISONNABLE »
>
> (Lecture 3976-10)

Dans une lecture de 1939, Cayce laisse entendre que la guerre n'est pas inéluctable. Pourquoi, dit-il (faisant allusion aux accords de Munich de septembre 1938, où l'on avait cru éloigner le spectre de la guerre), ces grandes conférences internationales, qui visent à préserver la paix ?

> « QU'EST-CE QUI A PROVOQUÉ, PENSEZ-VOUS, CETTE RÉUNION DES ÉTATS DÉMOCRATIQUES ET DES ÉTATS TOTALITAIRES ? LA SAGESSE DES HOMMES QUI SE SONT RENCONTRÉS LÀ ? ... N'EST-CE PAS PLUTÔT LA PRIÈRE DES MÈRES ET DES PÈRES, DANS CHACUNE DES NATIONS REPRÉSENTÉES LÀ, QUI SUPPLIENT QUE SOIT ÉVITÉE LA DESTRUCTION DE VIES HUMAINES, QU'AMÈNERAIT FORCÉMENT UN CONFLIT OUVERT ? »
>
> (Lecture 3976-23, 13 juin 1939)

Cayce souligne la puissance de la prière sur le destin des nations. Si les accords de Munich n'ont pas réussi à empêcher la guerre, c'est que de très lourdes erreurs ont fait le jeu d'Hitler — notamment les décisions de la France, exprimées par Daladier. Cayce laisse entendre que cet effort de dialogue sur le plan international aurait pu empêcher l'explosion du conflit armé — à l'heure où parle Cayce, la guerre est encore évitable. Car ce sera seulement le 3 septembre 1939 que Daladier, bien qu'ayant signé les accords de Munich, mais agissant au nom de son gouvernement, déclarera la guerre à l'Allemagne. Une folie ! Davantage de prières auraient probablement amené une plus grande prise de conscience chez nos dirigeants... ou de meilleurs dirigeants, puisqu'on a les chefs que l'on mérite ! Nous avions certes, dit Cayce, dans la lecture 3976-19, une « VIEILLE DETTE » karmique à payer. Mais, si nous avions compris, la « facture » aurait pu être moins douloureuse... Lorsque la guerre fut déclarée, chaque mois apporta sa nouvelle ration de catastrophes — au point qu'on ne savait plus où et quand s'arrêteraient les horreurs si imprudemment déclenchées.

CAYCE CROYAIT AU RÔLE DES ORGANISMES INTERNATIONAUX

Nous arrivons à une époque où :

« LES AFFAIRES MONDIALES DEVRONT ÊTRE CONSIDÉRÉES PAS SEULEMENT DE FAÇON GLOBALE, MAIS DANS UNE PERSPECTIVE D'UNITÉ. »

(Lecture 3976-10, 8/2/32)

Ce qui n'était pas toujours le cas à la Société des

Nations, à Genève[1], où chaque puissance essayait de tirer la couverture à elle ! Néanmoins, malgré les défauts évidents de cette assemblée, elle aurait pu permettre d'éviter les conflits :

« CE QUI VIENT D'ÊTRE PROPOSÉ ACTUELLEMENT DEVANT LES INSTANCES INTERNATIONALES REPRÉSENTE LA MEILLEURE BASE, LA PLUS SOLIDE, POUR ALLER VERS UN APAISEMENT DÉFINITIF. C'EST CE QUI DÉBROUILLERA LA SITUATION FINANCIÈRE ET POLITIQUE. »

(Même lecture)

Il s'agit des efforts du président Hoover, qui s'intensifient au maximum le 2 février 1932, grâce à la délégation américaine à Genève :

« CES PROPOSITIONS PEUVENT, POUR COMMENCER, N'ÊTRE APPLIQUÉES QUE DE FAÇON LIMITÉE, POUR PEU DE MONDE, BIEN QU'ELLES SOIENT APPELÉES À DEVENIR LA NORME GÉNÉRALE. ELLES PERMETTRONT À CEUX QUI EN ONT LA CHARGE DE TRAVAILLER SUR LES PROBLÈMES INTERNATIONAUX. »

(Même lecture)

La lecture continue par la question posée sur *l'avenir du monde dans les cinquante prochaines années* (voir ci-dessus chapitre II), où Cayce parle, comme nous l'avons vu, de grands bouleversements futurs — qu'il appelle pudiquement des « CHANGEMENTS » — (et dont nous avons vu qu'il s'agissait en fait de cataclysmes d'une douceur... apocalyptique !) : « CHANGEMENTS QUI MODIFIERONT LA CARTE DU MONDE », tant sur le plan géologique que sur le plan politique. Les « grands changements » se préparent par de petits « changements » :

« LE PREMIER CHANGEMENT NOTABLE SERA L'ACCEPTATION OU LE REJET DE L'INTERVENTION MONDIALE DE

1. Créée par le traité de Versailles, en 1919.

LA COUR DE DERNIÈRE INSTANCE DANS LE MONDE, PRÉSENTÉE PAR LA FRANCE DANS L'ACTUELLE CONFÉRENCE, ET REJETÉE PAR L'AMÉRIQUE. »

(Lecture 3976-10, du 8 février 1932)

Voici ce à quoi Cayce fait allusion[2] : après la Première Guerre mondiale, les grandes puissances, désireuses d'éviter une nouvelle guerre, adoptèrent des politiques très différentes sur le désarmement. La France estimait qu'il fallait d'abord s'assurer de la sécurité avant de désarmer. L'Angleterre et l'Amérique au contraire estimaient qu'il fallait commencer par le désarmement, ce qui assurerait la paix. Aux conférences de Washington et de Londres (1921-1922 et 1930), ces deux pays avaient proposé un désarmement général des armées de terre (ce qui ne les gênait pas, puisque l'Angleterre comme l'Amérique sont essentiellement des puissances navales !). La France, au contraire, aurait souhaité que la Société des Nations (dont l'Amérique avait refusé de faire partie) se charge de veiller à la paix par des moyens de contrainte stricts et efficaces. Il y avait deux sortes de moyens possibles : militaires et juridictionnels. C'est certainement « THE COURT OF LAST RESORT FOR THE WORLD », dont parle Cayce. Herriot, au nom de la France, voulait que soit créée une Cour Internationale, qui aurait obligatoirement arbitré tout conflit. Le pays qui aurait refusé cet arbitrage aurait été considéré comme l'agresseur, et par là aurait été passible de sanctions militaires. Cette idée française, appelée « Protocole de Genève » fut, comme dit Cayce, « REJETÉE PAR L'AMÉRIQUE », en 1924. Le 2 février 1932 — donc six jours avant la lecture ci-dessus — la question avait été de nouveau posée à Genève, où s'étaient réunis pour la circonstance les pays membres de la Société des Nations, l'U.R.S.S. et l'Amérique. Le 5 février suivant, la

2. Je dois toutes ces précisions à Me Jean-Pierre Tofani, grand lecteur d'Edgar Cayce. Qu'il en soit ici remercié !

France proposait le « Plan Tardieu », c'est-à-dire la création d'une Cour suprême d'arbitrage. Celle-ci, pour se faire respecter, devait être assortie d'une force militaire composée de contingents internationaux fournis par chaque État. C'était l'idée des « casques bleus » de l'O.N.U. qu'on ne verra que bien plus tard. Mais les esprits n'étaient pas mûrs : l'Amérique et l'Angleterre refusèrent. Cayce semble penser que cet arbitrage international aurait pu maintenir la paix et regretter que la proposition de la France ait été rejetée. Aujourd'hui, la Cour d'Arbitrage Internationale de la Haye a perdu son autorité et ne sert pas à grand-chose, puisque l'arbitrage n'est toujours pas obligatoire. Elle peut toujours donner des avis, mais ne peut les imposer, l'O.N.U. ne disposant pas d'armée en permanence. Depuis l'occasion manquée de 1932, des millions d'hommes sont morts et aucune autorité internationale n'empêche les agressions. On peut s'interroger sur la valeur des tentatives actuelles de désarmement, qui se font sans ce mécanisme supranational de contrôle, que Cayce semblait appeler de ses vœux en 1932.

Un peu plus tard, le 18 avril 1936, on revient sur les affaires internationales, et Cayce est pessimiste :

« ET MAINTENANT, DANS LES AFFAIRES HUMAINES, PARTOUT, S'IMPOSE L'ÉVIDENCE QU'IL NE FAUT PLUS SE LIMITER AU POINT DE VUE STRICTEMENT NATIONAL, MAIS CONSIDÉRER TOUS LES PAYS COMME UN ENSEMBLE, CAR L'HUMANITÉ TOUT ENTIÈRE EST TON FRÈRE...

ON A ÉTÉ TRÈS PRÈS DE CET IDÉAL LORSQUE LES NATIONS, LES REPRÉSENTANTS DE NOMBREUSES NATIONS DU MONDE SE SONT ASSIS ENSEMBLE POUR DISCUTER. »

(Lecture 3976-16)

(A Genève, à la Société des Nations, ancêtre de l'O.N.U., Organisation des Nations Unies.)

« MAIS L'AVIDITÉ DES HOMMES, LA PEUR QU'A

L'HOMME DE LUI-MÊME ONT TELLEMENT ENVAHI CETTE ASSEMBLÉE, QU'ELLE EST DEVENUE UNE PIERRE D'ACHOPPEMENT POUR LE MONDE. »

(Même lecture)

De Gaulle appellera plus tard l'O.N.U. « ce machin », résumant par cette insulte la déception qu'elle avait suscitée, après avoir soulevé tant d'espoirs. Une chance a été manquée :

« CAR À NOUVEAU LE PRINCE DE LA PAIX A ÉTÉ CRUCIFIÉ SUR L'AUTEL, SUR LA CROIX DE L'AVIDITÉ ! »

(Lecture 3976-16)

Et pourtant, à la veille de la Seconde Guerre mondiale, la majorité de l'humanité aspirait à la paix, comme le dit la lecture du 16 juin 1939 :

« ACTUELLEMENT, GRÂCE AUX PRIÈRES QUI SONT FAITES DEPUIS DEUX ANS, IL Y A PARTOUT DANS LE MONDE UN GRAND EFFORT POUR SE METTRE D'ACCORD AVEC LES FORCES CRÉATRICES, UN GRAND EFFORT POUR CONNAÎTRE DIEU ET SA VOLONTÉ. CELA N'A JAMAIS ÉTÉ À CE POINT DEPUIS DES SIÈCLES. »

(Lecture 3976-2)

Hélas, les conférences internationales gaspillent leur énergie en salamalecs et palabrent pour cacher les vrais problèmes :

« CE N'EST PAS TANT DE CÉRÉMONIES QU'ON A UN BESOIN URGENT, DE FORMALITÉS, QUELLES QU'ELLES SOIENT ET QUELLE QUE SOIT LA NATION, MAIS PLUTÔT QUE CHAQUE CITOYEN DE CHAQUE NATION SE TOURNE À NOUVEAU VERS LE DIEU DE SES PÈRES, EN S'ARRACHANT AU LAISSER-ALLER ÉGOISTE ET À LA CUPIDITÉ, EN PRATIQUANT TOUJOURS DAVANTAGE L'OUBLI DE SOI. »

(Lecture 3976-23)

Si les citoyens et les nations sont incapables de

s'amender, viendront des événements qui les y forceront... Nous sommes aujourd'hui dans la même situation !

CAYCE AVAIT PRÉVENU LES JUIFS D'ALLEMAGNE !

La lecture 3976-13 est presque entièrement consacrée à l'Allemagne et à Hitler. Cayce recommande aux juifs, le 4 novembre 1933, « DE SE HÂTER D'ALLER SE RASSEMBLER DANS UN PAYS À EUX ». Que ne l'a-t-on davantage écouté ! L'État d'Israël n'était pas encore né officiellement, mais Cayce le voit venir comme « L'ACCOMPLISSEMENT DE LA PROPHÉTIE QUI A ÉTÉ FAITE[3]. ET C'EST LE COMMENCEMENT DU RETOUR (en Israël) QUI DOIT FAIRE REVENIR (les juifs) DE TOUS LES COINS DE LA TERRE. » Cayce affirme qu'Hitler a été « APPELÉ » pour répondre à certains buts précis ; il dit que :

> « LE MONDE N'A PAS ENCORE COMPRIS TOUT À FAIT LA POLITIQUE D'HITLER. »

et estime Hitler et Mussolini bien différents l'un de l'autre. Là-dessus, Hugh Lynn Cayce, fils d'Edgar, qui dirigeait la lecture, posa une question d'une candide ingénuité :

Est-ce que la politique d'Hitler tend à la guerre ?

« À RIEN D'AUTRE », répond Cayce.

Entre les deux guerres, les interlocuteurs de Cayce

3. Dans la Bible : Jérémie XXX, 3. Le rassemblement des juifs en Israël, rappelons-le, a toujours été considéré par les prophètes comme un signe de la « Fin des Temps ».

ne voyaient pas la différence entre Hitler et Mussolini. Pour eux, c'étaient deux dictateurs, un point c'est tout.

Que va faire Hitler avec Mussolini ? demande-t-on à Cayce, le 4 novembre 1933 :

> « EN CE QUI CONCERNE LA POLITIQUE D'HITLER ET DE MUSSOLINI, C'EST CHACUN POUR SOI, CHEZ SOI (...). MAIS ILS SONT TRÈS ÉLOIGNÉS DANS LEURS VUES POLITIQUES. »

(Lecture 3976-13)

LES GRANDES PUISSANCES ET LEUR AVENIR

Cayce ayant prophétisé «LA GRANDE CATASTROPHE QUI VA S'ABATTRE SUR LE MONDE À PARTIR DE 36 » et « L'EFFONDREMENT DE NOMBREUSES GRANDES PUISSANCES ACTUELLES », dans la lecture 3976-10, le 8 février 1932, Gertrude Cayce demande :

Voudriez-vous énumérer les puissances qui seront bouleversées en 36 ?

> « PLUTÔT AUTOUR DES ANNÉES 36. LA RUSSIE, LES ÉTATS-UNIS, LE JAPON ET L'ANGLETERRE, C'EST-À-DIRE LE ROYAUME-UNI. »

Et qui sera la puissance dominante ?

> « CELA DÉPEND : CELLE QUI SERA LE PLUS PRÈS DES SOURCES D'ÉNERGIE ! »

Réponse prophétique s'il en fut... Plus tard, le 13 juin 1939, ses interlocuteurs lui posent des questions précises sur les événements mondiaux qu'ils voient se profiler à l'horizon comme un nuage noir ; Cayce répond :

« IL FAUDRAIT QUE L'ON COMMENCE D'ABORD AU NIVEAU INDIVIDUEL : QUE CHAQUE CITOYEN AIT LA CONVICTION QU'IL FAUT FAIRE CONFIANCE À DIEU POUR LES BESOINS DE SON PEUPLE. ET CELA, EN TOUS TEMPS ET EN TOUTE CIRCONSTANCE, SOUS UN RÉGIME DÉMOCRATIQUE OU SOUS N'IMPORTE QUEL AUTRE. »

(Lecture 3976-23)

Discours qui paraît bien abstrait aux interlocuteurs de Cayce :

« BEAUCOUP VONT DEMANDER : QUEL RAPPORT, TOUT CECI, AVEC LA CRISE MONDIALE ACTUELLE ? QUEL RAPPORT AVEC CE QU'ON APPELLE LES DÉMOCRATIES, LE FASCISME, LE COMMUNISME, LE TOTALITARISME ? »

(Même lecture)

A ses auditeurs, qui ont du mal à se faire une idée de ce qui se passe sur le plan international, Cayce essaie de donner quelques grands principes généraux, intelligibles et applicables au monde entier :

« DANS CE MONDE DE LA MATIÈRE, OÙ CHAQUE ÂME CHERCHE SA VOIE POUR S'EXPRIMER, L'OBJECTIF, L'IDÉE – L'IDÉAL, SI VOUS VOULEZ – DEVRAIT ÊTRE QUE TOUS TRAVAILLENT À L'UNISSON AU BIEN GÉNÉRAL. »

(Même lecture)

« C'EST DONC UN DÉFI QUE DOIT RELEVER CHAQUE NATION : QU'EN DÉPIT DE L'INSTINCT DE CONSERVATION, IL Y AIT DE MOINS EN MOINS D'ÉGOÏSME ET DE PLUS EN PLUS DE CE BIEN GÉNÉRAL QUI ÉTAIT PRÉVU AU COMMENCEMENT (du monde). »

(Même lecture)

Mais l'assistance a dû réagir par une certaine impatience intérieure, car Cayce enchaîne :

« VOUS DEMANDEZ ALORS : "QUE VONT DEVENIR L'ANGLETERRE ET LA FRANCE DANS LEURS EFFORTS DE COLLABORATION AVEC LA RUSSIE, POUR ENCERCLER LE RÉGIME TOTALITAIRE" (nazi) ? »

(Même lecture)

L'Amérique percevait alors la Russie comme une alliée, au point qu'elle lui enverra du matériel pour l'aider à combattre l'Allemagne nazie (cf. le livre de Georges Blond, *Convois pour l'U.R.S.S.*, passionnant à lire, comme tous les livres de cet auteur). Les consultants de Cayce ignorent qu'en août 1939, deux mois après cette lecture, l'Allemagne et l'U.R.S.S. vont signer un pacte secret de non-agression et un accord sur le partage de la Pologne... Ce qui n'empêchera pas les Allemands d'attaquer la Russie en juin 1941 ! L'entourage de Cayce croit donc que l'Angleterre et la France partagent leur opinion naïve sur les « amis » russes. Il ne les détrompe pas — à quoi cela servirait-il ? — mais répond par un principe général :

« CES DEUX PAYS, AUSSI LONGTEMPS QU'ILS RESPECTENT LES VUES DE DIEU SUR L'HOMME, RÉUSSIRONT. MAIS, S'ILS N'AGISSENT QUE DANS UN INSTINCT DE CONSERVATION ÉGOÏSTE, QUI NÉGLIGE LA PENSÉE ET LES OBJECTIFS DES AUTRES HOMMES, ILS ÉCHOUERONT. »

(Même lecture)

C'est bien, en dernière analyse, la raison de l'invasion : nous avons produit des hommes politiques égoïstes et légers, juste au moment où il aurait fallu du courage et de la générosité. Et nous avons abandonné la Tchécoslovaquie...

« MÊME CHOSE AVEC LES ENTREPRISES DE L'ALLEMAGNE, DE L'ITALIE ET DU JAPON. LORSQUE CES NATIONS S'EFFORCENT DE PROTÉGER LEUR PROPRE PERSONNALITÉ, LEUR ESSENCE PROFONDE, DANS UNE PENSÉE FRATERNELLE POUR LES AUTRES, ELLES PEUVENT RÉUSSIR... »

(Même lecture)

« ...PROVISOIREMENT ! », parce que le nazisme, le fascisme et l'impérialisme japonais étaient fondés sur une pensée perverse. Cayce lance un avertissement voilé :

> « ON NE SE MOQUE PAS DE DIEU. LA RÈGLE QUI S'APPLIQUE À TOUT HOMME S'APPLIQUE AUSSI À TOUTE NATION : ON RÉCOLTE CE QU'ON A SEMÉ. »
>
> (Lecture 3976-23)

Il n'y a pas que dans les westerns que les méchants finissent mal ! L'ennui, c'est qu'entre-temps, les méchants font beaucoup de dégâts... Mais les dégâts sont aussi des karmas, dont certains sont inévitables. Inutile de vouloir ruser avec Dieu :

> « L'HOMME NE VOIT QUE L'INSTANT : DÈS QU'IL FORME UN PROJET DANS SON CŒUR, DIEU LE VOIT IMMÉDIATEMENT ET EN CONNAÎT LA FIN. »
>
> (Lecture 3976-23)

Plus tard, dans la lecture suivante, donnée le 23 juin 1940, Cayce sera plus sombre encore :

> « BEAUCOUP D'ENTRE VOUS, TOUS, VOUDRAIENT SAVOIR CE QUI VA ARRIVER EN EUROPE, EN AFRIQUE, EN ASIE ? TOUS CES CONTINENTS SERONT RAVAGÉS, OUI, TOUS, ET SEMBLERONT ANÉANTIS. »
>
> (Lecture 3976-25)

S'il est vrai que, lors de la dernière Guerre mondiale, l'Europe a été ravagée et l'Asie, on ne peut pas en dire autant de l'Afrique. Elle a été, sur la majeure partie de son étendue, à l'abri de la guerre. La lecture évoque-t-elle une époque plus lointaine ? On pourrait le penser, puisque l'ensemble des prophéties estime qu'aucun continent ne sera épargné par les bouleversements cataclysmiques et socio-politiques de la « Fin des Temps ».

Plus tard, le 24 juin 1938, on lui demandera encore :

Et la situation intérieure en Italie, et ses répercussions sur les autres pays ?

« LA SITUATION S'EST ENFLÉE ; MAIS LA DICTATURE IRA DE PLUS EN PLUS VERS UNE POLITIQUE DE PAIX »

(Lecture 3976-19)

...Ce qui s'est révélé, à l'usage, tout à fait exact.

Beaucoup plus tard, le 26 avril 1941 — on est en pleine guerre — et Cayce évoque les guerres futures — bien après celle qui angoisse ses interlocuteurs :

« DES GUERRES SURGIRONT DANS LA PÉRIODE. ATTENDEZ-VOUS À CE QU'ELLES ÉCLATENT EN DIVERS ENDROITS : PRÈS DU DÉTROIT DE DAVIS, POUR LE CONTRÔLE D'UNE VOIE D'ACCÈS TERRITORIALE. EN LIBYE ET EN ÉGYPTE, À ANKARA ET EN SYRIE, DANS LES DÉTROITS AU NORD DE L'AUSTRALIE, DANS L'OCÉAN INDIEN, DANS LE GOLFE PERSIQUE. »

(Lecture 3976-26)

Il est évident que la « PÉRIODE » dont il s'agit est celle qui s'ouvrira entre la Deuxième Guerre mondiale et la « Fin des Temps ». En effet, le détroit de Davis est un endroit archi-calme, fréquenté surtout par les ours blancs ; il sépare le Groenland, terre danoise, de la terre de Baffin, terre canadienne. Jusqu'ici, il ne s'est pas beaucoup manifesté à l'attention des historiens... Mais il pourrait très bien devenir important.

La Libye, on en avait un peu entendu parler pendant la dernière guerre mondiale ; sauf entre Tripoli et El Alamein, vers 1943, les scorpions du désert pouvaient dormir tranquillement sous les grosses pierres ! Aujourd'hui, c'est autre chose. A l'heure où j'écris, nous y avons LE Kadhafi, et ça n'est pas rien.

Idem pour le golfe Persique, qui s'illustre maintenant dans les chroniques sanglantes de 1988.

L'Égypte, restée très calme pendant la dernière guerre mondiale, a commencé à vraiment connaître la guerre à partir de la naissance de l'État d'Israël (14 mai 1948). Avec ses alliés arabes, l'Égypte a connu la guerre contre Israël, le conflit d'octobre 1956, puis la guerre des Six Jours en juin 1967, enfin la guerre du Kippour en octobre 1973. On espère que c'est fini pour ce magnifique pays dont la misère serre le cœur.

La Syrie, n'en parlons pas : elle n'a cessé d'être impliquée dans toutes les guerres du Moyen-Orient, depuis la Première Guerre mondiale. Comme l'ont chanté les légionnaires :

« Une colonne dans la Légion Étrangère,
S'avance dans le bled en Syrie,
La tête d'la colonne est formée
Du 3e étranger d'cavalerie... »

Pour en revenir à l'énumération des pays et des mers cités plus haut, vous remarquerez — comme le souligne Cayce lui-même — qu'il s'agit partout du contrôle des routes maritimes. Il est possible que le détroit de Davis devienne à cet égard très important. La Libye, l'Égypte se trouvent situées comme par hasard en face du débouché des Dardanelles. Ces détroits sont sous le contrôle de la Turquie (capitale Ankara). L'Égypte est, en plus, la voie d'accès à la mer Rouge vers l'océan Indien. La Syrie, elle, a toujours été une voie de passage entre la Méditerranée et le golfe Persique. Il faut dire que l'ours russe n'a pas de chance : pour sortir de chez lui, il doit commencer par barboter dans des mares à canard : mer Noire, mer Baltique, mer du Japon, dont les issues sont contrôlées par des pays du camp opposé, capitaliste. Et même en atteignant le golfe Persique, il faut encore passer le détroit d'Ormuz, et le golfe d'Oman avant d'avoir accès à l'océan Indien. La seule mer libre qu'ont les Russes, c'est l'océan Glacial Arctique — qui est bloqué dix mois sur douze par la glace ! Côté Pacifique Nord, la flotte soviétique trouve les Américains en face, à Hawaï et en Alaska, qui veillent au grain ! En regardant la carte, cette guirlande de noms géographiques, enfilés à la queue leu leu par Cayce, prend un sens : la prochaine guerre sera-t-elle sur mer ?...

Le nord de l'Australie elle-même, qui complète cette liste de points clés, contrôle le passage entre le Pacifique et l'océan Indien.

Par contre, à Ankara, rien de vraiment marquant depuis 1941. Et l'on ne peut pas dire que le golfe Persique et l'océan Indien aient été des zones particulièrement chaudes pendant la Seconde Guerre mondiale. C'est donc une prophétie ! Cayce continue : « VOUS DITES QUE TOUT CELA, C'EST DANS LES MERS ? » Autrement dit : qu'est-ce que cela peut bien vous faire ? C'est très loin, là-bas, à l'autre bout du monde...

Lorsque j'étais à New York, on vendait une carte postale pleine d'humour qui représentait « le monde tel que le voient les New Yorkais ». Sur une ligne d'horizon toute plate, au bout de la mer, émergeaient les deux ou trois petites choses qui intéressent les Américains dans le monde : les coupoles du Kremlin, tout de même, et le Japon — considéré comme une colonie marchande (« Jap. Inc. ») — et puis, et puis... le désert ! A l'heure où j'écris ces lignes (1988), le spirituel dessinateur y aurait peut-être ajouté le golfe Persique — (trois palmiers et un minaret ?) Peut-être. Mais enfin, c'est dire que l'Amérique moyenne est intimement persuadée qu'elle a inventé le fil à couper les ice-creams, et qu'en dehors de l'oncle Sam, il n'y a vraiment rien de valable sur le reste de notre caillou. Cayce, qui connaît bien ses concitoyens, s'empresse de les sortir de leur nombrilisme, évoquant des perspectives bien pires encore qu'en 1941 :

« OUI... MAIS CE SERA L'ÉCROULEMENT PARTOUT — JUS-

QU'À CE QU'ENFIN TOUT LE MONDE Y RECONNAISSE LE DOIGT DE DIEU (...) ! »

(Lecture 3976-26)

La famille et les amis de Cayce ont bien raison de s'inquiéter...

Mrs Cayce : l'Amérique va-t-elle entrer en guerre dans les deux semaines qui viennent ?

« IL POURRA ÊTRE COMMIS DES AGRESSIONS QUI RISQUERONT D'AMENER À CHANGER BRUSQUEMENT NOTRE DÉTERMINATION (de ne pas entrer en guerre). CELA POURRAIT ARRIVER DANS LA PÉRIODE QUI VIENT — MAIS IL N'Y AURA PAS DE DÉCLARATION DE GUERRE DANS CE LAPS DE TEMPS. »

(Lecture 3976-26)

Nous sommes en 1941. Les agressions vont se multiplier. De la part de l'Allemagne, à l'est, qui va s'attaquer à l'U.R.S.S. (que l'Amérique considère alors comme son alliée contre Hitler). Sur le Pacifique, à l'ouest, le Japon ne cesse de progresser, avec un dynamisme irrésistible. La riposte américaine sera d'abord économique : l'embargo total sur les exportations vers le Japon. L'agression majeure n'arrivera pas dans les quinze jours, comme le craignait Gertrude Cayce, mais dans les six mois : le 7 décembre 1941, les Japonais coulent la flotte américaine dans sa base de Pearl Harbor. Il n'y a pas eu de déclaration de guerre, ni dans un sens ni dans l'autre, dans les six mois qui ont précédé. Quant à Pearl Harbor, c'est un point qui divise les historiens : pour les uns, les Japonais auraient attaqué « par traîtrise », sans déclaration préalable, des Américains innocents qui ne se doutaient de rien. Pour les autres, ceux-ci avaient bel et bien été prévenus par leurs alliés — anglais notamment. Mais le gouvernement américain n'aurait pas pris ces avertissements au sérieux, s'imaginant sans doute que les Japonais respecteraient les usages du code de la guerre à l'occidentale, d'un Occident totalement hypocrite, qui a toujours entouré la guerre d'un rituel destiné à faire croire qu'elle était propre ! (Voir le livre de Georges Blond : *Le Survivant du Pacifique*, passionnant, qui raconte toute cette guerre comme si vous y étiez !)

Le 27 octobre 1937, Gertrude Cayce, chargée de transmettre les questions du groupe, avait demandé :

Certains écrivains ont envisagé la possibilité d'une guerre aux environs de 1942 jusqu'en 1944, dans laquelle seraient impliqués les États-Unis. Est-ce qu'actuellement il semble vraisemblable que nous soyons impliqués dans une telle guerre ? »

« SI L'ON EN FAIT UN THÈME DE PROPAGANDE, CELA LE DEVIENDRA ! MAIS SI L'ON CONTINUE À GARDER UNE ATTITUDE DE PAIX ET D'HARMONIE, SI L'ON PREND EN CONSIDÉRATION LES DROITS D'AUTRUI, CELA NE SERA PAS. »

(Lecture 3976-17

Les Américains entreront en guerre en 1941 pour riposter aux attaques japonaises. Certains historiens estiment que le Japon espérait alors obtenir des Américains une paix qui leur assurerait les avantages territoriaux dont ils avaient besoin ; la guerre américano-japonaise aurait pu être évitée par des négociations compréhensives, c'est ce que suggère Cayce :

Et qu'est-ce qui pourrait causer une telle guerre ?

« L'ÉGOÏSME ! » (Même lecture)

Le Japon, gravement touché par la grande dépression (comme les pays occidentaux) souffrait, en plus, de l'exiguïté de son territoire surpeuplé. C'est la crise économique et sociale qui l'avait amené à une politique belliqueuse. Mais l'Amérique, obsédée par ses propres problèmes, n'a pas su voir que l'agression japonaise était — comme bien des agressions — un appel au secours...

LES ÉTATS-UNIS IMPLIQUÉS DANS LA GUERRE

Les États-Unis entreront en guerre le 11/12/1941. Cayce :

« AUJOURD'HUI NOUS SOMMES DANS UN MONDE EN GUERRE. PERSONNE N'ÉCHAPPE — NI N'ÉCHAPPERA — AUX RETOMBÉES DES ÉMOTIONS CONFLICTUELLES QUI AGITENT ACTUELLEMENT LES HOMMES SUR TOUTE LA TERRE. »

(Lecture 3976-27)

Le Japon gagne partout sur le Pacifique, conquiert les Philippines à partir de décembre 41, puis la Malaisie, Singapour, l'Indonésie, la Birmanie, prend pied en Nouvelle-Guinée... et arrive à Vancouver (Canada) le 20 juin 42 !

Le Pacifique devient un lac japonais.

Lorsque Cayce parlait « DES DÉTROITS AU NORD DE L'AUSTRALIE », il évoquait peut-être l'occupation japonaise de Guadalcanal en août 1942, et sa reprise par les Américains en février 1943 : Guadalcanal est situé à l'entrée des détroits qui séparent l'Australie de la Nouvelle-Guinée.

« ET LA PEUR S'EST INSCRITE DANS LES CŒURS DES MEILLEURS. SI CES TEMPS NE SONT PAS ÉCOURTÉS — COMME IL A ÉTÉ ÉCRIT — LES ÉLUS EUX-MÊMES RISQUENT DE SE LAISSER PERTURBER PAR CE SPECTACLE DE DESTRUCTION, PAR CE MÉPRIS DANS LEQUEL LES FOULES ET LES NATIONS TIENNENT LA VIE HUMAINE. »

(Même lecture)

Cayce fait référence ici à un passage biblique (Matthieu, XXIV), où Jésus décrit la « Fin des Temps » comme l'horreur, où même les « Justes », les « Élus » c'est-à-dire les plus solides et les plus équilibrés perdront pied devant des spectacles insoutenables : « Vous entendrez parler de guerres : ne vous laissez pas alarmer (...) On se dressera nation contre nation, royaume contre royaume. »

Si les questions portent sur l'évolution de la Deuxième Guerre mondiale, les réponses de Cayce vont beaucoup plus loin dans le temps, comme on l'a déjà vu. Ici, cette référence biblique suggère que nous commençons à entrer dans cette fameuse « Fin des Temps » cataclysmique. C'est comme si Cayce, n'ayant plus beaucoup d'années à vivre (il mourra en 1945) avait tenu à laisser son testament prophétique pour les années noires de la « Troisième Guerre mondiale » — qui sont à venir ?

Comme l'avait souligné Cayce un peu plut tôt, l'Amérique n'était pas au bout de ses peines :

> « C'EST AINSI ET CE SERA ENCORE AINSI : CE DONT L'AMÉRIQUE FAIT L'EXPÉRIENCE EST DÛ, EN PARTIE, À SON INCROYANCE. »
>
> (Lecture 3976-23)

Le 20 juin 1943, cependant, on voit poindre la paix :

> « VENDREDI PROCHAIN, DE DRÔLES DE CHOSES VONT ARRIVER — ET CELA DÉTERMINERA CE QU'IL Y AURA À FAIRE ENSUITE. »
>
> (Lecture 3976-28, du 20 juin 1943).

Le vendredi qui suivait tombait donc le 25 juin 1943 : date-tournant, à partir de laquelle les Alliés vont remonter la pente et repartir vers la victoire. Sur le front européen, les troupes de l'Axe ont été rejetées hors de Tunisie, et les Américains débarquent pour la première fois dans l'Europe occupée, en Sicile, en juillet 43. Sur le front Ouest Mac Arthur commence à reconquérir le Pacifique, en sautant d'île en île à partir de Guadalcanal, que les Japonais ont dû évacuer, le 8 février précédent. Fin juin 43, les Américains réussissent enfin à construire plus de bateaux que les sous-marins allemands n'en coulent au fond de l'Atlantique ; ce sont les « Liberty Ships », construits à toute vitesse parce qu'en fer au lieu d'être en bois.

LES TERRIBLES CONJONCTIONS PLANÉTAIRES DE LA SECONDE GUERRE MONDIALE

Mrs Cayce : A la lumière des informations qui nous sont données par votre canal, en ce matin du 28 avril 1941, compte tenu des aspects astrologiques pour les deux semaines à venir, et de notre désir d'utiliser ces informations pour le bien de tous, voudriez-vous nous parler des changements actuels, et nous dire comment nous pouvons y faire face d'une manière constructive. Ensuite, vous répondrez aux questions au fur et à mesure que je les poserai.

Ce qui est nouveau dans cette lecture, c'est l'astrologie utilisée sur le plan mondial. Il est sûr que les aspects du 28 avril 1941 ne brillaient pas par leur pacifisme : c'est l'année qui va voir la guerre dans l'océan du même nom, et le désastre de Pearl Harbor.

> « OUI, NOUS AVONS SOUS LES YEUX LES INFORMATIONS DONNÉES PAR CES CANAUX : LES INFLUENCES ASTROLOGIQUES ET LEUR EFFET SUR LES PENSÉES FUTURES DES ÂMES ACTUELLEMENT INCARNÉES SUR LA TERRE. »
>
> (Lecture 3976-26)

L'entrée en matière de Cayce, différente de celle qu'il emploie d'habitude, laisse entendre qu'il y a dans l'assistance plusieurs personnes qui sont un « canal » d'informations astrologiques, ce qui, dans le langage étrange qu'emploie Cayce, signifie tout bonnement « astrologues ». Elles ont noté les positions planétaires de la quinzaine pour les lui soumettre. Car il a bien changé, Edgar, depuis le temps où il avait accepté (horrifié — mais il fallait bien vivre !) de donner une lecture astrologique à Arthur Lammers. La voix mystérieuse, qui parle à travers lui, a affirmé si fortement la valeur de l'astrologie qu'il a fini par l'accepter. Ses amis et sa famille s'y sont mis eux aussi. Tant et si bien qu'à la fin de sa vie, nombreux sont les membres de l'A.R.E., amateurs ou professionnels, qui pratiquent cette vieille science. Cayce a remis l'astrologie à l'honneur ! Mais nous ne sommes qu'en 1941, et le petit groupe de Virginia Beach fait encore figure de pionnier.

> « COMME BEAUCOUP L'ONT COMPRIS, LES INCARNATIONS SUR LA TERRE ET LES CYCLES DU TEMPS SE RÉPÈTENT SOUVENT ; CELA DONNE AUX GRANDS DE CE MONDE, TOUT COMME AUX PLUS HUMBLES, UNE CHANCE DE S'EXPRIMER : ET ILS SONT SOUMIS À CES INFLUENCES QUI S'EXERCENT PHYSIQUEMENT, MENTALEMENT, OU SPIRITUELLEMENT SUR L'ACTIVITÉ DE CEUX QUI SE MANIFESTENT AUJOURD'HUI SUR LA TERRE. »
>
> (Lecture 3976-26)

Vous avez souvent entendu dire, comme moi, que « l'Histoire se répète ». Ça on le constate. Mais pourquoi ? Tout diplômés qu'ils étaient, mes maîtres en Sorbonne ne le savaient pas... Certains historiens ont élaboré de très jolies « théories des cycles », qui font plaisir parce qu'on a l'impression qu'elles vont vous rendre intelligent. Mais on n'est pas plus avancé : sur quoi devraient-elles se fonder ? Et voilà Cayce qui répond : « sur le retour périodique de certains groupes d'âmes » ; celles-ci renaissent en même temps que certaines positions planétaires avec lesquelles elles sont en accord vibratoire. — Dans cette lecture, Cayce n'emploie pas le mot « réincarnation », mais une expression plus compliquée (comme il les aime !). Il dit : « CEUX QUI SE MANIFESTENT AUJOURD'HUI SUR LA TERRE. »

Pour lui, les âmes sont des « entités », étincelles divines qui peuvent « SE MANIFESTER » sur la planète de leur choix, c'est-à-dire y naître, dans un décor planétaire qui correspond à un programme précis (voir *L'Univers d'Edgar Cayce*, tome I, pages 130-131, et *L'Astrologie karmique d'Edgar Cayce*, chez Robert Laffont). Les âmes qui naissent aux mêmes époques, sous les mêmes positions planétaires, ont donc un programme commun — et un passé commun. Elles appartiennent à un même groupe qui a, en tant que groupe, un programme : réparation d'erreurs karmiques collectives, construction de nouvelles structures, etc. C'est ainsi que Max-Getting annonçait à sa femme (qui n'imaginait pas encore de quoi il parlait, en 1930) les violences que l'on verrait à la fin du siècle : c'est, disait-il, à cause du retour des âmes atlantes, âmes peu évoluées, souvent tombées très bas, qui n'ont pas eu le courage de se réincarner depuis l'Atlantide, d'où leur violence[4]. C'est tout à fait le point de vue de Cayce.

Ce retour massif des âmes de l'Atlantide nous ramène à la fois leurs brillantes aptitudes technologiques, leur connaissance de l'électricité et de l'atome — et leur méchanceté ! Pour Cayce, nous sommes de nouveau à une période où le monde risque d'exploser, par la faute des vicieux Atlantes. Mais poursuivons l'analyse astrologique du 28 avril 1941 :

> « EN CE QUI CONCERNE LES EXPÉRIENCES DE VIE CONTEMPORAINES DES TRANSITS ASTROLOGIQUES ACTUELS — CEUX QUI COMMENCENT DEMAIN — IL Y AURA L'INFLUENCE DU SOLEIL, CELLE DE LA LUNE, DE JUPITER, D'URANUS ET DE VÉNUS, TOUS CONJOINTS DANS LE MÊME SIGNE. »
>
> (Même lecture)

En effet (voir thème astrologique du 28 avril 1941 ci-contre), nous sommes en présence d'un extraordinaire amas planétaire : Mercure, le Soleil, Vénus, Saturne, la Lune, Jupiter, Uranus se suivent à la

4. Éditions Leymarie, 42, rue Saint-Jacques, 75005 Paris.

queue leu leu ! Cayce souligne l'importance du Soleil et de la Lune — les « Luminaires » — auxquels les autres planètes apportent leur éclat ainsi que Jupiter, étroitement conjoint à Uranus et à la Lune.

Il y a six planètes dans le même signe (Soleil, Vénus, Saturne, la Lune, Jupiter, Uranus), qui est le Taureau. A cette conjonction s'ajoute Mercure, dans le signe du Bélier, qui est seulement à 9 degrés du Soleil. Rappelons aux lecteurs non familiarisés avec l'astrologie que le Bélier est le signe de la guerre. Et lorsque Cayce parle de « L'INFLUENCE DES PLANÈTES SUR LES PENSÉES DES ÂMES », nous y sommes : Mercure, qui symbolise l'activité mentale, placé dans le signe qui régit les bagarres, excite les pensées belliqueuses. Influence très forte, malheureusement, lorsque Mercure est mal aspecté comme ici, au carré de Pluton symbole de la mort et de la destruction (un Pluton qui d'ailleurs se trouve dans le Cancer, signe de la nation). Pour ceux qui, comme moi, croient à l'astrologie sidérale, et qui tiennent donc compte de la précession des équinoxes, c'est pire encore : les six planètes en conjonction se trouvent, après correction, dans le signe du Bélier. (Voir le cas célèbre d'Hitler, faux Taureau s'il en fut, dans *L'Astrologie karmique*, page 54). Car pour un astrologue sidéraliste[5], comme moi, le signe réel des planètes est souvent le précédent, 24 degrés en arrière (plus exactement 23°54'43", en 1941). Ce qui nous met ici le Soleil à 13°44'12" du signe précédent : le Bélier !) La guerre, toujours la guerre ! Et si vous faites le calcul, vous trouverez la pauvre Vénus, symbole d'harmonie (hélas déjà étranglée par le voisinage de Saturne), située « en chute » dans le signe du Bélier.

En résumé : un énorme amas planétaire dans le signe du feu, de la guerre, de la violence, de la destruction, du fer et du sang. Cet amas est déjà explosif en soi. Mais le pire, c'est qu'il reçoit un

5. Astrologie sidéraliste : qui tient compte du décalage (ayanamsa) entre signes et constellations.

violent carré de Mars, la planète rouge, maîtresse du Bélier : carré Mars-Saturne et carré Mars-Lune. La planète de l'agressivité souffle sur les guerres qui incendient la Terre ; en plus, c'est un Mars très dur : en Verseau, signe fixe, signe de la Révolution.

Je me suis demandé pourquoi Cayce signale Vénus en oubliant Saturne. Peut-être ce dernier a-t-il été tout bêtement phagocyté par la plume de sa secrétaire ? Le cas de Vénus est grave : ne pouvant apporter ici l'harmonie par l'amour, son influence tourne au négatif ; elle pousse à l'amour de la guerre. Cayce dit aussi, ailleurs, que Saturne est la planète du changement : ici, Vénus-Saturne, c'est le grand chambardement !

Autre indication remarquable de l'astrologie : la localisation géographique des conflits. On sait que l'Allemagne est régie par le Bélier et le Taureau ! Quant au Japon, allié de l'Allemagne et qui va infliger aux Américains la défaite de Pearl Harbor, c'est un

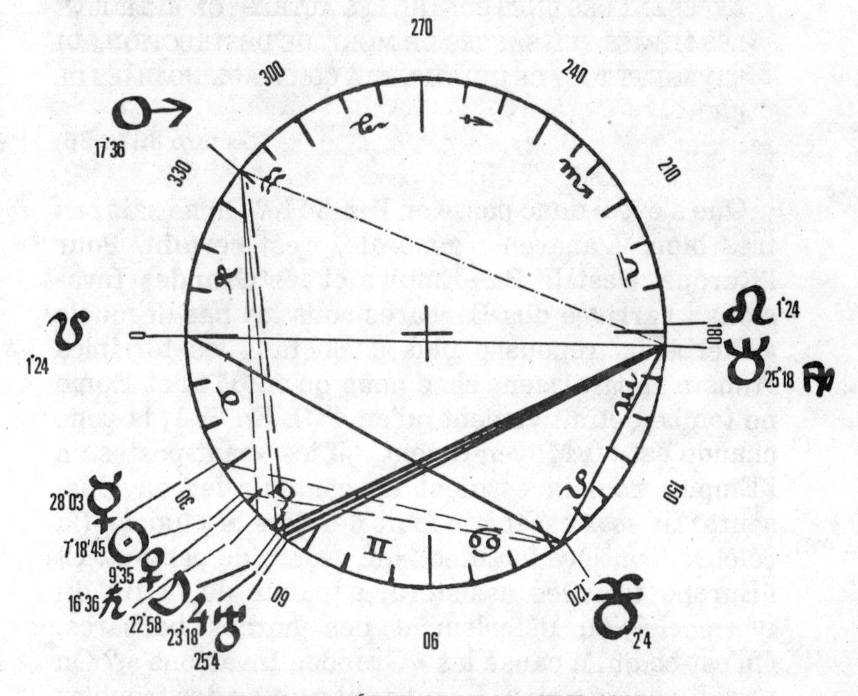

POSITIONS PLANÉTAIRES DU 28 AVRIL 1941

pays Bélier-Vierge. Le thème ci-joint montre la présence de Neptune rétrograde en Vierge en quinconce à Mars (avec toute l'ambiguïté de cet aspect de mort ou de service, que les astrologues ont tant de mal à définir ! Ici, c'est une alliance de mort !) Ce Neptune en Vierge magnifiquement bien accroché (trigone Lune-Jupiter-Uranus à Neptune) profite donc au Japon.

« LA DERNIÈRE FOIS QU'ON A VU CELA (cette conjonction astrale), TOUTE LA SURFACE DE LA TERRE ÉTAIT RAVAGÉE PAR LA GUERRE. CE SONT DES INFLUENCES QUI JOUENT SUR LA VIE COLLECTIVE DES NATIONS ; LES PEUPLES SONT ALORS MARQUÉS PAR CES ÉVÉNEMENTS.

ALORS, DEMANDEREZ-VOUS, À QUELLE INFLUENCE EST DÛ CE GRAND CHANGEMENT QUI SE PRÉPARE ? LA PUISSANCE DE LA LUMIÈRE ET CELLE DES TÉNÈBRES SE RETROUVENT DISPOSÉES COMME IL Y A MILLE SIX CENT ANS. AUJOURD'HUI, COMME EN CE TEMPS-LÀ, LES NATIONS SE DRESSENT LES UNES CONTRE LES AUTRES ; ON RETROUVE LES MÊMES PUISSANCES DE MORT, DE DESTRUCTION QUI RAVAGENT TOUT CE QUI TENAIT À CŒUR AUX HOMMES DE BIEN. »

(Lecture 3976-26)

Que s'est-il donc passé en l'an 341 ? On ne sait pas très bien. L'anarchie générale, c'est certain. Pour l'Europe, c'est le Bas-Empire et les Grandes Invasions : l'arrivée des Barbares sous les pas desquels « l'herbe ne repousse plus ». En fait, les terribles Huns n'apparaissent chez nous qu'en 375, et Rome ne tombe définitivement qu'en 410. En 341, la zone chaude est au Moyen-Orient, où les avant-postes de l'Empire romain essaient de contenir les envahisseurs. Ils se pressent en foule derrière le « limes » (la célèbre frontière fortifiée), qui cédera de partout. Et l'Europe terrifiée assistera, à partir de la fin du IVe siècle, au déferlement des hordes barbares. Qu'est-ce qui a causé les « Grandes Invasions » ? On ne sait pas très bien. Il faut qu'il y ait eu des troubles terribles plus à l'est, des guerres et des famines qui aient poussé les peuples asiatiques à s'enfuir. C'est ainsi que les Huns, les Avares, les Alains, les Bulgares et différentes peuplades du groupe turc galopent vers l'ouest, en poussant devant eux les peuples germaniques qui occupaient l'Europe centrale (Wisigoths, Ostrogoths, Vandales, Alamans, Burgondes, Francs), que les Gallo-Romains terrifiés ont vus d'abord apparaître sans comprendre que ces envahisseurs-là étaient eux-mêmes des fuyards. En Chine, la belle unité de l'empire des Han n'est plus qu'un souvenir ; et les Huns, qu'ils appellent là-bas « Xiongnu » sautent à pieds joints par-dessus la Grande Muraille, qui craque — comme a craqué le « limes » romain. La Chine est divisée en un grand nombre de petits États qui se font la guerre (Période des Seize Royaumes et des Six Dynasties).

Mes livres d'histoire sont muets sur la guerre mondiale de l'an 341...

L'INFLUENCE RUSSE NE FERA QUE GRANDIR

D'où vient l'importance extrême qu'a prise la Russie à notre époque ? C'est qu'elle est traditionnellement régie par le signe du Verseau et la planète Uranus. Or nous entrons maintenant dans l'Ère du Verseau... Ce très vieux pays, héritier des civilisations du Gobi et du Caucase, n'est pas près de voir son rôle diminuer :

Quelle devrait être l'attitude des nations que l'on appelle capitalistes vis-à-vis de la Russie ?

« DU DÉVELOPPEMENT RUSSE NAÎTRA LE PLUS GRAND ESPOIR POUR LE MONDE. ALORS CE PAYS, CE GROUPE

HUMAIN, QUI EST LE PLUS PROCHE (de nous) DANS SES RELATIONS, POURRA ÊTRE CELUI QUI SE DÉBROUILLERA LE MIEUX POUR DIRIGER LE MONDE À TRAVERS SES MUTATIONS PROGRESSIVES »

(Lecture 3976-10)

Dans d'autres lectures, Cayce précisera cette renaissance spirituelle de la Russie, qui n'est pas encore pour tout de suite (voir plus loin). Et c'est vrai que les Russes ont des points communs, psychologiquement, avec les Américains. Lorsqu'on demande aux Soviétiques qui visitent l'Occident quel est le pays dont ils se sentent le plus proches, ils mentionnent toujours l'Amérique. Même immensité des paysages, qui ouvrent des perspectives mentales immenses aussi... Les lectures mettent le doigt sur l'importance capitale de la question russe. Voici en regard, la prophétie de Fatima, le 13 juillet 1917 : «*Si l'on écoute mes demandes*», dit la Mère de Dieu, « *la Russie se convertira et l'on aura la paix — sinon elle répandra ses erreurs par le monde, provoquant des guerres et des persécutions (...) —* ; *plusieurs nations seront anéanties.* » Le marxisme est nettement qualifié d'« erreur » ; les voyants ont donc annoncé ce qui se passe actuellement (et l'on peut craindre que les choses ne s'aggravent !). La prophétie continue et la Vierge y annonce le triomphe de la paix, pour plus tard : « *La Russie se convertira et un temps de paix sera donné au monde.* » C'est bien ce que dit Cayce, exprimé à sa façon à lui. Continuons la lecture :

Les États-Unis devront-ils reconnaître l'actuel gouvernement russe ?

« DE NOMBREUX ÉLÉMENTS DOIVENT ÊTRE PRIS EN CONSIDÉRATION (...) CAR IL ARRIVERA UN CHANGEMENT COMPLET DANS L'ATTITUDE DES DEUX NATIONS — EN TANT QUE PUISSANCES FINANCIÈRES ET ÉCONOMIQUES MONDIALES. POUR LES RESSOURCES NATURELLES, LA RUSSIE SURPASSE TOUTES LES AUTRES, MAIS POUR L'APTITUDE À DÉVELOPPER CES RESSOURCES, LES ÉTATS-

UNIS SONT BEAUCOUP PLUS AVANCÉS. SI CES DEUX PAYS S'UNISSAIENT SUR UNE BASE ÉQUITABLE, ILS POURRAIENT DEVENIR PLUS PUISSANTS ; (...) MAIS IL FAUDRA DES ANNÉES POUR QU'ON EN ARRIVE LÀ... »

(Lecture 3976-10)

Cayce envisage donc l'époque où les deux superpuissances collaboreront autrement que dans la Guerre des Étoiles... En août 1933, une autre question sera posée à Cayce sur la Russie :

Donnez-nous les événements à venir pour 1938 en Russie ? »

« IL SERA PRÉFÉRABLE DE LES DONNER PLUS TARD, APRÈS QU'AURONT EU LIEU CES CHANGEMENTS DONT NOUS AVONS DÉJÀ PARLÉ. DE RUSSIE, VOYEZ-VOUS, PEUT VENIR UN JOUR UNE PENSÉE RELIGIEUSE, OU UNE TENDANCE, QUI SERA PLUS LARGEMENT MONDIALE – VOYEZ-VOUS ? »

(Lecture 3976-12)

Cayce ponctue sa lecture de petit « YOU SEE » (VOYEZ-VOUS), qui laissent entendre que ses interlocuteurs ne voient rien du tout. Et nous-mêmes... nous comprendrons mieux plus tard. Le père Kolbe (mort en camp de concentration) disait en 1939 cette chose incroyable : « *Vous verrez un jour la statue de l'Immaculée Conception au centre de Moscou, au plus haut du Kremlin.* » Comme quoi les peuples peuvent changer... Quelques années plus tard (le 24 juin 1938), Cayce reviendra sur la situation internationale et dira :

« LES DIRIGEANTS DOIVENT SAVOIR QU'ILS SONT RESPONSABLES DE LEURS FRÈRES ET TRADUIRE CE PRINCIPE DANS LEURS ACTES. IL A ÉTÉ DIT : “TU AIMERAS LE SEIGNEUR TON DIEU DE TOUT TON CŒUR, DE TOUTE TON ÂME,

DE TOUT TON CORPS ET TON PROCHAIN COMME TOI-MÊME[6]". CE PRINCIPE DOIT ÊTRE APPLIQUÉ ! »

(Lecture 3976-19)

Il est trop souvent entendu qu'en politique « on ne fait pas de sentiment » ou que « la politique est au-dessus de la morale ». (Était-ce vraiment l'optique du *Prince* de Machiavel ?) Ou encore que « la raison d'État » justifierait tout. Cayce n'est pas d'accord : il estime au contraire que les « personnes morales » que sont les États doivent observer... une morale ! Dans cette même lecture, il rappelle que la Révolution russe avait à l'origine tenté d'appliquer ces principes fondamentaux d'amour du prochain (principes qui avaient inspiré nombre de grands écrivains et mystiques russes du XIXe siècle). Mais cette pensée généreuse avait échoué et dégénéré en dictature :

« IL EST EXACT QU'EN RUSSIE, CERTAINS GROUPES ONT ESSAYÉ D'APPLIQUER CE PRINCIPE ET CONTINUENT, NON SEULEMENT DANS LA VIE ÉCONOMIQUE MAIS ENCORE DANS LA VIE INTELLECTUELLE ET SPIRITUELLE – CE QUI LEUR AMÈNE DES ÉPREUVES INADMISSIBLES. »

(Lecture 3976-19)

A l'époque (1938) où Cayce donne cette lecture, aucun de ses auditeurs ne lui posera de question sur la nature des « ÉPREUVES INADMISSIBLES ». L'éducation américaine n'encourage pas les curiosités déplacées... (C'est au point qu'à Yalta, en 1945, Roosevelt croira encore que Staline est le « bon petit père des peuples », et lui abandonnera la moitié de l'Europe !) Les Américains à cette époque ignorent — et veulent ignorer — l'existence des goulags où croupissent les dissidents russes qui prétendent encore « APPLIQUER

6. Cayce reprend souvent des versets bibliques en les paraphrasant, ce qui donne une variante des traductions auxquelles nous sommes habitués. Ou peut-être, dans bien des cas, en donne-t-il la véritable version d'origine, telle qu'elle a été dictée par le Christ ou les Prophètes de l'Ancien Testament. Car nos Bibles — Cayce le dit (et il n'est pas le seul !) — ont passé entre les mains d'une foule de copistes imaginatifs...

CE PRINCIPE DANS LA VIE INTELLECTUELLE ET SPIRITUELLE ». Ils ne veulent pas savoir que Staline a fait assassiner ou déporter des millions et des millions de personnes ; comme ils ignoreront l'existence des camps de concentration jusqu'à la dernière minute du régime nazi. La fameuse « pensée positive », invention géniale qui a fait la force de l'Amérique, a néanmoins un aspect négatif : c'est la pensée de l'autruche... Car « la dictature du prolétariat » s'oppose aux principes spirituels d'amour universel :

« LORSQU'UNE ATTITUDE DE DISCRIMINATION MASSIVE FRAPPE TEL OU TEL GROUPE, OU PARTI, OU FRACTION, "LE PROCHAIN" QUE TU DIS "AIMER COMME TOI-MÊME" SE LIMITE ALORS À UNE SEULE CLASSE SOCIALE. »

(Lecture 3976-19)

La caractéristique de toutes les dictatures, c'est justement de dresser une liste des citoyens qui ne sont plus « DES PROCHAINS »... Il devient alors très vite légitime de les assassiner. Hitler et Staline sont des cas extrêmes, mais c'est une tentation permanente de la vie politique que d'exclure certaines catégories de « prochains » qui « pensent mal ».

« NON PAS QUE TOUS DOIVENT AVOIR TOUT EN COMMUN, COMME DANS UNE CERTAINE IDÉOLOGIE COMMUNISTE — MAIS IL FAUT GARDER L'ÉQUILIBRE, L'UNITÉ, LA DIVERSITÉ ASSOCIATIVE DES IDÉES ET DES ACTIVITÉS DE TOUS. »

(Lecture 3976-19)

L'équilibre est difficile à garder entre le respect des libertés démocratiques et le dirigisme nécessaire à certains niveaux. La question se pose toujours ! Dans cette même lecture, Cayce parle encore de la Russie en termes surprenants :

Et la situation en Russie ? demande Gertrude Cayce.

« COMME NOUS L'AVONS DÉJÀ DIT, LE PEUPLE A COMMENCÉ À S'ÉVEILLER À DE NOUVELLES IDÉES ET CELA

CONTINUERA. CE PAYS A RÉAGI AVEC EXTRÉMISME AU JOUG DE L'OPPRESSION, AU POIDS DE L'ÉGOÏSME SOCIAL. TANT QU'IL N'Y AURA PAS LA LIBERTÉ D'EXPRESSION ET LA LIBERTÉ DE CONSCIENCE, CE PAYS CONNAÎTRA DES TROUBLES INTÉRIEURS. »

(Lecture 3976-19)

C'est bien le cas à l'heure actuelle : les minorités opprimées derrière le rideau de fer n'ont cessé de s'agiter. Est-ce d'abord pour juguler ces « TROUBLES INTÉRIEURS » que les dirigeants soviétiques lancent des guerres de conquête ? On a vu avec l'exemple des États-Unis en 1942 que la guerre extérieure peut être un excellent dérivatif aux tentations de guerre civile... Sommes-nous menacés d'une invasion russe ? Je peux dire que tous les voyants et mystiques (je parle des gens sérieux — pas des charlatans, des dingues ou des mages noirs !), tous ont évoqué cette histoire d'invasion russe. Certains ont donné des plans du trajet suivi par les armées russes. Le Padre Pio en avait également parlé à l'un de mes amis, qui me l'a raconté en détail. Les apparitions de l'Escorial à la stigmatisée Maria Amparo affirment que : « *La Russie sera le fléau de l'humanité. Elle est en train de préparer une guerre atomique.* » (22 janvier 1983) (Mais peut-être les choses ont-elles évolué depuis ?) Le grand écrivain Léon Bloy, prophète injustement oublié, a écrit des pages lyriques sur le Grand Monarque, mais il voyait auparavant arriver les Russes : « *J'attends les Cosaques et le Saint-Esprit.* » (Effectivement, si une telle invasion se produit, on ne pourra plus compter que sur Son intervention !). Napoléon lui-même — qui ne manquait pas de dons de voyance ! — avait pressenti le danger[7]. Le pape Pie X, également favorisé de vi-

7. « Deux nations (...) vont connaître d'ici la fin de ce siècle un essor fabuleux (...) : c'est l'Amérique du Nord et la Russie. Eh bien, si l'Europe n'est pas unie entre-temps, nos petits-enfants verront les Cosaques à Londres et à Bordeaux — ou les Américains à Vienne et à Berlin », disait l'Empereur à Caulaincourt pendant la campagne de Russie.

sions, avait dit en 1909 : « *Je vois les Russes à Gênes.* » Dans l'Ancien Testament, le prophète Ezéchiel parle de : « *Gog et le pays de Magog, prince de Rosch, de Mosoch et de Tobol* ». Verset interprété comme : « *Prince de Russie, de Moscou et de Tobolsk.* »

La Bible semble décrire une guerre entre la Russie et Israël, et aussi entre la Russie et les pays d'Occident (car elle mentionne souvent Tarsis, qui est peut-être la ville phénicienne de Tartessos, en Espagne). Mais l'interprétation du texte biblique n'est pas facile, les pays évoqués ayant changé de nom depuis l'Antiquité. On peut tirer sur « Tarsis », et lui faire signifier « l'Espagne », puis « les pays de la mer » (ou « lointains »), enfin « l'Amérique » — sans garantie !

Au lieu de ces subtilités jésuitiques, j'aime mieux les prophéties où les noms sont en clair !

Comme les mots « U.R.S.S. » et « soviétique » n'étaient pas encore inventés, les voyants désignent l'ours russe autrement. Nous avons déjà vu ceux qui disent « les Cosaques ». La prophétie de l'anonyme de Plaisance (1800) emploie l'expression « *le Roi d'Aquilon* » (l'aquilon est le vent qui vient du Nord). Celle du voyant juif Zacharie, écrite en 1807 et publiée en 1865, reprend ce même terme pour décrire une puissance du Nord — qui abat une première fois Napoléon et ensuite s'allie au « Peuple du Nouveau Monde » pour obéir au Dragon (l'esprit du Mal), puis attaque la France. Nostradamus parle lui aussi, longuement, d'une invasion venue du Nord-Est (qu'il désigne comme le pays de l'Elbe et des Cimbres), aux ordres d'un mystérieux personnage qu'il appelle « *l'Aemathion* », qui doit finalement être battu. Beaucoup de voyants ont parlé d'invasion étrangère, sans donner de nom aux envahisseurs :

« La France sera un moment menacée de toutes parts par les puissances étrangères, sans qu'on le sache à l'intérieur (...). Les étrangers pénétreront en France (...). Un grand combat aura lieu près de Lyon

(...) qui sera un carnage et un massacre épouvantable (...), mais les étrangers seront écrasés et n'entreront pas à Lyon ! »

(La petite Marie des Terreaux, ou des Brotteaux, la prophétesse lyonnaise)

Les prophéties font allusion à l'inflitration communiste dans les rouages des institutions des pays d'Occident :

« *La Russie s'est mise dans mon église* » (sous-entendu : chrétienne des pays non communistes), disait la Vierge Marie à l'Escorial, en 1982.

Marie-Julie Jahenny qui parle des « *ennemis rouges* », plusieurs fois, précise :

« *L'étranger entrera en France avec toute son armée. Il y fera une longueur d'espace mesurée par Moi* (dit le Christ). *Je l'arrêterai, et dans cet arrêt, Je susciterai le sauveur du reste de Mes enfants. Il traversera l'Est et semblera sortir du fond du Nord.* »

Il s'agit du futur Grand Monarque (que nous allons voir plus loin). Puis, elle parle de Rome où ce sera : « *terrible pour la terre de la Ville Éternelle. Le fléau qui s'y découvrira sera les Russes.* »

(*Les Prophéties de la Fraudais*, p. 128 et 101)

Donc, Marie-Julie elle aussi voit les Russes en Italie comme le pape Pie X. A propos de ce dernier, voici une très jolie histoire, assez connue, que j'emprunte à Eric Muraise[8]. A la fin du règne de Sa Sainteté Pie XII (1939-1958), la supérieure des dames auxiliatrices sollicita une audience pontificale pour faire approuver son projet d'implantation d'une maison de son ordre à Rennes. Alors qu'elle attendait seule le moment de l'audience, le Pape se manifesta. Elle lui exposa ses intentions et l'entendit lui répondre : « C'est un bon choix. Là au moins vous ne verrez pas venir les Cosaques. » Le pape disparut et c'est

8. Eric Muraise : *Histoire et Légende du Grand Monarque*, p. 111.

alors que la supérieure, à son grand étonnement, fut introduite auprès de Pie XII. Or elle ne reconnut pas le pape qui venait de lui parler. Il fut établi, d'après son témoignage, qu'elle avait probablement vu saint Pie X, mort en 1914. Le révérend Arthur Ford de son côté, dans les messages récents qu'il donne à son amie Ruth Montgomery[9], lui dit qu'il voit les Russes arriver jusqu'à Paris — mais n'y rester que 45 jours. Pourquoi ? Parce qu'ils se font attaquer par les Chinois sur « les rives sauvages de l'Amour »; le fleuve qui marque la frontière entre les deux pays. Sa prophétie fait écho à celle des voyants européens contemporains. Par exemple, Jeanne Ramonet à Kérizinen :

« Il va y avoir une prochaine guerre lourde de conséquences ; la France est appelée à être envahie par une armée russe. »

(le 29 mai 1948)

Mais cette invasion ne va pas jusqu'à la Bretagne (comme l'affirme la majorité des voyants). Le même message disait :

« Mais que l'on prête attention à mes demandes de prière et de vie droite et Je vous préserverai de ces terribles ennemis. »

Et la prophétie se poursuit en annonçant la venue du Roi, le futur Grand Monarque. De ce risque d'une invasion russe en France, je sais aussi que Marthe Robin, à Châteauneuf-de-Galaure, avait parlé, mais ses prophéties n'ont pas été publiées.

Et que fera notre armée pendant ce temps-là ? Les prophéties de Marie-Julie là-dessus serrent le cœur :

« L'autorité si coupable, gouvernante d'aujourd'hui, fera massacrer les troupes et la France sera sans soutien. » (*Op. cit.*, p. 131)

9. *A World Beyond, op. cit.*

Et Marie-Julie de donner des détails si douloureux qu'on n'a pas envie de les raconter. Ensuite, il semble que l'armée française en entier soit déportée à l'étranger (la Sibérie est suggérée dans certains passages). Il ne s'agit pas (dans le contexte) de la guerre de 14-18, ni de celle de 39-45, où nos armées n'ont pas été déportées massivement en Sibérie ! Les événements que décrit Marie-Julie doivent faire suite à une guerre civile et se terminer par une restauration monarchique — que nous n'avons pas encore vue :

« Sous peu, leurs fils seront ravis et emmenés sur les terres étrangères. Pour la plupart, ils seront si malheureux et si misérables que la souffrance les forcera d'expirer sans revoir leur beau pays. »

(Prophétie de 1882, *op. cit.*, p. 161)

« La France n'aura point d'appuis, personne pour la défendre : toutes les troupes qui ont la garde de la France seront exilées (...). La France, si belle autrefois, aura perdu son honneur et sa dignité ; elle sera envahie par des peuples étrangers, sans cœur et sans pitié. »

(1904, *op. cit.*, p. 99)

De toutes les prophéties que j'ai réunies pour ce livre, celle qui me navre le plus est celle qui concerne les militaires ! Peut-être parce que je suis moi-même fille de général, petite-fille de général, arrière-petite-fille de général et belle-fille de général (« lourde hérédité », dit mon fils !), mais enfin, si ça doit se passer comme ça, c'est vraiment atroce. Alors que faire ? On ne peut pas refuser de servir son pays, s'il y a un appel sous les drapeaux : c'est un devoir moral grave qui s'impose à tout citoyen, quelle que soit sa patrie. Mais on peut avertir les soldats, leur dire de se tenir informés ; et, si l'armée est faite prisonnière massivement, qu'il n'y a plus rien à faire, qu'ils s'enfuient avant de se laisser déporter comme des moutons ! C'est difficile à cause du principe de l'obéissance militaire. Cas de conscience qui s'est posé lors de la dernière guerre — et de façon extrêmement douloureuse. Il faudra savoir choisir son camp :

> « CHACUN DEVRA DIRE TOUT HAUT QUI IL VEUT SERVIR : UNE NATION, UN HOMME, UN ÉTAT, OU BIEN SON DIEU ? CAR C'EST AUPRÈS DE LUI QUE VOUS DEVREZ CHERCHER LE RÉCONFORT, SACHANT CE QUI VA ARRIVER. »
>
> (Lecture 3976-26)

Il y aura un choix à faire entre faire son devoir (c'est-à-dire assumer le service que l'on doit) ou le fuir. L'homme de bonne volonté devra être assez éclairé pour choisir en fonction de sa vision intérieure — même si ce choix le met en contradiction avec les idées reçues de son entourage. Il y aura des circonstances où il faudra fuir — parce que l'on n'a plus aucun service à rendre là où l'on est. Les bons choix seront toujours ceux qui sont faits suivant des critères spirituels, dans la méditation et la prière. Et dans ce qui peut sembler catastrophique, se dire que :

> « TOUT CE QUI EST DE NATURE TEMPORELLE DOIT PASSER ÉGALEMENT. MAIS IL RESTE LA CONSOLATION POUR CEUX QUI DÉCLARERONT : "QUE LES AUTRES FASSENT CE QU'ILS VEULENT ; QUANT À MOI, JE SERVIRAI LE DIEU VIVANT". »
>
> (Lecture 3976-26)

Ceux qui prendront le maquis auront sûrement raison. Ces maquis de résistants, toutes les prophéties en parlent. Ils se regrouperont et mettront l'envahisseur en échec. Et finalement, ils se rassembleront sous la bannière du « Grand Monarque », qui, de victoire en victoire, ramènera la paix. Ce sera un temps d'épreuve où chacun devra se poser des questions fondamentales :

« QUELS MOYENS D'AGIR AVEZ-VOUS PERSONNELLEMENT CONTRE CETTE CALAMITÉ QU'EST LA GUERRE ? POUVEZ-VOUS FAIRE QUELQUE CHOSE CONTRE CETTE INJUSTICE DE LA CONDITION HUMAINE, CES PLAIES QUE SONT LA MORT ET LA PEUR DE MOURIR ? »

(Lecture 3976-27)

La mort est certes une plaie, mais Cayce dit quelque part que la peur en est une plus grave encore, parce qu'elle empoisonne la vie des hommes en créant tous les désordres : c'est par la peur que les forces du mal s'insinuent dans notre cœur et nous terrassent. Il faut d'abord délivrer les hommes de la peur. C'est le travail que fait Cayce. Comment ? Par la connaissance, d'abord. Ensuite, par un effort d'amour envers Dieu, et par l'effort de vivre en accord avec cet amour :

« QUE CEUX QUI MEURENT AIENT UN OBJECTIF TEL QU'ILS PUISSENT SE DIRE : "JE NE MOURRAI PAS POUR RIEN", COMME LUI. »

(Même lecture)

Autrement dit, le soldat ou le maquisard qui meurt dans une bataille perdue n'est tout de même pas « MORT POUR RIEN », s'il a conquis la paix intérieure.

« QUE CEUX QUI VIVENT SOIENT TOURNÉS VERS DIEU, LUI RENDANT HOMMAGE, RÉPANDANT AUTOUR D'EUX LES FRUITS DE L'AMOUR FRATERNEL : LA BIENVEILLANCE, LA PATIENCE. AINSI LA GUERRE, CETTE PLAIE, S'ARRÊTERA. COMMENT POUVEZ-VOUS PRIER EN DEMANDANT « LA PAIX, LA PAIX » ? S'IL N'Y A PAS DE PAIX DANS VOTRE CŒUR ? »

(Lecture 3976-27)

Dans ces temps troublés, il ne faudra pas se laisser envahir par la haine de l'ennemi :

« QUE VOTRE VIE SOIT SANS ESPRIT CRITIQUE, SANS

CONDAMNATION D'AUTRUI, SANS HAINE, SANS JALOUSIE : CAR C'EST AINSI QUE VOUS PERMETTREZ À L'ESPRIT DE PAIX, AU PRINCE DE LA PAIX, DE SE MANIFESTER. »

(Lecture 3976-23)

Cayce annonce ici le retour du Christ qui apportera la Paix Universelle.

8. PARIS BRÛLE-T-IL ?

PARIS, VILLE MIRACULÉE...

Paris brûle-t-il ?

C'est le titre d'un excellent livre[1] — dont a on fait également un excellent film, où Lapierre et Collins racontent la libération de Paris. Oui, on peut se poser la question. Pourquoi est-ce que Paris a échappé cette fois-là à la destruction ? Par quel extraordinaire ensemble de circonstances ? Que l'officier allemand von Choltitz — qui reçut d'Hitler l'ordre de faire sauter la ville — ait eu le courage de désobéir, courage que d'autres n'auraient pas eu ? Que Leclerc et les Alliés soient arrivés à temps ? Que la Résistance ait pu faire la jonction avec eux *in extremis* ? Par quelle série de miracles ?

Je n'ai pas trouvé dans les textes cayciens de mention prophétique de la destruction de Paris. Il y en a peut-être... mais 14 256 lectures présentent un océan d'informations qu'à l'heure actuelle personne n'est sûr d'avoir entièrement décodées ! Il existe une lecture où Cayce parle de la destruction « DE CETTE EXTRAORDINAIRE CITÉ SUR LA SEINE » — mais c'était il y a très longtemps, alors qu'elle s'appelait Lutèce

1. *Paris brûle-t-il ?* Éd. Robert Laffont.

(Lecture 272-4), que j'ai traduite dans le tome II de *L'Univers d'Edgar Cayce*, dans la section traitant de l'histoire de France. Cette lecture indique que Paris est une vieille entité avec une très longue histoire dont nous ne connaissons que les deux derniers millénaires... Ainsi Paris-Lutèce aurait-elle été plusieurs fois détruite, et reconstruite.

Paris peut-il être détruit par une invasion « des Barbares » ? ou/et par la guerre civile ? par les bombes (atomiques ou non) d'un envahisseur ? Par l'explosion inattendue d'un volcan ? (voir ci-dessus), ou d'une centrale nucléaire ? Comment imaginer la destruction de ce chef-d'œuvre, dû à la patience et au travail de tant de générations ? Mais ces grandes métropoles sont devenues des monstres... Et Paris, comme New York, devient difficile à contrôler, malgré l'efficace gestion de son maire actuel, Jacques Chirac. Le rayonnement de Paris est, à l'origine, d'essence spirituelle ; comme dit Cayce :

> « LES GENS EN FRANCE ONT CONSTRUIT UNE DÉPENDANCE — ET UNE INDÉPENDANCE — SUR LA JOIE DONNÉE PAR LA BEAUTÉ ; SUR LE RESPECT ACCORDÉ AU CORPS, CONSIDÉRÉ COMME SACRÉ. AUSSI BIEN QUE SUR LE RESPECT VIS-À-VIS DES FORCES CRÉATRICES, PRÉSENTES À L'INTÉRIEUR DE TOUTE EXPÉRIENCE DE VIE. »
>
> (Lecture 1554-3[2])

Où, mieux qu'à Paris, s'est concentré cet amour de la Beauté et ce respect de la vie ? C'est cela qui a fait la force de Paris et son pouvoir d'attraction, pendant des siècles. Comme capitale gauloise, elle a toujours encouragé la liberté d'expression — ce qui a donné bien du fil à retordre aux Rois (ils ont finalement préféré s'installer à Versailles !). Sauf à de rares périodes, comme la Terreur, les Parisiens ont toujours eu leur franc-parler, et les persécutions reli-

2. Tome I de *L'univers d'Edgar Cayce*, p. 307, Éd. R. Laffont.

gieuses y ont été, comparativement, plus rares qu'ailleurs. Les femmes y ont joui d'une considération, d'une indépendance que peu de pays ont pu leur offrir. Et ça date du temps des Gaulois, comme le note Jules César, avec un étonnement de latin[3] ! La philosophie a toujours été de « vivre et de laisser vivre ». C'est pourquoi Paris a attiré tant et tant d'étrangers qui y ont trouvé la chance qu'ils n'avaient pas eue chez eux. De même, le « RESPECT... DE TOUTE EXPÉRIENCE DE VIE » — considérée comme d'essence divine — faisait que c'était jadis une ville où l'on ne persécutait pas les animaux...

Lorsque j'étais à Virginia Beach, on m'a proposé un bail de location d'appartement, qui comportait la clause suivante : *« No pets, no children, no colored people, no musicians »* (« Pas d'animaux, pas d'enfants, pas de gens de couleur, pas de musiciens »). J'ai, naturellement, refusé de signer ce bail scandaleux, en me disant : « A Paris, on n'oserait tout de même pas ! » Les Parisiens devraient avoir à cœur de maintenir leur antique tradition culturelle, basée sur « LE RESPECT DE TOUTE FORME DE VIE » et d'expression, et ne pas mettre le doigt dans l'engrenage de faux principes (« no pets, no children... »).

Ce sont des principes de haine et de mort (et d'ennui mortel pour commencer !), qui vont rendre la Ville invivable. Les Parisiens, râleurs comme toujours, ne se rendent pas compte combien ils ont eu la vie douce. Ils ont été très gâtés : voilà pourquoi ils se sont laissés aller. C'est ce qu'on a toujours reproché à la capitale : la vie facile, la vie de plaisirs... (« Sodome et Gomorrhe » comme disent les prophéties !). Trop de facilité dégénère en décadence, et risque d'attirer le feu, comme châtiment karmique, comme le dit cette lecture à double sens :

« ET TOUS VONT ÊTRE, SONT DÉJÀ ÉPROUVÉS PAR LE

3. Dans la Guerre des Gaules : *De bello gallico.*

FEU. ET QUELS SONT LES FEUX DE LA NATURE ? L'AUTO-INDULGENCE, L'AUTO-GLORIFICATION. »

(Lecture 3976-23, du 13 juin 1939)

Le mot « SELF INDULGENCE » désigne, employé par Cayce, le laisser-aller sensuel : on ne se refuse rien, et on se laisse glisser dans les plaisirs des sens, en perdant de vue son programme spirituel. La « SELF-GLORIFICATION », qui en découle, c'est l'attitude où l'on se croit tout permis, et où l'on se glorifie de ses vices. Hélas pour Paris, depuis qu'on lui a fait, à l'étranger, une réputation de « capitale du sexe », elle voit déferler sur ses trottoirs une marée de gens qui viennent là pour des motivations qui n'ont plus rien de culturel. Le sex-business, honte de toutes les grandes capitales à l'heure actuelle, ouvre la porte à tous les autres trafics qui déshonorent l'humanité... et risquent en effet d'attirer les pires calamités :

« N'ALLEZ PAS CROIRE QU'IL SUPPORTERA ÉTERNELLEMENT CEUX QUI SE MOQUENT DE LUI. »

(Lecture 3976-25)

Avertissement grave : les désastres, les destructions, arrivent seulement chez ceux « QUI SE MOQUENT DE LUI », c'est-à-dire de Dieu.

Cayce poursuit d'un ton sévère :

« AINSI, VOUS TOUS ICI, NE CROYEZ PAS QUE CELA CONCERNE QUELQU'UN D'AUTRE — IL S'AGIT DE VOUS, OUI, DE VOUS-MÊME ! (...)

VOUS DEVEZ COMMENCER PAR BALAYER DEVANT VOTRE PORTE, SINON VOUS RISQUEZ DE NE PAS SAVOIR L'HEURE ET LE JOUR OÙ IL SE SERA DÉTOURNÉ DE VOUS ! »

(Même lecture du 23 juin 1940)

Sauver Paris est donc l'affaire de chaque Parisien !

DE QUOI PARIS EST-IL MENACÉ ?

Il y a des centaines de prophéties sur la destruction de Paris : les voyants sont unanimes à décrire un incendie. Certains parlent de feu allumé lors de la guerre civile ; d'autres, de « feu du ciel » — mais ce n'est pas très clair. Éric Muraise[4], officier, l'interprétait comme étant d'origine atomique. C'est possible... Certains voyants attribuent carrément le « feu du ciel », qui « vient d'en haut », à une puissance infernale ou divine. Le lecteur pourra choisir ! Je dois dire que, depuis le temps que je connais ces prophéties, je n'ai pas réussi à me faire une opinion définitive là-dessus ; sinon qu'il y aurait plusieurs facteurs de destruction, qui pourraient s'ajouter les uns aux autres.

« La grande prostituée sera détruite par le feu. L'Ange du Seigneur avertira les justes de Paris. Personne ne saura d'où est venu le feu. Tous les mauvais périront. »

(Marianne Galtier, déjà citée)

« J'entendis un bruit effroyable. Le gros nuage se divisa en quatre parties, qui tombèrent à la fois sur la grande ville — et, dans un instant, elle fut toute en feu ! Les flammes qui la dévoraient s'élevèrent dans les airs, et, tout de suite, je ne vis plus qu'une vaste terre noire comme du charbon. »

(La trappiste de Notre-Dame-des-Gardes à Angers, morte en 1828)

Cette prophéties semble décrire — soit une explosion atomique — soit une explosion volcanique. Bien que l'on n'ait pas le moindre soupçon de volcan à Paris, les prophéties sur les chambardements de la

4. *Op. cit.*

Terre, que j'ai données jusqu'ici, ouvrent la porte à toutes les possibilités cataclysmiques !

« Il y aùra des quartiers où le feu du ciel sera comme suspendu au-dessus des maisons, mais ne détruira rien » (ça, c'est très mystérieux !) *« tandis que, dans d'autres, les pierres même tomberont en poussière. »*

(Propos de Mélanie Calvat, la voyante de la Salette, 1831-1904 alors qu'elle traversait Paris)

Les références à Sodome et Gomorrhe sont foule: *« Paris va subir le triste sort de Sodome et Gomorrhe. Paris est condamné à périr. Paris a été maudit. »*

(Le paysan Watrin, voyant de Lorraine)

« Le monde a fatigué Ma patience, dit le Sauveur (...) Si les hommes ne se convertissent pas, Ma vengeance tombera sur eux, comme elle tomba sur les villes de Sodome et Gomorrhe, auxquelles J'envoyai Mes messagers. J'envoyai le prophète Jonas à Ninive. Les habitants de cette ville se convertirent à Ma voix, et Je leur pardonnai. Je pardonnerai aussi aux hommes, s'ils veulent revenir à Moi. »

(Pauline Périé, à Francoulès près de Cahors, en 1838)

« Sauve-toi du feu de Sodome et Gomorrhe, et du sac de Babylone ! »

(Prophétie de la chartreuse de Prémol, où il s'agit de Paris)

« Le Feu du ciel tombera sur Sodome et principalement sur cette salle de l'enfer où se fabriquent les mauvaises lois (...) Dans cette Sodome, il y aura des endroits tellement bouleversés qu'il n'y restera pas un seul pavé en place. Le feu du ciel se mêlera au feu de la Terre. »

(Marie-Julie Jahenny, *Les prophéties de la Fraudais,* 1903)

L'incendie a donc des origines différentes, il n'y a pas que la guerre civile...

La destruction de Paris par le feu occupe plusieurs pages dans *Les Prophéties de la Fraudais* ; on en tire l'impression qu'il y a également un incendie dû à des envahisseurs :

« La Sainte Vierge me fit voir les flammes incendiaires, s'élevant sur le Centre, et le feu allumé au milieu de terribles combats, surtout aux alentours de cette salle d'enfer »
(Marie-Julie appelle ainsi la Chambre des députés).

« Il ne restera guère de bois dans les maisons, à mesure qu'ils remporteront leur victoire et qu'ils jetteront cet incendie, si vaste et si étendu qu'on ne pourra en dire la mesure (...) Frère, les flammes du feu de la terre montaient à un hauteur incompréhensible. La Sainte Vierge me disait en soupirant : "Ma fille, les hommes l'allument et Satan le souffle." » (1882)

« Sainte Geneviève (...) a sauvé cette ville ingrate qui, aujourd'hui, est menacée de grands fléaux (...) Elle subira le déchaînement des barbares et des impies. Elle souffrira de leurs sacrilèges. Pas elle, mais sa statue. Leurs mains se porteront sur elle, mais sa voix sortira vivante de sa statue, plantée au milieu de la ville » (...) « Je ferai un miracle ». (1877).

Dans le contexte, le terme « barbare » s'applique à des gens venus d'ailleurs.

« *Dans le Centre* (Marie-Julie appelle ainsi Paris), *beaucoup de monde va périr — annonce du déluge de sang et de mort — va périr, mes enfants, par les mines, qui sans cesse rongent de leurs flammes drues et ardentes le sol de cette terre, où l'on bâtit pour se servir de refuge »* (1882).

« Voyez-vous la Seine ? (...) Le plus grand nombre viendra s'y jeter tout affolés, fuyant le feu qui sera comme suspendu au-dessus de la ville ! Ils s'y jette-

ront comme fous de terreur, croyant éviter ce feu menaçant. »

(Marie-Julie Jahenny, *op. cit.*)

« Frère, ce que j'ai vu était si affreux que, malgré la présence du Bon Dieu dans ma cellule, j'y pense sans cesse (...) Et toi, ville ingrate, murs souillés de crimes, pourquoi ne dites-vous pas aux bons : fuyez, fuyez, il est temps encore ? Et vous, pavés des rues (...) pourquoi ne vous levez-vous pas et ne prévenez-vous pas qu'il faudra prendre la fuite, quand le tonnerre grondera sur un peuple en péril ? »

(*Ibidem, op. cit.*)

C'était à l'époque où Paris était pavé !...

« La plus grande partie des châtiments se dirigera vers Paris. »

(*Ibidem, op. cit.*)

« Il y avait des souterrains à Paris, et le feu y a été mis. »

(Prophétie de la religieuse de Lyelbe)

Cette fois, c'est le feu d'en bas : est-ce qu'il faut comprendre qu'on mettra le feu au métro ? Et comment ? Et pourquoi ?

Certains ont interprété le quatrain de Nostradamus, que j'ai donné au chapitre des volcans, et qui commence par :

« Cinq et quarante depuis ciel brûlera »

comme l'annonce que l'incendie de Paris aurait lieu en été, alors qu'il ferait 45° à l'ombre...

Les Parisiens ne brûleront pas tous avec leur ville... Dieu merci ! Un certain nombre auront compris qu'il fallait s'enfuir.

« Heureux (...) ceux qui sauront abandonner ces

murs, et se réfugier loin de ce lieu pitoyable, où les victimes s'amasseront en monceaux. »

(*Les Prophéties de la Fraudais,* p. 134)

« En une nuit, la plus obscure, le Centre (Paris) se trouvera bombardé, et les victimes n'en survivront pas. Mes amis ne seront plus là, eux ; tous, ils l'auront quitté. »

(*Ibid.*, p. 172)

« *Ce qui restera des habitants se réfugiera en grande partie à Lyon.* »

(La petite Marie des Terreaux, ou des Brotteaux, à Lyon)

Je pourrais continuer ainsi des pages et des pages — je n'ai pas donné le dixième, le centième des prophéties sur Paris, toutes plus désolantes les unes que les autres (cf. Éric Muraise, *Voyance et prophétisme,* intelligent, sans esprit partisan, voir bibliographie).

PARIS ÉPARGNÉ... OU REBÂTI !

Passons aux prophéties qui expriment un espoir :

« *La région de Lutèce sera sauvée elle-même, à cause de sa montagne bénie et de ses femmes dévotes. Pourtant, tous auront cru à sa perte. Mais les hommes se rendront sur la montagne et rendront grâce au Seigneur. Ils auront vu de telles abominations dans cette guerre que leurs générations n'en voudront plus jamais.* »

(Prophétie de sainte Odile, 600-720)

Le passage concerné se situe dans un contexte de

Fin des Temps, juste avant l'Antéchrist : il ne s'agit pas d'événements déjà arrivés dans notre histoire.

Les Parisiens ont donc la possibilité d'échapper aux prophéties !

« Paris sera démoli et brûlé tout de bon — pas tout entier, cependant. Il y aura une limite, que la destruction ne franchira pas. »

(Le curé d'Ars)

« Montmartre, le quartier de la rue du Bac, et encore d'autre quartiers seront préservés. »

(Le voyant Martin Tourneur)

D'autres voyants parlent de Notre-Dame-des-Victoires, du Sacré-cœur, et de Montmartre... Lors de l'apparition de la rue du Bac, Notre-Dame avait promis à Catherine Labouré que son couvent serait protégé. La petite Benita Aguirre, lors des apparitions d'Esquioga, de 1931 à 1933, voyait la destruction de certaines villes :

« Et ceci où il ne reste que quelques maisons ? C'est Marseille ? Qu'il en reste peu aussi à Paris ! Tout est réduit en cendres ! (...) Oui, ceci reste sur pied (...) Qu'il est beau le Sacré-Cœur (qui aura donc survécu) !

Marie-Julie, elle, voit Paris détruit, mais rebâti ensuite (comme la Lutèce gauloise qu'évoquait Cayce) :

« Le fléau est allumé sur cette grande ville que le ciel a en horreur. C'est de cette ville que sortira le souffle infect. Ses murs s'écrouleront, et les flammes dévoreront ce luxe et ces cœurs sans foi. Les pierres en seront jetées au loin, mais elle sera rebâtie. »

(1er octobre 1875, *op. cit.*)

« *Dans ce Centre* (Paris), *qui sera renouvelé et rebâti, comme une autre Jérusalem.* »

(*Idem*)

En attendant, et pour éviter les catastrophes, écoutons Cayce :

« TRAVAILLONS AVEC CE QUE NOUS AVONS, PAS A PAS, SANS VOULOIR METTRE LA CHARRUE AVANT LES BŒUFS (...) POUR QUE LA LUMIÈRE DE L'AMOUR CHRISTIQUE SE RÉPANDE SUR TOUTE LA TERRE, ET NON PLUS LA HAINE, L'ÉGOÏSME, LA COURSE À L'ARGENT, AU POUVOIR... »

(Lecture 3976-12)

Ainsi nous pouvons encore sauver Paris.

9. LA DESTRUCTION DES GRANDES VILLES

DU DANGER D'HABITER UNE GRANDE VILLE

J'ai déjà donné les lectures où Cayce parle de la destruction de New York, de San Francisco et de Los Angeles[1]. Il parle aussi, à mots couverts, de la disparition d'une partie du Japon, de la côte californienne, etc.

Il est certain que les grandes villes modernes seront particulièrement vulnérables dans les années qui viennent, aussi bien sur le plan géophysique (séismes...) que géopolitique (guerres civiles et d'invasion).

De toute façon, il y a un problème de « surpâturage » : si vous mettez trop de moutons dans le même espace clos, ils vont devenir agressifs et pervers !... C'est bien connu, et cela a même été prouvé par d'horribles expériences scientifiques (que je désapprouve totalement) sur rats, souris et cobayes. Aucun doute : pour les humains, c'est la même chose ! Entassés dans une grande ville, ils se sentent piégés et deviennent agressifs.

1. Lecture 1152-11, *L'Univers d'Edgar Cayce*, tome I, p. 385, Éd. R. Laffont.

Nous avons vu comment Cayce voyait, et encourageait, le retour à la terre — du moins à la campagne. Lui-même reçut l'ordre de quitter sa ville natale d'Hopskinville (Kentucky) pour aller se mettre au vert dans un trou perdu, un village de pêcheurs qui s'appelait Virginia Beach (et qui, maintenant, est devenu une ville !). Si donc vous envisagez de bâtir, écoutez ses conseils :

« NE BÂTISSEZ PAS SUR LE SABLE. »

Symboliquement, et dans tous les sens du terme, sur un terrain dangereux (Cayce dit « QUICKSAND », qui signifie « sables mouvants »). La recommandation, ici, est à la fois spirituelle et matérielle, comme le montre la suite de la lecture :

« METTEZ PLUTÔT VOTRE CONFIANCE DANS LE BRAS DE DIEU, QUI A FAIT SES PREUVES. CAR LA TERRE LUI APPARTIENT, AVEC TOUT CE QU'ELLE CONTIENT. »

(Lecture 3976-23)

Car les patients de Cayce venaient aussi le consulter pour des questions matérielles ! Donc, avant de s'installer, réfléchir soigneusement aux motivations et au choix du lieu[2]. Depuis quelques années, nombre de personnes sont venues me demander : « Je voudrais quitter telle ou telle grande ville, et m'installer à la campagne. Pourriez-vous m'indiquer où je devrais aller ? » A cette question, il y a, bien sûr, toujours une réponse. Au moment de ces fameux « Grands Événements », tous ceux qui l'ont demandé, en prière et en méditation, seront là où ils doivent être — à l'abri ! Parfois, cela se fait en plusieurs étapes :

« IL SUFFIT À L'HOMME DE COMMENCER À SON NIVEAU

2. Et consulter un géobiologiste pour le choix de la maison (cf. *Le Pendule, premières leçons de radiesthésie*, Éd. Solar, Paris.)

PERSONNEL. DANS LA MESURE OÙ IL APPLIQUE CE QU'IL SAIT, CE QU'IL COMPREND DE DIEU, DANS SA VIE QUOTIDIENNE, IL EST ÉCLAIRÉ SUR L'ÉTAPE SUIVANTE. »

(Même lecture)

La manière divine étant de procéder par étapes, par ajustements successifs, Cayce essaie de préparer ses auditeurs à de futurs bouleversements :

« ET BIEN DES GENS AU POUVOIR TOMBERONT. D'AUTRES QUI OCCUPAIENT UNE PLACE MODESTE, DEVIENDRONT DES GENS EN VUE, COMME UNE VILLE SUR UNE COLLINE ! MAIS CEUX QUI NE SONT PAS ENRACINÉS DANS LE SEIGNEUR, QUI EST LA VÉRITABLE LUMIÈRE, RISQUENT DE SE VOIR UN JOUR PRIVÉS DE LUMIÈRE. »

(Lecture 3976-25)

Ce qui est vrai pour les gens est vrai pour les villes, puisque celles-ci sont des « entités ». Chacune, dit Cayce (Lecture 1456-1), « A SA PROPRE COULEUR » (*L'Univers d'Edgar Cayce,* tome I, p. 105) et son propre devenir, créé chaque jour par la collectivité humaine qui l'habite. Il y aurait de mystérieuses destinées prévues pour certaines villes. Par exemple, Cayce, faisant allusion aux prophéties inscrites symboliquement dans la maçonnerie de la Grande Pyramide, dit ceci :

« COMME ON LE VOIT INSCRIT DANS LA PYRAMIDE, CERTAINES PÉRIODES Y SONT MISES EN ÉVIDENCE, AVEC MÊME L'HEURE, LE JOUR, L'ANNÉE, LE LIEU, LE PAYS, LA NATION, LA VILLE — ET LES INDIVIDUS ! C'EST DIRE QUEL DEGRÉ DE PRÉCISION ATTEIGNENT BEAUCOUP DE CES PROPHÉTIES. »

(Lecture 5748-5)

A quoi fait écho Cyril Scott, dans la fameuse série *L'Initié* :

« L'Être radieux dit : (...) ceux qui ont acquis de

nobles pouvoirs par la contemplation et l'effort mystique (...) retrouveront ces pouvoirs dans la solitude et la retraite qu'ils s'étaient imposées (...). Ces pouvoirs seront accrus par des courants de force (...) générés par des centres sacrés (...). Il y a longtemps, J'ai béni ces lieux secrets pour qu'ils puissent devenir des sources sacrées, d'où s'écoulent les eaux qui purifient ceux qui ont faim et soif de justice (...). J'ai ordonné de cacher des talismans en divers endroits, qui deviendront des sources de forces spirituelles, où le fidèle pourra venir guérir son corps et son âme (...) ; quelques-uns de ces lieux sacrés furent créés dans le monde occidental et existent encore aujourd'hui. Et, sur chacun de ces lieux sacrés, veille un Ange Gardien. »

(*Vision du Nazaréen*, p. 157,
Éd. La Baconnière à Neuchâtel, Suisse)

Le commentaire du texte ajoute même que Lourdes est l'un de ces lieux sacrés. C'est absolument dans la ligne de la tradition druidique, dont nous avons énormément de lieux sacrés en Europe : Chartres, Stonehenge, Findhorn, Brocéliande, le Mont-Saint-Michel, le Mont Sainte-Odile, Montségur, etc. Anne-Catherine Emmerich, dans une de ses « visions », parlait de Melchisédec qu'elle voyait parcourir la terre, pour choisir et consacrer certains lieux précis. Il y a des lieux bénits — et des lieux maudits. Il n'est pas indifférent d'habiter ici ou là... surtout dans les temps qui viennent. Il y a des lieux malsains, où beaucoup de sang a été versé : l'ambiance y est sinistre, à cause de la présence invisible de ces « âmes en peine », qui traînent là. Il faut entendre la parole biblique dans un sens concret :

« NE SAIS-TU PAS QUE LE SANG DE TON FRÈRE CRIE VERS MOI DEPUIS LA TERRE ? »

(Lecture 3976-14)

Lorsqu'on a un choix à faire, il faut choisir un

endroit où l'on se sente en affinité avec la mentalité ambiante, au niveau de la conscience spirituelle des habitants. Car :

« LA LOI SUIVANTE, BIEN CONNUE, EST QUE "LE SEMBLABLE ATTIRE LE SEMBLABLE." »

(Lecture 3976-14)

Heureusement et malheureusement :

« L'HOMME A ÉTÉ CRÉÉ INVENTIF, IL A REÇU LA DIVINITÉ EN LUI. »

Tout est entre ses mains !

« IL A DONC LE POUVOIR DE TRAVAILLER SOIT À SA PROPRE DESTRUCTION »

(C'est visible aujourd'hui !)

« SOIT À SA PROPRE GLOIRE, DANS LE PÈRE, LE FILS ET LE SAINT ESPRIT. »

(Lecture 3976-17)

Cayce veut dire que l'on peut compter sur l'assistance mystérieuse — et protectrice — des Forces Divines :

« CELLES-CI FONT LEUR ŒUVRE DANS CEUX — ET POUR CEUX — QUI TRAVAILLENT EN ACCORD AVEC LE BUT PROFOND DE LEUR CŒUR. »

(Même lecture)

Évidemment, il vaut mieux être isolé : on ne dépend alors que du petit groupe humain, famille ou village dans lequel on vit. Ceux qui habitent dans une très grande ville dépendent malgré tout des actes et des pensées de la collectivité. Il y aura certainement un stade, dans certaines grandes métropoles, où la conduite juste des bons ne pourra plus rééquilibrer les actes destructeurs des mauvais, puisque :

« L'ESPRIT FERA SON TRAVAIL SELON LA PRIÈRE DES CITOYENS DE CHAQUE NATION, MAIS AUSSI SELON LA FAÇON DONT LEUR VIE S'ACCORDERA AVEC LEUR PRIÈRE. »

(Lecture 3976-23)

Si dans une grande ville, il y a trop de gens qui se moquent du travail de l'Esprit, la balance tourne au négatif ; il vaut mieux s'en aller, sachant que :

« À CHACUN DE VOUS, DIEU DONNE SA CHANCE ! »

(Lecture 3976-23)

CE QU'EN DISENT LES VOYANTS EUROPÉENS

Tout à fait d'accord avec Cayce sur le fond (bien qu'employant souvent le langage sulpicien de leur époque), nos voyants sont unanimes : tout ce qui sera détruit le sera par la faute des hommes eux-mêmes. Dans un magnifique message donné au XIXe siècle à la religieuse Marie Lataste, de l'ordre du Sacré-Cœur, le Christ disait :

« Le premier souverain de la France, c'est Moi. Je suis le Maître de tous les peuples, de toutes les nations, de tous les royaumes, de tous les empires, de toutes les dominations. »

Comme le dit Cayce :

« SACHEZ QU'AUCUN HOMME, À L'HEURE ACTUELLE, SUR LA TERRE, NE DÉTIENT DE POUVOIR QUI NE LUI AIT ÉTÉ ACCORDÉ PAR DIEU. »

(Lecture 3976-2)

Je suis particulièrement le Maître de la France. (...) Je l'ai protégée, elle, ses rois et leurs sujets. Que de grands hommes elle a produits, c'est-à-dire que de saints, dans toutes les conditions, sur le trône comme dans les plus humbles chaumières ! Que de grands hommes elle a produits, c'est-à-dire que d'esprits, uniquement fondés par leur action, sur la Justice et la Vérité ! C'est moi qui lui ai donné ces hommes qui feront sa gloire à jamais[3]. *(...) Ma générosité n'est pas épuisée pour la France (...) Mais quel esprit d'égoïsme sec et plein de froideur a remplacé dans son cœur l'esprit ardent de la charité descendue du ciel, qui est l'amour de Dieu et du prochain ? Quel esprit de manœuvres injustes et de politique mensongère a remplacé dans son cœur la noblesse de sa condition et la droiture de sa parole ? (...) L'injustice marche tête levée et semble être revêtue d'autorité (...) Mais il te sera donné, Ô France, de voir les jugements de Ma Justice irritée (...). Les hommes, leurs pensées, leurs projets, leurs travaux, disparaîtront comme la fumée au vent... »*

La prophétie de la Salette, après avoir annoncé que :

« Paris sera brûlé et Marseille englouti »

disait aussi que :

« Le feu du ciel tomberait et consumerait trois villes » de notre pays. J'ai donné dans les pages précédentes des citations de Nostradamus, où il

3. Il y a certainement un choix national précis, fait par les âmes évoluées au moment de se réincarner. « *Naître français est un privilège accordé aux vieilles âmes* », disait mon amie, la médium Yvane Guichaoua. Wilfrid Chetteoui (*La Nouvelle Parapsychologie*, Éd. F. Lanore) estime que la stabilité d'une civilisation est due à la continuité des réincarnations d'âmes dans un même pays : on prend les mêmes et on recommence !... Certains rites funéraires égyptiens étaient conçus pour encourager l'âme à se réincarner dans sa patrie. C'est aussi le point de vue actuel des Druzes du Liban : « Un Druze renaît toujours parmi les Druzes. »

énumère les villes de la côte méditerranéenne qui risquent d'être détruites. Il est affirmatif sur la destruction de Bordeaux, dans les Centuries :

« Par cité franche de la grand mer séline
qui porte en l'estomach la pierre... »

(Quatrain V, 35)

Commentaire d'Éric Muraise (*op. cit.*, p. 205) : Bordeaux était une ville franche sous l'ancien Régime, et l'une de ses portes intra-muros s'appelle « la porte de Cailhou » (le caillou).

« Port Sélin Herclès feu consumera. »

(II, 1)

Bordeaux, appelée aussi « Port Sélin » par Nostradamus, sera donc brûlée par un personnage appelé « Hercule ». Ici se place le quatrain IV, 97, que j'ai déjà donné, et qu'Éric Muraise attribue à Bordeaux, en raison de sa latitude :

« Cinq et quarante degrés ciel brûlera. »

Narbonne, Toulouse, Lyon, sont touchées :

« Du tout Marseille les habitants changés
Course et poursuite jusqu'auprès de Lyon
Narbon, Toloze, par Bordeaux outragées
Tués captifs presqu'un million. »

(I, 72)

Il semble que toutes les villes de France aient à souffrir, mais que beaucoup d'entre elles, malgré tout, survivront :

« Le Nord sera rudement éprouvé, mais Amiens souffrira peu. »

(Abbé Voclin, curé de Saint-Jacques d'Amiens, mort en 1838)

«L'Ouest sera épargné à cause de sa foi.»

(Abbé Souffrant, curé de Maumusson)

« Cette révolution ne durera que quelques mois ; néanmoins, elle sera effroyable (...) La révolution s'étendra à toutes les villes de France. Mais là où Dieu aura été offensé, là arriveront les plus grands maux. »

(Prophétie dite de « l'Extatique du Centre de la France »)

Après la destruction de Paris, dit la prophétie de la religieuse de Lyelbe :

« La seconde ville du royaume sera frappée, ils ne croiront pas encore. Une troisième sera frappée, et ils commenceront à crier « Merci » (c'est-à-dire « pitié » en vieux français).

« Versailles sera détruit, Marseille submergé ; Lyon sera châtié, ne sera peut-être pas ôté, mais sera changé »
dit une autre voyante, citée par M. de Savigny (*op. cit.*)

Les prophéties sur Lyon sont assez nombreuses, et unanimes à affirmer que la ville ne sera qu'en partie détruite. C'est, avec Nostradamus, Marie-Julie Jahenny qui donne le plus de détails précis, avec des noms de villes :

« A Nantes, ... il y aura des scènes terribles (...) aux heures profondes de la nuit, il y aura beaucoup de victimes. »

(Prophéties de la Fraudais, p. 125)

« Amiens sera terriblement punie » (en 1882).

« La plus forte armée (étrangère) *va tomber sur Orléans »*

(*op. cit.*, p. 162)

Les étrangers « *fonceront sur la Normandie* », et

dit saint Michel, (...) « *seul mon temple sera interdit et échappera aux flammes. Le feu ne pourra s'y allumer, malgré mille essais de la part des étrangers (...) Ils feront venir tout le pauvre monde des alentours dans le camp de leur vengeance assouvie, et ils brûleront entièrement ce lieu.* »

(1882, *op. cit.*, p. 162)

« *Les troupes étrangères (...) après avoir pris une partie de la Vendée (...) passeront vers le milieu de la terre du diocèse de Nantes (...) mais ne pénétreront pas au cœur du diocèse, ils seront arrêtés par l'armée des soldats de la Croix.* »

(p. 163, prophétie de 1882)

Il s'agit probablement des maquisards du « Grand Monarque », Henri de la Croix[4]. Nantes survivra donc ; mais :

« *Les châtiments conmmenceront par Paris. Châtiments pour les villes du Midi. Quelle boucherie ! (...) La Vendée surtout sera protégée : nombre de Vendéens verseront leur sang, car ils ont conservé leur foi (...) ; le couchant depuis Lourdes jusqu'au Nord sera épargné, sauf Bordeaux. Nantes aura moins à souffrir. Le diocèse sera comparativement protégé ; mais nulle grâce pour les impies et les mauvaises familles ! Pontchâteau sera épargné (...) Toulouse sera épargnée à cause de sainte Germaine de Pibrac. Mais elle n'est pas au bout de ses peines ! Mende et Rodez seront épargnées, le Seigneur me dit que Sa Justice irritée tombera sur Valence et de là se dirigera sur Marseille.* »

(*op. cit.*, p. 95, prophéties de 1874-1877)

Marie-Julie insiste sur la Bretagne, en assurant qu'elle serait spécialement épargnée (c'est aussi ce

4. Voir chapitre suivant.

que dit Jeanne Ramonet, la voyante de Kérizinen). A l'étranger, il y aura beaucoup de ravages aussi :

« Notre Seigneur dit que Rome, Naples et l'Angleterre allaient subir de cruelles vengeances. » « Un massacre s'accomplira sur la terre de Naples. »

(dit Marie-Julie, *op. cit.*, *idem*)

Marie-Julie parle beaucoup de Rome, qui doit être le siège de nombreuses péripéties : révolution, massacres, invasion, incarcération et fuite du Pape, etc. (qu'ont décrite de nombreux voyants, dont certains papes eux-mêmes !).

« La lutte terrible dans la Ville Éternelle. »

(*op. cit.*, p. 57)

« L'Autriche sera terriblement menacée. Deux rois (...) se prépareront à marcher avec leurs armées sur la Ville Éternelle. L'Espagne subira des tortures immenses et longues sous la puissance de ces deux rois. Puis, après avoir accompli partout, comme en France, un mal terrible, ils retomberont sur les autres puissances, descendront sur la Belgique, une invasion immense. »

Tous les voyants voient les villes d'Europe menacées par une invasion (outre la guerre civile, les séismes, les inondations, et autres calamités...). Le lecteur pourra se reporter aux ouvrages de la bibliographie. Je termine par un petit extrait de lecture, qui ouvre sur l'espoir :

« POURQUOI EST-CE QUE LE MONDE VA SI MAL AUJOURD'HUI ? C'EST QU'ILS ONT OUBLIÉ DIEU (...)

NE SAVEZ-VOUS PAS QUE LA PRIÈRE D'UN SEUL HOMME A PU SAUVER TOUTE UNE VILLE ? CROYEZ-VOUS QU'AUJOURD'HUI DIEU A LE BRAS MOINS LONG QU'AUX TEMPS BIBLIQUES ? »

(Lecture 3976-25)

10. LE GRAND MONARQUE

LE ROI HENRY, QUI DOIT VENIR A LA FIN DES TEMPS...

Nostradamus, dans sa lettre à « Henri Second », en 1566, s'adresse ainsi à celui qu'il voit venir dans la brume du futur :

« C'est par une heureuse et souveraine interprétation que j'ai pu enfin vous connaître, après que ma face fut restée longtemps indécise sur votre Immense Majesté. J'ai cherché l'occasion de vous manifester mon amour et mon dévouement, sans lequel je n'aurais pu parvenir à connaître votre Sérénissime Majesté. Longtemps j'ai cru qu'il me serait impossible de vous les déclarer, malgré mon extrême désir de percer cette particulière et longue obscurité dans l'interprétation de votre personnage. Mais, tout à coup, cette obscurité s'est subitement dissipée, et je me suis trouvé en présence de votre Souverain Visage, du premier Monarque de l'Univers. »

Or « *Le pauvre Henri II, mort en 1559, ne méritait guère ces louanges à titre posthume* », dit Éric Muraise (*Voyance et prophétisme*, p. 213).

Nostradamus n'était pas du genre à parler pour ne rien dire, ni un courtisan flagorneur. Sa lettre sonne comme une lettre d'amour à cet homme mystérieux qu'on lui a montré dans une vision. Le mot « second » est un jeu de mots car en latin « secundus » veut dire secourable, bénéfique.

De tous les visionnaires qui l'ont annoncé, c'est peut-être Nostradamus qui donne le plus de détails sur le futur « Grand Monarque ». D'abord, il donne son nom : Henry. Avec un anagramme : « *le Grand Chyren* ».

Il l'appelle aussi « *le Roi de Blois* ». Il le fait apparaître dans le cadre d'une France envahie, où l'on se bat presque partout. Le moment où arrive le jeune prince, le Capétien oublié, est décrit comme dramatique : le territoire national est ravagé, aussi bien par les cataclysmes naturels que par les hommes. Le jeune homme, d'après Nostradamus, débarque du Sud-Ouest, bat l'ennemi à Salon-de-Provence, remonte en suivant le Rhône, gagne une victoire à Lyon, se dirige vers le Jura. Puis, ayant pacifié toute la France, l'Europe, et même une partie de la Méditerranée, il se fait sacrer à Reims comme roi de France, et à Aix-la-Chapelle comme empereur d'Allemagne[1], et établit sa capitale en Avignon, Paris ayant été détruit. Nostradamus donne même un jour pour le sacre, un mois de juin :

« Prendra du souverain le cresme
Ou en six cent et six en juin
Grande joie aux grands et communs
Grande fête après ce grand baptême. »

Le « cresme », c'est l'huile contenue dans la « Sainte Ampoule », le « saint chrême ». Elle servait à oindre les rois de France, lors du sacre à Reims. En 1793, le conventionnel Ruhl s'empara de la Sainte

1. Comme Henri V, roi de France, et comme Henri VIII, empereur d'Allemagne.

Ampoule et, disent les uns, la brisa. D'autres affirment qu'elle a été secrètement conservée, et savent qui la détiendrait encore actuellement... et qu'elle réapparaîtra au moment nécessaire.

Dans un autre quatrain des Centuries (Cent., X, quatrain 72), Nostradamus donne l'année du sacre : 1999 ! Il n'y a, dans toute son œuvre, que *deux* dates en clair : 1792 (dans la suite de « *l'Epître à Henry Second* », citée plus haut), et la suivante :

« L'an mil neuf cens nonante neuf sept mois
Du ciel viendra un grand Roy d'effrayeur
Ressusciter le Grand Roy d'Angolmois
Avant après Mars régner par bonheur. »

1792 avait sonné le glas de la royauté. 1999 en verra-t-il le rétablissement ? Je ne donne pas ici tous les passages de son œuvre où le Prophète de Salon parle du futur roi de France et empereur du Saint Empire Romain Germanique

« Prince germain sur trône doré (Centuries, II, 87)
Un ouvrage entier n'y suffirait pas...

EDGAR CAYCE L'AVAIT ANNONCÉ...

Or nous avons une prophétie — et combien inattendue ! — de Cayce. Elle vient comme un petit clin d'œil, au milieu d'une avalanche de continents qui dégringolent, de volcans qui éructent, de capitales atlantes qui émergent... Et, dans ce tohu-bohu, voilà Cayce qui déclare tout à trac :

« LE JEUNE ROI RÉGNERA BIENTÔT ». Point à la ligne.

Puis il embraye à toute allure sur d'autres cataclysmes. Gertrude Cayce, qui avait reçu une éducation traditionnelle, et qui aurait très bien tenu sa place dans une cour du XVIIIe siècle, nota au passage :

Et de quel pays parlez-vous, Mr Cayce, lorsque vous évoquez un jeune roi ?

« DE L'ALLEMAGNE. »

(Lecture 3976-15, janvier 1934[2])

Depuis cette date, on n'a pas beaucoup vu de « jeunes rois » sortir des forêts de Germanie... Et d'ailleurs, autrefois, c'était un empereur. Alors ?

Alors ce mystérieux jeune prince ne peut être que le fameux « Grand Monarque », dont ma mère me parlait quand j'étais petite fille. Mais c'était plutôt comme les contes de fées qu'on raconte le soir dans les chaumières...

LE MYSTÉRIEUX JEUNE HOMME ATTENDU DEPUIS PLUS DE QUINZE SIÈCLES !

C'est pourtant une vieille histoire. Depuis l'époque gallo-romaine jusqu'à l'heure actuelle, il y a bien une centaine de prophéties connues (pour ne parler que de celles qui ont été publiées, ou assez largement diffusées) pour annoncer la venue du Grand Monarque : il doit régner sur l'Allemagne et la France réunies après les « Grands Événements », dont le lecteur a eu un aperçu dans les chapitres précédents. A la suite de quoi, les voyants font intervenir un mystérieux jeune homme, qui, avec un poignée de combattants, rétablit l'ordre, conquiert l'Europe, et prend la couronne. L'histoire ressemblerait à celle de Charlemagne, ou de Bonaparte. Mais ce n'est ni l'un

2. La lecture est donnée p. 383 de *L'Univers d'Edgar Cayce*, tome I.

ni l'autre : on a des prophéties antérieures à Napoléon, qui décrivent parfaitement celui-ci et voient le « Grand Monarque » pour plus tard. Depuis Napoléon, les voyants continuent à décrire la venue de ce fameux jeune homme. Lorsque Cayce dit « LE JEUNE ROI », cela correspond parfaitement à l'ensemble des prophéties... Étant donné la violence des « Grands Événements » décrits, il faudra avoir l'audace de la jeunesse pour se lancer dans l'aventure !

Voici, par exemple, la prophétie de saint Césaire, archevêque d'Arles (470-542), qui est très connue. Après avoir décrit la mort d'Henri IV, Louis XIV, la Révolution, l'Empire — de façon très claire —, saint Césaire arrive à la « Fin des Temps », avec le scénario classique de guerres, d'invasions, de séismes, et la destruction de Paris :

« Alors, dit-il, il arrive, le noble exilé, le donné de Dieu. Il monte sur le trône de ses ancêtres (...) il recouvre la couronne de lys refleuris. Par son courage invincible, il détruit tous les fils de Brutus, dont la mémoire sera à jamais anéantie. Après avoir posé son siège dans la ville pontificale, le roi de Blois relèvera la tiare royale sur la tête d'un saint pontife abreuvé par l'amertume des tribulations, qui obligera le clergé à vivre selon la discipline des âges apostoliques. »

Les voyants qui viendront après, comme Nostradamus, enrichiront le schéma, mais sans en changer l'essentiel. Pour le non-initié, voilà le commentaire de texte: « *le noble exilé* » veut dire qu'il vient de l'étranger. « *Noble* » parce que, les prophéties des siècles suivants le confirmeront, il appartient à la lignée capétienne ; ce qui lui permet de « *recouvrer la couronne de lys* » (puisque la famille royale de France porte trois fleurs de lys sur champ d'azur). Les « *fils de Brutus* » sont traditionnellement les révolutionnaires violents (depuis que César fut assassiné par Brutus). « *Il établit son siège dans la ville pontifi-*

cale », les voyants des siècles futurs préciseront qu'il s'agit d'Avignon. « *Le roi de Blois* », parce qu'il est né à Blois — (ce n'est pas sûr) — ou parce qu'il y a été couronné. Voyons maintenant ce qu'en disent les successeurs de saint Césaire. Raban Maur (776-856), archevêque de Mayence en Allemagne, reprend le célèbre sermon de saint Rémy, lorsqu'il avait couronné Clovis (496), où il est dit :

« Le Royaume de France durera jusqu'à la Fin des Temps. »

Et Raban Maur ajoute :

« Nos docteurs s'accordent pour nous annoncer que, vers la Fin des Temps, un des descendants des rois de France régnera sur tout l'antique Empire romain (ce qu'avait dit aussi saint Rémy) *et qu'il sera le plus grand des rois de France, et le dernier de sa race. »*

L'Empire romain, dans sa plus grande expansion, englobait une partie de l'Allemagne (la frontière suivait en partie le Rhin et le Danube, avec la Rhénanie, le pays de Bade, et remontait jusqu'à Bonn, qui s'appelait... Bonna !)

Le vénérable Holzhauser, né en Allemagne en 1613, annonce aussi le jeune roi. Après avoir décrit l'anarchie sanglante des derniers temps, il dit :

« Alors le Tout-Puissant interviendra par un coup admirable, que personne ne pourrait imaginer. Et ce puissant monarque, qui viendra de la part de Dieu, mettra les républiques à néant, subjuguera tous ses ennemis, transformera l'empire des Français, et régnera de l'Orient à l'Occident. »

La suite de la prophétie confirme qu'il collaborera avec un « *Grand Pape* ». Cette réconciliation de l'épée et du goupillon, du trône et de l'autel, pourrait inquiéter. Or, il semble que cette fois enfin, cela se passera très bien !

« La paix régnera sur la Terre. »

On se souvient que la lutte pour le pouvoir entre la Papauté et les souverains européens a empoisonné notre histoire, provoquant des guerres sans fin (Querelle des Investitures, Guelfes et Gibelins, grand Schisme d'Occident, etc.) Jusqu'à la création de l'État du Vatican.

Passons maintenant à la prophétie d'Orval. Elle était, depuis des siècles, gardée dans les archives de l'abbaye d'Orval, aujourd'hui au Luxembourg. Lors de la Révolution française, les moines, fuyant devant les armées de la Révolution, emportèrent leurs archives — dont la fameuse prophétie. Un soir de 1792, le révérend père abbé dînant chez le maréchal de Bender, au milieu d'un cercle d'émigrés, à Luxembourg, lut l'antique document. Les assistants furent étonnés de retrouver clairement décrits les événements qu'ils connaissaient bien. Ils recopièrent tout ce qui était prophétisé après la chute de Louis XVI. On peut y lire, avec des détails précis, l'ascension puis la chute de Napoléon, la Restauration, Louis-Philippe, le Second Empire, la République, etc. Puis, on arrive à la Fin des Temps, avec la naissance d'Israël, la destruction de « *Paris, la Grande Ville* », le « *délabrement de la Gaule* », et enfin, on arrive au passage suivant :

« Dieu aime la paix ! Venez, jeune prince, quittez l'île de la captivité : joignez le lion à la fleur blanche, venez ! Le vieux sang des siècles terminera encore des longues divisions (...) Dieu sera cru guerroyer avec lui, tant prudent et sage sera le rejeton de la Cape ».

Le mystérieux jeune homme vient de l'étranger, peut-être d'Angleterre ? Le « *sang de la Cape* », ce sont les Capétiens. Quant à « *joindre le lion à la fleur blanche* », personne n'est sûr de comprendre. Mais c'est tout de même assez clair : nous retrouverons une monarchie.

Les voyants des siècles suivants vont continuer : Catherine de Racconigi, Italienne du XVIe siècle ; Maître Noël Olivarius, en France, au XVIe siècle également ; le père Calliste, au XVIIIe siècle ; l'abbé Souffrant, curé de Maumusson ; Pauline Périé, et la mère du Bourg à Limoges, au XIXe siècle ; la petite Marie des Terreaux, à Lyon ; l'abbé Mattay, curé de Saint-Méen ; saint Catalde, évêque de Tarente ; la religieuse trappiste des Gardes à Angers. etc. Tous ces mystiques de toute l'Europe l'annoncent, et le décrivent en plus comme jeune, beau, sportif — et, ce qui est mieux, incorruptible ! Après tant de calamités, enfin une prophétie agréable !

Enfin, plus proche de nous, Marie-Julie Jahenny, dont j'ai parlé, a donné une foule de détails sur le personnage. Mais on ne les comprend pas toujours :

« *Du ciel tu verras le triomphe* (...) *de mon vrai serviteur Henri de la Croix.* »

(*Le Ciel en colloque*, p. 27)

Ce qui signifie que la voyante ne le verra pas de son vivant (elle est morte en 1941). Suit un passage où Marie-Julie explique qu'il restaurera la liberté religieuse, laquelle doit être supprimée pendant la Guerre Civile ! (Je mets un point d'exclamation, parce que cela nous paraît extravagant, à nous qui jouissons de cette liberté depuis si longtemps. Mais qu'on se rappelle qu'à l'Est, dans les pays communistes, elle n'existe pas.) Le Grand Monarque n'apparaîtra pas tout de suite. Avant lui viendront des précurseurs :

« *D'abord paraîtra celui que la France prendra pour son Sauveur ; mais ce ne sera pas le vrai*

Sauveur : celui qui est choisi et envoyé par Dieu et qui sera des lys. »

(*Ibid.*, p. 39)

Autrement dit, un Capétien. Ce que, d'ailleurs, tous les autres voyants ont toujours dit.

« Le Roi Henry qui doit apporter la paix et la concorde dans sa patrie. »

(*Ibid.*, p. 88)

A l'heure où j'écris ces lignes (1988), on ne voit pas du tout comment pourrait se faire une restauration monarchique. Il faudra que la France descende très bas, avant que ce ne soit possible :

« France... dans ta dernière épreuve, quand le peuple sera plus acharné que jamais, tu verras commencer tous les châtiments : guerre, boucherie, horribles fléaux... Après, ce sera l'appel au Roi. »

(*Ibid.*, p. 88)

« ... Hommes aveugles ! Ils croient que jamais le Roi ne sera le leur. Ils se trompent. Vous serez bien étonnés, un jour, de voir Mon Roi. Sachez que ce n'est pas la France qui l'appellera. Sachez qu'il viendra pour ses amis. Le petit nombre de ceux qui le désirent sera bien récompensé. (...) Depuis son berceau, le cœur du Roi n'aura vécu que dans la Croix. Il l'aura bien portée depuis les longues années qu'il aura vécu en exil. »

« Mes enfants, le Roi viendra dans la Croix, c'est-à-dire dans les peines, parce que le royaume ne sera pas encore entièrement calme. Ce n'est qu'après avoir éprouvé des peines pour traverser le royaume, qu'il recevra la couronne. Quand il y sera arrivé, le calme se rétablira, mais il y aura encore de la peine. Sa foi le fera maître et vainqueur de toutes les difficultés. Le Roi aura, en lui, un don qu'aucun autre roi n'a eu.

Vous verrez dans cet homme ce que personne n'a vu dans les autres (...) il doit établir la paix et partout faire refleurir le bien. »

(*Ibid.*, p. 175, 6-7)

« Henri de la Croix, son nom est écrit au livre d'or. » (p. 179)

« Je peuplerai la terre de France (...) de cœurs purs. Une génération nouvelle. Ils grandiront dans ma grâce et vivront sous le règne d'un roi pieux qui, par ses vertus, sera le plus bel ornement de la France. J'aime mieux que tu oublies d'autres révélations (plutôt) *que celle-ci. »*

(*Ibidem*, p. 100, en 1876)

« Toi qui, depuis si longtemps, foules la terre étrangère ! (...) le lys s'épanouira toujours sur ton front (...) de ton trône sur la France, ton royaume réservé, et, de là, au-dehors des frontières françaises et jusqu'à la Ville Éternelle. »

(*Ibidem*, p. 175)

« Dieu veut prouver et manifester à son peuple que Ses desseins ont été, une bonne fois, arrêtés sur celui qu'Il choisit pour ramener la paix. Quand tout l'Univers serait contre lui, quand la Terre entière lui refuserait cette entrée, le Sauveur Éternel a signé cette entrée et, aujourd'hui, multiplie Sa divine signature en l'appelant : le Sauveur de la paix en ce royaume divisé. »

(*Ibid.*, p. 180)

« L'armée que le Seigneur a choisie pour l'entrée glorieuse de la paix et de Henri V, cette armée sera invincible. (...) Elle passera sans effort, fendant ces foules comme de la poussière. Cette armée invincible n'est pas voulue par les hommes mortels, elle est écrite de la main du Ciel ».

(*Ibid.*, p. 183)

« Je ne peux pas encore vous donner un bon roi », dit Notre-Seigneur à Pauline Périé, voyante du XIXe siècle, *« il y aurait trop de danger pour lui et vous. Il faut d'abord qu'une crise terrible arrive, (...) et que le peuple connaisse, comprenne combien il est mauvais (...) Lorsque ceux qui le composent seront abandonnés à eux-mêmes, ils ne seront capables que d'une chose : ce sera de se donner la mort les uns aux autres. Alors le peuple se tournera tout entier du bon côté, et il n'y aura aucun danger à ce qu'un bon roi monte sur le trône. »*

Eh bien, il n'y a plus qu'à attendre. On passera plus facilement les temps difficiles, sachant qu'un jour quelqu'un viendra rétablir la paix ! Il y a des signes avant-coureurs : par exemple, la commémoration du millénaire des Capétiens en 1987 ; la publication d'une foule d'ouvrages sur l'histoire de l'Ancien Régime, en particulier sur Louis XVI, Marie-Antoinette et Louis XVII (mystère qui continue à passionner les lecteurs français). Un titre comme celui de Thierry Ardisson : *Louis XX*, écrit non pas par un vieux crabe, mais par un homme jeune et connu dans les médias (Éditions Folio, 1988). Enfin, le succès d'un magazine qui perpétue la tradition monarchique : *Point de vue - Image du monde*, et touche un très large public.

Je voudrais terminer le chapitre sur une histoire absolument incroyable, que rapporte Éric Muraise dans l'ouvrage cité plus haut. Vous vous souvenez que Louis XVI et sa famille furent arrêtés le 21 juin 1791 à Varennes. (J'en ai parlé dans le tome II de *L'Univers d'Edgar Cayce*). Ce soir-là, la famille royale fut conduite dans une auberge pour y passer sa première nuit de captivité. Et l'enseigne de cette auberge, où commençait l'agonie royale, portait ces mots :

« AU GRAND MONARQUE ».

IV

L'ÈRE DU VERSEAU

1. LE NOUVEL ORDRE DES CHOSES

« LE NOUVEL ORDRE DES CHOSES », c'est ainsi que Cayce appelle le temps qui commencera après la guerre, civile et étrangère, après la période de faim, de pagaille, de panique générale que l'on risque de traverser ; après, en tout cas, le basculement des pôles. « THE NEW ORDER », c'est une expression qui revient souvent, comme nous l'avons vu, dans les lectures prophétiques.

> « S'ILS NE SE RÉVEILLENT PAS, UN NOUVEL ORDRE DES CHOSES S'IMPOSERA, QUI CHANGERA LES ACTIVITÉS ET LES RELATIONS HUMAINES. »
>
> (Lecture 3976-18, du 20 juin 1938)

D'autres groupes spirituels emploient l'expression « Nouvel Age », très en faveur aux États-Unis. C'est la même chose. Les prophètes européens qui nous ont précédés disaient : « la période après les Grands Événements », ou « après la Fin des Temps ». C'est aussi le début de l'Ère du Verseau.

L'ÈRE DU VERSEAU

Astronomiquement parlant, ce sera le temps où le Soleil se lèvera dans la constellation du Verseau le 25 mars. Ce temps n'est pas très lointain : vers 2100, selon certains astronomes, 2300 selon d'autres. (Pour des raisons techniques, ils ne sont pas d'accord sur la date exacte.) L'Ère du Verseau durera environ 2 200 ans.

Néanmoins, l'influence commence déjà à s'en faire sentir. Les astrologues, eux, sont d'accord sur le changement de mentalité qu'amèneront ces nouvelles vibrations. La constellation du Verseau, régie par Uranus, annonce une époque où les hommes se tourneront vers l'Espace, maîtriseront de nouvelles énergies, retrouveront une fraternité planétaire et universelle. Uranus symbolisant aussi la foudre et la Révolution, la jeune Ère du Verseau naîtra des foudroyants bouleversements que nous avons vus.

Les hommes n'auront plus les mêmes inhibitions. Leur vision plus large du Cosmos, leurs facultés « psi » accrues leur donneront une tout autre philosophie qu'aujourd'hui. Ils auront été purifiés par les abominables « grands événements » de la fin du XXe siècle, et régénérés par le retour du Christ Cosmique que nous verrons plus loin.

Un étudiant interrogea Cayce :

A quoi ressemblera l'Age du Verseau sur le plan du développement physique, mental et spirituel de l'Humanité ?

« PENSEZ-VOUS QUE L'ON PUISSE RÉPONDRE EN UN MOT ? CES ÈRES SONT DES ÉTAPES DE CROISSANCE. QUE SIGNIFIE LA PRISE DE CONSCIENCE QU'ELLES INDIQUENT ? À L'AGE DES POISSONS, L'ÉVÉNEMENT CENTRAL FUT L'ARRIVÉE DE L'EMMANUEL, C'EST-À-DIRE DE DIEU PARMI LES HOMMES, VOUS VOYEZ ? QU'EST-CE QUE CELA SIGNIFIAIT ? PAREILLEMENT, NOUS AURONS ALORS PLEINEMENT CONSCIENCE DE POUVOIR COMMUNIQUER AVEC

LES FORCES CRÉATRICES, C'EST-A-DIRE QU'ON AURA LA CONNAISSANCE DE NOTRE RELATION À CELLES-CI, ET DE LEUR EMPLOI DANS NOTRE ENVIRONNEMENT MATÉRIEL.

DONC, CE QUE SERA CELUI-CI (le développement de l'Homme à l'Ère du Verseau), SEULS CEUX QUI AURONT ACCEPTÉ CELA COMPRENDRONT CE QUI SE PASSE AUTOUR D'EUX. COMBIEN PEU D'ENTRE VOUS RÉALISENT MÊME L'INFLUENCE DES FORCES VIBRATOIRES D'UN INDIVIDU SUR L'AUTRE (...) ALORS QU'ILS SONT IMMERGÉS DANS CE CHAMP VIBRATOIRE ! ET, NÉANMOINS, VOUS DEMANDEZ CE QUE L'AGE DU VERSEAU APPORTERA AUX ESPRITS, AUX CORPS, AUX EXPÉRIENCES ? »

(Lecture 1602-3)

Autrement dit, dans le monde de demain, la Connaissance aura progressé à pas de géant. Et qu'est-ce que la « Connaissance », sinon celle des Lois qui régissent l'Univers ? Lois que l'on ne peut dissocier de Celui qui les a faites, c'est-à-dire Dieu — que Cayce appelle souvent « THE CREATIVE FORCES », c'est-à-dire « LES PUISSANCES, LES FORCES, LES ÉNERGIES CRÉATRICES ». Il met l'expression au pluriel, comme dans la Bible, qui, dès la première ligne de la Genèse (*Bereschit barak Elohim*), emploie un pluriel (« Elohim ») pour désigner Dieu. L'Ère du Verseau se prépare déjà, dès maintenant.

Comme le dit Cayce dans un autre paragraphe de la lecture 1602-3[1], où il parle du passage de l'Ère des Poissons à celle du Verseau, ce passage se fait progressivement tant sur le plan astronomique que sur celui des mœurs et des idées (puisqu'on sent déjà cette évolution à l'heure actuelle). Les cataclysmes ne viennent pas de ce progressif déplacement du Soleil d'un signe à l'autre (qui est normal tous les deux mille ans), mais de la négativité humaine qui souille la Terre, au point qu'elle ne peut plus s'autonettoyer qu'en basculant sur son axe.

1. *L'Univers d'Edgar Cayce*, tome I, p. 393.

La lecture 5748-5 avait donné comme date du retour probable du Christ l'année 1998 ; la lecture 1602-3 reprend cette date et la donne comme celle du démarrage effectif de « l'Ère du Verseau ». Une autre lecture encore insiste sur 1998 ; c'est l'une de celles où Cayce, parlant de ses vies antérieures, évoque son incarnation en Égypte ancienne comme le grand prêtre Ra-Ta. Il ajoute :

« N'EST-IL PAS NORMAL, DONC, QUE CELUI-CI DOIVE REVENIR ? »

(Car le pauvre était loin d'avoir liquidé certains karmas créés en Egypte ancienne !)

« ... ET QUE CE PRÊTRE PUISSE ATTEINDRE UN DÉVELOPPEMENT QUI LUI PERMETTE DE RETROUVER LA POSITION, LA SITUATION D'UN LIBÉRATEUR DU MONDE DE DEMAIN ? CAR IL DOIT REVENIR À CE MOMENT-LÀ, C'EST-A-DIRE EN 1998. »

Il y a des gens qui préfèrent s'incarner aux tournants de l'Histoire, parce qu'à ce moment-là c'est plus drôle : on ne risque pas de s'ennuyer, on est sûr de pouvoir assister à des événements extraordinaires ! Mes lecteurs pourront dire à leurs petits-enfants : « J'y étais ! » Cayce fut certainement ainsi : un homme curieux de tout, épris de nouveauté, ouvert sur l'Ère du Verseau, comme tous les Uraniens (il avait Uranus juste sur l'Ascendant). Mais comme il avait également le désir de rendre service à l'Humanité, le Chef du Personnel des Mondes Invisibles n'hésitera pas à le réemployer sur la Terre (les compétences doivent être utilisées !).

Les prophéties ont annoncé le retour des maîtres, des grands initiés, des saints pour aider au travail de libération du monde de demain. Cayce sera parmi eux. Et c'est pour bientôt...

2. LA PAIX UNIVERSELLE

UN NOUVEL ORDRE SOCIAL

L'Ère du Verseau à ses débuts sera caractérisée (conformément aux vibrations d'Uranus qui l'influenceront) par une paix sociale basée sur une égalité réelle. Les inégalités criantes d'aujourd'hui s'effaceront, et l'on arrivera, dit Cayce, à un « NIVELLEMENT » :

« AUCUN ASPECT DE L'EXPÉRIENCE HUMAINE NE DOIT ÊTRE NÉGLIGÉ, PUISQUE CHACUN DE NOUS EST RESPONSABLE DE SON PROCHAIN.

SI LES DÉCIDEURS, CEUX QUI DISPOSENT DU POUVOIR, DE LA RICHESSE, DE L'INFLUENCE, N'Y RÉFLÉCHISSENT PAS, ILS PROVOQUERONT UN INÉVITABLE *NIVELLEMENT*. »
(Lecture 3976-19)

Tout dépend de ce que l'on entend par « NIVELLEMENT » ; si tous sont réduits à la misère, c'est le nivellement par le bas, que l'on redoute ! Dans un certain nombre de pays, à la suite d'une révolution, c'est ce qui s'est passé. Le nivellement par le bas est en général la conséquence d'une guerre civile ou d'une invasion. Ce sera probablement l'expérience que nous devrons tous traverser — sur le plan planétaire — dans les prochaines années. Mais cette égalité forcée dans les misères de la fin du siècle ramènera les gens à une véritable égalité, fondée non pas sur l'amertume sociale et le matérialisme mais sur des principes spirituels :

> «PROCHAINEMENT VIENDRONT DES ÉVÉNEMENTS, SUR LE PLAN POLITIQUE ET ÉCONOMIQUE, OÙ TOUTES LES RELATIONS HUMAINES VONT ÊTRE REMISES EN QUESTION PAR UN *NIVELLEMENT* : C'EST UNE NÉCESSITÉ... »
>
> (Lecture 3976-18, 20 juin 1938)

Comme dans toutes ces prophéties de Cayce données à la fin de sa vie, la perspective est double : il parle à la fois des conséquences de la Seconde Guerre mondiale, qui est l'avenir immédiat, et d'événements beaucoup plus lointains dans le temps.

> «POURTANT LE *NIVELLEMENT* VIENDRA OBLIGATOIREMENT. (...) ET C'EST ALORS QUE POURRONT SURGIR DES DIRIGEANTS CAPABLES DE RÉPONDRE AUX BESOINS DES GENS — ET ILS SURGIRONT. CAR PERSONNE NE REÇOIT LE POUVOIR SI CE N'EST POUR ACCOMPLIR LA VOLONTÉ DU PÈRE, DONT ÉMANE TOUT POUVOIR — LUI QUI A DIT : "MA PAROLE S'ACCOMPLIRA". VOILÀ POURQUOI SE PRODUIRA CE *NIVELLEMENT*. »
>
> (Lecture 3976-18)

Toutes les grandes fortunes s'étant écroulées, comme disent les prophéties (voir plus haut), on repartira à zéro ! Mais cette fois, du bon pied...

Certains grands mystiques et visionnaires ont vu, en effet, que viendrait une époque où l'ordre social que nous connaissons serait complètement changé :

Le défunt Rudolf Steiner avait annoncé un ordre social tripartite qui, disait-il, exprimait la volonté de l'esprit du siècle ; il affirmait que ce nouvel ordre social viendrait du libre choix des humains après les cataclysmes sociaux qu'ils auraient traversés. Qu'en pensez-vous ? Le nouvel ordre social tripartite de Rudolf Steiner peut-il arriver dans notre pays ?

« VOULOIR IMPOSER À N'IMPORTE QUEL INDIVIDU UN PROGRAMME D'ACTIVITÉ EN TROIS POINTS, DIFFÉRENT DE LA VOLONTÉ DIVINE, AMÈNE DES PROBLÈMES, — QU'ON SE RÉCLAME DE RUDOLF STEINER OU DE N'IMPORTE QUEL AUTRE AUTORITÉ ! CAR IL N'Y A QU'UN SEUL NOM DONT ON PUISSE S'AUTORISER POUR DIRIGER L'HOMME. »

(Lecture 3976-24)

C'est la raison pour laquelle les révolutions athées n'ont pu apporter jusqu'ici qu'un nivellement par le bas. Cayce continue :

«S'IL S'AGIT DE DÉFINIR LES CARACTÈRES D'UN CERTAIN ORDRE SOCIAL, OUI. MAIS CELA NE DEVRA JAMAIS VENIR DE LA DICTATURE D'UN SEUL INDIVIDU : CAR, COMME NOUS L'AVONS DÉJÀ DIT, TOUS SONT LIBRES ET ÉGAUX DEVANT DIEU. L'ORDRE SOCIAL, L'ORDRE RELIGIEUX, L'ORDRE ÉCONOMIQUE DOIVENT TOUS N'AVOIR COMME UNIQUE MAÎTRE QUE DIEU ! »

(Même lecture)

L'adage des nihilistes : « Ni Dieu ni Maître » ne peut pas amener un ordre social qui satisfasse les aspirations profondes des peuples. Mais Cayce est optimiste : un jour, les hommes comprendront !

«AINSI L'INTELLIGENCE ET L'ESPRIT, EN ACCORD AVEC TOUS CES PRINCIPES, FINIRONT PAR AMENER CES RELATIONS HUMAINES BASÉES SUR LA FRATERNITÉ UNIVERSELLE. PAR LÀ, ON TROUVERA LA PAIX AVEC SON VOISIN ET ON LA GARDERA. »

(Lecture 3976-19)

LA PAIX ENTRE LES NATIONS

Le vénérable Barthélémy Holzhauser, prêtre et prophète allemand du XVIIe siècle, avait divisé l'histoire de la chrétienté — et du monde — en sept étapes à partir de la mort de Jésus et jusqu'à la fin. La cinquième qu'il appelle « purgative » commence à partir de l'empereur Charles-Quint et va jusqu'à l'arrivée de ce personnage puissant et mystérieux, dont nous avons parlé, que tous les voyants appellent « le Grand Monarque ». Avec celui-ci commence une ère de paix qu'Holzhauser qualifie de « consolative ». La paix doit être non seulement, dans chaque pays, nationale, mais encore internationale, — et le Grand Monarque y contribuera puissamment. La paix mondiale est inscrite dans le destin de la Terre :

> « CAR LES VOIES DU SEIGNEUR SUIVRONT LEUR COURS, COMME IL L'A DIT : "LE CIEL ET LA TERRE PASSERONT, MA PAROLE NE PASSERA PAS." »
>
> (Lecture 3976-18)

Pour l'instant, personne n'y a encore cru vraiment, c'est pourquoi elle n'est pas encore arrivée. L'Évangile :

> « AVEC SON MESSAGE, EST TROP SOUVENT RESTÉ LETTRE MORTE DANS LES ORGANISATIONS NATIONALES ET INTERNATIONALES. »
>
> (Lecture 3976-18)

Voilà pourquoi les tentatives de paix ont si souvent échoué, car elles ont été menées par des gens sans foi :

> « LES NÉGOCIATIONS NE PEUVENT QU'ÉCHOUER SI L'ON NE RESPECTE PAS LES PRINCIPES SPIRITUELS DE BASE. (...) CECI EST À PRENDRE EN CONSIDÉRATION LORS-

QU'ON ANALYSE N'IMPORTE QUEL ASPECT DES RELATIONS HUMAINES. »

(Même lecture)

Ce qui n'avait pas été fait jusqu'ici, mais le sera un jour. La paix internationale qui va venir sera l'aboutissement d'une longue évolution, qui a déjà commencé. Même avant la Deuxième Guerre mondiale, Cayce la pressentait :

« DANS L'HISTOIRE DE LA TERRE ET DES NATIONS, À FORCE D'AVOIR TRAVERSÉ TANT DE PÉRIODES DE GUERRE, RÉGULIÈRES ET IRRÉGULIÈRES, EST EN TRAIN DE NAÎTRE ET DE GRANDIR UN DÉSIR DE PAIX. »

(Lecture 3976-22, du 13 juin 1939)

Il est évidemment paradoxal d'entendre Cayce parler de paix juste avant le déclenchement du conflit. Mais Cayce, qui n'a plus que quelques années à vivre, voit bien plus loin, et veut donner un message d'espoir à ceux qui le liront plus tard. Nous-mêmes devons absolument savoir, si nous affrontons une Troisième Guerre mondiale, que la paix générale reste à l'horizon. C'est cette espérance qui nous permettra de tenir le coup ! Mais revenons à la lecture 3976-22. L'erreur a été de chercher :

« LA PAIX QUOI QU'IL EN COÛTE, À N'IMPORTE QUEL PRIX »

Alors qu'il aurait fallu chercher :

« UNE PAIX COMPATIBLE AVEC LA DIGNITÉ DE LA NATURE HUMAINE, AVEC LES OBJECTIFS DE L'HOMME, LORSQUE CEUX-CI SONT EN ACCORD AVEC LA LOI SPIRITUELLE DONNÉE PAR LE MAÎTRE. »

(Même lecture)

Ce sont ces « mauvaises paix », humiliantes pour le vaincu, qui provoquent de nouvelles guerres (exactement comme la paix de 1919 avait suscité en Allemagne un esprit « revanchard », qui poussera les Allemands à souhaiter la guerre une deuxième fois).

« ET LORSQU'ON COMPARE AVEC L'HISTOIRE (...) DES DIVERSES NATIONS QUI SUIVENT D'AUTRES ENSEIGNEMENTS, ON DÉCOUVRE QUE CES PRINCIPES DE BASE DONT NOUS AVONS PARLÉ : "TU AIMERAS LE SEIGNEUR", EN SONT L'ESSENCE MÊME, ET CHEZ TOUS ! »

(Même lecture)

Cayce affirme une fois de plus que les principes christiques sont universels, même si :

« LA FAÇON DONT ON A APPLIQUÉ CE PRINCIPE À SON PROCHAIN A ÉTÉ DIVERSIFIÉE, ET CONTINUE DE L'ÊTRE, SELON LES MOTIVATIONS DIVERSES QUI RÈGLENT LES RELATIONS HUMAINES. »

(Même lecture)

C'est l'explication de la diversité des religions et des institutions dans le monde. Toutes les guerres du passé et du présent, guerres religieuses, économiques ou coloniales, partaient du principe que l'adversaire était digne de mépris : c'était un « païen », un infidèle à convertir, un « sans-dieu », un « non-aryen » qui n'était pas de la « race des seigneurs », un primitif, un sous-développé...

Si l'agresseur avait vu que l'agressé avait exactement la même aspiration spirituelle que lui, il aurait eu un peu moins bonne conscience... C'est cette conscience qui est en train de se réveiller, grâce à la prière et aux échanges internationaux qui permettent de se rendre compte... que l'étranger prie aussi ! et que sa prière s'adresse au même Dieu :

« MAIS DEPUIS CES TEMPS OÙ L'HOMME FUT CRÉÉ POUR PENSER — PENSER ! — À LA SOURCE DE SES DÉSIRS NON SEULEMENT SPIRITUELS, MAIS AUSSI INTELLECTUELS ET MATÉRIELS, ON A ASSISTÉ AU DÉVELOPPEMENT PRO-

GRESSIF DE LA PRIÈRE INDIVIDUELLE, DE LA PRIÈRE QUI A UNI DES GROUPES ET MÊME DES NATIONS ENTIÈRES, ET ON A PRIS DE PLUS EN PLUS DE DISTANCE VIS-À-VIS DES CONTINGENCES MATÉRIELLES. »

(Lecture 3976-22)

Autrement dit, on accorde beaucoup moins d'importance aux différences locales d'expression, de mœurs, de culte, etc. C'est le sens uranien de la fraternité qui est à l'œuvre. On prend peu à peu conscience que celui d'en face, malgré les « CONTINGENCES MATÉRIELLES », a les mêmes aspirations profondes à la paix. Celle-ci viendra :

« SI LES IDÉES, LES IDÉAUX SONT TELS QU'ILS DOIVENT ÊTRE, TELS QU'ILS SERONT UN JOUR, INSPIRANT À CHACUN DE DONNER UN TÉMOIGNAGE D'AMOUR FRATERNEL, DE COURTOISIE, DE PATIENCE, DE DOUCEUR, DE BONNE VOLONTÉ ; SI TOUT CELA EST VRAIMENT UN CHOIX VÉCU ET PAS SEULEMENT DU BLUFF, À TOUS LES NIVEAUX D'ACTIVITÉ. »

(Lecture 3976-16)

Si tout cela se réalise (et les épreuves de la fin du siècle y obligeront les gens... elles seront faites pour cela !), alors on peut tout espérer :

« ALORS NAÎTRA L'AURORE D'UN MONDE NOUVEAU, CARACTÉRISÉ PAR TOUTES LES FORMES D'ENTR'AIDE ET D'ESPOIR ; ET CELA DANS LA VIE QUOTIDIENNE, DANS LA FAMILLE, LES ÉTATS, LES VILLES, LES NATIONS. »

(Même lecture)

Cayce est donc absolument sûr que nous allons voir arriver la paix universelle. Comme le disait la Dame de tous les peuples à Amsterdam :

« Tous les peuples rassemblés en une seule communauté, c'est à cela que ce monde et ce temps doivent travailler, ainsi que je l'ai maintes fois annoncé. »

(*Op. cit.*, p. 187)

« COMME L'ESPRIT DE DIEU VINT METTRE UN JOUR LA PAIX ET L'HARMONIE DANS LE CHAOS, AINSI DOIT-IL VENIR SUR LA TERRE ET BRILLER DANS LES ESPRITS ET LES ÂMES DES HOMMES — LEUR APPORTANT LA PAIX, L'HARMONIE, LA COMPRÉHENSION. »

(Lecture 3976-8)

CETTE PAIX UNIVERSELLE, QUAND VIENDRA-T-ELLE ?

Cayce la voit arriver en même temps que « LE RETOUR DU CHRIST, QUI DOIT ÊTRE ACCOMPAGNÉ D'UN RETOUR DE L'ESPRIT DE DIEU », comme le montre la lecture ci-dessus. Au cours des apparitions d'Amsterdam, « la Dame de tous les peuples » (*op. cit.*) avait expliqué à la voyante que :

« Ce temps est semblable à celui qui précéda la venue du Fils. »

On se souvient que la « venue du Fils », il y a 2 000 ans, avait été précédée, puis suivie, par la « venue de l'Esprit », lors de l'Incarnation, lors du Baptême de Jésus dans le Jourdain où il apparut sous forme de colombe, lors de la Pentecôte, après le départ de Jésus. Dans la lecture ci-dessus, Cayce évoque le retour de l'Esprit qui doit aller de pair avec le retour du Fils : tous ces événements coïncident avec la paix universelle. Je reprends d'autres passages du message de *« la Dame de tous les peuples »*, à Amsterdam le 31 mai 1955 :

« Je ne saurais assez le dire au monde ; allez au Saint-Esprit en ce temps-ci. Le Règne de Dieu est plus proche que jamais il ne le fut. J'ai dit : "Savez-vous bien, peuples, ce que ces mots recouvraient ?

Savez-vous bien, peuples, que vous êtes responsables ? (...) Vous, peuples, Je vous en prie, écoutez bien : jamais la Mère de Dieu ne vous a suppliés ainsi (...) : implorez le Père, le Fils, le Saint-Esprit, afin qu'ils vous protègent" (...) »

« C'est à l'unité que Son peuple doit atteindre. L'unité, et, au-dessus de l'unité, la Dame de tous les peuples. Une communauté de peuples. J'insiste sur ce mot : une communauté. (...) Constamment, de façon voilée, j'ai annoncé ce temps. Eh bien, peuple, CE TEMPS EST ARRIVÉ. »

Toutes les prophéties insistent sur la séquence : grands changements — retour du Christ — paix universelle. Sainte Hildegarde de Bingen, au XIIe siècle, disait :

« Cette paix du monde, avant les derniers temps, avait été symboliquement figurée par celle qui précéda le premier avènement du Fils de Dieu (...). En ces jours de bénédiction s'épancheront sur la Terre les plus douces nuées ; elles la couvriront de verdure et de fruits, parce que les hommes s'adonneront alors à tous les devoirs de justice, alors que, dans les jours précédents, si désolés par les mœurs perverses du monde, les éléments, violentés par les péchés des hommes, avaient été dans l'impuissance de rien produire de bon. »

Hildegarde de Bingen, écologiste avant la lettre, fut l'une des grandes femmes-médecins de l'Occident. On lui doit l'usage généralisé de « l'Arnica Montama », plante dont elle analysa les propriétés remarquables. Elle avait donc prédit que lors des « Grands Événements » la Terre serait ravagée par la perversité des hommes. La première chose qu'elle voit revenir avec la paix... c'est l'épanouissement de la Nature, qu'elle aimait tant. Cette femme exceptionnelle fut le conseil d'un grand nombre de rois, d'empereurs, de papes. Elle avait autant de génie en politique qu'en botanique ! Elle décrit l'attitude des grands de ce temps à venir :

« Les princes rivaliseront de zèle avec leur peuple pour faire régner partout la loi de Dieu. Ils interdiront l'usage des armes de guerre. »

Donc, un désarmement effectif. L'idée est dans l'air : on en parle, mais on ne l'applique pas encore. Sainte Hildegarde de Bingen dit que ça viendra...

Les voyants européens qui annoncent la paix ont très souvent annoncé qu'elle viendrait — pour la France et l'Allemagne en particulier, et pour l'Europe de l'Ouest en général — par l'intermédiaire du Grand Monarque. (Non seulement la paix intérieure, mais la paix internationale.) L'Europe se fera par le Grand Monarque !

La Mère du Bourg à Limoges, au XIXe siècle, prophétisait :

« Sa destinée est de réparer et de régénérer (...). Tous les peuples béniront le règne du prince Dieudonné. »

La prophétie de Noël Olivarius, au XVIe siècle, dit :

« Il réglera les destinées du monde, se faisant le conseil souverain de toute nation et de tout peuple[1]. »

La prophétie de l'abbé Mattay, curé de Saint-Méen, dont nous avons parlé, précise :

« Il vivra très vieux, et la France sera heureuse sous son règne. Il viendra au moment où l'on s'y attendra le moins. »

Autrement dit, sous son règne, toute l'Europe,

1. Prophétie très ancienne, redécouverte au XVIe siècle, puis au XIXe.

c'est-à-dire l'ancien Empire Romain, sera en paix. Enfin !

La prophétie de l'abbaye de Prémol, près de Grenoble :

« Je vis venir de l'Orient un jeune homme remarquable, monté sur un lion. Il tenait une épée foudroyante à la main. Le coq chantait devant lui ! Sur son passage tous les peuples s'inclinaient, car l'esprit de Dieu était en lui. Il vint aussi sur les ruines de Sion et mit les mains dans les mains du Pontife. Ils appelèrent tous les peuples, qui accoururent. Ils leur dirent : "Vous ne serez heureux et forts qu'unis dans un même amour." »

Cette prophétie nous amène à un autre visage essentiel de la paix universelle : la paix religieuse, que nous verrons un peu plus loin. On aurait tort de ne pas y croire : toutes les prophéties, toutes, annoncent cette époque de paix universelle ! Ainsi l'affirme Notre-Dame-de-la-Salette :

« Alors se fera la paix, la réconciliation de Dieu avec les hommes. Jésus-Christ sera servi, adoré et glorifié ; la charité fleurira partout. »

Mais les auditeurs de Cayce restant sceptiques, il leur répond :

« VOUS DITES QUE C'EST IRRÉALISABLE, IMPOSSIBLE ? MAIS QU'EST-CE QUI A CAUSÉ LES TROUBLES ACTUELS, NON SEULEMENT CHEZ NOUS MAIS ENCORE À L'ÉTRANGER ? EST-CE QU'ON A MIS EN PRATIQUE CE QUI AVAIT ÉTÉ DEMANDÉ IL Y A QUELQUES MILLIERS D'ANNÉES : "OÙ EST TON FRÈRE ? SON SANG CRIE VERS MOI DEPUIS LA TERRE". ET L'AUTRE PARTIE DU MONDE N'A-T-ELLE PAS RÉPONDU, NE RÉPOND-ELLE PAS : "SUIS-JE LE GARDIEN DE MON FRÈRE ?". »

(Même lecture)

Cayce fait allusion ici a un épisode biblique qu'il affectionne, le meurtre d'Abel par Caïn, qui se défend de toute responsabilité en estimant qu'il n'est pas « LE GARDIEN DE SON FRÈRE ». Le verset biblique « LE SANG DE TON FRÈRE CRIE VERS MOI » traduit le mécontentement de Dieu devant toute querelle sanglante. Il y a une sorte de chimie mystérieuse entre le sang humain et la Terre elle-même, qui absorbe avec celui-ci toutes les vibrations négatives des drames atroces qui divisent l'humanité... Si l'humanité ne réagit pas, la Terre se révoltera contre ces bipèdes parasites qui la tourmentent : d'où les violentes catastrophes géologiques. Et pourtant il semble, d'après Cayce et les autres prophètes, que l'humanité pourrait arriver à la paix en évitant la plupart des catastrophes... A Kérizinen, le 18 février 1961, le Sacré-Cœur avait dicté à la voyante :

« Je m'appelle Amour et Je suis plein de miséricorde. Il M'est difficile de Me révéler, parce que les âmes refusent les révélations de Mon Amour. Je ne Me fatigue pas d'attendre, mais Je souffre infiniment.

Je n'attends la confiance du monde que pour lui jeter Mes pardons à pleines mains. »

Le pardon de Dieu ramènera la paix...

Abeille Guichard, la traductrice des *« Lettres de Christopher »*, de Christopher Tristram, qui est une amie de notre association, a reçu le 28 mai 1987 le message que voici :

« PAIX, à jamais Paix, plus *que jamais, urgente et nécessaire. Désirée par tous, mais bien peu pratiquée par chacun de ces tous. Car, bien évidemment, la Paix est faite, créée par chacun qui forme* tous. *Si seulement les Humains avaient un avant-goût de la Paix incroyable de DIEU et de tous ceux qui sont de Lui, avec Lui, dans Son Royaume : elle surpasse tout ce que l'on peut imaginer.*

(...) Il faut la ressentir chaque fois que possible ; dans la Nature, surtout vers le soir ou au creux de la Nuit. Ou encore auprès d'enfants. Ou avec un Ami très cher, communion d'esprit, rare et d'autant plus appréciable. Quelques vieilles églises en sont imprégnées, vu les siècles de prières qu'elles contiennent dans leurs flancs... Et quand Nous bavardons, toi et Moi... Paix de Dieu, paix du Cœur. Ineffable... Je te donne la Mienne, comme toujours. Ressens-la et répands-la. Tant de gens ont le cœur angoissé, souvent si inutilement, hélas : manque de Foi et confiance dans le Père, Qui les aime et veille sur eux mieux qu'ils ne savent le faire eux-mêmes !... »

LA PAIX DANS CHAQUE NATION

Nous avons déjà vu les prophéties de Cayce sur l'avenir de la Russie, qui doit devenir l'un des grands leaders spirituels du monde — après le communisme. *La Dame de tous les peuples* s'en fait l'écho : *« En Russie se produira un grand bouleversement »* (*op. cit.*, p. 143, 31 décembre 1951). Le message de Fatima du 13 juillet 1917 avait déjà dit :

« La Russie se convertira, et un temps de paix sera donné au monde. »

Cayce voit aussi, après ces événements, une renaissance pour certains pays d'Extrême-Orient :

Monsieur Cayce, parlez-nous de la situation en Chine et au Japon.

« ELLE PARLE D'ELLE-MÊME, DE CE QUI EST ARRIVÉ ET EST EN TRAIN D'ARRIVER. IL NE FAUT PAS CROIRE QUE LA FORCE PRIME LE DROIT, MAIS UN JOUR LES PRINCIPES DE LA FOI CHRÉTIENNE S'IMPOSERONT, À TRAVERS LES

TOURMENTES QUE CONNAISSENT À LA FOIS LA CHINE ET LE JAPON. DES PURIFICATIONS, DES COUPS DE BALAI SONT NÉCESSAIRES, SINON SEULE LA TRADITION SURVIVRA AUX DESTRUCTIONS. CAR C'EST À TRAVERS CES PURGES QUE LA FORCE ET LA BEAUTÉ DE CHACUN DE CES DEUX PAYS RESSORTIRONT. (...) »

(Lecture 3976-19, 24 juin 1938)

J'ai eu beaucoup de mal à traduire ici la réponse de Cayce : « FOR WITHOUT THOSE CLEANSINGS AND PURIFYINGS, TRADITION ALONE MAY NOT BE DESTROYED. » Si j'ai bien compris, Chine et Japon doivent passer par des méga-purifications, sinon il n'en resterait rien... rien qu'un souvenir : la tradition qu'il existait autrefois deux grands pays de ce nom !

Dans la lecture 1598-2, du 29 mai 1938, Cayce parle de :

« LA CHINE, QUI REPARTIRA À LA CONQUÊTE D'ELLE-MÊME ; ET, À CE MOMENT-LÀ, IL N'Y AURA PLUS D'INTERFÉRENCES DE L'EXTÉRIEUR. »

Cette prophétie s'est réalisée, la Chine en effet s'est reprise en main, et ne laisse plus les pays étrangers interférer dans ce qui la concerne.

Dans une autre lecture, le 24 janvier 1925, Cayce avait parlé spontanément de la Chine, pour le consultant Mr. (900) :

« ILS TRAVERSENT DES MOMENTS TERRIBLES EN CHINE À L'HEURE ACTUELLE. EN MANDCHOURIE, INONDATIONS ET INCENDIES À LA FOIS. BEAUCOUP DE GENS PASSENT DANS L'AUTRE MONDE. CES ENTITÉS S'EN VONT OCCUPER LA POSITION QUI CORRESPOND À LEUR ENVIRONNEMENT LORSQU'ELLES ÉTAIENT SUR LA TERRE DANS L'INCARNATION PRÉSENTE. CES PROBLÈMES NAISSENT DE CE GRAND MALAISE DANS LA CONSCIENCE DE BEAUCOUP DE GENS. CELA AMÈNERA LA RÉVOLUTION DANS LES ESPRITS.

(...) C'EST CELA QUI POURRA AMENER UNE PRISE DE

CONSCIENCE MONDIALE. D'OÙ LE FAIT QUE BEAUCOUP D'HOMMES POURRONT, GRÂCE À CELA, QUITTER LE MONDE PHYSIQUE, ET PUIS DE NOUVEAU S'Y MANIFESTER DEVANT LES HOMMES. »

Autrement dit, tous ces gens-là — les victimes des catastrophes de Mandchourie —, ayant fait une prise de conscience dans leur incarnation chinoise, vont pouvoir se réincarner utilement. (Il est vrai que je rencontre dans mes groupes beaucoup de gens très évolués spirituellement, qui viennent d'une incarnation chinoise récente !)

Passons maintenant à l'Angleterre. Après de dramatiques événements (car, selon les prophéties, elle n'échappera pas plus que nous à la guerre civile, à la faim et aux cataclysmes géologiques), elle s'en sortira :

Parlez-nous de la situation intérieure en Grande-Bretagne et de ses relations avec ses colonies.

« IL Y A LÀ UN ÉQUILIBRE ; C'EST UNE PUISSANCE QUI CONTRIBUE À L'ÉQUILIBRE EN EUROPE AUSSI BIEN QU'EN EXTRÊME-ORIENT.

ET LORSQU'ON COMMENCERA À ÉTABLIR DES INSTITUTIONS RESPECTUEUSES DE TOUS LES HOMMES, QUEL QUE SOIT LEUR STADE D'ÉVOLUTION, CETTE PUISSANCE SERA BIEN DAVANTAGE ENCORE CAPABLE DE CONTRÔLER LE MONDE POUR Y MAINTENIR LA PAIX. »

(Lecture 3976-19)

Les prophéties qui parlent du renouveau de l'Angleterre sont assez nombreuses. Je n'en cite ici que quelques-unes, pour mettre en valeur celles de Cayce :

« Beaucoup de protestants viendront consoler les enfants de Dieu par leur retour au Christianisme, et l'Angleterre elle-même donnera un beau spectacle »,

disait la sœur Rosa-Colomba Asdente, au début du XIXe siècle.

« Je suis sûr que l'Église d'Angleterre reprendra son ancienne splendeur », disait le saint curé d'Ars.

Après de terribles épreuves, l'Angleterre retrouvera la paix et, toutes querelles apaisées, se joindra aux autres nations dans la « religion universelle », dont nous allons parler au chapitre suivant.

Quant à l'Italie, son cas se complique du fait qu'elle est le siège de l'organisation catholique. Comme la fin du siècle risque d'être agitée sur le plan religieux, de nombreuses prophéties annoncent les malheurs de Rome :

« Malheur à toi, ville aux sept collines, lorsque dans tes murs retentiront les louanges de la lettre K »

dit la prophétie de Richard de Toussaint, conservée dans le Trésor du Mont-Saint-Michel, et qui date de 1622. (S'agit-il du pape actuel, qui s'appelle Karol Woytila ?)

Le pape Pie X avait eu une vision où il voyait l'un de ses successeurs :

« quitter Rome et, pour sortir du Vatican, devoir passer sur le cadavre de ses prêtres ».

Hélène de Wallraff, prophétesse du XVIIIe siècle à Cologne, disait :

« Un pape fugitif, suivi seulement de quatre cardinaux, viendra se réfugier à Cologne ».

Etc. Toutes ces prédictions, décrivant une horrible guerre à la fois civile et religieuse en Italie, se terminent par une perspective de paix, et la restauration sur le trône de Pierre d'un « Grand Pontife », ami du « Grand Monarque ».

Marie-Julie Jahenny, et elle n'est pas la seule, voit :

« un roi chrétien placé sur la terre d'Italie ».

Et qu'après :

« l'année terrible (...) il y aura la paix » (*op. cit.*, p. 207).

Il semble que le Grand Monarque, *« Celui que l'exil réserve »*, *« marchera sur la Ville Éternelle, avec les braves combattants qui l'auront assisté »*, et ramènera la paix — tant civile que religieuse.

3. LA RELIGION UNIVERSELLE

DIEU EST MOINS FORMALISTE QU'ON NE LE CROIT...

Les dissensions religieuses, dit Cayce, ont comme origine première le goût perverti du pouvoir :

> « AU COMMENCEMENT EXISTAIT LE CHAOS LORSQUE FUT CRÉÉE LA TERRE, ET L'ESPRIT DE DIEU VINT SUR LA FACE DE LA TERRE, ET DU CHAOS SURGIT LE MONDE — AVEC LA BEAUTÉ DE SES FORMES NATURELLES, C'EST-À-DIRE DE LA NATURE.
>
> LORSQUE L'HOMME VINT AU MONDE, CERTAINES PERSONNALITÉS HUMAINES, CERTAINS INDIVIDUS, COMMENCÈRENT À CHERCHER LES MOYENS DE SOUMETTRE LA TERRE. ET L'HOMME — C'EST SA PENTE NATURELLE — NON SEULEMENT TENTA DE SOUMETTRE LA TERRE MAIS AUSSI DE SOUMETTRE SES PROCHES ; IL EN RÉSULTA DES DIVERGENCES DE PENSÉE, LA DIFFÉRENCIATION EN SECTES, EN CLASSES SOCIALES, EN PARTIS, EN RACES. »
>
> (Lecture 3976-8)

Ensuite, manque d'imagination. Plus exactement, incapacité du mental humain à concevoir les mille et une facettes de Dieu, Sa multiplicité, Sa diversité. Celle-ci se reflète dans la diversité des idées, des mœurs et des types humains. « Ceux qui ne pensent pas comme moi ne pensent pas bien » : tel est le raisonnement du dictateur... Ce manque d'imagination explique :

« LES TENTATIVES FAITES PAR CERTAINS LEADERS, PAR CERTAINS PARTIS, POUR CONTRAINDRE PAR LA FORCE UNE PARTIE DU MONDE A PENSER COMME EUX. »
(Même lecture)

Ainsi le goût du pouvoir, aggravé par le manque d'imagination, a fait que certains voulurent :

« FORCER DES GROUPES HUMAINS DIFFÉRENTS À HABITER ENSEMBLE FRATERNELLEMENT, EN TOUTE SYMPATHIE, SELON LES MÊMES CRITÈRES APPLIQUÉS À TOUS. »
(Même lecture)

Dieu est beaucoup moins formaliste qu'on ne le croit :

« LÀ OÙ LE BÂT BLESSE – DEPUIS LE PREMIER DES SACRIFICES ANTIQUES OÙ L'ON SE DISPUTAIT POUR SAVOIR COMMENT L'OFFRIR – C'EST QU'IL Y A TOUJOURS QUELQU'UN POUR INSTITUER UN RÈGLEMENT OBLIGATOIRE PERMETTANT DE JUGER TOUT LE MONDE. OR LE VRAI RÈGLEMENT EST ET DEVRAIT TOUJOURS ÊTRE : "ÉCOUTE, Ô ISRAËL, LE SEIGNEUR TON DIEU EST UN." »
(Lecture 3976-23)

LA LIBERTÉ RELIGIEUSE EST LA PLUS FONDAMENTALE DE TOUTES

La tentation reste toujours grande de persécuter ceux qui n'ont pas la même vision religieuse. Et si

Cayce le répète, en 1939, c'est que c'était d'actualité cette année-là (et ça l'est encore !) :

« AINSI, CHACUN DE VOUS ICI DOIT DONNER À DIEU UNE CHANCE DE CONCRÉTISER LES GRANDES BÉNÉDICTIONS QU'IL RÉSERVE À CEUX QUI L'AIMENT. CELA NE VEUT PAS DIRE QUE VOUS, OÙ QUI QUE CE SOIT, DEVIEZ VOUS CROIRE AUTORISÉS À PERSÉCUTER QUICONQUE, OÙ QUE CE SOIT. »
(Lecture 3976-23)

La liberté religieuse est l'une des plus fondamentales. Elle est loin d'être respectée dans l'ensemble du monde actuel :

« DANS LA NATURE MÊME D'UNE NATION, D'UN PEUPLE, IL Y A DES PRINCIPES FONDAMENTAUX SUR LESQUELS DOIVENT SE FONDER LA VIE ÉCONOMIQUE ET L'ÂME DE CETTE NATION. ET CELA, SI L'ON VEUT QUE CETTE NATION PUISSE GARANTIR À TOUTE ÂME VIVANTE CE DROIT ÉLÉMENTAIRE : LA LIBERTÉ DE TÉMOIGNER, EN TANT QU'INDIVIDU, SON ADORATION ENVERS SON CRÉATEUR. »
(Lecture 3976-14)

Les nations qui ne respectent pas cette liberté sont celles qui se portent le plus mal... Nous ne remercions jamais assez dans nos prières d'avoir la chance d'habiter en Europe de l'Ouest, l'un des rares coins du monde où cette liberté soit respectée. Il est à craindre que si nous ne savons pas remercier et apprécier cette chance, elle nous soit enlevée... Cayce va plus loin encore, il estime que le manque de respect des libertés religieuses crée tous les désordres politiques, sociaux et économiques :

« CAR LA PREMIÈRE LOI DONNÉE À L'HOMME DÈS LE COMMENCEMENT FUT : "TU N'AURAS PAS D'AUTRE DIEU QUE MOI !" LORSQUE L'HOMME A CONTREVENU À CETTE LOI, IL A PRIVÉ LES AUTRES DE LA LIBERTÉ D'EXPRESSION À LAQUELLE ILS AVAIENT DROIT, DE NAISSANCE. ET C'EST DE LÀ QU'EST VENU TOUT CE MAL, CES INFLUENCES

MALFAISANTES SUR LA TERRE : HAINES, JALOUSIES, AVIDITÉ, ETC. C'EST CELA QUI A CRÉÉ CES PLAIES SOCIALES, VISIBLES DANS TOUTES LES CLASSES : LA COURSE AU POUVOIR, L'AMBITION, L'AMOUR DE L'ARGENT... »

(Même lecture)

Le monde actuel, dit Cayce (le 15 janvier 1932), commence à se rendre compte que le fanatisme et la dictature donnent de piètres résultats :

« DANS LES CONDITIONS ACTUELLES DONC, LA FAMILLE HUMAINE DANS SON ENSEMBLE ARRIVE À UN STADE DE DÉVELOPPEMENT OÙ ELLE DOIT RÉFLÉCHIR. TOUS DOIVENT S'ACCORDER SUR LE FAIT QUE, DANS CES BOULEVERSEMENTS PROVOQUÉS PAR LES PROBLÈMES DE SOCIÉTÉ, PAR LES DIFFÉRENCES SOCIALES, LA RELATION DE L'HOMME À SON CRÉATEUR, C'EST-À-DIRE SON DIEU, ET À SES FRÈRES HUMAINS DOIT S'ORIENTER DANS UNE AUTRE PERSPECTIVE, EN SE BASANT SUR UN TERRAIN D'ENTENTE COMMUN. »

(Même lecture)

Ce mouvement, amorcé seulement au temps de Cayce, se traduit aujourd'hui par l'œcuménisme, c'est-à-dire des rencontres au sommet entre les responsables des différentes religions mondiales, et par des mouvements spirituels qui s'adressent à tous, sans distinction de religion. C'est d'ailleurs cette ouverture planétaire qui fait l'attrait de ces mouvements, leur charme. Une fois que l'on y a goûté, on ne supporte plus les milieux fanatiques, intolérants, cloisonnés... J'ai retrouvé cet esprit de fraternité universelle chez les gens de Findhorn, chez certains groupes rosicruciens, dans les mouvements écologiques en France à leurs débuts, inspirés par des idéaux vraiment fraternels. Et également dans nombre de petits cercles parisiens et provinciaux, lorsque le niveau spirituel est de qualité. A Lourdes aussi (où la souffrance oblige beaucoup de malades à dépasser leurs préjugés), à San Damiano, etc. J'ai vu en

Angleterre, en Italie, en France, en Suisse, aux États-Unis beaucoup de ces milieux où l'on fait un réel effort pour « TROUVER UN TERRAIN D'ENTENTE COMMUN ». La première fois de ma vie que j'ai rencontré cette merveilleuse ambiance fraternelle, cet avant-goût de ce que nous verrons à l'Ère du Verseau, c'était à l'abbaye de Toumliline au Maroc. Les bénédictins y avaient organisé une université d'été, et avaient su créer une ambiance chaleureuse et accueillante à tous, catholiques et non-catholiques. J'ai rencontré là beaucoup d'étudiants musulmans, juifs, protestants... même des bouddhistes ! On ne leur demandait absolument pas de changer de religion, personne ne cherchait à les « convertir ». L'objectif était plutôt de faire germer une prise de conscience, un sentiment profond de fraternité humaine et de filiation à un même père. C'était très réussi. Le père abbé et ses moines étaient des hommes qui avaient beaucoup vécu dans le monde ; ils avaient dépassé tout sectarisme pour ne retenir que la bonté. Les discussions sur la décolonisation allaient bon train, mais dans la courtoisie et l'amitié. C'était peut-être, à l'époque en Afrique du Nord, l'un des seuls endroits où « pieds-noirs », coopérants de gauche dits « pieds-rouges », Algériens de droite et de gauche, Palestiniens et juifs retrouvaient entre eux un dialogue. J'ai vu en Amérique également des groupes très fraternels ; mais ils achoppaient presque tous sur les problèmes du racisme. Tandis qu'à Toumliline on en voyait de toutes les couleurs (des hommes et des femmes !), et on n'y faisait absolument pas attention. L'ambiance s'y prêtait : le Maroc lui-même est un pays multi-coloré, qui accepte joyeusement cette belle diversité. Mes élèves marocains, dans chaque classe, allaient du « blond-œil-bleu » des Fassis et des Berbères de la montagne jusqu'au noir d'ébène des Sahraouines. Et alors ? Ça n'empêchait absolument pas l'amitié, l'échange, l'amour... Je n'imaginais pas du tout, à cette époque, que l'on puisse avoir peur d'un homme parce qu'il est noir, comme je l'ai vu plus tard ailleurs. Toumliline n'a duré qu'un temps. C'était une expérience unique, superbe, trop en avance sur son époque...

NE PAS CONFONDRE IDÉE ET IDÉAL

A Toumliline, les gens n'avaient pas les mêmes idées. Mais ils acceptaient de se parler, de se sourire, de travailler ensemble — parce qu'ils avaient le même idéal —, même s'ils n'employaient pas les mêmes mots pour l'exprimer. Il faut partir de l'idéal plutôt que de l'idée : les idées divisent, les idéaux réunissent (s'ils sont assez élevés) :

> « LE MONDE EN TANT QUE "MONDE" (au sens où l'Évangile emploie ce mot : "le monde ne m'a pas reçu"), QUI FAIT TOUT CE QU'IL FAUT POUR PROVOQUER RUPTURE ET MÉCONTENTEMENT, A PERDU SON IDÉAL. LES HOMMES PEUVENT NE PAS AVOIR LES MÊMES IDÉES, MAIS TOUS LES HOMMES PEUVENT AVOIR LE MÊME IDEAL. »
>
> (Lecture 3976-8)

L'idée de Cayce, c'est qu'on a confondu « idée » et « idéal ». Les idées relèvent de l'activité mentale, tandis que « l'idéal » est au fond un désir de l'âme, du corps spirituel. On peut — il faudra un jour ! — avoir un même idéal, malgré des idées différentes. C'est cette confusion qui a engendré les guerres de Religion et les conflits idéologiques. On y arrivera à l'Ère du Verseau :

> « ILS POURRONT ALORS HABITER TOUS ENSEMBLE DANS CETTE PAIX, CETTE HARMONIE, QUI NE SE TROUVE QUE LÀ OÙ TOUS ONT LE MÊME IDÉAL — MAIS PAS FORCÉMENT LA MÊME IDÉE ! »
>
> (Lecture 3976-8)

RETOUR A LA LOI DE UN

Pour Cayce, c'est la « Loi de Un », antique religion de l'Atlantide, qui doit prévaloir. Pourquoi ? Parce que c'est la religion du Dieu Unique, qui a été établie en Atlantide par le Christ Cosmique lui-même, lorsqu'Il s'y est incarné (voir *L'Univers d'Edgar Cayce*, tome I). Cette religion a ensuite été transmise à l'Égypte ancienne, aux Druides, à la Perse de Zoroastre, à Moïse, à la Grèce antique, à Rome... Et c'est exactement, dit Cayce, celle que Jésus a enseignée. C'est la « Loi d'amour » christique :

> « QUE CHACUN DE VOUS SE TOURNE VERS LA LOI D'AMOUR, ET AIME SON VOISIN COMME LUI-MÊME. »
> (Lecture 3976-23)

Pour Cayce, les autres religions du monde, bouddhisme, islam, hindouisme, etc., sont des versions, adaptées à chaque pays, de la fameuse « Loi de Un ». Et ceux qui vont jusqu'au bout, qui approfondissent leur religion, en la vivant avec exigence, parlent le même langage dans le monde entier, parce qu'ils se sont branchés sur le Dieu unique — le seul qui existe. Dieu est le même pour tous les peuples, tous les lieux et tous les temps, comme le répète Cayce :

> « COMME IL L'AVAIT DIT AUX ANCIENS : "IL EST LE MÊME HIER, AUJOURD'HUI ET POUR TOUJOURS." Et Cayce de terminer la dernière lecture de la série 3976 par : APPLIQUE DANS TA PROPRE VIE LA VÉRITÉ. QU'EST-CE QUE LA VÉRITÉ ? (...) C'EST "TU AIMERAS LE SEIGNEUR TON DIEU DE TOUT TON CŒUR, DE TOUTE TON ÂME, DE TOUT TON CORPS, ET TON VOISIN COMME TOI-MÊME". TOUT LE RESTE, TOUTES CES THÉORIES QUI ONT ÉTÉ CONCOCTÉES PAR L'HOMME, NE SONT RIEN. »

Ce rappel des éléments de base de la loi du Christ, c'est-à-dire « la Loi de Un », permet de comprendre pourquoi nulle part Cayce ne prédit la victoire finale de telle ou telle « RELIGION EN ISME » (c'est son expression). Le problème ne se posera plus si chaque homme ou femme vit à fond le premier des commandements, qui résume à lui seul tous les autres :

« ET SI CHAQUE HOMME ET FEMME SE TOURNAIT VERS DIEU, IL N'Y AURAIT PLUS AUCUN DE CES PROBLÈMES. »
(Lecture 3976-23)

COMMENT LES VOYANTS DE L'ANCIEN MONDE VOIENT LA RELIGION DE L'ÈRE DU VERSEAU

Les prophéties ne manquent pas sur ce sujet... Mais la majorité des mystiques et voyants parlent comme s'ils étaient persuadés que leur religion va « triompher ». Les voyants catholiques parlent tous de la « conversion » des juifs, des musulmans, des protestants, des anglicans, des bouddhistes, comme si ceux-ci étaient de toute façon et indiscutablement « dans l'erreur »... Il faut comprendre qu'il était impossible, pour un mystique catholique des siècles passés, de dire : « Toutes les religions vont se rejoindre. » On l'a d'ailleurs bien vu avec la prophétie de la Salette, où la Vierge critique vertement l'attitude des prêtres. Bien que cette prophétie ait été officiellement reconnue, on n'ose plus en parler, et la principale voyante, Mélanie Calvat, a été très persécutée. Je suis toujours surprise de voir combien peu de catholiques pratiquants la connaissent. Quand je leur en répète les termes (voir à la fin du livre), ils sont horriblement choqués, et pensent que je les ai inventés. Et quand je leur en lis le texte (officiel, rappelons-le), ils refusent ostensiblement d'écouter ! Au sanctuaire de la Salette, je n'ai pas pu me le procurer — « Nous n'en avons plus », m'a-t-on dit ! Il semble que, cette fois encore, Notre-Dame ait crié dans le désert... Bien d'autres apparitions mariales ou christiques reprennent les reproches de Marie à la Salette : ils sont très rarement diffusés (contrairement à ce qui est demandé chaque fois par Marie). Quant aux autres religions sœurs, elles traversent des crises comparables. Les autorités du protestantisme, du judaïsme, de l'islam connaissent les mêmes conflits internes, les mêmes interrogations, et affrontent les mêmes facteurs de désagrégation.

A force de lire prophéties sur prophéties — et cela depuis des années ! —, j'en suis arrivée à la conviction que « le Grand Monarque » ne rétablira pas l'Ancien Régime, pas plus que le « Grand Pontife » ne rétablira les Croisades. Les royalistes risquent d'être déçus s'ils projettent sur le futur un modèle du passé — et les catholiques de même s'ils attendent « le retour des Infidèles ». L'Histoire se répète, c'est vrai, on le constate. Mais elle se répète en spirale : on ne revient pas exactement au même endroit, on revient un peu au-dessus (ou au-dessous).

Tout ce que l'on nous dit de l'Ère du Verseau est incompatible avec les préjugés, les égoïsmes féroces qui ont entaché ces deux institutions, la Royauté et l'Église catholique. Ce roi futur, qui reviendra de loin après d'incroyables épreuves, ne pourra imposer à l'Ère du Verseau l'arbitraire et l'absolutisme qui ont perdu l'Ancien Régime. De même pour l'Église catholique : sa seule chance de survie est de se purifier en revenant aux sources, ce qui la rendra nécessairement plus tolérante, et lui permettra de s'entendre avec les autres religions (à condition que celles-ci passent par le même processus de purification).

Le retour à l'unité religieuse mondiale ne fait pas de doute pour les voyants et les mystiques européens :

« La religion refleurira et les peuples reviendront

au bonheur des premiers siècles ; les chrétiens vivront comme des frères. »

(Marie des Terreaux ou des Brotteaux, à Lyon)

« Je vois en Dieu une assemblée nombreuse des ministres de l'Église (...) qui rétablira son ancienne discipline (...). »

C'est le retour du Christ Cosmique — et de Marie — qui mettra tout le monde d'accord !

4. LE RETOUR DU CHRIST COSMIQUE ET DE MARIE

UN RÊVE LOINTAIN ?

L'éducation religieuse que l'on nous donnait autrefois — je veux dire en France, il y a trente ou quarante ans — ne mettait pas particulièrement l'accent sur le retour du Christ. En disant « que Ton règne vienne » dans le Notre Père, on appelait de ses vœux quelque chose de grandiose, mais qui semblait très lointain. Le règne de Dieu sur la Terre était associé, pour bien des catéchistes, au Jugement Dernier. J'avais cru comprendre que ça n'était pas très urgent : il me semblait que l'on avait des tas de gros méchants problèmes à arranger avant que « Ton règne vienne » ! A la réflexion, ou plutôt à la lecture de Cayce, j'ai changé d'opinion.

Cette seconde venue du Christ Cosmique, il en parle tout le temps, et dit que c'est pour très bientôt. Bon. Je ne suis pas contre... Si en novembre on vous dit : « le Père Noël, c'est pour tout de suite ! », vous n'allez tout de même pas refuser sous prétexte que vous l'attendiez fin décembre ?

Aux États-Unis, j'ai été très étonnée de voir tous ces groupes spirituels et ces Églises chrétiennes qui ne vous parlaient que du « Second Coming ».

Est-ce l'opium d'un peuple qui a besoin de rêver parce que sa vie quotidienne est devenue difficile ? Le « Second Coming » résoudrait enfin tous ces problèmes de civilisation inextricables : pollution, violence, chômage, racisme, cancer, Sida, etc. Il suffirait que le Christ apparaisse sur son petit nuage rose pour que tout le monde s'embrasse et que tout s'arrange ? Quelle merveille...

Mais ce n'est pas tout à fait ce que dit Cayce. D'après lui, cet événement planétaire doit se mériter. Le Christ ne reviendra que si l'humanité est prête à l'accueillir.

CHACUN DE NOUS DOIT TRAVAILLER À CET ÉVÉNEMENT

Il semble que nous soyons tous concernés :

« LA QUESTION N'EST PAS : "À QUOI EST-CE QUE J'AI DROIT DANS CE MONDE ?" MAIS (...) : "QUE PUIS-JE FAIRE POUR HÂTER LE JOUR DU SEIGNEUR ?" »

(Lecture 3976-22)

« LE JOUR DU SEIGNEUR » est une autre expression biblico-caycienne pour décrire ce très grand événement attendu tant par les chrétiens que par les juifs et les musulmans. Réponse :

« EN VOUS CONSACRANT DE TOUTES VOS FORCES, DE TOUS VOS MOYENS, DE TOUTE VOTRE INTELLIGENCE, À RÉPANDRE SON MESSAGE SUR LA TERRE ! »

(Lecture 3976-22)

D'après Cayce, tous ceux dont la « VIE QUOTIDIENNE » est remplie « D'ESPRIT CRITIQUE, DE CONDAM-

NATION, DE HAINE, DE JALOUSIE » retardent ce retour du Seigneur. Mais :

> « SI VOUS LAISSEZ L'ESPRIT DE PAIX MANIFESTER SA PUISSANCE, LE PRINCE DE LA PAIX, L'AMOUR DIVIN SE MANIFESTERONT. SI VOUS RÉFLÉCHISSEZ À LA MANIÈRE, AUX MOYENS D'AFFRONTER ET DE VAINCRE LES FORCES DE DESTRUCTION, VOUS CONTRIBUEZ AINSI À LA VENUE DU SEIGNEUR SUR LE MONDE. »
>
> (Lecture 3976-23)

Vous voyez bien que je n'invente pas : Cayce y croit. Il continue :

> « EN EFFET, C'EST UNE PROMESSE : DANS LES DERNIERS JOURS, LES HOMMES — OÙ QU'ILS SOIENT — N'AURONT AU FOND DU CŒUR QUE CE SEUL BUT ! »
>
> (Même lecture)

Ce n'est pas encore ce qui se passe actuellement (en 1988). Probablement les hommes n'ont-ils pas encore assez souffert pour désirer cet événement ! Pour l'instant, ils pensent à autre chose. Le nez au ras des pâquerettes, ils ruminent leurs soucis quotidiens (comme moi-même avant de rencontrer Cayce !). Mais il y a les ignorants de bonne volonté — et les « faux culs », visés ici :

> « GARE À CEUX QUI FERAIENT PROFESSION DE CROIRE EN UNE CHOSE, TOUT EN EN VIVANT UNE AUTRE ; GARE À CEUX QUI ESSAYERAIENT DE DÉTOURNER À LEUR PROFIT CE QU'ON LEUR A DONNÉ. » (C'est-à-dire ces enseignements spirituels.) « LES PEUPLES QUI AVAIENT REÇU SES ENSEIGNEMENTS EN FIRENT L'EXPÉRIENCE. »
>
> (Lecture 3976-25)

Cayce évoque le peuple juif qui avait reçu depuis très longtemps cette promesse du retour du Christ, accompagnée d'avertissements à ceux qui ne la prendraient pas au sérieux :

« DANS L'ANTIQUITÉ, ALORS QUE L'HOMME EN SE DÉVELOPPANT CHERCHAIT À COMPRENDRE SA RELATION À SON CRÉATEUR, DES AVERTISSEMENTS RÉPÉTÉS LUI FURENT DONNÉS. »

(Même lecture)

Mais l'homme est dur d'oreille...

« ENSUITE VINT UN TEMPS OÙ LE MESSAGE DONNÉ A L'HOMME FUT LE SUIVANT : QU'IL N'ADORE PLUS SON DIEU DANS TEL TEMPLE OU SUR TELLE MONTAGNE, MAIS QU'IL L'ADORE SELON LA LOI ÉCRITE DANS SON CŒUR. AINSI LES VIEILLARDS POURRAIENT INTERPRÉTER LEURS RÊVES, LES JEUNES GENS POURRAIENT AVOIR DES VISIONS ET LES JEUNES FILLES POURRAIENT ANNONCER QUE LE JOUR DU SEIGNEUR DEVENAIT POSSIBLE. »

(Lecture 3976-25)

Cette référence biblique (Actes, II, 17[1]), que Cayce paraphrase très souvent, est donnée comme un signe caractéristique de la « Fin des Temps » qui précédera le retour du Seigneur. Lorsque j'anime des ateliers de lecture d'aura, de lecture de vies antérieures, de radiesthésie, etc., je me dis que pas de doute, c'est bien le temps décrit par l'apôtre Paul. Mes participants « INTERPRÈTENT LEURS RÊVES », et « LEURS VISIONS » (au sens le meilleur du terme, c'est-à-dire les « flashes » de voyance qu'ils ont eus, ce qu'en d'autres termes on appellerait : pressentiment, intuition, prémonition, etc.). C'est vraiment un « signe des Temps » que j'aie été amenée à organiser des sortes de cours pour adultes, où tous, jeunes ou vieux, peuvent venir apprendre à développer leurs « facultés psi ». C'est ce qu'avait souhaité Cayce, estimant que ce serait indispensable dans les temps qui viennent (pour se protéger, se guérir et aider les autres). Pendant des siècles, la méchanceté des hommes a

1. Où saint Paul reprend le verset du prophète Joël (III) : *« Vos fils et vos filles prophétiseront (...) en ces jours-là, où Je répandrai Mon Esprit, Je produirai des signes dans le Ciel et sur la Terre. »*

retardé le retour du Christ dans la gloire. Son apparition en tant que Jésus, dans une famille modeste, n'avait été qu'un demi-succès :

« PUIS VINT SUR TERRE CELUI QUE L'HOMME REJETA. »
(Lecture 3976-25)

On ne l'avait pas reconnu... Beaucoup de snobs l'attendaient sous la forme d'une « super-star », style Napoléon ou Alexandre. Leurs espoirs furent déçus, et la Tradition dit que cette déception politique fut le drame personnel de Judas. Les humains étaient non seulement sourds, mais aussi myopes :

« LES CHOSES SE PASSÈRENT COMME PRÉVU — MAIS PAS TOUJOURS AU MOMENT ATTENDU NI PRESSENTI PAR LES GENS. CAR LES ÉVÉNEMENTS ÉTAIENT SOUVENT INDIQUÉS (dans les textes bibliques) PAR DES EXPRESSIONS COMME : "LE JOUR DU SEIGNEUR ET SA GÉNÉRATION NE SONT PAS ENCORE PASSÉS." »
(Lecture 3976-25)

Conséquence de cette myopie tragique : le « règne de Dieu » ne put être établi cette fois-là, il y a 2 000 ans. Et depuis :

« SEULEMENT ICI ET LÀ, POUR DE BRÈVES PÉRIODES, ONT EXISTÉ LA PAIX ET L'HARMONIE PROMISES À CEUX D'ENTRE LES HOMMES QUI VIVRAIENT SELON SA PAROLE. »

Promesse fantastique si l'on y songe, promesse incroyable que Cayce rappelle ici :

« JE VIENDRAI ET J'HABITERAI AU MILIEU DE VOUS POUR TOUJOURS. »
(Lecture 3976-25)

Nous devons donc prendre cette promesse très au sérieux :

« C'EST À NOUS — EN TANT QU'INDIVIDUS — QU'INCOMBE LA TÂCHE DE RAMENER L'HARMONIE DANS NOTRE RELATION AUX FORCES CRÉATRICES ; AUTREMENT DIT L'HARMONIE ENTRE DIEU D'UNE PART, ET LA NATURE DE L'HOMME DANS LE MONDE MATÉRIEL D'AUTRE PART. C'EST CE DONT NOTRE ÉPOQUE A BESOIN AUJOURD'HUI MÊME. »

(Lecture 3976-22)

Les vibrations très hautes du Christ Cosmique ne pourront s'accommoder des basses vibrations de la Terre actuelle. Cayce ajoute un dernier avertissement sans frais :

« CAR IL EST SÛR QU'IL REVIENDRA, ET ALORS MALHEUR À CELUI QUI NE FERA PAS LE POIDS ! »

(Lecture 3976-22)

A bon entendeur, salut !

La lecture 5749-5 est un sermon qui s'adresse à un ministre du culte, auquel Cayce dit qu'au moment où apparaîtra le Christ Cosmique il sera peut-être encore en vie, en train de prêcher à ses ouailles :

« ET MAINTENANT, IL VA REVENIR DANS UN CORPS RÉCLAMER CE QUI LUI APPARTIENT (...) CAR LUI, LE FILS DE LA LUMIÈRE, DE DIEU, EST SAINT DEVANT LUI. ET IL REVIENT À NOUVEAU DANS LE CŒUR, L'ÂME ET L'INTELLIGENCE DE CEUX QUI CHERCHENT À CONNAÎTRE SA VOIE (...) ET CEUX QUI L'APPELLENT NE RESTERONT PAS LES MAINS VIDES — MÊME VOUS, DANS VOTRE IGNORANCE, ET VOTRE ZÈLE, QUI PARFOIS VOUS A DÉVORÉ (...) —, VOUS AUSSI, IL SE PEUT QUE VOUS AYEZ À PRÊCHER À L'ÉPOQUE OÙ IL REVIENDRA DANS LA CHAIR, SUR LA TERRE. »

(Lecture 5749-5)

Cayce précise encore :

« CAR IL REVIENDRA COMME ON L'A VU PARTIR, DANS LE CORPS QU'IL OCCUPAIT EN GALILÉE — LE CORPS QU'IL

AVAIT FORMÉ, QUI FUT CRUCIFIÉ SUR LA CROIX, QUI SURGIT DU TOMBEAU, QUI MARCHA SUR LA MER, QUI APPARUT À SIMON, QUI APPARUT À PHILIPPE, QUI APPARUT À MOI, ALORS JEAN. »

(Lecture 5749-1, 6 août 1933)

La lecture suggère que c'est Jean lui-même, l'Évangéliste, qui s'exprime à travers Cayce endormi, évoquant ses souvenirs (Évangile de Jean, XXI, 2). Une des lectures données un peu plus tard pour le même consultant commencera par ces mots :

« C'EST MOI, JEAN, QUI VEUX PARLER AVEC TOI DU SEIGNEUR, LE MAÎTRE, LORSQU'IL MARCHAIT PARMI LES HOMMES. »

(Lecture 5749-4)

Les auditeurs de Cayce écoutaient, terrifiés...

ET CE SERAIT POUR QUAND ?

Une autre lecture assure que :

« IL MARCHERA ET PARLERA AVEC TOUS LES HOMMES SOUS TOUS LES CLIMATS. »

(Lecture 364-8)

Les amis de Cayce n'avaient pas très bien compris cette phrase. Ils revinrent à la charge :

Est-ce que cela veut dire qu'Il apparaîtra à beaucoup de gens en même temps, ou bien à diverses personnes sur une longue période de temps ?

« COMME ON L'A DIT, PENDANT MILLE ANS IL MARCHERA ET PARLERA AVEC TOUS LES HOMMES, SOUS TOUS LES CLIMATS, AUX GROUPES, AUX MASSES, QUI VIVRONT

ALORS LE RÈGNE DE LA PREMIÈRE RÉSURRECTION PENDANT UN MILLÉNAIRE. ET CELA ARRIVERA LORSQUE VIENDRONT MATÉRIELLEMENT CERTAINS CHANGEMENTS. »

(Lecture 364-8, en 1932)

Toujours ce petit mot discret : « CHANGES », qu'emploie Cayce pour désigner les méga-chambardements géologiques de la fin du siècle ! On peut « changer » de chemise... mais on peut aussi « changer » de position dans l'Espace par rapport au Soleil ! — comme nous l'avons vu. « WHEN THE CHANGES MATERIALLY COME » désigne ici les bouleversements que subira la matière même de la Terre au cours de ces épreuves de régénération dont nous avons parlé. Dans cette lecture, Cayce affirme donc que le retour du Christ est contemporain du basculement des pôles — qui doit avoir lieu à la fin du siècle. Il a donné la date de 1998 pour ce dernier. Il est donc probable que l'on verra le Christ après — tout de suite après ?

A ce moment-là, on en aura vu de toutes les couleurs. Et les survivants, ayant ravalé leur orgueil, trop contents d'en être sortis, feront enfin bon accueil à leur Seigneur...

Nos enfants verront l'événement — c'est sûr —, mais certains d'entre nous aussi :

« QU'EST-CE QUI EST LE PLUS IMPORTANT AUJOURD'HUI ? QUE LES HOMMES SOIENT PRÉVENUS QUE LE JOUR DU SEIGNEUR EST PROCHE ; ET QUE CEUX QUI ONT ÉTÉ, ET SONT TOUJOURS, FIDÈLES SE REMETTENT EN QUESTION À TRAVERS CES ÉVÉNEMENTS QUI VONT ARRIVER DE LEUR VIVANT. »

(Lecture 5148, mai 1944)

Est-ce que nous entrons dans la période de préparation à Sa venue ?

« PLUTÔT DANS LA PÉRIODE D'ÉPREUVE PRÉPARATOIRE. »

(Lecture 5749-2)

« LE TEMPS (exact) PERSONNE NE LE SAIT. MÊME PAS, COMME IL L'A DIT, LE FILS LUI-MÊME. SEUL LE PÈRE (le sait). CELA N'ARRIVERA QUE LORSQUE SES ENNEMIS – ET LA TERRE – SERONT PLEINEMENT SOUMIS À SA VOLONTÉ ET À SON POUVOIR. »

(Même lecture)

On croirait entendre le message du Christ à Kérizinen :

« Fais connaître aux hommes que Mon Règne est très proche. »

(Apparition du 13 octobre 1958, *op. cit.*)

Dans la fameuse lecture 3976-15, qui contient tant de prophéties, et que j'ai donnée en partie dans le tome I de *L'Univers d'Edgar Cayce* (page 395[2]), Cayce, après avoir parlé des « MATERIAL CHANGES », c'est-à-dire de ces fameux bouleversements géophysiques et géologiques à venir, esquisse une date :

« ET LES CHANGEMENTS DANS LA MATIÈRE SONT UN SIGNE (...) COMME L'ONT DIT LES ANCIENS, (...) ET ALORS SERA PROCLAMÉ (...) QUE SON ÉTOILE EST APPARUE. CAR IL EST EN TRAIN DE PRÉPARER SA MANIFESTATION DEVANT LES HOMMES. (...)

EN 36, IL APPARAÎTRA ! »

La lecture fut donnée le 19 janvier 1934. Deux ans plus tard, on n'avait toujours pas vu d'apparition publique du Christ, ni d'étoile. Ou bien les hommes n'étaient pas prêts, ou bien Cayce avait voulu parler de l'année 2036, date clé, signalée par beaucoup de voyants. Mais il y a eu un très grand nombre d'apparitions privées du Christ depuis le début de ce siècle. La lecture continue, entremêlant les prophéties géologiques avec celles du retour christique. (Ce qui

2. Éd. Robert Laffont, Paris, 1986.

signifie bien que ces événements seront contemporains, ou du moins se succéderont sur un laps de temps assez court.)

« ET ALORS COMMENCERA CETTE PÉRIODE, EN 58 ET JUSQU'EN 98, OU L'ON PROCLAMERA QUE SA LUMIÈRE A DE NOUVEAU ÉTÉ VUE DANS LES NUAGES. »

(Même lecture)

Là, la prophétie s'est réalisée. Des aviateurs américains, pendant la guerre de Corée, virent dans le ciel une formation nuageuse qui reproduisait le visage du Christ tel qu'on le voit sur le suaire de Turin[3]. Le phénomène n'a pas été unique : de nombreux pèlerins de San Damiano ont pris des photos du ciel, au-dessus du sanctuaire — photos qui, une fois développées, montraient des silhouettes. J'ai vu certaines de ces photos : il en existe des dizaines, prises par des témoins différents, et je les crois authentiques. (Certains ont supposé qu'un faussaire de génie les avait *toutes* truquées : mais elles ont toutes été prises par des gens différents, venus de pays différents, ne parlant pas la même langue, et ne se connaissant pas entre eux. Alors il faudrait que ce faussaire ait eu aussi le don des langues, et le don d'ubiquité... !)

Une de mes amies en Suisse m'a montré une petite photo à laquelle elle tient beaucoup.

— Vous voyez ce que cela représente ? m'a-t-elle demandé.

— Des nuages.

— Regardez bien...

— Je vois surtout des nuages. C'est une photo de ciel...

— Oui, mais voyez. Ils reproduisent le visage du Christ...

Là encore, un visage dans le style du Suaire de

3. Je n'ai pas, hélas ! noté la référence (date exacte, lieu, sources ?). Si l'un de mes lecteurs peut me la retrouver, je l'en remercie d'avance.

Turin, mais avec un regard d'une telle intensité douloureuse qu'on ne peut l'oublier.

— Et qui a pris cette photo ?

— Un enfant, il y a quelques années...

La lecture 3976-15 se poursuit d'une manière mystérieuse :

> « QUANT AU TEMPS, À LA SAISON, AU LIEU, CELA N'EST DONNÉ SEULEMENT QU'À CEUX QUI ONT NOMMÉ LE NOM — ET QUI PORTENT LA MARQUE DE SON APPEL ET DE SON ÉLECTION DANS LEUR CORPS. À EUX, CELA SERA DONNÉ... »
>
> (Même lecture)

Je pense que Cayce parle ici des stigmatisés, c'est-à-dire de ceux qui, par amour du Christ, ont accepté de recevoir « DANS LEUR CORPS » la « MARQUE DE SON APPEL ET DE SON ÉLECTION » (c'est-à-dire de Son choix, dans le sens ancien que la liturgie chrétienne donnait à ce mot). Marthe Robin, le Padre Pio, Marie-Julie Jahenny, etc., portaient ces « stigmates », reproduction mystérieuse des plaies du Christ sur la croix. On a recensé entre 500 et 600 stigmatisés dans l'Histoire[4]. Et il en existe encore aujourd'hui. J'ai bien connu Marthe Robin, par exemple, qui avait accepté de se soumettre à de très éprouvantes et pointilleuses expertises ; celles-ci ont prouvé que rien n'était truqué, qu'il ne s'agissait pas d'un astucieux maquillage. Et de même le Padre Pio.

Ceux-là, qui revivent dans l'intimité christique les douleurs de la Passion, connaissent bien des secrets (au prix de souffrances dont le commun des mortels ne voudrait pas !). Ces secrets, ils ne les disent pas, ou seulement par allusions...

Je n'ai pas la prétention de donner ici toutes les lectures sur le retour du Christ Cosmique — sujet

4. Il y en a probablement eu beaucoup plus, dont un grand nombre sont restés inconnus (ce qu'en général ils souhaitent !).

favori de Cayce ! Juste encore une petite question posée en 1943 :

On nous a dit que la Seconde Venue du Maître dans la chair ne se produirait pas avant 1985. Est-ce que c'est exact ? Est-ce que nous ne pouvons pas attendre Sa venue plus tôt ?

« QU'EN A-T-IL DIT, QUANT AU JOUR ET À L'HEURE ? AUCUN HOMME NE LE SAIT, SAUF LE PÈRE. QUE CHAQUE ÂME VIVE, EN CONSÉQUENCE, COMME SI ELLE L'ATTENDAIT AUJOURD'HUI ; ET SI VOUS VIVEZ COMME CELA, VOUS LE VERREZ ! »

(Lecture 3011-3)

LES PROPHÉTIES EUROPÉENNES RÉCENTES SUR LE RETOUR DU CHRIST

Il y en a une foule… tout à fait d'accord avec Cayce ! Par exemple, la voyante d'Amsterdam, déjà citée, a reçu le message suivant, le 31 mai 1955 :

« Quand le temps du Seigneur Jésus-Christ arrivera, vous vous apercevrez que les faux prophètes, la guerre, la discorde, les disputes iront en disparaissant. Et voici que ce temps va venir. C'est cela que vous annonce la Dame de tous les peuples. »

(*Op. cit.*, 51e vision)

Même son de cloche à San Damiano (29 décembre 1967) :

« Tout sera résolu dans le Règne d'Amour : Jésus retournera sur cette terre dans son Règne de Miséricorde, de Pardon et de Paix. Jésus viendra avec de grands cortèges d'anges, avec de grands cortèges de

martyrs, et ils Le suivront sur les routes, dans les contrées, partout.

Mais vous devez être forts, avec votre chapelet autour du cou. Allez sans peur, mes petits-enfants, car c'est l'arme la plus puissante pour vous sauver tous. »

Les messages de San Damiano laissent donc entendre, comme Cayce, que les terribles événements et le retour du Christ seront presque simultanés.

Toutes les grandes apparitions mariales en ont parlé — celles qui parlaient..., parce qu'il y a eu des apparitions muettes (Zeitoun au Caire, par exemple), ou très peu loquaces (Pontmain, en Mayenne, en 1871) ! Les très récentes apparitions de Dozulé prennent comme thème principal *« le retour glorieux du Fils de l'Homme »* (Nouvelles Éditions Latines, Paris 1986) :

« Allez dire dans chaque foyer de cette ville que Jésus de Nazareth a triomphé de la mort, que Son Règne est éternel, et qu'Il vient vaincre le Monde et le Temps. »

(Vingt-huitième apparition, le 28 mars 1975)

Ce que fera bravement la voyante..., prenant le risque de se faire jeter !

Et comme ici encore ce retour est annoncé dans la foulée des grands cataclysmes.

« La Dame de tous les peuples », à Amsterdam, avait donné une courte prière à dire tous les jours, pour *« préserver les peuples de la corruption, des calamités, de la guerre »* (voir en fin de volume).

Les voyants de Medjugorge, de Garabandal, de l'Escorial, d'Arès, du Liban, etc., que j'ai cités, annoncent tous le retour du Christ. Quant à Marie-Julie

Jahenny, très nombreux sont les passages où elle l'évoque :

« Dieu a promis entièrement le retour du Sauveur et la résurrection de la Terre, chers amis ; Il commence, avant ces deux faits admirables, par vous donner ce qui doit vous rester en héritage de parfaite consolation, pour le temps où vous serez atterrés par les bruits des luttes et les ténèbres. »

(*Op. cit.*, 28 février 1882)

Autrement dit, ces messages qui doivent vous aider à garder le moral pendant la période des guerres et des cataclysmes. Ici encore, sont liés le retour et la résurrection de la Terre, à travers ces cataclysmes qui seront comme un « rebirth » géologique...

Mêmes annonces en Écosse, à Findhorn, où « John », l'entité qui s'est manifestée à David Spangler, lui explique :

« Au cours de la décennie actuelle, beaucoup de purification et de travail préparatoire ont été, et continueront à être accomplis (...) Le Christ que nous servons ne prendra pas de forme physique, en tant qu'individu spécifique, avant le tournant du siècle. »

Mais pour l'instant :

« Le Christ cherche à s'incarner à travers la volonté et l'activité éclairée de l'humanité tout entière (...). Plus tard, lorsque les individus auront appris à se voir les uns les autres, et le monde qui les entoure, avec des yeux pouvant percevoir l'Esprit du Christ partout, ils reconnaîtront cette présence aussi sûrement et concrètement que si elle était animée parmi eux dans une forme physique. (...) La présence et le principe christique s'incarneront et se manifesteront (...) dans cette nouvelle décennie. »

(*Lumière vers 1990*, Éd. Le Souffle d'Or, p. 20)

En Italie, il n'y a pas seulement des voyants dans une ligne catholique traditionnelle ; il existe aussi des voyants branchés « Ère du Verseau », dont les messages — sans être en opposition avec ceux du premier type — les complètent par une ouverture plus largement cosmique. Par exemple, le message de Germana Grosso, par le canal de certaines entités extra-terrestres. Ceux-ci lui ont dicté un magnifique chapitre intitulé *« Le Retour du Christ Cosmique »* :

« Le Retour du Christ Cosmique ne rencontrera pas d'obstacles parce qu'il aura été précédé d'un mouvement spirituel unique en son genre. Il arrivera quand se sera produite une révolution importante et concrète, dans tous les actes et toutes les pensées de l'humanité. Le Christ reviendra. Le Christ Cosmique nous demande de nous mettre dans cet état de grâce de lumière, pour aplanir la voie et permettre la réussite de Sa Venue, quand arrivera le moment où Il retournera avec Ses fils habitants des autres mondes (...) Le Christ reviendra quand tout sera parfaitement prêt pour son retour (...) et tout sera préparé pour que l'Esprit de Lumière triomphe enfin du Bien sur le Mal, sur tous les fronts, définitivement. »

(Germana Grosso, *op. cit.*, p. 152)

Les voyants catholiques traditionnels disent que le Christ reviendra entouré « d'anges et de saints », et l'extra-terrestre de Germana Grosso (qui se présente sous le nom d'« Ithacar de Masar ») dit qu'Il reviendra accompagné *« d'habitants d'autres mondes »*... Entre les petits hommes verts, les dévas, les anges et les E.T., on s'embrouillerait un peu... On va savoir enfin qui fait quoi dans le Cosmos ! On aura l'organigramme de la Galaxie (ce qui nous permettra peut-être de trouver enfin notre place ?).

Pauvre Cayce, attaqué, méconnu, controversé ! Non seulement il se permettait de guérir les malades sans être médecin, de « dire la bonne aventure », mais encore osait-il, dans ses lectures, se mettre en contradiction flagrante avec l'enseignement de son Église... ce qui lui attirait bien des ennuis. La réincarnation, c'était difficile à faire passer. La prière pour les morts lui attira de violentes critiques (ce n'était pas l'usage dans les Églises protestantes). Mais ce qu'il dit de Marie, Mère de Jésus, parut proprement scandaleux . aussi bien à certains protestants (qui trouvaient qu'il en parlait trop) qu'à certains catholiques (qui trouvaient qu'il en parlait de façon choquante)[5].

En réalité, dans l'hommage qu'il rend à Marie, Cayce va beaucoup, beaucoup plus loin que le culte marial catholique le plus mariolâtre ! Cayce dit que :

> « MARIE ÉTAIT L'AME-SŒUR DU MAÎTRE » et qu'« ILS FURENT UNE SEULE ÂME DEPUIS QUE LA TERRE EST TERRE. »
>
> (Lecture 5748-8)

Cela suppose une égale dignite, une égale importance, de Marie et du Christ. L'Ame-Sœur, c'est l'autre moitié d'un même tout. Aussi, à chaque incarnation du Christ sur la Terre, Marie est-elle venue s'incarner à ses côtés. Cayce ne pouvait pas en dire beaucoup plus, dans un pays dont la plupart des citoyens ignorent la Vierge (et rendent un culte préférentiel au masculin !). Il avait choqué trop vivement ses auditeurs, les temps n'étaient pas mûrs. A Amsterdam, *« la Dame de tous les peuples qui fut un jour Marie »* (puisque c'est ainsi qu'Elle s'est présen-

5. Voir *L'Univers d'Edgar Cayce*, tome I, p. 274 et suivantes.

tée) disait : *« L'Angleterre me retrouvera. Et aussi l'Amérique »* (le 29 juillet 1945, *op. cit.*).

Tous les messages mariaux que nous avons en Europe proclament non seulement le retour du Christ, mais celui de Marie, conjointement. Ce qui est parfaitement dans la logique des révélations de Cayce ci-dessus : une âme-sœur ne revient pas sans l'autre ! On ne peut pas les dissocier. Et, lorsqu'on dit le rosaire, on arrive au dernier mystère, « le Couronnement de Marie », événement futur voilé de brume, qui, à mon avis, annonce le retour de l'Ame-Sœur du Christ Cosmique.

« Je reviendrai », dit-elle encore à Amsterdam. *« Et ce sera comme la Dame de tous les peuples, debout sur le globe, devant la croix, au milieu du troupeau du Christ. C'est ainsi que Je viendrai. »*

(*Op. cit.*, le 20 septembre 1951)

Il ne s'agira pas d'une apparition privée, plus ou moins confidentielle, comme il y en a eu jusqu'ici, mais d'un retour éclatant et visible de tous :

« Je reviendrai. Et ce sera comme Je l'ai promis aujourd'hui : en public. »

(31 mai 1954)

Le 31 mai 1955, l'apparition répète cette promesse, ajoutant :

« Je suis ici, debout, comme la Dame de tous les peuples, la Co-Rédemptrice, Médiatrice et Avocate. »

Dans chaque apparition précédente, elle avait répété ce titre, et même le 29 avril 1951, prévoyant les réactions chagrines et misogynes de certains théologiens :

« Je suis la Co-Rédemptrice : j'insiste sur le "Co" ! »

Même prophétie du retour de Marie à Kérizinen, où le Christ Lui-même dit :

« Je régnerai en maître, malgré Mes ennemis. Mais je régnerai avec et par ma Mère. »

(13 octobre 1958)

« Vous ne croyez pas assez à Son rôle dans l'histoire du salut (...) Elle va avoir dans le monde une place de choix qui vous obligera tous à passer par Elle pour aller à Dieu. »

(28 avril 1959)

Enfin, à San Damiano :

« Priez pour que vienne la Maman Céleste, avec une grande lumière sur le monde entier. Puis Je viendrai (c'est le Christ qui parle) *avec un Nouveau Royaume de paix, de grandeur, de bonté et de bonheur. »*

(30 octobre 1967)

Pendant les grands cataclysmes, dit le Christ à Marie-Julie Jahenny :

« Placez-vous sous la protection de Ma très Sainte Mère... Ma Mère intercède auprès du Père, de Moi-Même, et du Saint Esprit. C'est pour cela que Dieu se laisse attendrir... Ma Mère me supplie inlassablement. Je ne peux rien lui refuser. C'est donc grâce à Ma Mère, et à cause de Mes élus, que ces jours seront écourtés. »

(*Op. cit.*, 1938)

Je ne cite pas les innombrables autres messages existants. Mille pages n'y suffiraient pas... Cayce avait suggéré, de façon voilée, l'importance essentielle de Marie. Les messages européens développent peu à peu cette révélation, qui ne cesse de prendre de l'importance. Pourquoi ? C'est que nous sommes, par tradition, prêts à la recevoir : nos ancêtres les Gaulois honoraient la Grande Mère, et leurs prières allaient de préférence vers cette entité protectrice féminine, qui n'était autre que Marie. Cayce suggère qu'Elle était déjà connue en Atlantide (lecture 364-6) au temps de la première incarnation du Christ[6]. Or la religion des Druides, de nos Druides gaulois, était l'héritage de l'Atlantide.

Les sanctuaires à la Grande Mère portent aujourd'hui des cathédrales dédiées à Notre-Dame. Les constructeurs de celles-ci étaient certainement conscients d'assurer une continuité millénaire : on connaissait alors bien des secrets, qui se sont perdus depuis. On va les retrouver...

LE RETOUR DU PRÉCURSEUR... ET DES AUTRES !

Et ce n'est pas tout. On trouve çà et là, dans différentes prophéties, des commentaires sur les compagnons du Christ lors de son retour — et, en particulier, les apôtres. *« Ceux-ci »*, a dit un jour le Maître Philippe de Lyon, *« étaient d'anciens prophètes, mais ils ne le savaient pas*[7]*. »* Une fois de plus, Cayce est tout à fait sur la même longueur d'onde que le Maître Philippe, puisqu'il a longuement parlé de Jean-le-Baptiste comme réincarnation d'Élie.

Le retour de ce dernier a fait couler beaucoup d'encre. Personnellement, le Baptiste n'est pas mon préféré, je l'ai toujours trouvé assez puritain... Mais il faut croire qu'il était comme il devait être : il faut de tout pour faire un monde ! D'ailleurs Cayce ne le décrit pas comme parfait, puisqu'il dit que sa mort

6. Voir *L'Univers d'Edgar Cayce*, tome I, p. 277.
7. Dr. Éd. Berthollet, *op. cit.*, p. 117.

était la dette karmique créée par Élie (pour avoir fait assassiner les quarante prêtres de Baal, Livre des Rois, XVIII, 40).

Or ce même précurseur doit revenir, comme l'annoncent plusieurs lectures :

Que veut dire l'expression (biblique) **: « Le Jour du Seigneur est proche » ?**

« QUE CE QUI A ÉTÉ PROMIS PAR LES PROPHÈTES ET LES SAGES DE JADIS (...) EST EN TRAIN DE SE RÉALISER AUJOURD'HUI ET À CETTE GÉNÉRATION, ET QUE BIENTÔT VA RÉAPPARAÎTRE SUR LA TERRE CELUI QUI PRÉPARE LA VOIE POUR SON SÉJOUR SUR LA TERRE. »

(Lecture 262-49, juillet 1933)

Par cette phrase compliquée, Cayce désigne Jean le Précurseur. Dans la fameuse lecture prophétique 3976-15, Cayce donne même son nom :

« QUI DEVRA PROCLAMER QUE L'ANNÉE DU SEIGNEUR EST POSSIBLE ? (...) JOHN PENIEL ENSEIGNERA AU MONDE LE NOUVEL ORDRE DES CHOSES. »

Dans cette même lecture, Cayce parle également de :

« QUELQU'UN QUI VA BIENTOT REVENIR DANS LE MONDE AVEC UN CORPS (...), JEAN, LE BIEN-AIMÉ SUR LA TERRE. SON NOM SERA JEAN. »

Mais « Jean-le-Bien-Aimé » n'est pas le même que « Jean-le-Baptiste » (« le Précurseur »). Comme l'avoue Hugh Lynn Cayce, fils d'Edgar : *« Le choix des mots, des phrases, les confusions grammaticales propres à Mr Cayce rendent bien des passages de ses lectures souvent obscurs. Nous ne sommes pas, à l'heure actuelle, préparés à expliquer tout à fait cette difficulté... »*

(Note à la fin de la lecture 3976-24)

...En effet !

Laissons la parole au Maître Philippe :

« Tous les deux mille ans à peu près, à des périodes plus ou moins fixes, il apparaît sur la Terre un Sauveur, et Celui-là est toujours persécuté. Les prophètes sont venus annoncer le Messie et ces mêmes prophètes ont été les apôtres de Jésus. »

(*Op. cit.*)

Et les deux fois, ils ont été persécutés...

5. L'ANTÉCHRIST ET L'ARMAGEDDON

LE FILS DE PERDITION

Le temps de paix qui doit suivre le retour glorieux sera limité : plus tard doit arriver le terrible Antéchrist.

La tradition chrétienne attend pour la « Fin du Monde » (qui n'est pas la « Fin des Temps », rappelons-le) un personnage terrible que saint Jean appelle l'Antéchrist (Première Épître, chap. III). Il est également décrit par saint Paul (Deuxième Épître aux Thessaloniciens, II, 8) :

« Auparavant (avant le Jour du Seigneur) doit venir l'Apostasie, et se révéler l'Homme Impie, l'Être de Perdition, l'Adversaire (...)

L'Avènement de l'Impie se révélera, et le Seigneur le fera disparaître par le souffle de Sa bouche, l'anéantira par la splendeur de Sa venue (...)

L'Avènement de l'Impie aura été marqué par la puissance de Satan, s'accompagnant de toutes sortes de signes, de miracles éclatants, de prodiges mensongers. »

Mais ce n'est pas pour tout de suite... Les prophéties suivantes le montrent bien. Tout d'abord la prophétie du moine Adson, abbé de Dives (Normandie), qui écrit en 954 (j'emprunte ce texte à Gérard de Sède, in *L'Étrange Univers des prophètes*, p. 80 et suiv.) Le moine-prophète écrit donc à la reine Gerberge, femme de Louis IV d'Outremer, roi de France :

« Vous désirez aussi vous instruire au sujet de l'Antéchrist, savoir jusqu'où doit aller son iniquité et combien cruelle sera la persécution qu'il suscitera contre l'Église. Vous voulez, en outre, être exactement renseignée sur sa génération et connaître quelle sera l'étendue de sa puissance. Vous avez daigné m'interroger sur ces questions, et moi, votre fidèle serviteur, je vais m'exécuter en transcrivant ici ce qui paraît dès maintenant certain au sujet de l'Antéchrist.

Tout d'abord, je dois expliquer pourquoi le personnage sera appelé Antéchrist. C'est parce que en toutes choses il sera opposé au Christ (...)

Le Christ était humble, il sera plein d'orgueil ; le Christ a relevé les humbles et il a appelé les pécheurs à la pénitence ; il méprisera les humbles et il glorifiera les pécheurs, il exaltera les impies et ne cessera d'enseigner le vice. Il abolira la loi évangélique ; il rétablira dans le monde le culte des démons ; il recherchera sa propre gloire et se fera appeler lui-même Dieu tout-puissant.

Il naîtra du peuple juif et de la tribu de Dan[1] *conformément à l'antique prophétie : "Voici que Dan est devenu couleuvre sur la voie et vipère dans le sentier : il a mordu le pied du cheval, espérant ainsi désarçonner le cavalier."* (Genèse, XLIV, 17.) *Il sera donc semblable au serpent embusqué sur la voie et dissimulé au bord du sentier, afin de frapper ceux qui*

1. Adson, moine normand, écrit à l'époque où les raids des Danois ravagent sa province et en particulier les abbayes. Or, une théorie en vogue à cette époque dans les couvents faisait des Danois les descendants de la tribu biblique de Dan. Plus tard, au gré des inimitiés, on fera venir l'Antéchrist d'Allemagne, puis de Russie, etc.

marcheront dans le chemin de la justice et de les empoisonner du venin de sa malice (...)

Auprès de l'Antéchrist se tiendront constamment des mages, des sorciers et jeteurs de sorts, des enchanteurs et des devins. Ce seront ses précepteurs et ses gouverneurs, et eux-mêmes seront guidés par le démon. Ils l'initieront aux sciences néfastes et à la pratique de toutes les impiétés. Les esprits mauvais seront ses chefs, ses associés, ses compagnons d'armes et de plaisirs ; ils ne le quitteront jamais.

Parvenu à l'âge viril, il se rendra à Jérusalem, où il fera périr dans les supplices les plus atroces les chrétiens qu'il n'aura pu convertir à sa doctrine, et il dressera son trône dans le temple saint. Il rebâtira, en effet, l'édifice sacré que le roi Salomon voua jadis au Seigneur ; il le rétablira dans son antique splendeur et il en fera sa demeure.

Il attirera d'abord vers lui les rois et les princes de la Terre, et, par eux, les autres hommes. Il aimera à parcourir les lieux déjà parcourus par Notre Seigneur Jésus-Christ, et il détruira de fond en comble tous ceux qui racontent encore la gloire du Sauveur.

Il enverra ensuite à travers le monde des messages et des missionnaires. Par ses représentants ou par lui-même sa puissance s'étendra d'une mer à l'autre mer, de l'Orient à l'Occident, du Septentrion au Midi.

Il fera en abondance des prodiges et des miracles inouïs jusqu'à lui. A sa parole le feu descendra du ciel ; les arbres croîtront subitement et subitement porteront des fleurs et des fruits ; la mer entrera en furie et sera soudainement apaisée ; les objets seront, en apparence, métamorphosés ; les eaux remonteront vers leurs sources, contrairement aux lois de la Nature ; l'air sera violemment agité par les vents et les tempêtes.

Il accomplira d'autres merveilles qui frapperont les hommes de stupeur. C'est ainsi qu'il ressuscitera les morts publiquement, et tel sera son prestige que "les élus eux-mêmes seraient abusés, si la chose était possible". (Matthieu, XXIV, 14.) *Mais tout cela sera mensonge et outrage à la vérité. (...)*

L'Antéchrist suscitera dans le monde entier une persécution terrible contre les chrétiens et les justes. Il emploiera trois sortes d'armes contres les fidèles : la terreur, les présents, les miracles. Il comblera d'or et d'argent ceux qui croiront en lui — car de son temps tous les trésors cachés dans les profondeurs de la Terre ou les abîmes de la mer seront découverts. Les hommes qu'il n'aura pu corrompre par les présents, il cherchera à les dompter par la terreur ; ceux qui résisteront à la terreur, il tentera de les séduire par le spectacle de ses prodiges ; ceux enfin qui sortiront vainqueurs de cette suprême épreuve, il les fera périr, en présence du peuple, dans d'horribles tourments. (...)

Quand ce fils du Démon, cet artisan de toutes les iniquités aura tourmenté le monde pendant trois ans et demi, livrant le peuple de Dieu aux supplices (...), le jour du jugement de Dieu se lèvera enfin sur lui, selon qu'il est écrit dans l'apôtre saint Paul. »

Heureusement que ni vous, chers lecteurs et lectrices, ni moi ne serons là pour voir ça ! Car l'ensemble des prophéties s'accordent pour situer l'Antéchrist bien après la paix universelle, dont nous avons parlé plus haut. Comme celle-ci n'est pas encore arrivée, l'Antéchrist n'est donc pas pour tout de suite ! Le vénérable Holzhauser, curé de Bingen, que j'ai déjà cité, décrivait donc *« l'ère consolatrice »* où *« la paix régnera sur terre pendant de longues années »*, il en donne les limites : *« jusqu'à la venue du Fils de Perdition ».*

Pour être encore plus précis, le vénérable père dit :

« Le sixième âge de l'Église commencera avec le Monarque Puissant et le Pontife Saint (...) et durera jusqu'à l'apparition de l'Antéchrist. »

Comme nous n'avons pas encore vu apparaître ni le « Grand Monarque », ni le « Grand Pontife » son copain, tout cela est donc pour un autre siècle ! Les gens de notre génération risquent déjà d'être terriblement éprouvés par la Troisième Guerre mondiale si elle a lieu, et par le basculement des pôles.

On ne peut pas leur infliger toutes les horreurs à la fois !

La prophétie de la Salette, parlant elle aussi de la paix universelle, dont nous avons parlé, continue ainsi ;

« Cette paix parmi les hommes ne sera pas longue : vingt-cinq ans d'abondantes récoltes leur feront oublier que les péchés des hommes sont cause de toutes les guerres qui arrivent sur la Terre. (...) »

(On croirait lire du Cayce, ne trouvez-vous pas ?)

« (...) Il y aura des guerres jusqu'à la dernière guerre, qui sera alors faite par les dix rois de l'Antéchrist, lesquels rois auront tous un même dessein et seront les seuls qui gouverneront le monde (...)

L'Antéchrist (...) aura des frères qui se feront remarquer par leurs victoires (...), assistés par des légions de l'Enfer. Rome perdra la foi et deviendra le siège de l'Antéchrist. Les démons de l'Air avec l'Antéchrist feront de grands prodiges sur terre et dans les airs, et les hommes se pervertiront de plus en plus (...) »

Une question fut posée à Cayce sur l'existence actuelle d'une puissance du Mal organisée :

Existe-t-il une organisation venue d'ailleurs, représentant les forces de l'Antéchrist et dont le pouvoir de subversion opérerait aujourd'hui pour détruire gouvernements et institutions ? Et, si oui, pouvez-vous nous l'expliquer et nous dire comment agir contre elle ?

« COMME NOUS L'AVONS DÉJÀ DIT, IL Y A SURTOUT BESOIN POUR CHACUN DE VOUS DE PENSER EN TERMES

MONDIAUX ; DE VOUS TOURNER VERS LA PUISSANCE DIVINE QUI RÉSIDE AU FOND DE VOTRE ÂME ; ET DE PERMETTRE À DIEU DE VOUS AIDER DANS VOTRE VIE, VOS BUTS, VOS DÉSIRS, S'ILS SONT CONFORMES AUX SIENS ! »

(Lecture 3976-24)

La première partie de la réponse de Cayce est évidente, nécessaire. Les interlocuteurs de Cayce sont de grands enfants qu'il faut rassurer... Il ne peut pas leur en dire beaucoup plus, pour ne pas polariser leur attention sur ces êtres négatifs ; sinon les interlocuteurs de Cayce vont baisser les bras en disant : « On n'y peut rien, "ils" sont plus forts que nous ! » Cayce tient donc à rappeler que Dieu est plus fort que Satan, le Bien plus puissant que le Mal. Si nous lui apportons notre soutien ! Ceci dit, les interlocuteurs de Cayce n'ont pas tort :

« ET IL EXISTE AUSSI CETTE PUISSANCE (du Mal) QUI N'A DE POUVOIR POUR DÉTRUIRE QUE DANS LA MESURE OÙ L'HOMME LUI EN DONNE. MAIS, COMME DISAIENT LES ANCIENS, UN SEUL HOMME QUI S'APPUIE SUR LA FORCE ET LA PUISSANCE DU SEIGNEUR PEUT METTRE EN FUITE DES MILLIERS D'ADVERSAIRES ! »

(Même lecture)

L'ARMAGEDDON

Le mot « Armageddon » est devenu en anglais le symbole de la guerre et de ses horreurs. Il a été popularisé aussi par le livre et le film de Léon Uris, qui l'a pris pour titre. C'est ainsi que Cayce l'emploie dans la lecture 900-272, le 9 octobre 1926, prophétisant la Deuxième Guerre mondiale (ou la Troisième !). Il parle de la conférence de 1918, où le président Wilson proposa un programme de quatorze points pour maintenir la paix, et où, ainsi :

« FUT ACCEPTÉ LE PRINCIPE DE LA FRATERNITÉ MONDIALE, POUR METTRE FIN AUX GUERRES. SINON (si cette fraternité reste un vain mot), ALORS CE SERA DE NOUVEAU L'ARMAGEDDON ».

On l'a vu !

La Tradition veut que la dernière grande bataille du monde, qui aura lieu contre l'Antéchrist, doive se dérouler en Palestine, dans la plaine de Jezréel où se dresse le tell Megiddo[2] (d'après l'Apocalypse, XVI, 16). C'est d'ailleurs, historiquement, un lieu marqué par d'innombrables batailles — et, de toute façon, un point stratégique. De là-haut, on voit toute la côte et le port de Haïfa. L'endroit fait une impression étrange, avec des vibrations inquiétantes. On dit que Napoléon, ayant gravi le tell Megiddo, et se remémorant la prophétie, aurait dit : « *Toutes les armées du monde pourraient manœuvrer là...* » (de son temps, c'était vrai... !). Selon la tradition, les vivants se battront au sol, et les fantômes... au-dessus !

Cette histoire de bataille dans les airs peut paraître fantasmagorique — mais elle préoccupe beaucoup les lecteurs de la Bible dans les pays anglo-saxons !

Les amis de Cayce vont l'interroger là-dessus :

Est-ce que l'Armageddon est mentionnée dans les prophéties de la Grande Pyramide ? S'il-vous-plaît, donnez-nous une description. Dites-nous à quelle date cela commencera et finira ?

(Cayce venait de donner toute une lecture sur les prophéties de la Grande Pyramide, qui vont jusqu'au retour du Christ à la fin de ce siècle.)

2. C'est-à-dire Ar (l'article) Mageddon = le (tell) Megiddo. Le « tell » est une petite colline artificielle où se trouvent les ruines d'une ville détruite, comme il y en a tant en Israël.

Cette grande bataille de la Fin du Monde est racontée en détail dans le livre de Joël, dans l'Ancien Testament.

« NON, CE N'EST PAS DANS CE QUI A ÉTÉ LAISSÉ LÀ. CE SERA COMME SI C'ÉTAIT MILLE ANS, AVEC DES COMBATS DANS LES AIRS, ET – COMME CELA A DÉJÀ ÉTÉ – UN COMBAT ENTRE CEUX QUI RETOURNERONT SUR LA TERRE ET CEUX QUI LA QUITTERONT. »

(Lecture 5748-6, juillet 1932)

Autrement dit, Cayce estime que cette bataille de spectres aura bien lieu. Remarquez la petite incise « COMME CELA A DÉJÀ ÉTÉ » : en effet, la Bible mentionne une bataille où les combattants terrestres eurent soudain la vision d'armées célestes se battant au-dessus de leurs têtes. Il y a eu d'autres exemples, au Moyen Age...

Que mes chers lecteurs ne s'inquiètent pas : c'est pour dans si longtemps ! En attendant, dit Cayce :

« FAITES EN SORTE QUE, JOUR APRÈS JOUR, LES GENS QUE VOUS RENCONTREZ SOIENT HEUREUX DE VOUS VOIR VIVANT ! HEUREUX PARCE QU'ILS VOUS ONT RENCONTRÉ, VOUS QUI LEUR APPORTEZ – MÊME JUSTE EN PASSANT – L'ESPOIR ! CELA SIGNIFIE QUE VOUS DEVEZ VIVRE COMME IL L'A FAIT SUR LA TERRE, EN RAYONNANT LA VIE, LA JOIE, LA PAIX, QUI CHASSENT LA PEUR ! »

(Lecture 3976-27)

Paris, 17 novembre 1988

V
ANNEXES

L'ÉCHELLE DE RICHTER

Elle permet d'évaluer la puissance, c'est-à-dire la « magnitude », d'un tremblement de terre (ou séisme). En termes techniques, la magnitude d'un séisme est le logarithme de base 10 de l'amplitude maximum du séismogramme enregistré. Autrement dit, chaque degré (1, 2, 3, etc.) est dix fois plus fort que le précédent.

— Les magnitudes 1 - 2 - 3 - 4 sont peu remarquées, et il n'y pas de dégâts.

— A partir de la magnitude 4, la secousse est perçue par presque tout le monde à l'intérieur des maisons : les objets bougent, les portes et les fenêtres craquent et s'ouvrent, la vaisselle se met à vibrer.

— A partir de 5, les gens sont réveillés dans leur sommeil, et sortent de chez eux. Les lustres se balancent, les cloches légères se mettent à tinter. Les pendules à balancier s'arrêtent. La vaisselle se brise sur les étagères. A l'extérieur, les plâtres se décollent et tombent.

— A partir de la magnitude 6, les constructions commencent à se lézarder. Des failles s'ouvrent dans le sol. Certains clochers et cheminées tombent. Les vitres sont brisées. Les gens commencent à avoir vraiment peur. Mais les édifices construits pour résister aux séismes ne sont pas détruits (surtout s'ils sont en bois). Les statues tombent.

— A partir de la magnitude 7, c'est beaucoup plus grave : certains édifices sont totalement détruits. Les rails de chemin de fer sont tordus, les canalisations souterraines éclatent. En montagne, des avalanches se déclenchent.

— A partir de la magnitude 8, c'est vraiment la catastrophe : la plupart des bâtiments s'effondrent. L'horizon visuel est complètement bouleversé par les exhaussements, les effondrements, les larges failles béantes, les glissements de terrain. L'eau des lacs et des rivières, violemment agitée, forme des vagues qui déferlent sur les rives. Les grands tremblements de terre du passé ont eu des magnitudes variant de 8 à 9. Le tremblement de terre de Lisbonne en 1755, le plus grand qui soit connu, a été estimé à 8,6 ou 8,7. Celui d'Agadir, en 1960, à 8. Rares furent les maisons qui restèrent debout... Celui de Provence, le 11 juin 1909, entre 8 et 9, comme celui d'Orléansville, en Algérie, en 1954.

— Au-delà de la magnitude 9, ce sont les gigantesques secousses, provoquées par l'explosion de certains volcans. Par exemple, celle du Krakatau en 1883 engendra une secousse de magnitude 9,7.

— Au-dessus de la magnitude 10, on n'a jamais encore enregistré de séisme. Cependant, l'éruption du Tambora, en 1815, est estimée à 10,3.

— Après, aux magnitudes supérieures, on estime que toute œuvre humaine est détruite. Les montagnes tombent, des monstrueux raz-de-marée ravagent tout sur leur passage, des portions de continents s'effondrent... Et ce sont partout des secousses de ces magnitudes, 10, 11 et même 12, que les voyants prévoient pour la fin du siècle !

ANIMAUX ET SÉISMES

Mes lecteurs fidèles connaissent mon vif intérêt pour la vie animale, et ses manifestations si intelligentes[1]. Beaucoup d'animaux domestiques ont sauvé la vie aux humains en les prévenant d'une catastrophe imminente. Les Chinois, qui ont souffert de très violents tremblements de terre ces dernières années, ont remarqué les « signaux » d'inquiétude que donnent les animaux, assez longtemps avant les premières secousses. Les Russes ont fait les mêmes observations, les Italiens, les Japonais aussi, et ont mené là-dessus des recherches scientifiques. Les autorités chinoises ont pensé qu'il serait utile de diffuser ces renseignements auprès de la population, afin que les gens, alertés, puissent sortir à temps de leurs maisons. Voici quelques-uns de ces « signaux » animaux :

— Les hirondelles volent très bas, au ras du sol, comme avant un orage, en poussant des cris (c'est ce que l'on avait observé avant le grand tremblement de terre de Messine, en 1908).

— Les rats et les souris sortent de leurs trous, quels que soient la saison, le temps, l'heure...

— Les chiens n'arrêtent pas d'aboyer... (Et cela, je l'ai entendu lors du tremblement de terre de Kenitra, au Maroc, en 1964. Ils font un raffût !)

— Les serpents sortent aussi de leurs trous, même en hiver, où ils sont censés hiberner. Dans les pays froids, de façon générale, tous les animaux qui hibernent (ours, par exemple) sortent de leur tanière très longtemps avant le séisme, pour aller se mettre en sûreté dans une autre région — comme l'ont observé les savants russes en Sibérie.

— Tous les animaux en cage deviennent comme hystériques : oiseaux, cochons d'Inde, lapins, volailles dans les basses-cours ; les chevaux dans leurs

1. *Comment parler avec les animaux*, en collaboration avec le Pr Lecomte et H. de Bonardi, J.-J. Pauvert, 1978.

boxes, les vaches à l'étable, les moutons dans la bergerie tentent d'en forcer les portes pour sortir. Très souvent, d'ailleurs, ils ont refusé d'y rentrer, plusieurs heures avant le séisme.

— Quant aux poissons, ceux qui sont dans un aquarium y tournent en rond comme des fous ; ceux qui sont en liberté font des « sauts de carpe » à la surface.

Si vous avez un animal domestique familier, observez son comportement : il vous sauvera peut-être la vie. Si une seule espèce animale fait montre d'un comportement bizarre, ce n'est pas concluant. Mais si toutes les espèces manifestent une agitation anormale, le séisme est à craindre.

L'intuition prémonitoire des animaux est une guide sûr. Le poète Charles Carrère m'a raconté l'histoire dont il a été le témoin : un de ses amis devait s'embarquer pour la France, avec femme et enfants, pour les vacances. A l'aéroport de Dakar, son chien avait brisé sa cage (alors en bois) et s'était enfui, en cherchant à attirer son maître en dehors des limites du terrain d'aviation : il s'arrêtait, faisait signe de le suivre, repartait... Impossible de le rattraper : M. X en chargea ses amis, et s'embarqua dans l'avion qui l'attendait. Six heures plus tard, l'avion percutait une colline au Maroc : de toute la famille, le seul survivant fut le chien !

MESSAGE DE LA MÈRE DE DIEU DONNÉ À LA SALETTE, LE SAMEDI 19 SEPTEMBRE 1848

« Mélanie, ce que je vais vous dire maintenant ne sera pas toujours secret ; vous pourrez le publier en 1858.

— Les prêtres, ministres de Mon Fils, les prêtres, par leur mauvaise vie, par leurs irrévérences et leur impiété à célébrer les Saints Mystères, par l'amour de l'argent, l'amour de l'honneur et des plaisirs, les prêtres sont devenus des cloaques d'impureté.

Oui, les prêtres demandent vengeance, et la vengeance est suspendue sur leurs têtes. Malheur aux prêtres et aux personnes consacrées à Dieu, lesquelles, par leurs infidélités et leur mauvaise vie, crucifient de nouveau Mon Fils.

Les péchés des personnes consacrées à Dieu crient vers le Ciel et appellent vengeance, et voilà que la vengeance est à leur porte, car il ne se trouve plus personne pour implorer miséricorde et pardon pour le peuple ; il n'y a plus d'âmes généreuses, il n'y a plus personne digne d'offrir la Victime sans tache à l'Éternel en faveur du Monde.

— Dieu va frapper d'une manière sans exemple.

— Malheur aux habitants de la Terre ! Dieu va épuiser sa colère, et personne ne pourra se soustraire à tant de maux réunis.

— Les chefs, les conducteurs du peuple de Dieu ont négligé la prière et la pénitence, et le Démon a obscurci leurs intelligences ; ils sont devenus ces étoiles errantes que le vieux Diable traînera avec sa queue pour les faire périr.

— Dieu permettra au vieux serpent de mettre des divisions parmi les régnants, dans toutes les sociétés et dans toutes les familles ; on souffrira des peines physiques et morales ; Dieu abandonnera les hommes à eux-mêmes, et enverra des châtiments qui se succéderont pendant plus de trente-cinq ans.

La société est à la veille des fléaux les plus terribles et des plus grands événements ; on doit s'attendre à être gouverné par une verge de fer et à boire le calice de la colère divine.

— Que le Vicaire de Mon Fils, le Souverain Pontife Pie XI, ne sorte plus de Rome après l'année 1859 ; mais qu'il soit ferme et généreux, qu'il combatte avec les armes de la foi et de l'amour ; je serai avec lui.

— Qu'il se méfie de Napoléon ; son cœur est double, et quand il voudra être à la fois pape et empereur, bientôt Dieu se retirera de lui : il est cet aigle qui, voulant toujours s'élever, tombera sur l'épée dont il voulait se servir pour obliger les peuples à se faire élever.

— L'Italie sera punie de son ambition en voulant secouer le joug du Seigneur des Seigneurs ; aussi elle sera livrée à la guerre ; le sang coulera de tous côtés : les églises seront fermées ou profanées.

— Les prêtres, les religieux seront chassés ; on les fera mourir, et mourir d'une mort cruelle. Plusieurs abandonneront la foi, et le nombre des prêtres et des religieux qui se sépareront de la vraie religion sera grand ; parmi ces personnes il se trouvera même des évêques.

— Que le Pape se tienne en garde contre les faiseurs de miracles, car le temps est venu où les prodiges les plus étonnants auront lieu sur la Terre et dans les airs.

— En l'année 1864, Lucifer avec un grand nombre de démons seront détachés de l'Enfer : ils aboliront la foi peu à peu et même dans les personnes consacrées à Dieu ; ils les aveugleront d'une telle manière que, à moins d'une grâce particulière, ces personnes prendront l'esprit de ces mauvais anges ; plusieurs maisons religieuses perdront entièrement la foi et perdront beaucoup d'âmes.

— Les mauvais livres abonderont sur la Terre et les esprits des ténèbres répandront partout un relâchement universel pour tout ce qui regarde le service de Dieu ; ils auront un très grand pouvoir sur la Nature ; il y aura des Églises pour servir ces esprits. Des personnes seront transportées d'un lieu à un autre par ces esprits mauvais, et même des prêtres, parce qu'ils ne seront pas conduits par le bon esprit de l'Évangile, qui est un esprit d'humilité, de charité, et de zèle pour la gloire de Dieu.

— On fera ressusciter des morts et des justes (c'est-à-dire que ces morts prendront la figure des âmes justes qui avaient vécu sur la Terre, afin de mieux séduire les hommes ; ces soi-disant morts ressuscités, qui ne seront autre chose que le Démon sous ces figures, prêcheront un autre Évangile, contraire à celui du vrai Jésus-Christ, niant l'existence du Ciel, soit encore les âmes des damnés. Toutes ces âmes paraîtront unies à leurs corps).

— Il y aura en tous lieux des prodiges extraordinaires, parce que la vraie foi s'est éteinte et que la fausse lumière éclaire le monde.

— Malheur aux princes de l'Église qui ne seront occupés qu'à entasser richesses sur richesses, qu'à sauvegarder leur autorité et à dominer avec orgueil !

— Le Vicaire de Mon Fils aura beaucoup à souffrir, parce que pour un temps l'Église sera livrée à des grandes persécutions : ce sera le temps des ténèbres ; l'Église aura une crise affreuse.

— La sainte foi de Dieu étant oubliée, chaque individu voudra se guider par lui-même et être supérieur à ses semblables.

— On abolira les pouvoirs civils et ecclésiastiques, tout ordre et toute justice seront foulés aux pieds ; on ne verra qu'homicides, haines, jalousie, mensonge et discorde, sans amour pour la patrie ni pour la famille.

— Le Saint Père souffrira beaucoup. Je serai avec lui jusqu'à la fin pour recevoir son sacrifice.

— Les méchants attenteront plusieurs fois à sa vie sans pouvoir nuire à ses jours ; mais ni lui ni son successeur... ne verront le triomphe de l'Église de Dieu.

— Les gouvernants civils auront tous le même dessein, qui sera d'abolir et de faire disparaître tout principe religieux, pour faire place au matérialisme, à l'athéisme, et à toutes sortes de vices.

— Dans l'année 1865, on verra l'abomination dans les lieux saints ; dans les couvents, les fleurs de l'Église seront putréfiées et le démon se rendra comme le roi des cœurs.

— Que ceux qui sont à la tête des communautés religieuses se tiennent en garde pour les personnes qu'ils doivent recevoir, parce que le Démon usera de toute sa malice pour introduire dans les ordres religieux des personnes adonnées au péché, car les désordres et l'amour des plaisirs charnels seront répandus par toute la Terre.

— La France, l'Italie, l'Espagne et l'Angleterre seront en guerre ; le sang coulera dans les rues ; le Français se battra avec le Français, l'Italien avec l'Italien ; ensuite il y aura une guerre générale qui sera épouvantable.

— Pour un temps, Dieu ne se souviendra plus de la France, ni de l'Italie, parce que l'Évangile de Jésus-Christ n'est plus connu.

— Les méchants déploieront toute leur malice ; on se tuera, on se massacrera mutuellement jusque dans les maisons.

— Au premier coup de son épée foudroyante, les montagnes et la Nature entière trembleront d'épouvante parce que les désordres et les crimes des hommes percent la voûte des cieux.

— Paris sera brûlé et Marseille englouti ; plusieurs grandes villes seront ébranlées et englouties par des tremblements de terre ; on croira que tout est perdu ; on ne verra qu'homicides, on n'entendra que bruits d'armes et que blasphèmes.

— Les justes souffriront beaucoup ; leurs prières, leur pénitence et leurs larmes monteront jusqu'au Ciel, et tout le peuple de Dieu demandera pardon et miséricorde, demandera Mon aide et Mon intercession.

— Alors Jésus-Christ, par un acte de Sa justice et de Sa grande miséricorde pour les justes, commandera à ses anges que tous ses ennemis soient mis à mort.

— Tout à coup, les persécuteurs de l'Église de Jésus-Christ et tous les hommes adonnés au péché périront, et la Terre deviendra comme un désert.

— Alors se fera la paix, la réconciliation de Dieu avec les hommes ; Jésus-Christ sera servi, adoré et glorifié ; la charité fleurira partout.

— Les nouveaux rois seront le bras droit de la Sainte Église, qui sera forte, humble, pieuse, pauvre, zélée et imitatrice des vertus de Jésus-Christ.

— L'Évangile sera prêché partout, et les hommes feront de grands progrès dans la foi, parce qu'il y aura unité parmi les ouvriers de Jésus-Christ et que les hommes vivront dans la crainte de Dieu.

— Cette paix parmi les hommes ne sera pas longue : vingt-cinq ans d'abondantes récoltes leur feront oublier que les péchés des hommes sont cause de toutes les peines qui arrivent sur la Terre.

— Un avant-coureur de l'Antéchrist, avec ses troupes de plusieurs nations, combattra contre le vrai Christ, le seul Sauveur du monde ; il répandra beaucoup de sang et voudra anéantir le culte de Dieu pour se faire regarder comme un dieu.

— La Terre sera frappée de toutes sortes de plaies (outre la peste et la famine, qui seront générales) ; il y aura des guerres jusqu'à la dernière guerre, qui sera alors faite par les dix rois de l'Antéchrist, lesquels rois auront tous un même dessein et seront les seuls qui gouverneront le monde.

— Avant que ceci arrive, il y aura une espèce de fausse paix dans le monde ; on ne pensera qu'à se divertir ; les méchants se livreront à toutes sortes de péchés ; mais les enfants de la Sainte Église, les enfants de la foi, Mes vrais imitateurs, croîtront dans l'amour de Dieu et dans les vertus qui me sont les plus chères.

— Heureuses les âmes humbles conduites par

l'Esprit Saint ! Je combattrai avec elles jusqu'à ce qu'elles arrivent à la plénitude de l'âge.

— La Nature demande vengeance pour les hommes, et elle frémit d'épouvante dans l'attente de ce qui doit arriver à la Terre souillée de crimes.

— Tremblez, Terre, et vous qui faites profession de servir Jésus-Christ et qui au-dedans vous adorez vous-mêmes ; tremblez ; car Dieu va vous livrer à son ennemi, parce que les lieux saints sont dans la corruption ; beaucoup de couvents ne sont plus les maisons de Dieu mais les pâturages d'Asmodée et des siens.

— Ce sera pendant ce temps que naîtra l'Antéchrist, d'une religieuse hébraïque, d'une fausse vierge qui aura communication avec le vieux serpent, le maître de l'impureté ; son père sera évêque ; en naissant, il vomira des blasphèmes, il aura des dents ; en un mot, ce sera le diable incarné ; il poussera des cris effrayants, il fera des prodiges, il ne se nourrira que d'impuretés.

— Il aura des frères qui, quoiqu'ils ne soient pas comme lui des démons incarnés, seront des enfants du mal ; à douze ans, ils se feront remarquer par leurs vaillantes victoires qu'ils remporteront ; bientôt, ils seront chacun à la tête des armées, assistés par des légions de l'Enfer.

— Les saisons seront changées, la Terre ne produira que de mauvais fruits, les astres perdront leurs mouvements réguliers, la Lune ne reflétera qu'une faible lumière rougeâtre ; l'eau et le feu donneront au globe de la Terre des mouvements convulsifs et d'horribles tremblements de terre, qui feront engloutir des montagnes, des villes (etc.).

— Rome perdra la foi et deviendra le siège de l'Antéchrist.

— Les démons de l'air avec l'Antéchrist feront de grands prodiges sur la Terre et dans les airs, et les hommes se pervertiront de plus en plus.

— Dieu aura soin de ses fidèles serviteurs et des hommes de bonne volonté ; l'Évangile sera prêché partout, tous les peuples et toutes les nations auront connaissance de la vérité !

— J'adresse un pressant appel à la Terre : J'appelle les vrais disciples du Dieu vivant et régnant dans les cieux ; J'appelle les vrais imitateurs du Christ fait homme, le seul et vrai Sauveur des hommes ; J'appelle Mes enfants, Mes vrais dévots, ceux qui se sont donnés à Moi pour que Je les conduise à Mon divin Fils, ceux que Je porte pour ainsi dire dans Mes bras, ceux qui ont vécu de Mon esprit.

— Enfin, J'appelle les apôtres des derniers temps, les fidèles disciples de Jésus-Christ qui ont vécu dans un mépris du monde et d'eux-mêmes, dans la pauvreté et dans l'humilité, dans le mépris et le silence, dans l'oraison et dans la mortification, dans la chasteté et dans l'union avec Dieu, dans la souffrance et inconnus du monde.

— Il est temps qu'ils sortent et viennent éclairer la Terre. Allez, et montrez-vous comme mes enfants chéris ; Je suis avec vous et en vous, pourvu que votre foi soit la lumière qui vous éclaire dans ces jours de malheur.

— Que votre zèle vous rende comme des affamés pour la gloire et l'honneur de Jésus-Christ.

— Combattez, enfants de lumière, vous, petit nombre qui y voyez ;

— car l'Église sera éclipsée, le monde sera dans la consternation. Mais voilà Enoch et Élie remplis de l'Esprit de Dieu ; ils prêcheront avec la force de Dieu et les hommes de bonne volonté croiront en Dieu, et beaucoup d'âmes seront consolées ; ils feront de grands progrès par la vertu du Saint-Esprit et condamneront les erreurs diaboliques de l'Antéchrist.

— Malheur aux habitants de la Terre ! Il y aura des guerres sanglantes et des famines ; des pestes et des maladies contagieuses ; il y aura des pluies d'une grêle effroyable d'animaux ; des tonnerres qui ébranleront des villes ; des tremblements de terre qui engloutiront des pays ; on entendra des voix dans les airs ; les hommes se battront la tête contre les murailles ; ils appelleront la mort, et d'un autre côté la mort sera leur supplice ; le sang coulera de tous côtés.

— Qui pourra vaincre, si Dieu ne diminue le temps de l'épreuve ?

— Par le sang, les larmes et les prières des justes, Dieu se laissera fléchir ; Enoch et Élie seront mis à mort ; Rome païenne disparaîtra ; le feu du Ciel tombera et consumera trois villes ; tout l'univers sera frappé de terreur et beaucoup se laisseront séduire parce qu'ils n'ont pas adoré le vrai Christ vivant parmi eux.

— Il est temps ; le Soleil s'obscurcit ; la foi seule vivra.

— Voici le temps ; l'abîme s'ouvre.

— Voici le roi des rois des ténèbres.

— Voici la Bête avec ses sujets, se disant le sauveur du monde. Il s'élèvera avec orgueil dans les airs pour aller jusqu'au Ciel ; il sera étouffé par le souffle de saint Michel Archange. Il tombera, et la Terre, qui depuis trois jours sera en de continuelles évolutions, ouvrira son sein plein de feu ; il sera plongé pour jamais avec tous les siens dans les gouffres éternels de l'Enfer.

— Alors l'eau et le feu purifieront la Terre et consumeront toutes les œuvres de l'orgueil de l'homme, et tout sera renouvelé : Dieu sera servi et glorifié.

MESSAGE DE LA MÈRE DE DIEU DONNÉ A FATIMA, LE 13 JUILLET 1917

— Notre Dame ouvrit de nouveau les mains comme les deux fois précédentes. Le faisceau de lumière projeté sembla pénétrer la terre et nous vîmes comme une grande mer de feu.

— En cette mer étaient plongés, noirs et brûlés, des démons et des âmes sous forme humaine, ressemblant à des braises transparentes.

— Soulevés en l'air par les flammes, ils retombaient de tous les côtés comme des étincelles dans les grands incendies, sans poids ni équilibre, au milieu de grands cris et de hurlements de douleur et de désespoir qui faisaient frémir et trembler d'épouvante.

— Ce fut probablement à cette vue que je poussai l'exclamation d'horreur qu'on dit avoir entendue.

— Les démons se distinguaient des humains par leurs formes horribles et dégoûtantes d'animaux épouvantables et inconnus, mais transparents comme des charbons embrasés.

Cette vue ne dura qu'un instant, et nous devons remercier notre Bonne Mère du Ciel qui, d'avance, nous avait prévenus par la promesse de nous prendre au Paradis. Autrement, je crois, nous serions morts de terreur et d'épouvante.

Alors, comme pour demander secours, nous levâmes les yeux vers la Sainte Vierge, qui nous dit avec bonté et tristesse :

« — Vous avez vu l'enfer où vont aboutir les âmes des pauvres pécheurs. Pour les sauver, le Seigneur veut établir dans le monde entier la dévotion à Mon Cœur Immaculé.

« — Si l'on fait ce que Je vous dis, beaucoup d'âmes se sauveront et l'on aura la paix.

« — Je viendrai demander la Consécration de la Russie à Mon Cœur Immaculé et la communion réparatrice les premiers samedis.

« — Si l'on écoute Mes demandes, la Russie se convertira et l'on aura la paix. Sinon, elle répandra ses erreurs par le monde, provoquant des guerres et des persécutions contre l'Église ; beaucoup de bons seront martyrisés. Le Saint Père aura beaucoup à souffrir ; plusieurs nations seront anéanties.

« — Mais enfin Mon Cœur Immaculé triomphera. La Consécration au Cœur Immaculé se fera, la Russie se convertira, et un temps de paix sera donné au monde. »

— Lorsque vous récitez le chapelet, dites à la fin de chaque dizaine :

« — O mon Jésus, pardonnez-nous, préservez-nous du feu de l'Enfer ; prenez au Paradis toutes les âmes et secourez surtout celles qui en ont le plus besoin. »

— Priez, priez beaucoup et faites des sacrifices pour les pécheurs, car beaucoup d'âmes vont en Enfer parce que personne ne prie et se sacrifie pour elles.

MESSAGE DE LA MÈRE DE DIEU DONNÉ A FATIMA, LE 13 OCTOBRE 1917

— Ne t'inquiéte pas, chère enfant, Je suis la Mère de Dieu Qui te parle et Qui te prie de PROCLAMER EN MON NOM LE MESSAGE SUIVANT AU MONDE ENTIER.

— Tu t'attireras, ce faisant, de fortes hostilités. Mais sois forte dans la foi et tu triompheras de toutes les hostilités. Écoute et retiens bien ce que Je te dis :

— Les hommes doivent devenir meilleurs. Ils doivent implorer la rémission des péchés qu'ils ont commis et qu'ils continueront à commettre.

— Tu me demandes un signe miraculeux afin que tous comprennent Mes paroles que par toi J'adresse à l'humanité. Ce miracle tu viens de le voir à l'instant. C'était le grand miracle du Soleil !

— Tous l'ont vu, croyants et incroyants, paysans et citadins, savants et journalistes, laïcs et prêtres.

— Et maintenant proclame en Mon Nom :

— Sur toute l'humanité viendra un grand châtiment, pas encore aujourd'hui ni même demain, mais dans la deuxième moitié du vingtième siècle.

— Ce que J'avais déjà fait connaître à la Salette par les enfants Mélanie et Maximin, Je le répète aujourd'hui devant toi. L'humanité n'a pas évolué comme Dieu l'attendait. L'humanité a été sacrilège et elle foule aux pieds le don qu'elle a reçu.

— L'ordre ne règne nulle part. Même aux postes les plus élevés, c'est Satan qui gouverne et décide de la marche des affaires. Il saura même s'introduire jusqu'aux plus hauts sommets de l'Église.

— Il réussira à semer la confusion dans l'esprit des grands savants qui inventent des armes avec lesquelles on peut détruire la moitié de l'humanité en quelques minutes.

— Il soumettra les puissants des peuples à son emprise et les amènera à fabriquer ces armes en masse.

— Si l'humanité ne se défend pas, Je serai forcée de laisser tomber le bras de Mon Fils. Si ceux qui sont à la tête du monde et de l'Église ne s'opposent pas à ces agissements, c'est Moi Qui le ferai et Je prierai Dieu mon Père de faire venir sur les hommes Sa justice.

— C'est alors que Dieu punira les hommes plus durement et plus sévèrement qu'Il ne les a punis par le Déluge. Et les grands et les puissants y périront tout autant que les petits et les faibles.

— Mais, aussi, il viendra pour l'Église un temps des plus dures épreuves. Des cardinaux seront contre des cardinaux et des évêques seront contre des évêques. Satan se mettra au milieu de leurs rangs.

— A Rome aussi il y aura de grands changements. Ce qui est pourri tombe et ce qui tombe ne doit pas être maintenu. L'Église sera obscurcie et le monde plongé dans le désarroi.

— La grande, grande guerre surviendra dans la deuxième moitié du vingtième siècle.

— Du feu et de la fumée tomberont alors du ciel et les eaux des océans se transformeront en vapeur, crachant leur écume vers le ciel, et tout ce qui est debout se renversera.

— Et des millions et d'autres millions d'hommes perdront la vie d'une heure à l'autre ; et ceux qui vivent encore à ce moment-là envieront ceux qui sont morts. Il y aura tribulation partout où l'on porte le regard, et misère sur la Terre et désolation en tous pays.

— Voici, le temps se rapproche toujours plus, l'abîme s'approfondit toujours plus, et il n'y a plus d'issue : les bons mourront avec les mauvais, les grands avec les petits, les princes de l'Église avec leurs fidèles, les souverains du monde avec leurs peuples ; partout régnera la mort élevée à son triomphe par des hommes égarés et par des valets de Satan qui seront alors les seuls souverains sur Terre.

— Ce sera un temps qu'aucun roi ni empereur, aucun cardinal ni évêque n'attend, et il viendra quand même selon le dessein de mon Père pour punir et venger.

— Plus tard, cependant, lorsque ceux qui survivront à tout seront encore vivants, on invoquera de nouveau Dieu et sa magnificence, et l'on servira de nouveau Dieu comme naguère lorsque le monde n'était pas encore aussi corrompu.

— J'appelle tous les vrais imitateurs de Mon Fils Jésus-Christ, tous les vrais chrétiens et les apôtres des Derniers Temps ! Le temps des Temps vient et la fin des fins, si l'humanité ne se convertit pas, et si cette conversion ne vient pas d'en haut, des dirigeants du monde et des dirigeants de l'Église.

— Mais malheur, si cette conversion ne vient pas et si tout reste tel que c'est, oui, si tout devient pire encore.

— Va, mon enfant, et proclame-le ! Je me tiendrai pour cela toujours à tes côtés, en t'aidant.

PRIÈRE DONNÉE PAR CAYCE

« Seigneur, me voici ! Utilise-moi de la façon que Tu estimes la meilleure. Que je sois toujours ce que Tu m'as destiné(e) à être : une lumière qui brille dans les ténèbres de ceux qui ont perdu l'espoir — quelle qu'en soit la cause. »

(Lecture 3976-26)

PRIÈRE DONNÉE PAR LA DAME DE TOUS LES PEUPLES

(à être récitée tous les jours pour préserver des calamités ceux qui la diront)

« Seigneur Jésus-Christ, Fils du Père, répands à présent Ton Esprit sur la Terre. Fais habiter l'Esprit Saint dans les cœurs de tous les peuples, afin qu'ils soient préservés de la corruption, des calamités, de la guerre. Que la Dame de tous les peuples, qui fut un jour Marie, soit notre avocate. Amen. »

BIBLIOGRAPHIE

EN FRANÇAIS (par ordre alphabétique)

a) *Sur les prophéties de Cayce :*

CHARLES BERLITZ. — *Le Mystère de l'Atlantide, Le Triangle des Bermudes.* Éd. « J'ai lu », Paris.

DOROTHÉE KOECHLIN de BIZEMONT. — *L'Univers d'Edgar Cayce,* tomes I et II. Éd. R. Laffont, Paris, 1986 et 1987.

LYTLE ROBINSON. — *Enseignements et Prédictions d'Edgar Cayce, Médium et Guérisseur.* Éd. du Rocher, Paris, 1988.

JESS STEARN. — *Edgar Cayce le Prophète.* Éd. Sand, Paris, 1981.

b) *Sur d'autres prophéties :*

RAOUL AUCLAIR. — *La Dame de tous les peuples,* 1981, *Kérizinen,* 1983, Nouvelles Éditions Latines, Paris.

GEORGES BARBARIN. — *Le Secret de la Grande Pyramide.* Éd. « J'ai lu », Paris, 1970.

Dr ED. BERTHOLLET. — *La Réincarnation d'après le

Maître Philippe. Pierre Genillard éditeur, à Lausanne, 1986.

PETER et EILEEN CADDY. — *Les Jardins de Findhorn.* Éd. Le Souffle d'Or, 05300 Barret-le-Bas, 1982.

W.R. CHETTOUI. — *La Nouvelle Parapsychologie.* Éd. F. Sorlot-F. Lanore, Paris, 1983.

CHRISTOPHE. — *Paroles de Lumière.* Éd. F. Sorlot-F. Lanore, Paris, 1988.

ERICH von DANIKEN. — *Le Livre des Apparitions.* Éd. J'ai lu, Paris, 1980.

J. DORSAN. — *Retour au Zodiaque Sidéral.* Éd. Dervy — Livres, Paris, 1980.

PHILIPPE DESBROSSES. — *Le Krach alimentaire : nous redeviendrons paysans.* Éd. du Rocher, Paris, 1988.

Dr PHILIPPE ENCAUSSE. — *Le Maître Philippe de Lyon.* Éditions Traditionnelles, Paris.

ANNE-CATHERINE EMMERICH. — *Visions.* Éd. Tequi rue Bonaparte, 75006 Paris.

JEANNE-D'ARC FARAGE. — *Depuis quatre ans, je vois la Vierge.* Éd. O.E.I.L., 4 rue Cassette, 75006 Paris, 1988.

FRONTENAC. — *La Clé Secrète de Nostradamus.*

JEAN GABRIEL. — *Présence de la Très Sainte Vierge à San Damiano.* Nouvelles Éditions Latines, Paris, 1968.

MARIE-JULIE JAHENNY. — *Les Prophéties de la Fraudais, Le Ciel en Colloque.* Éd. Résiac, B.P. 6, 53150 Montsurs, 1973 et 1974.

GUY le RUMEUR. — *San Damiano, Les Apparitions de Kérizinen, Paroles du Christ à Mexico.* Édités par l'auteur : 79000 Argenton-l'Église.

DOROTHY MACLEAN. — *Le Chant des Anges.* Éd. Le Souffle d'or, 05300 Barret-le-Bas.

P.J.B. MANCEAUX. — *Dozulé, le Retour Glorieux du*

Fils de l'Homme. Nouvelles Éditions Latines, Paris, 1986.

SUZANNE MAX-GETTING. — *Le Rapport entre le Monde des Mortels et le Monde des Esprits*, 1982. *Les Missionnaires de l'Astral*, 1929. *Souvenir de Palestine*, 1931. *Les Pèlerins Errants*, 1932.

FRÈRE MICHEL. — *La Révélation d'Arès*. Maison de la Révélation, 33740 Arès, 1984.

ÉRIC MURAISE. — *Voyance et Prophétisme*. Éd. Fernand Lanore, Paris, 1980. *Histoire et Légende du Grand Monarque*. Livre de Poche et Albin Michel, Paris, 1975.

OCKRENT-MARENCHES. — *Dans le Secret des Princes*. Livre de Poche, Paris, 1988.

LOUIS PAIN. — *La Bergère du Laus*. Éd. Résiac, 53150 Montsurs, 1988.

EMMANUEL PEZÉ. — *Les Nouveaux Lieux Miraculeux*. Éd. Balland, Paris, 1984.

JEAN PRIEUR. — *Les Témoins de l'Invisible*. Éd. Fayard, Paris, 1977, et Livre de Poche, Paris, 1978. *Les Morts ont donné Signe de Vie*. Éd. Fayard, 1976, et Livre de Poche, 1979.

SATPREM. — *Le Mental des Cellules*. Éd. Robert Laffont, 1981.

MICHEL de SAVIGNY. — *La Perspective des Grands Événements*. Éd. Tequi, Paris, 1934.

GÉRARD de SÈDE. — *L'Étrange Univers des Prophètes*. Éd. J'ai lu, Paris, 1977.

CYRIL SCOTT. — *L'Initié*. Éd. La Baconnière, Neuchâtel, Suisse (4 tomes).

DAVID SPANGLER. — *Révélation, Lumière vers 1990*. Éd. Le Souffle d'Or, B.P. 3, 05300 Barret-le-Bas, 1983.

JEAN STIEGLER. — *Le Repentir Mondial*. Éd. Résiac, 53150 Montsurs, 1987.

MARIA GRAF SUTTER. — *La Révélation de l'Amour*

Divin. Éd. du Parvis, 1631 Hauteville/Bulle (Suisse), 1975.

R.M. TRISTRAM. — *Lettres de Christopher,* traduit par Abeille Guichard. Éd. La Colombe, Paris, 1954, et Le Courrier du Livre, Paris.

EN ITALIEN

GERMANA GROSSO et UGO SARTORIO. — *I Nostri Amici Extra-terrestri,* Casa Editrice M.E.B., à Turin, 1977.

GIANNI LUCARNI. — *Gli Extra-terrestri Esistono.* Éditions Méditerranée, à Rome, 1977.

EN ANGLAIS

Sur Cayce et les prophéties :

A. et D. ABRAHAMSEN. — *Readings on Earth changes.* Apple Gate, Oregon, U.S.A., 1973.

RAVI BATRA. — *The Great Depression of 1990.* Dell Books, New York, 1978.

CHARLES BERLITZ. — *The Bermuda Triangle,* 1975. *The Lost Ship of Noah,* 1987. Fawcett Crest, New York.

JULIET BROOKE BALLARD. — *The Art of Living,* 1982. *Treasures from Earth's Storehouse,* 1980. *The Hidden Laws of Earth,* 1979. A.R.E. Press, Virginia Beach.

MARY ELLEN CARTER. — *Edgar Cayce on Prophecy.* Warner Books, New York, 1968.

EDGAR EVANS CAYCE. — *Edgar Cayce on Atlantis.* Warner Books, New York. *Times of Crisis.* A.R.E. Press, Virginia Beach, 1945.

HUGH LYNN CAYCE. — *Earth changes.* A.R.E. Press, Virginia Beach, 1983.

Circulating File. — *World Affairs.* A.R.E., Virginia Beach.

DR JEFFREY GOODMAN. — *We are the Earthquake Generation.* Berkley Books, New York, 1978.

J. GRIBBIN et S.H. PLAGEMANN. — *The Jupiter Effect.* Walker, New York, 1974.

RUTH MONTGOMERY. — *Aliens Among Us,* 1985. *A World Beyond,* 1971. *A World Before,* 1976. Fawcett Crest, New York.

IMMANUEL VELIKOVSKI. — *Words in Collision,* 1950. *Earth in Upheaval,* 1955. Doubleday, New York.

Circulating File — *World Affairs* A.R.E., Virginia Beach.

[illegible] Jeffrey Goodman. — *We are the Earthquake Generation*, Berkley Books, New York, 1975.

Gribbin J. & S. Plagemann — *The Jupiter Effect*. Walker, New York, 1974.

Ruth Montgomery — *Aliens Among Us*, 1985. *A World Beyond*, 1971. *A World Before*, 1976 Fawcett Crest, New York.

Velikovsky Immanuel — *Worlds in Collision*, 1950. *Earth in Upheaval*, 1955. Doubleday, New York.

ADRESSES

LA FONDATION EDGAR CAYCE

La Fondation Cayce, c'est-à-dire l'A.R.E (Association for Research and Enlightenment), est sise à Virginia Beach, au coin de la 67ᵉ Rue de l'Atlantic Avenue. Adresse postale : P.O. Box 595 Virginia Beach VA 23451 U.S.A. et téléphone : (804) 428.35.88.

LE NAVIRE ARGO

Les lecteurs qui souhaitent davantage d'informations sur Edgar Cayce, et suivre un séminaire pratique, peuvent s'adresser à l'association « Le Navire Argo » :

B.P. 674-08
75367 Paris Cedex 08

(adresse postale seulement), qui organise des cours et des ateliers (astrologie karmique, lecture des auras, guérison par la prière, radiesthésie, géobiologie, analyse des rêves, musicothérapie, etc.). Merci de joindre à toute demande une enveloppe timbrée pour la réponse.

TABLE DES MATIÈRES

Achevé d'imprimer en janvier 1991
sur presse CAMERON,
dans les ateliers de la S.E.P.C.
à Saint-Amand-Montrond (Cher)

Éditions du Rocher
28, rue Comte Félix-Gastaldi
Monaco

N° d'édition : CNE Section Commerce et Industrie
Monaco : 19023
N° d'impression : 2932
Dépôt légal : mars 1989